中文社会科学引文索引（CSSCI）来源集刊

唐力行　主编

江南社会历史评论

第二十三期

商务印书馆
The Commercial Press
创于1897

图书在版编目(CIP)数据

江南社会历史评论.第 23 期/唐力行主编.—北京：
商务印书馆,2023
ISBN 978-7-100-22859-6

Ⅰ.①江…　Ⅱ.①唐…　Ⅲ.①社会发展—华东地
区—文集②华东地区—地方史—文集　Ⅳ.①K295-53

中国国家版本馆 CIP 数据核字(2023)第 165552 号

江南社会历史评论

第二十三期

唐力行　主编

商 务 印 书 馆 出版
(北京王府井大街 36 号　邮政编码 100710)
商 务 印 书 馆 发行
北京虎彩文化传播有限公司印刷
ISBN 978-7-100-22859-6

2023 年 10 月第 1 版　　　开本 710×1000 1/16
2023 年 10 月北京第 1 次印刷　　印张 22¼

定价:115.00 元

《江南社会历史评论》编委会

本刊稿约启事

一、本刊由上海师范大学中国近代社会研究中心主办,2009 年创刊,自 2016 年起每年出刊两期。

《江南社会历史评论》是区域社会研究的综合性学术刊物,目前开辟有理论探索、江南研究学术前沿、江南经济、江南文化、江南社会、江南公共卫生、江南城市、江南艺术研究等栏目。本刊及时反映江南社会历史研究的最新学术成果,欢迎广大史学工作者惠赐佳作。

二、本刊以发表高水平的学术研究成果为宗旨。欢迎有关理论的创新,尤其是本土化社会史理论的建立、新资料的挖掘(包括档案、碑刻、口碑、实物资料等)、社会史的新视野、历史评论等方面的优秀稿件。

三、来稿一般应在 15000 字以内;重大选题的稿件,字数不限。本刊采取匿名审稿制度,所有投稿在三个月内未收到编辑部拟用通知的,作者可自行处理。一经刊发,奉寄稿酬。

四、稿件需严格遵守学术规范。一般研究性论文应均有相关课题的学术史内容,在文中或注释中简评前人研究成果及目前的研究现状。没有相关内容的稿件,本刊不予受理。

五、严格禁止任何形式的剽窃、抄袭行为,反对一稿多投。

六、文稿参照本刊已出版的各期文章格式及体例,著录文章题名、作者、内容提要、关键词、注释(页下)、作者简介等项。

地址:上海市桂林路 100 号 上海师范大学中国近代社会研究中心

邮编:200234

收件人:徐茂明 洪 煜

电子信箱:jnshlspl@shnu.edu.cn

《江南社会历史评论》编辑部

江南社会历史评论

（第二十三期）

江南学术前沿论坛

书评

"写文化"与塘栖的制造

赵世瑜

内容提要：塘栖是明代兴起的大运河上的商贸市镇。自明代中叶以来，一些商人家族开始读书应试，并努力建构自己家族的历史，通过介入江南士绅的网络而塑造塘栖的文化地位，但由于仕途不畅、水乡传统的延续和政治打击，直至清末，这种塑造也未获成功。清代中叶，本地文人的乡野叙事为杭世骏这样的大学者所不满，故光绪《唐栖志》颇有增益。我们在有关塘栖的文献中，感受最为深切的不是塘栖的水乡历史，而是日益士大夫化的塘栖叙事。

关键词："写文化"　塘栖　唐栖　卓氏　传经堂

塘栖镇在杭州正北，大运河流经此地，故被人们称为"运河古镇"。在明清时期，运河以南属杭州府仁和县，运河以北属湖州府德清县，是典型的跨行政区划的水乡市镇。从较大的区域尺度看，从塘栖向北至太湖南岸的中途，就是我在《猛将还乡》中提到的东太湖渔民"南北四朝"中"南朝"的地点石淙（该镇也有祭祀陆氏三女的太均堂），江南运河向东北进入苏州吴江区境，也会途经书中提到的莺脰湖。虽然钱塘江距这一地区较近，其季节性泛滥会直逼临平、塘栖，威胁运道，但总体而言，这一带还是太湖流域的一部分。

集中记述塘栖的历史文献，主要是清代中后期的几部乡镇志，包括何琦的

《唐栖志略》、王同的《唐栖志》、张之鼐的《栖里景物略》，以及上述各书中提到、今佚的《栖溪风土记》《栖水文乘》《续补唐栖志略》诸书。[①] 在人类学学者看来，这些地方文献都可以被视为"历史民族志"，而在20世纪80年代，人类学学者开始对民族志书写进行反思，用布迪厄的话说，就是"把对对象的研究作为研究对象"，于是导致了一部会议论文集《写文化》的诞生。正如该书的跋所表明的，这样的反思也受到了海登·怀特对历史叙事的讨论的影响。[②] 在我对塘栖这个江南市镇了解的过程中，无时无刻不在感受着塘栖人以及来往塘栖之人的"写文化"，而这些书写向世人呈现出一个多元的塘栖是如何被制造出来的。

一、塘栖之名的由来

在清代中晚期编写的塘栖乡土文献中，塘栖多写作"唐栖"，在地图上大运河被标识为"大河"，说明"运河"并不是一个通俗概念，而"大河"因为不称某某河，也不是一个地方概念。

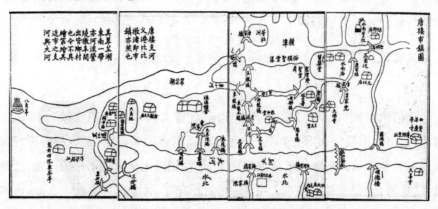

光绪《唐栖志》卷一《图说》(该图为上南下北、左东右西)

① 参见虞铭：《塘栖艺文志》，浙江摄影出版社2006年版。
② 〔美〕詹姆斯·克利福德、〔美〕乔治·马库斯编：《写文化——民族志的诗学与政治学》，高丙中、吴晓黎、李霞译，商务印书馆2006年版，第12、315页。

虽然已至清末，绘图者还是注明"唐栖支河义港，比比墩渚，即市镇亦然也"。"墩"是被水环绕、地势较高的土地，如果高出水面丈许就要称"山"了，而"渚"是水中或水旁的草洲，即所谓"在河之洲"，总之，都是被河流水面切割的或高或低的小块陆地，塘栖即使成为市镇，地貌也依然如此。翠芷湖的东南虽然没有细画出水面，但专门注明是"河流萦绕墩阜间"，由此可以想见唐宋乃至明代这里的水面有多大。

在光绪《唐栖志》中，编者提及唐栖这个地名的由来，主要有四种说法。[①]一是在本地的《卓氏家乘》中有一篇《唐栖考》，说南宋末有个叫唐珏的会稽人曾在这里隐居，蒙古的江南释教都总统杨琏真迦在钱塘、绍兴盗掘宋陵珍宝，唐珏因盗走宋帝骨殖，葬于兰陵并植冬青树留迹而闻名。二是说本地附近有塘南、塘东的地名，这里可能是"塘西"的转写。苏轼曾有"明朝归路下塘西"之句，所以唐栖在北宋时就已存在。三是说宋代在下塘之西有唐栖寺，故以寺名镇。第四说来自明人胡玄敬的《栖溪风土记》："国初开浚运河，大筑塘岸，居民初集，负塘而栖，因名。"这种说法则将塘栖得名直接与明初运河的修浚联系在一起。

虽然今名塘栖与唐栖、塘西有差异，但无疑都是指同一个地方，按照过去的读音转写新字。苏轼"明朝归路下塘西"词句是他应召将离杭州赴汴京，答马中玉送别词而作，塘栖正在其北上途中，塘西应即本地北宋时的地名，但这未必是聚落的名称，而是一个表示方位的地名。作为最早的聚落名，唐栖至晚到南宋就已存在了。嘉泰《吴兴志》卷十三"德清"条："大善寺在县南二十七里唐栖村，梁大同二年水部员外郎沈著舍宅为寺，号永明，唐贞观中改为大名寺，本朝治平二年改赐今额。"说明在南宋时唐栖还只是个"村"，而非"市"或"镇"，不过毕竟成为聚落名，所以后世本地文人编写地方文献，大都使用"唐栖"。

为什么叫"唐栖"呢？上述第一说只能出现在元代以后，可以忽视，而第三说值得重视。南宋刻书家陈起所编《江湖后集》收有时人周弼（宁宗嘉定进士）的《留别唐栖云泉上人》，中有："水宿唐栖寺，何缘更浃旬。"释永颐（理宗时人）

① 王同：《唐栖志》卷一《汇录前人唐栖名义考》，浙江摄影出版社 2006 年版，第 18 页。

的《唐栖寺前》:"唐栖寺前溪水流,客帆来往旧杭州。津亭树老无人记,得见几回僧白头。"则说明南宋时确有冠有"唐栖"之名的佛寺,而且就在船通杭州的河畔,但因为清代《唐栖志略》称该寺"已无考",无法确定当时位于何处,故不能确定是地因寺得名还是寺因地得名。

无论如何,当明清时人普遍采用了"唐栖"这个地名的时候,表明他们更关注人的活动也即文化创造。唐栖是人的聚落,同时也曾是个佛寺,所以从"塘西"到唐栖,是个从"无人之境"到"有人之境"的过程。到了元代以后,更有可能是到了明代以后,又黏附了第一种说法,更鲜明地表现出了江南人的民族主义立场,并试图在本地建构一种江南文人的风骨。从而,"唐栖"这个名称就被基本确定下来。

不过,"塘栖"这个地名至晚在元代就存在了。王沂在其《沈茂隽墓志铭》中提到沈氏"世为吴兴人",到其父亲那一代迁到钱塘,去世后葬于乌程。他曾"从容语诸子曰:吾尝筑室塘栖,乐其溪山,吾圃树菊二百"。[①] 明嘉靖时的《筹海图编》中记载"倭寇"袭扰时都写作"塘栖",嘉靖时钱塘人田艺蘅也有"挂清飚于塘栖兮,泊残月于崇德"之句。[②] 不过,虽然在稍早的成化《杭州府志》中已使用"塘栖"这两个字,但在嘉靖《仁和县志》中,有的地方写作"塘栖",也有的地方仍写作"唐栖",只是使用"塘栖"处更多些,说明在嘉靖时期,"塘栖"的说法开始被官方和民间广泛接受了。

我无法确定"塘栖"在明中叶开始普遍使用及其与"唐栖"并行的原因,但我猜想,明初大运河的疏浚与漕运的确对江南人的政治、经济和文化生态产生了重要的影响。如《唐栖志》所说:"唐栖,僻壤也,自漕河浚、长桥建,阛阓始聚,风气遂开。"说明人们试图将塘栖的历史表述为"运河古镇"的历史,也即明代以降的历史。而用"塘"这个与运河有关的字替代"唐"字,应即与明代塘栖人的历史有关。特别有可能的是,在塘栖掌握文化话语权的人,大多是声称于

---

① 王沂:《伊滨集》卷二十三,清文渊阁《四库全书》本,第12页下。
② 田艺蘅:《香宇续集》卷二十《己未稿·赋》,明嘉靖刻本,第3页上。

明初迁至此地,且在明中叶开始发家,因此他们试图用表达他们自己定居历史的"塘栖",来替代与他们的历史无关的"唐栖"。如果说,更古老的"唐栖说"为我在《猛将还乡》中讨论过的江南水乡"因寺成陆"—"因寺成聚"—"因寺成镇"过程提供了类似的例证,说明了在漫长的历史过程中,佛寺在水乡开发过程中扮演的重要角色及其礼仪标识意义,那么,稍年轻的"塘栖说"则让我们看到了明代以后来到这里的人群的新的文化建构。

清初钱塘人俞美英称,唐栖是个大镇,"舟航上下,日有千百……烟火几有万家,家无不饶富"。不过,他在这里住了三年,与当地有势力的人、有名的人都是好朋友,与那些富商大贾也都相识,"然至问唐栖之名何自而始、古人成迹,则皆了不可识,余深叹其鄙俚不足道。居此地者,但可权子母、论钱帛肉食自雄耳"。① 按他的说法,这里的人主要是经商的,文化水平不太高,对本地的掌故也不太关心。那么,什么人才会关心塘栖的来历、探寻塘栖的古迹? 塘栖有什么名人并且给本地留下了什么呢? 换句话说,在明清时期,这里的居民都是哪些人呢?

二、水上人/商人与商业市镇的形成

明成化进士、仁和人丁养浩曾写道:"唐栖为省会巨镇,水势直泻,自宋元以来,居民聚散不常。"直到明代中叶,当地人还听从风水先生的建议,在镇东北隅建造了20多丈高的千佛阁以此来镇水,② 说明这里以往并未形成较大的稳定的聚落,人口多处于流动状态。

另一方面,按成化《杭州府志》卷三载:

> 塘栖市镇,去县五十四里。本县与德清蚕丝于此贩鬻。③

---

① 张之蒲:《栖里景物略》卷二《唐栖行诗序》,浙江摄影出版社2006年版,第24页。
② 王同:《唐栖志》卷十《人物三》引丁养浩《沈璋传》,第181页。
③ 成化《杭州府志》卷三《封畛》,明成化十一年刻本,第20页上。

万历《杭州府志》卷七载：

> 塘栖为仁和名镇，当水陆孔道，泉货凑集。西为五林港，并港而南为总管，尝水派岐分，盗贼出没，往往昏夜行劫，过者患焉。于是督抚都御史胡宗宪、巡按御史周斯盛会请增府通判一员，治水利生盗，住扎塘栖开署祈堂庵之东。隆庆三年八月，通判罗星以署在墟墓聚薄间，与民居悬隔，请诸当道移置西半里许，规制悉仍其故，居有宁止。①

这两段材料说明，在明代中叶，塘栖因系交通要道，商业繁荣，又是仁和与德清两县生产的生丝的交易市场，已然成为著名的市镇。但塘栖的西南为元末新开河（今杭州塘），直通五林港，"总管"在清代张之鼐所撰《栖里景物略》中写作"总管堂"，这一带有许多支流，常有盗贼出没，当然这些所谓"盗贼"也都是水上人，与所谓"倭寇"一样，至于说他们是真的打家劫舍的盗贼，还是躲避运河税关的"走私"商人，则另当别论。于是胡宗宪等请求在本镇设立总捕水利厅，"治水利生盗"。其衙署长期设于镇东杂草丛生的居民坟地之间，与市镇聚落相隔，到隆庆时才迁移近镇，可见当时的塘栖并非想象的那样繁荣升平。

以上两种情况，即明中叶这里成为新兴的交易市场和并不稳定的聚落，并不矛盾，这恰恰是水乡市场兴起后的共同特征。

这里的所谓总管堂，就是滨岛敦俊有专书研究的金元七总管的庙，或称利济侯祠，后人不明所以，《栖里景物略》转明末华亭人陈继儒的说法，是"万历改元，敕封专掌痘司"，故事是说金元七的两个儿子因患痘疹去世，他决定投河自尽，以换得民众平安，故而成为痘疹之神。"或曰因有桥，故祠神以镇压之，如里仁桥亦即张六相公庙是也。"②无论是文献还是田野调查，都说金元七是船上人，张六相公据说即张巡，被封为英济侯，是在水里淹死的，所以都是江浙水

---

① 万历《杭州府志》卷七《国朝郡事纪下》，明万历刻本，第18页上。
② 张之鼐：《栖里景物略》卷三，"利济侯金总管庙"，第61页。

上人的庙神,只不过金元七是太湖流域的,张六相公或张老相公是钱塘江流域的,正符合塘栖这里的地域特征。这些水上人的神被列入祀典,或传说被朝廷封祀(神灵的正统化),是多种因素共同促成的,但与水上人上岸后身份的转变有着很大关系。

这一地区盛产蚕丝并形成交易市场,但当地人清明节祭祀蚕神,却是到五显庙中。《西安太守杨汝梗甘肃清明寄栖里故人》一诗说:

> 吹出饧箫日未曛,吾乡游屐正纷纷。鱼花小户堪三倍,蚕卦初爻定十分。昨梦全非成隔世,故人何处久离群。空怜芳草裙腰绿,愁望江东日暮云。清明镇人皆祀蚕于丁山五显庙,是日游舫四集,歌管竞发,盖胜事也。

文人诗歌中将丁山湖五显庙祀神活动单纯视为祈蚕,大概是不知道五显或五通与刘猛将一样,也曾经是水上人的神,而且不仅在太湖地区如此,在浙江、福建沿海地区也有存在。与此同时,以捕鱼为生的人,特别是从事鱼塘养殖的人也可以蚕桑为其副业,并不像一般人理解的那样,蚕桑只是农耕的副业。特别是在明清以后,水乡大片成陆,农桑结合更为普遍,并不只是渔民才去拜五显神。唐大历诗人张籍的《江南曲》所唱:"江南人家多橘树,吴姬舟上织白苎。土地卑湿饶虫蛇,连木为牌入江住。"①说的是当时江南的土地低洼,也即许多陆地濒水,所以人们宁可住在船上或者木排上。虽然他们在岸上从事栽培种植,但妇女纺织和居家还是经常在船上。

明代中叶的塘栖不仅是区域性生丝交易市场,也是杭州府城居民赖以为生的米粮市场,所谓"杭人米囤塘栖,每岁数十万石"。嘉靖时"倭乱",时巡抚

---

① 《张司业诗集》卷一,四部丛刊影明本,第11页上。同书第9页上还载有他的《贾客乐》:"金陵向西贾客多,船中生长乐风波。欲发移船近江口,船头祭神各浇酒。停杯共说远行期,入蜀经蛮谁别离。金多众中为上客,夜夜算缗眠独迟。秋江初月猩猩语,孤帆夜发潇湘渚。水工持楫防暗滩,直过山边及前侣。年年逐利西复东,姓名不在县籍中。农夫税多长辛苦,弃业宁为贩宝翁。"说的是唐代江南商人经两湖至巴蜀贸易的情景,说他们在"船中生长",且不在国家编户中。

浙闽的太仓人王忬曾建议在塘栖筑城,计划"其费半出官帑,半取资于镇之巨室",但后者不愿意捐资,给一些重要人物写信反对,致使计划未能得到实施。① 这些供给杭州的米粮应该主要是由洞庭商人等从湖广、江西一带经长江转太湖或运河水道而来的。明山西洪洞人王铎于天启年间在塘栖写下诗句"吴楚舻舰天外飞,每摇丛薄树颠晕",说的就是这种景况。②

在杭世骏为乾隆《唐栖志略》所写的序中,唐栖"百货充牣,工匠斤削之具靡不具。水仅三里,亦一小聚落也。……虽壤地褊小,高贤栖讬,风雅聿兴,卓、吕、丁、吴诸大姓矫尾厉角,峥嵘于胜国之季,声妓园林,号称极盛。数传而后,樾馆之书、竹里之著述,皆已荡为烟云;水山之塾、景薇之堂,析而为薪,夷而为菜圃"。③ 他说塘栖是个小地方,晚明时这里还有几个大姓,但到清代就衰落了。

塘栖的丁山湖在南宋《咸淳临安志》中有记载,光绪《唐栖志》说当时"湖则汪洋数百顷,为镇南巨薮",又录乾隆时人周天度的《丁山湖游记》:"少焉,地势忽开,澄湖数十顷……盖丁山湖也",说明五六百年间水面已缩小很多。"绕湖而居者,远近十许村,如环如玦,萦抱左右。人家以树艺网罟为利,一丘一水,往往坐致百金。桔柚枇杷,菱芡之属,岁入不赀,农人以为城北隩区者,无逾是焉。"④这样的描述,与洞庭两山人的生计模式,全无二致,即以果树种植和捕鱼为业,也说明这里是杭州城与以北区域的一道经济—文化地理界限。

因此,直至清代中叶的地方文献中,还有许多诗歌描述这样的情景:

又竹枝词四首

灯火村塘簇市廛,潆洄春水薄于烟。侬家楼上临塘口,看尽南来北往船。
丁山湖上水溅溅,侬住河边屋半椽。嫁得渔郎贩鲜去,一春风雨伴姑眠。

---

① 万历《杭州府志》卷三十三《城池》,明万历刻本,第12页上。
② 张之鼐:《栖里景物略》卷三《舸阁风帆》,第32页。
③ 王同:《唐栖志》附何琪《唐栖志略》"序",第379页。
④ 王同:《唐栖志》卷二《山水》,第34—35页。张之鼐:《栖里景物略》卷三,嘉靖八年《昭恩碑记》,第51—52页。

吕水山五显神赛会诗

东南信鬼神，到处裡祀虔。栖水一隅耳，有庙临河边。年年逢赛会，不惜挥金钱。沿塘舞鱼龙，并舫行秋千。……①

从清代的这些诗歌来看，塘栖一带水乡本来就生活着许多以打鱼为生的人，无论是经由西太湖还是东太湖，这里都是吴地与杭州之间的必经之路，物资转运向来都是这里的重要生活内容，所谓"人习市道，用谋厥生"，大运河的修浚则更加强化了这一特征。由于从事商业和运输业的人增多，从弘治八年开始，"如菫由下兴，弊缘以出"，②"榷役四出，吾镇铺肆牙贩，水陆百物，并议抽分，名曰'落地税'"。有个叫高升的人，"栖之肆贾也"，乘嘉靖改元之机，带头去找巡按告状，禁止了这些杂税，③由于此前"司关政者，榷弗远及"，这一事件反映出此地商业运输的繁荣引起了官府的觊觎。

塘栖最为后人强调的景观是运河上的通济桥，该桥建成后便成为塘栖镇的重要地标。清初人卓天寅称："吾里有长桥，盖通衢也。北达京师，南接闽粤，凡有事四方者，无不由兹利涉焉。"④由于这里水流湍急，经常淹死人，所以在正德末年有来自宁波鄞县的商人陈守清捐款修造该桥。因经费不够，竟剃发为僧，四处化缘，甚至搭乘漕船前往京师，通过结识宦官获得赞助，⑤终于弘治时建成此桥。弘治碑文中称："缙绅不举，逸之草茅；草茅无力，假助家教。吾于是乎不得已而有取乎金仙氏之教焉。"⑥说明这个时候塘栖还没有多少士绅，普通人也没有多少财力，只好利用佛教来募捐。《唐栖志》称陈守清当时是"佣栖上"，大概最初是从宁波过来经商之人的伙计。

---

①　王同：《唐栖志》附何琪《唐栖志略》卷下，第 404—405 页。

②　张之鼐：《栖里景物略》卷三，嘉靖八年《昭恩碑记》，第 51—52 页。

③　王同：《唐栖志》卷十《人物三》，第 181 页。

④　张之鼐：《栖里景物略》卷三，康熙癸卯《重修长桥碑铭》，第 56 页。

⑤　王同：《唐栖志》卷十五《人物八》引陈守清《骨塔记》，第 272 页。

⑥　张之鼐：《栖里景物略》卷三，弘治十一年《重建长桥记》，第 52 页。

三、塘栖士绅：以卓氏为例

除了渔民和商人之外，塘栖在明代中叶后也出现了一些士绅。① 塘栖卓氏是本地望族，据说是明建文朝户部侍郎卓敬的堂弟卓敦一支，卓敬因支持建文帝、建议徙封燕王于南昌而殉难（《明史》有传），卓敦便从山阴逃到塘栖隐居，改名换姓，以教书为业。卓敬是温州瑞安人，卓敦"其子某，赘居宋氏，遂姓宋。后嘉隆间法网渐弛……明卿后复得本姓"。这种入赘的说法，是常见的水上人发达之后对祖先历史的记忆，而族谱告诉我们的，只是要创造一个为什么本应是在瑞安的卓氏后来会出现在塘栖的逻辑，而入赘则是落籍塘栖方式的表达。

清代《卓氏家乘》今已无存，后人于 1996 年编成《塘栖卓氏家系暨诗文录》一书，未公开出版。从其依据各种史料梳理出来的塘栖卓氏世系，从第一世卓敦至第六世卓贤，均为单传，至第五世卓俊才有其妻的记录。② 从第七世开始，也即前述卓明卿这一代，才有了六个兄弟及其妻的记录，也正是从这一世开始，卓氏恢复本姓，族谱中先祖世系的这种现象比较常见，多是对远代祖先没有什么记忆的表现。

卓明卿家族因经商发财，便捐了个国子监生，入京谒选为光禄署（《两浙名贤录》称珍馐署，是，即光禄寺珍馐署）正。"卓明卿，字征甫，仁和人。眉目如画，始薄章句，与豪子弟学骑射、剑术。已乃折节闭门，博综百氏，所交倾海内豪杰，好称诗。"③他与王世贞兄弟为友，王世贞在《恩例冠带卓见斋翁墓表》中说："于是读明卿所次行，卓氏之先，显自侍郎敬，有复初公敦者，其从父弟，以

---

① 已有学者以卓氏为例梳理过明清时期塘栖大族的兴衰，参见董建波、李学昌：《循环与中断：塘栖望族流变的个案考察》，《华东师范大学学报》2005 年第 1 期。

② 这个记录应该是来自王世懋的《见斋卓君传》。见《王奉常集》卷十六《文部》，明万历刻本，第 4 页上—第 6 页下。

③ 徐象海：《两浙名贤录》卷四十七《文苑》，明天启刻本，第 54 页上。

侍郎抗节,故跳而为塘栖赘。塘栖之赘,盖自瑞安而奉化而山阴,三徙矣,遂为仁和人。卓翁之儿时,其父行贾齐鲁间不归,则已能事母某,把持门户矣。稍长,从师受书,以颖悟强记称。"①这个祖先故事来自卓明卿提供的行状,其中的"跳"字形象地说明了他们不断迁移的过程。

汪道昆《太函集》收有《明赐级卓长公配朱氏合葬墓碑》,亦称"卓氏故籍瑞安,三徙而赘唐栖宋氏。盖自靖难师入,户部侍郎敬死之,于时,族诸死难者家。敬从弟敦去其族,遂从妇姓,籍仁和。五世而长公生,父曰贤,母盛氏。唐栖故通万货,卓氏世受化居,及父中衰,长公举矣。一胡僧遭长公于市,是宜尸蜀王孙、邵康僖公。数目长公,斯其千乘器也。同里朱氏系出徽国文公,盖自德清迁唐栖,二姓世婚媾"。② 这位长公就是卓明卿,其父卓贤,是卓氏因商致富的关键人物。

在王世贞、王世懋兄弟及汪道昆为卓氏所写墓志铭或墓碑中,卓氏塘栖始祖均作卓敦,唯有嘉靖时昆山人周诗为卓明卿的哥哥卓文卿所写墓志不同:"诚甫状曰:明卿兄卓氏讳文卿,字章甫。永乐间始祖讳颙者,自山阴客游姑苏,已,赘仁和宋氏,子孙因冒其姓。"这篇墓志明确说明是根据卓明卿提供的行状所写,却记载其始祖叫卓颙,并在迁徙山阴之后又增加了"姑苏"。这说明卓明卿因复姓而编造祖先世系时,至少对始祖姓名及其行迹并不确定。不过,作者周诗提到他的朋友"梁君"曾向他介绍卓文卿,"梁君曰:是塘栖文学宋君,别号也君,名文卿,号曰心华",说明在这个时候,当地人还是以宋某某来称呼他们,而不像其他墓志那样淡化了此事,因而显得比较真实。③

故此,卓敦系卓敬堂弟之说,及与建文史事的勾连,于史无载,可能系伪

①　王世贞:《弇州山人四部续稿》卷一百二十五,清文渊阁《四库全书》本,第 25 页上。
②　汪道昆:《太函集》卷六十七,明万历刻本,第 11 页下。
③　李邺嗣在所撰《卓有枚墓志铭》中说:"……变姓宋氏,数传至万历中,国子监学录文卿始复卓姓。"这一是说到万历时才复姓,二是说复姓之举是卓文卿而非卓明卿做的。卓文卿生于嘉靖十四年乙未,32 岁去世,所以这个记载是混乱的。卓有枚是卓文卿的孙子,作者要把复姓的功绩记在这一脉上,却忘记卓文卿在万历朝之前就死了。不过,当地人到万历朝还以宋氏相称呼,也是可能的。见李邺嗣:《杲堂文钞》卷六,清康熙刻本,第 19 页上—第 21 页下。

托,与丁修真及吴滔对《致身录》和吴江史氏家谱的分析所见类似。王世贞据卓明卿所撰世系,称其家三迁,终有"塘栖之赘",汪道昆则明确说这个"塘栖之赘"是入赘塘栖宋氏,直到清代镇志中才说是卓敦之子完成了三次迁徙,赘居塘栖。温州中部的瑞安、宁波南部的奉化都在沿海,再由余姚江西上至绍兴,甚至苏州,如果不是水上人,很难想象定居农民在一代之间连续进行这样的三次甚至四次迁徙。当然这也有可能是塘栖卓氏与瑞安、奉化及山阴卓氏联宗的结果。

到卓明卿祖父这辈以经商为业,不仅改变了身份,而且在文卿、明卿这一代复姓归宗,这种经历与东山施槃、王鏊等家族均颇为相似,可知并非一地之偶见。黄宗羲在《卓母钱孺人墓志铭》中说:"卓氏为塘栖望族,富甲一方,阡陌间架,牵连郡邑,僮客数百人,转毂鸣桡,昼夜不绝。舅姑皆在京师,子孟读书,不问生产,孺人以弱女子未明而起,诸事填委,候其指挥。左握算子,右征市历,官租岁计,转运贮积。会要不爽毫发。"①卓子孟是第十世,明末清初人,其父卓彝是顺治四年进士,算较早归顺清朝的江南人。黄宗羲说他们家养着数百僮仆进行水陆贸易,连卓子孟的夫人都精通贾事,可知他们还不是文人世家,或可归为绅商。

上述对卓氏来历的琐碎叙述旨在试图表明,这个在塘栖颇具代表性的名人家族,在明代中叶因经商致富,开始建构自己的祖先历史,到嘉隆间才有了士绅的身份,这个过程与塘栖从一片水乡变为商贸市镇的过程是完全同步的。所以,塘栖的文化地位也是从这个时候才开始建构的。

传经堂是另一个被文人津津乐道的文化创造,是崇祯时卓火传在塘栖所建,被称为"卓氏三世大儒之祠","内祀入斋、左车、蕊渊三公"。入斋公即卓显卿,字襄野,是前述卓文卿、卓明卿以及卓彝的祖父卓达卿的五弟,还有一个六弟卓顺卿未见更多记载,可能是夭折或者无后。入斋公曾将所居草堂命名为"传经",左车公则建起传经堂,后卓火传迁址扩建之,又于祠前立旌表其母丁

---

① 黄宗羲:《南雷文定三集》卷二,清康熙刊本,第29页上、下。

氏的牌坊，所以实际上是一个以文化为标榜的小宗祠堂。朱彝尊说："仁和卓火传氏，立宗祠于舍东，榜其堂曰传经。"①

我们不太清楚为什么卓火传要特别建一个小宗祠堂，与其他五门相分别，也不太清楚这个祠堂为什么只祭祀其三代祖先，也就是说，其高祖，即作为六兄弟后裔共祖的卓贤，都不在祠堂祭祀之列。有意思的是，卓火传之父卓人月，人称珂月先生，在《传经图赞》中写道："遗金不如遗经，积书不如积德。"好像对于子孙来说，敬宗收族并不那么重要。事实上，老六卓顺卿从第八世、老三卓立卿从第九世、老大卓文卿和老二卓明卿从第十一世开始，后嗣都不见记载，在第十世卓火传的时代，只有老四卓达卿和自己这一支卓显卿的子孙繁衍，而前者到了第十四世后，由于卓长龄（前述卓子孟之子）蒙受文字狱的缘故，后裔也都泯然于众人了。

传经堂建造之后，有许多著名文人写下文章或诗歌，康熙湖州知府吴绮称："迄今钜公名贤，无不知有三先生焉。"②李邺嗣则称："卓氏自入斋先生经行笃备，号为大儒……先生之子曰莲旬先生，孙曰蕊渊先生，世传其经义，名最高，江南推为儒宗。"③朱彝尊称卓火传，"东南之士，以为伦魁焉"。④ 不一而足，给予了超乎后人想象的评价。

在晚明，卓显卿这一支似乎并不如卓明卿一支有名，主要还是以经商为业，入斋公时"家素封……割其赀之半以自属，其半授之左车公。左车又携之金陵家不归。珂月公所析仅污莱数十亩，庐舍一区，殆同寒士"，"往来皆贤豪长者"。不过卓人月（珂月公）和他的父亲在科举考试上都纷纷碰壁，30 岁就去世了。卓人月死后，浙江各府有 4 位进士、21 位举人及数十位贡生、生员联名呈请仁和县批准给他建祠立碑，即所谓丈人祠，应该是卓火传所促动，也可能是因为卓人月曾加入复社，有社友的支持。传经堂创建之后，"此祠是为里

---

①　朱彝尊：《曝书亭集》卷六十六《记二》，四部丛刊影康熙刻本，第 7 页上—第 8 页上。
②　张之鼐：《栖里景物略》卷五，第 74 页。
③　李邺嗣：《杲堂文钞》卷五《卓氏传经堂记》，清康熙刻本，第 8 页上—第 9 页下。
④　朱彝尊：《曝书亭集》卷六十六《记二》，四部丛刊影康熙刻本，第 7 页上—第 8 页上。

中之冠冕",①成为塘栖有文化的重要表征。

卓火传在浙闱失意之后,于顺治十四年跑去参加北闱的乡试,但仍然在"科场案"中被扫落副榜。据徐乾学说,"四方之士,先后交于卓氏者,火传必乞其诗歌古文辞,以表彰其遗烈,至于盈筐累牍,而尤求之不已"。卓火传把这些诗文编成《传经堂集》,派自己的儿子胤域到京师来找徐乾学写序,徐乾学在序中不客气地写道:"异乎错之操申、商之学,以自戕其类矣。为之子孙者,读其遗书,观所以名其堂之意,而益求乎六经之道,虽白首不足以究其业,而于区区乞当世之一言,以表章其先烈,抑亦末矣。"②话里话外,是看不起卓火传这样的举动及其家学的。

清人程邑说:"苕水多世家大族,上者为名臣名儒,次者为清白吏,为佳士,咸克缵其先绪,以光大前人之业,卓氏殆其选矣。"③从卓氏家族的兴衰来看,虽然其家族自明中叶在经商的同时努力跻身于士绅行列,并通过四处结交江南名宦士人、建造传经堂等,打造文化世家,在明清之际有了一定影响,但因受困于科举,又受到文字狱的打击,并未实现成功转型,这也是塘栖始终是一个以运河贸易而非以文学鼎盛著称的市镇的缩影。

四、塘栖的制造

如前所述,塘栖的地方文献均承认明代的漕运带动了塘栖的繁荣。最典型的表述是《唐栖志》凡例中的概括:"唐栖,僻壤也。自漕河浚、长桥建,阛阓始聚,风气遂开。"而"塘栖"之所以在明中叶开始成为此地的另一个常用地名,与因大运河的开浚而移居和发家的那些家族不无关系。

尽管在明代中叶,"塘栖"这个词就不断出现在地方文献中,但直到晚清的

---

① 张之鼐:《栖里景物略》卷四,"传经堂""创建文人祠呈词",第70—72页。
② 徐乾学:《卓氏传经堂集序》,《憺园文集》卷二十《序二》,清康熙刻冠山堂印本,第2页下—第4页上。
③ 张之鼐:《栖里景物略》卷五,"记",第77页。

乡镇志书写中,编者还是更愿意用"唐栖"这个词。何琪在《唐栖志略》的凡例中说得很清楚:"鄙意地以人重,仍作唐栖,盖重义士之所栖止也。"他的意思很清楚,有关一地之记录,应以记人为重,特别是要注重弘扬正气,所以选择纪念唐珏的含义作为书名。到王同编纂《唐栖志》时,未在凡例中说明此事,反而在汇录前人诸说的基础上,作《唐栖名义续考》,主张"唐栖之名,当以唐栖寺断之"。虽然角度不同,但都不用人所共知的塘栖命名镇志,背后都有强烈的文化色彩或意识形态色彩。

无论哪种意思,都与大运河没有关系。唐珏为南宋皇室埋骨并隐居于塘栖,只是个传说,强调的是一种遗民观念;唐栖寺只是出现在南宋人的诗歌里,明清时期的人可能都没有见过它。两位乡镇志编者都没有选择与大运河密切相关的塘栖作为书名,或者是想强调塘栖更为悠久的历史,或者是想传递塘栖的某种人文精神,尽管书中不可避免地有大量与运河相关的内容,但无论《唐栖志略》《唐栖志》还是更早的《栖里景物略》,在体例上都没有单独设置与运河有关的部分。

在为《写文化》一书所写《导言》中,人类学家詹姆斯·克利福德认为,人类学民族志写作会受到语境、修辞、制度、一般意义、政治、历史等因素的制约,"这些决定因素支配了内在一致的民族志虚构的铭写"。他承认,"称民族志为虚构(fictions)可能会激怒经验主义者",但他认为,这个词并不是虚假的同义词和真实的反义词,而只是表达了文化和历史真实的不完整性,所以民族志写作是在"制作或塑造出来的东西"的意义上被称为"虚构"的。像年鉴派勒华·拉迪里、社会文化史的娜塔莉·戴维丝和微观史的金兹堡的作品,都被称为"历史民族志"。①

在中国传统的地方志体系中,乡镇志或乡土志由于大多系个人私修,因此与各级官府所修方志不同,较少条条框框的约束,各自体例也不统一,作者往

---

① 〔美〕詹姆斯·克利福德:《导言:部分的真理》,收于〔美〕詹姆斯·克利福德、〔美〕乔治·马库斯编:《写文化——民族志的诗学与政治学》,高丙中、吴晓黎、李霞译,第31、34—35页。

往是本地文人,所以可被视为"写文化"的本土民族志。当然,他们也会引述许多外来的著名人物对本地的描述,因此也有了"客位的"视角。在地方文化与历史的建构和重构中,从来都包含"主位的"与"客位的"双重力量,它们可以相互吸纳,也会在不经意间显示出不同的看法和立场。同时,作为一种"历史民族志",它们也会提供不同历史时期的人们留下的部分文本,也会在地方文化与历史的建构和重构中形成张力,从而呈现出各种不同的部分真实。

塘栖作为一个商业市镇,无疑是应"运"而生的。但如前所述,大运河在明初的修浚,提供的是一个重要契机,真正发挥作用的,是这里本来就是连接太湖流域与钱塘江流域的重要水道,生活着大量渔民和靠运输业为生的水上人,所以我们看到这里有来自宁波、绍兴等浙东沿海地区的流寓人口,前面提到的唐珏、修通济桥的陈守清,以及卓氏家族,都是如此。虽然各种文本的作者没有刻意强调这一点,但都不经意地点出了这里的水乡传统,虽然没有形成像洞庭商人那样的商帮势力,但这一传统无疑奠定了塘栖作为商贸重镇兴起的基础。

塘栖的水上人传统也几乎被地方文献遮掩了,但我们还是可以发现一些蛛丝马迹。卓尔康(即卓去病,本为卓明卿子,因卓文卿早逝无子,过继于文卿)所撰《英济张侯庙碑记》称:

> 西水故有英济张侯祠,嘉隆间,侯祠遍江南。予里则王父见斋公创社,十二人一轮,每年设歌舞以乐之。尔时侯故作光怪,人稍稍不敬,必有影响,舆像以归,辄重不可举,殊足异也。……今年僧照莲欲葺完之,谒予为记。或曰:侯祠非故也,子奚谀焉。予曰:不然。以功勤民、以劳定国者例得祠,此旧典也。功令每村聚处,必立土社神祠,为民祈年,而民因以酾饮其中,共为欢乐。西水一市镇也,吴越孔道,商贾缩毂,四方以舟楫来者,实熙攘焉。弘治中,漕储法定,而江南纲运者俱直达京师,水道通而神谋盛,一时河淮如金龙四大王者主盟其间,而侯亦与为呼吸焉。……侯为越人,以习水起家,生为义士,没为明神,而予里人多行商,远者千里,近者

　　百里，无日不与波涛争。……①

塘栖英济侯庙在里仁桥南，据说还未有此桥时便有此庙。卓尔康的祖父见斋公卓贤建立了社祭组织，卓尔康也说明这个庙就是本地的一个社。他特别说明这个张侯本是浙江的水上人，其作用是与黄淮流域的金龙四大王一样的，对于塘栖这些从事商业和水上运输的人来说，意义重大。也许正是因为卓氏可能本来就是钱塘江流域的水上人，才会有这番使这个水上人的神合法化的言论，而其祖父就已开始制度化的祭祀仪式。后来文人将张侯正统化为晋南人张巡，配以南霁云、雷万春，将英济侯庙改称靖江王庙，但老百姓似乎并不认可，在这里改建了一座戴侯庙，据称此神在南宋宝祐二年为拯救落水之人而死，"浮尸逆流而上"，可见也是水上人尊奉的神祇。

　　当然各种文本中最为凸显的还是塘栖的士绅化过程。前述卓氏家族的例子说明，这个士绅化过程并非一帆风顺。何琪在编《唐栖志略》时，曾向著名学者杭世骏请教，杭世骏是仁和本地人，又曾在雍正时担任过《浙江通志·经籍志》的纂修，对何琪的写法不太满意，曾写了一封长信提出建议：

　　　　出关，栖水为必由之地，大小丁山皆几案间物。出则云树苍茫，有离别可怜之色；归则井邑团聚，有迎门笑语之欢。苦无下漊之田，又少清漳之宅，欲卜居焉不得也。
　　　　承示《志略》，虽地志之别乘，风雅之外编，而宗郦元之简，致柳州之洁，洵乎其为风人之作也。但列寓公而不及土著，则足下特自便，其提铅问俗之计，而不为征文考献地也。

他的意思是，塘栖是个弹丸之地，《唐栖志略》虽然像郦道元、柳宗元的文字那样简洁，但不过是采风问俗之作，特别是只列寓公而不涉及土著的写法，他是不同

---

　　①　王同：《唐栖志》卷六《祠庙》，第100页。

意的。所以,他在信中罗列了许多本地的名人,质问何琪为何不写。如:

> 胜国以前,吾未能悉。卓去病、沈无回之经术,胡休复、卓珂月之文学,皆逢阳九百六之会,栖迟一隅,名不大显。卓、沈、胡皆有墓志,而珂月有《蕊渊集》,可据而采也。……传经之堂,耿岩竹垞记之,渔洋诗之,虽卓氏之箕裘,实乡邦之圭臬也。火传名字不挂于志中,岂非憾事乎?……

他感叹道:

> 呜呼! 吾邑志之不修近百年,百年以外之人物,其湮没也,前志任之,百年以内之人物,其不传,则吾与二三子之责也。塘栖一隅之地,其不传,则栖水诸君子任之;足下为志略,遗之,舍足下其谁责哉![①]

何琪在跋语中写道,他是收到了这封信的,甚至说杭世骏死后将近30年,这部《唐栖志略》还未付梓。应该说,何琪并没有充分接受杭世骏提出的建议,原因可能是他并不认为这些本地文人值得大书特书。而杭世骏虽然认为他们的经术、文学"名不大显",传经堂只是家族之学,但还是应该留下一笔的。这场争执,说明在乾嘉之时,塘栖尚未被打造成一个文风甚盛的文化名镇,从本质上说,这里的人并没有完全形成文化认同。直到光绪时代王同编纂《唐栖志》时,才算吸收了杭世骏的建议,不过此时塘栖也已与大运河一道,进入了衰落期。

杭世骏的批评表明,何琪的《唐栖志略》给出的是一幅他自己的塘栖图像,这是一幅充满乡村野趣的颇具地方性的图像,本地的人物作品皆附着于景观的描述,被凸显出来的则是流寓的人物,这显示出他对本地文化的价值判断。

---

① 杭世骏:《道古堂全集》,《文集》卷二十一《与何东甫书》,清乾隆刻、光绪修本,第17页上—第18页下。

杭世骏则希望能够给出的是完全不同的塘栖图像，要突出这里的文人学术、节妇烈女、方外高士，这对他而言，固然是需要彰显的真实内容，但同样也是一个曾在翰林院为官的大学者希望向世人展示的那个塘栖——这不单纯是一个作为地方的塘栖，还是一个作为主流文化一部分的塘栖。

应该说，在江南水乡，有许多因为工商业而繁荣起来的市镇，从明代开始有了一些读书人，甚至有一些在科举仕途中获得了成功，像洞庭东山，还出了像王鏊这样的大学士，被唐寅、文徵明等人师视之，虽然从明代中叶开始，地方文人就开始努力重塑家族和地方的历史，自清乾隆时期开始着力进行文化打造，比如有以洞庭两山为主的《太湖备考》，但终归崛起时间不长，文化积淀不够，再加上一些客观因素的影响，成为并无多少簪缨大族、仍以流动性为主的水乡生活为特色的另一类江南市镇。于是，我们在塘栖的乡邦文献中，感受最为深切的不是塘栖的水乡历史，而是日益士大夫化的塘栖叙事。

[作者简介]赵世瑜，北京大学历史学系教授。

江南社会

买地券所见唐宋以降江南西道（路）地区的葬俗[*]

吴启琳

内容提要：唐宋时期，在堪舆风水之术影响之下，江南西道（路）的墓葬中陪葬买地券之风十分盛行。通过对买地券文本的考察，可知该地区民众对于墓地选址既要求符合堪舆风水之术的"原其所起，即其所止"基本原则，又要尽可能因地制宜、顺应自然，由此建构起了墓葬的堪舆风水生态审美意象；在一些墓葬仪式实践中，人们为择得"风水宝地"，必须经过严格的"龟筮协从，相地袭吉"的卜葬程序，但由于"吉壤不易得"，导致丧葬过程中出现了较多停柩卜葬和迁葬的葬俗现象，反映了堪舆风水文化在江南西道（路）买地券中的深远影响。

关键词：买地券　风水　葬俗　江南西道（路）

一般认为，在"事死如事生"孝道观念和祖先崇拜观念影响下，买地券作为陪葬明器在南方古代墓葬中普遍出现，是民众传统丧葬习俗的重要组成部分，

---

*　本文系江西省社会科学"十四五"（2022年）基金项目"传统民间文书与江西基层治理研究"（项目编号:22LS05）、江西高校人文重点研究基地数字化社会与地方文化发展研究中心招标项目"历史政治地理视域下民国南昌乡村治理研究"（项目编号:JD18082）阶段性研究成果,得到江西科技师范大学人才培养"青年拔尖人才"人文社科项目经费资助。

"能揭示各个时期的民间信仰和埋葬习俗"。① 迄今为止,学界围绕买地券的文字用语表述、性质、功能及其中所蕴含的道教元素等方面做了深入探讨,亦取得了丰硕成果,②但针对道教祖庭所在地和堪舆风水术发达之区——江南西道(路)的买地券的研究不多,对其中所蕴含的"龟筮协吉"③风水文化及其与江南西道(路)葬俗关系的揭示还不够。陈柏泉在《江西出土墓志选编》中指出:"江西省区范围内,出土自唐代迄明地券甚多,尤以宋、元两代为盛。究其原因,应与江西地区有不少道教所称道的'洞天福地'有关。……由于道教的广泛传播,地理堪舆之术在江西曾风靡一时。因此,自唐代以来,随葬地券之风在江西盛行不衰,当与道教的流传密切有关。"④不过,从前人研究及江南西道(路)出土买地券的空间分布和文本表述来看,买地券的出土县市并没有与"洞天福地"完全重合,且道教文化元素也并非江南西道(路)出土买地券文本所独有,倒是唐宋之际兴起的葬地堪舆风水之术,伴随着江南西道(路)买地券的历史演进而不断得到体现与强化。

　　陈柏泉在《江西出土地券综述》一文中还特别提及:"唐代以前的券文,字数较少,文义简单,连续刻写,不立券额和首行标题,不易找到专称。发展到后期的

---

① 陈柏泉:《江西出土墓志选编》,江西教育出版社 1991 年版,第 593 页。
② 比较典型的有陈柏泉:《江西出土地券综述》,《考古》1987 年第 3 期;李裕群:《宋元买地券研究》,《文物季刊》1989 年第 2 期;黄景春:《地下神仙张坚固、李定度考述》,《世界宗教研究》2003 年第 1 期;黄景春:《买地券、镇墓文研究及其语言文字学意义》,《上海大学学报(社会科学版)》2007 年第 5 期;张传玺:《买地券用名的历史考察》,《北大史学》第 12 辑,2007 年;陈进国:《"买地券"习俗的考现学研究——闽台地区的事例》,《民俗研究》2008 年第 1 期;蔡子鹤:《买地券词语拾零》,《中国历史文物》2008 年第 6 期;吴侪:《张坚固小考兼论江西风水术——江右史话批判之二》,《江西科技师范学院学报》2010 年第 3 期;董春林:《从人间到冥世:宋代冥契文化述论》,《湖南师范大学社会科学学报》2010 年第 2 期;黄景春:《畏惧、排斥亡魂及其表述方式——以买地券、镇墓文为例》,《民俗研究》2016 年第 2 期;〔日〕池田温:《中国历代墓券略考》,《东洋文化研究所纪要》第 86 册,1981 年等。
③ 买地券在对所谓"风水宝地"的选址时,常有"龟筮叶宜,相地袭吉"、"龟筮协从,相地袭吉"、"龟筮协从,其地协吉"、"龟筮协从,其地袭吉"、"龟筮协从,厥州惟吉"、"问于耆蓍龟,蓍龟协吉"、"质之蓍龟,罔不协吉"(参见陈柏泉:《江西出土墓志选编》,第 553、555、558、559、566、571、584 页)等说法,以表明葬地是经过规范、严格的卜葬而定,充分体现了堪舆风水之术在江西葬俗中的主要功能,本文取"龟筮协吉"四字以概括江西葬地堪舆风水习俗。
④ 陈柏泉:《江西出土墓志选编》,第 592—593 页。

券文,字数增多,文义繁杂,内容大同小异,逐渐趋于规格化。"①其中,买地券对丧葬风水习俗的相关表述,恰恰是其中那些字数增多的重要部分之一,应是我们把握江南西道(路)买地券之地域文化特色的一个重要切入点,值得深入研究。

一、堪舆风水观念与买地券的使用

江南西道(路)地处"吴头楚尾",是古越人和中原南迁之人聚居之所,其俗好巫尚鬼。传统时期的人们相信,冥冥之中人死必有定所。宋宝庆三年"王宣义地券"有载:"昔观汉之夏侯婴,尝驾至东都门,马踏地不前,使人掘地得石椁,书之曰:'佳城郁郁,公居此室。'婴叹曰:'天乎,吾死其安此乎。'因是而知人之归封,皆有定所,非偶然者。"②要选得这一"佳城""定所",堪舆风水之术恰好可以助上一臂之力。明人王祎则言:"堪舆术,则本于晋郭璞所著《葬书》二十篇,多后人增以谬妄之说……后世为之其术者,分为二宗。……一曰'江西之法',肇于赣人杨筠松,曾文辿、赖大有、谢世南辈,尤精其学。其为说主于形势,原其所起,即其所止,以定位向。专指龙穴、沙水之相配,而他拘忌在所不论。"③根据魏佐国的研究,"唐朝末年,仆都监杨筠松为躲避战乱,窃得秘书禁术,千里迢迢从长安来到江西宁都定居,并以其术传与廖三传,廖传其子瑀,瑀传其婿谢世南,世南传其子谢永锡。入宋以后,'风水'一词'往往人皆道之',风水学逐渐在全省范围内传播开来","形势派又称峦体派、三才派,主要活动于山川地区,注重自然地貌,专讲'龙砂穴水之相配',因地制宜,因形选择,观察来龙去脉,追求优美意境,尽可能地使宅基建设位于山灵水秀之处"。④

堪舆之术的兴起,使得唐宋以来江南西道(路)地区墓葬风俗出现新的变化,"形成了一套富有神秘色彩的仪式,诸如择风水宝地、选黄道吉日、殉地券、

---

① 陈柏泉:《江西出土地券综述》,《考古》1987 年第 3 期。
② 陈柏泉:《江西出土墓志选编》,第 569 页。
③ 王祎:《王忠文集》卷二十《杂著·丛录·堪舆家》。
④ 魏佐国:《江西古代风水学考略》,《南方文物》2004 年第 2 期。

殉冥途路引等"。① 其中,所谓"殉地券",亦即墓葬中常见的陪葬明器——买地券。南宋时人周密言曰:"今人造墓,必用买地券。以梓木为之,朱书云'用钱九万九千九百九十九文,买到某地'云云。此村巫风俗如此,殊为可笑。"②元代陶宗仪则称:"葬家听术士说,例用竹书铁卷,若人家契帖,标四界及主名,意谓亡者居室之执守者,不知争地者谁耶?"③

但是,从普通民众的生活逻辑和视野来看,买地券作为葬俗中的一个组成部分,已然成为人们普遍认同的,以衡量墓葬是否"借日精择",是否符合葬地堪舆风水习俗标准的一个载体。恰如宋绍熙元年"李氏地券"文曰:

> 维皇宋绍熙元年九月壬子朔二十有二日癸酉。临江军清江县修德乡荷湖里杜叔义、叔礼、叔智、叔信等,以母亲李氏,享年八十有六,于先年十月庚子日终于寝。卜葬于崇德乡青郭之原。存日买得清江镇李通议户之产,栽殖峦林。迁作乾亥山巽向,面揖阁皂张葛仙峰,左顾新城,右接武陵,后倚乎十万洲之境,山齐水秀。参详乎前贤阴阳地理之书,罔不协吉。永葬于斯,惟神护之。有诸干犯,惟神怒之。亡人其安,子孙其昌。神之与祭,久而不妄。④

"李氏地券"载明了墓主人李氏亡故时间为"先年十月庚子日"(淳熙十六年),下葬前亦是经过家人为其卜葬,择得"崇德乡青郭之原"作为墓地选址,但由于生前买得清江镇李通议户之产,经过栽殖峦林后,该地呈现出一幅"面揖阁皂张葛仙峰,左顾新城,右接武陵,后倚乎十万洲之境,山齐水秀"之景象。于是,李氏家人"参详乎前贤阴阳地理之书,罔不协吉",遂决定在绍熙元年"迁作乾亥山巽向"并"永葬于斯",以图实现"亡人其安,子孙其昌"的美好愿景。

---

① 彭明瀚:《道教对江西唐宋以来葬俗的影响》,《南方文物》1998 年第 3 期。
② 周密:《癸辛杂识·别集》卷下《买地券》。
③ 陶毂:《清异录·丧葬》,载于陶宗仪:《说郛》卷六十一。
④ 陈柏泉:《江西出土墓志选编》,第 562—563 页。

　　韦森认为："习俗作为一种自发社会秩序，一旦生成，它就能作为人们社会活动与事务中的一种常规性固化习俗本身所覆盖的团体、社群或社会中成员的现象型行为，从而它本身也就作为一种事态、一种情形像一种社会规则那样对成员的各自行为有一种自我强制性的规约。"①因此，经历了自汉至宋元长时期的发展，买地券从埋葬习俗的社会伦理层面对亡人的下葬亦多有限制。如南宋嘉泰四年"周必大买地券"和景定元年"王百四地券"云："青乌子曰：按鬼律云，葬不斩草买地立券，谓之盗葬"；至元三十年"吴学宾地券"亦曰："按青囊红云，葬不立券，名为盗葬"；延祐六年"陈氏地券"有言："按青乌鬼律论云：葬不买地，不立券，谓之盗葬"；正统十一年"余妙果地券"道："青乌子曰：天生万物，人最为灵，生存凡世，殁故地藏。葬不斩草立券，谓之盗葬"；等等。② 作为普通民众，如果不从众买地立券，就有违反葬俗之社会伦理的风险；更何况，不论哪个家庭和个人，都不敢也不愿承担因不卜葬以致折损"子孙福泽"所带来的心理负担。李氏墓地堪舆风水情况通过买地券这一陪葬明器呈现出来，表明堪舆风水已经成为人们葬俗中的一个重要内容，是民众丧葬仪式展演过程中的一个"生活日常"，更是人们生命仪式的一个组成部分。

二、风水文化审美意象在买地券中的体现

　　风水文化在墓葬中的运用有着悠久的历史传统。东晋郭璞《古本葬经》载："葬者乘生气也。生气，聚气也。气聚而后能生，不聚，则不能生也。……气乘风则散，界水则止。古人聚之使不散，行之使有止，故谓之风水。"③宋人

---

　　① 韦森：《习俗的本质与生发机制探源》，《中国社会科学》2000 年第 5 期。

　　② 陈柏泉：《江西出土墓志选编》，第 566、575、578、580、584 页。关于买地券中的"盗葬"一说，陈杏留、蔡子鹤《买地券中的"盗葬"考》（《文物春秋》2010 年第 6 期）一文做了一定的考述，并指出："在出土的买地券材料中，'盗葬'表'葬不斩草买地立券'，只在宋元明时期出现过，且只在江西地区，反映了江西地区的丧葬习俗"；"并与道教内容密切相关，在一定程度上丰富了道教词条的内容"。

　　③ 郭璞：《古本葬经》，郑同点校，《古今图书集成术数丛刊 堪舆》，华龄出版社 2008 年版，第 319 页。

罗大经对埋葬风水习俗提出批评时曾指出:"葬者,藏也。藏者,欲人之不得见也。古人所谓卜其宅兆者,乃孝子慈孙之心,谨重亲之遗体,使其他日不为城邑道路沟渠耳。借日精择,亦不过欲其山水回合,草木茂盛,使亲者遗体得安耳,岂借此以求子孙富贵乎?"①然而,这恰恰反证说明了当时民人对于墓葬"相地袭吉"的根本原因,那就是:一是人们希望亡故亲人获得安息之所;二是借助堪舆风水以福荫子孙,以图家族昌盛发达的心理诉求。

就"精择"而言,江南西道(路)有着丰富的堪舆风水所需之地理环境资源。据谭钜生、林文荣、黄际民《江西省地理》对江南西道(路)地形地貌和水系的介绍,"江西地势,四面群山环抱,中部丘陵广布,盆地纷杂其间,北部平原坦荡,鄱阳湖水系切割山地与各个丘陵、盆地相通,把这几种地貌单元联系在一起,构成了全省不规则的环状结构地貌格局","江西省共计有大小河流 2400 多条,其中较大的有 160 多条,总长约为 18400 公里。这众多的河流,除瑞昌县、彭泽县两地部分河流注入长江干流;萍乡市渌水、修水县境内的汩罗江为洞庭湖流域水系,赣南的定南水、寻乌水等属于珠江流域东江水系外,其余各河都注入鄱阳湖转入长江,构成一个完整的鄱阳湖水系",②为江南西道(路)堪舆风水之术的兴起提供了充分的山水地理条件。随着道教的发展,堪舆风水开始进入普通民众的生活。陈柏泉《江西出土墓志选编》一书附录中辑选了全省各地的官民地券文 40 通,其中唐代 2 通,宋代 28 通,元代 6 通,明代 3 通,直观地反映了唐宋以降,特别是宋元时期江南西道(路)葬俗中以"相地袭吉"为原则的堪舆选葬风水习俗诸多面相。

比较这一时期出土买地券可以发现,民众对于墓地选址相当谨慎,既要符合堪舆风水之术的"原其所起,即其所止"基本原则,又要尽可能因地制宜,顺应自然,某种程度上促成了堪舆风水学之生态审美意象的构建。买地券中描述的墓地选址最基本的要求是,墓舍有完整的四至和一定标准的朝向,即按照

---

①　罗大经:《鹤林玉露》卷六,中华书局 1983 年版,第 344 页。
②　谭钜生、林文荣、黄际民:《江西省地理》,江西教育出版社 1989 年版,第 34、43—44 页。

所谓"原其所起,即其所止"原则,来圈定"中央富地""安厝宅兆""天心福地""万年冢宅""千年山宅""万年金陇""宅兆安厝"之"吉壤"的位置。① 根据张勋燎的研究,"自东汉以来,在买地券文中包含有关方位的材料,大抵包括两种不同的性质:一是墓地界至方位;二是墓向和墓地附近的山脉、丘陵、水流所在方位或走向","墓葬作为死者的居室,又往往具有宗教方面的性质意义。买地券著录墓地四方界至,有纪实与虚拟两种不同类型,后来随着宗教色彩的增加,在多数情况下由纪实蜕变为虚拟";"买地券文中用四神作为墓域四至界域,是受到南朝道教上清派葬墓术中墓地四神材料影响发展而来的,初起于唐而盛行于北宋中叶以后"。②

江南西道(路)出土唐宋以降买地券中多有此种情况。鉴于张氏已就宋代江南西路地券所标识的墓葬朝向堪舆方位做了一定的爬梳,③此处仅对这一时期墓葬界至进行举证。诚如唐代开成二年九月南昌县丞"唐姚仲然地券"载:"今买当乡地作墓,东至甲乙青龙,南至丙丁五岳,西至庚辛白虎,北至壬癸奔牛。"④张勋燎引王洙《地理新书》卷二"地形吉凶篇"对此评论曰:"'凡内外宅地岗陇形势,皆须左抱右掩,盘回斜曲,首尾相就,左顾右盼,如龙如虎……隐隐轸轸,或如奔牛起伏。''奔牛'和翔龙、伏虎一样,是一种墓葬的吉地山形,再次和五岳一起成了一种表示兆域方位界至的习称。"⑤其他类似的还有大顺元年"熊氏十七娘地券":"东至□□,西至□□,南至丙丁,北至壬癸,中央戊己,上至上苍,下至地砀";⑥宋代嘉祐二年九月"陈氏六娘地券":"东坡柳家坑

---

① 参见陈柏泉:《江西出土墓志选编·附录》之"宋、陈氏六娘地券"、"宋、吴助教地券"、"宋、张公地券"、"宋、胡氏二娘地券"、"宋、曾三十七地券"、"宋、叶九承事地券"、"宋、黄氏地券",第551、555、556、560、561、565、577页。

② 张勋燎:《我国南方宋明墓葬出土墓券堪舆罗经图和有关方位文字考说——兼论堪舆与道教的关系》,《南方民族考古》第七辑,科学出版社2011年版,第328、329页。

③ 参见张勋燎:《我国南方宋明墓葬出土墓券堪舆罗经图和有关方位文字考说——兼论堪舆与道教的关系》,《南方民族考古》第七辑,第337—340页。

④ 陈柏泉:《江西出土墓志选编》,第549页。

⑤ 张勋燎:《我国南方宋明墓葬出土墓券堪舆罗经图和有关方位文字考说——兼论堪舆与道教的关系》,《南方民族考古》第七辑,第335页。

⑥ 陈柏泉:《江西出土墓志选编》,第550页。

坤山下,永买得本□乙向地一穴,开为□□。某地东止甲乙,南止丙丁,西止庚辛,北止壬癸,中央富地为宅";①熙宁八年一月"江注府君地券":"本州吉水县中鹄乡青原山,旧名若坑,今更为祖庆岗,阴地一穴,永为祖主。……其东地止甲乙青龙,南至丙丁朱雀,西止庚辛白兽,北至壬癸玄武,上止苍天,下彻黄泉";②等等。由江南西道(路)出土买地券所反映的墓地界至及墓券中四方神的普遍出现可知,唐宋以降江南西道(路)葬俗具有明显的道教元素,同时也具有浓厚的堪舆色彩和风水文化意蕴。

值得注意的是,进入宋代,特别是绍熙元年以后,江南西道(路)墓地中的买地券文本出现了一些新的变化:墓地选址不再仅仅满足于"左青龙—右白虎—前朱雀—后玄武",或者"东青龙—西白虎—南朱雀—北玄武—上青天—下黄泉"这样一个在其相对居中的方位需求,还增添了许多风水生态审美要素。如绍熙元年九月"李氏地券"即言:

> ……买得清江镇李通议户之产,栽殖峦林。迁作乾亥山巽向,面揖阁皂张葛仙峰,左顾新城,右接武陵,后倚乎十万洲之境,山齐水秀。参详乎前贤阴阳地理之书,罔不协吉。③

从文意不难看出,李氏墓地经过地理先生查照阴阳地理之书后,被选在了视野开阔、山川秀丽之所,从周遭的意境审美来看,俨然构成了一幅十分壮丽秀美的山水画。说明从这一时期开始,人们对于所谓"风水宝地"的定义和选择又有了更高的标准。

类似情况在江南西道(路)其他地区的买地券中亦有不少,兹试举几例。如在嘉定四年十一月"周氏地券"文中,其言曰:

---

① 陈柏泉:《江西出土墓志选编》,第 551 页。
② 同上书,第 552 页。
③ 同上书,第 563 页。

今择兹土,营建幽宅。其地西兑山,行龙坐癸向丁。前有方池,水光如镜。横小洲以为案,隔案之外,复有槎溪港。弓城之水左右,山势回环拥顾。龟筮协从,谓为吉壤。①

又如嘉定十七年十二月"杨氏地券"载:

其地乃曲水之原,行龙自坎过龙于艮,坐寅甲作穴,以庚为向。四山围绕,一水环抱。②

复如宝庆三年九月"王宣义地券"称曰:

其地自西兑山,来龙摆拨起伏,有骨有脉,坐癸向丁,前有池水,清澈如镜。横小洲以为案,案之外,复绕以槎溪。弓城之水,明堂广阔,万马可容。左右山势,回环拥顾,阴阳家云,是为吉壤。③

还如淳祐十年九月"郑静阅地券"写道:

有龙腾踪自西兑,起伏六七里,下枕溪流,坐乾向巽,峰峦后先,水抱贪狼,泓停卯甲,迤逦归丑艮东流,皆协吉卜也。④

由上可见,宋代江南西道(路)民众的墓地堪舆风水之习,讲究山与水的和谐搭配,注重人与自然的融合,在对墓地周遭环境选择的卜葬过程中,逐渐实现了对于风水的生态审美意象的构建。

---

① 陈柏泉:《江西出土墓志选编》,第 567 页。
② 同上书,第 568 页。
③ 同上书,第 569 页。
④ 同上书,第 573 页。

　　进入元代之后，为了择得风水宝地以保主人"内外存亡得安稳"，①并福荫"子孙昌炽，永保休吉"，②江西墓葬沿袭了宋代堪舆风水的生态审美意象旨趣和标准，促成了这一时期江西墓葬堪舆风水趋同和规范化表述。举例如元代延祐六年一月"陈氏地券"记载曰：

　　　　丑艮山坤未向，是为之宅。东抵青龙，西至白虎，南极朱雀，北拒玄武，百步之内，四止之间，悉茔封之。……伏愿亡灵，既葬之后，灵仪允执，永镇幽宅。天光下临，地德上载。阴神协吉，丘域储祥。水绕山环，藏风聚气。邪魔屏迹，子孙炽昌。罔有不臧，永赝多福。③

以及至治元年十二月"雷氏地券"也言：

　　　　同里樟陇食，其地自仙峰发龙，起伏而北，迂回顾祖，坐癸向丁，诸星朝护。匮库聚其前，诰轴展其后，禄马环其左，武曲临其右。吉水绵延，佳穴开肇。④

同样，后至元五年十一月"胡仲才暨熊妙寿地券"亦曰：

　　　　乔岭，龙脉坐丑向未，四水回环，藏风聚气，前塘汪洋，远山呈贵，允为幽宅。阴阳佳处，灵兮安妥。⑤

至正四年十二月"雷七宣义暨罗氏地券"则称：

----

①　陈柏泉：《江西出土墓志选编》，第558页。
②　同上书，第559页。
③　同上书，第580页。
④　同上书，第581页。
⑤　同上书，第583页。

……龙巽离,厥山忏湖之西,坐酉向卯。左挹蛟溪之朝水,源清流长。右护游湖之佛堂,钟鸣鼓击。前植诗书之脉,笔锋墨池。后恢金谷之匡,饭山财案。照于上,则星明宿丽。载于下,则土润基深。幽室中居,灵魂内口。……风藏气聚,草秀木荣。福荫子孙,光增宗祖。[①]

关于择风水宝地而葬的习俗,彭明瀚曾引《葬经》和《北宋宣和三年张公地券》文献论曰:"'顺势形动,回复始终,法葬其中,永吉无凶。'这正一语道破了人们相信风水的秘密所在,风水活动不是为了死人,而是为了活着的人,希望后代'居家富贵,男女昌盛,年登百岁,无有妨害,仓库盈溢,歌谣尽日'";"风水宝地多山环以蓄风,水抱以止气的地形……风水宝地多为山川形胜之地,江西地处江南,丘陵众多,水网密布,气候湿润,山清水秀,为风水学说提供了生存的土壤,再加上道教的倡导,风水信仰极为普遍"。[②] 可以说,前述江西出土宋元买地券中丰富的葬地堪舆风水表述和风水生态审美意象的构建即是彭明瀚先生这一说法的具体表现,充分体现了宋元以降江西葬俗堪舆风水中的"精择"原则。

三、堪舆风水观念对江西葬俗衍化的影响

元人牟楷《内外服制通释》有言:"礼之行,由于俗之厚;俗之厚,由于丧之重也。周公所以成周家忠厚之俗,亦惟丧祭之重而已。丧祭之重,民俗之厚也;民俗厚而后冠昏之礼可行矣。"[③]可见传统时期人们对葬俗之重视实有深刻的社会文化根源,其是人生中的大事,下葬不容出现半点马虎。

值得注意的是,堪舆风水之术流行之前,停枢不葬即已有先例。据清人卢秉钧描述,"停枢上古所无,自建安离析,永嘉播窜,于是不得已而停枢者,以世

① 陈柏泉:《江西出土墓志选编》,第584页。
② 彭明瀚:《道教对江西唐宋以来葬俗的影响》,《南方文物》1998年第3期。
③ 牟楷:《内外服制通释》,"至元后己卯"。

乱故也",①可知宋元之前的停枢不葬实属民人迫于形势的无奈之举。然而,随着堪舆风水之术的流行和发展,作为阴宅"龟筮协从,相地袭吉"习俗的衍生品,宋元以降南方各地开始普遍流行"停枢卜葬"和"迁葬"的做法。张传勇指出:"宋代以来,随着风水之说与厚葬风气的盛行,停丧不葬出现前所未有的发展态势。南宋时期,首次面向全体臣民颁布停丧禁令,正是停枢之风盛行在法律上的反应";"南宋《庆元条法事类》卷七十七《服制门·丧葬》即有'诸父母亡,过五年,无故不葬者,杖一百'的规定。《元典章》也有'禁治停丧不葬'之条。与《庆元条法事类》过五年不葬杖一百相比,明清律令的经年(一年或一年以上)不葬杖八十,无疑有过之而无不及"。② 但是,尽管朝廷明令禁止,基层民众依然趋之若鹜。恰如乾隆皇帝所论,"汉人多惑于堪舆之说,购求风水,以致累年停枢,渐至子孙贫乏,数世不得举葬",③清朝如此,早在宋元时期亦复如是,这在陈柏泉汇编的江南西道(路)出土买地券中就有清晰的反映,兹据相关地券制成下表。

表 1　买地券所载停枢卜葬时间情况

序号	地券名称	殁故时间	卜葬时间
4	江注府君地券	熙宁甲寅岁仲夏甲子日	(熙宁)乙卯年正月己卯二十七庚申日
5	胡三郎地券	去年三月十五日	元祐元年七月二十七日
6	张愈地券	元符元年二月二十五日	乙卯年(元符二年)十月十一日
7	李宣义地券	崇宁三年六月二十九	至次年(崇宁四年)正月二十八日
9	张公地券	宣和二年四月初八日	宣和三年岁次辛丑九月壬戌朔
11	秦秘校地券	淳熙元年十二月十四日	次年(淳熙二年)乙未十一月戊午二十五日壬申

---

①　卢秉钧:《红杏山房闻见随笔》卷十七《丧葬随笔》,《四库未收书辑刊》第 9 辑第 15 册,第 472 页。

②　张传勇:《清代"停丧不得仕进"论探析——兼及清代国家治理"停丧不葬"问题的对策》,《中国社会历史评论》第 10 卷,天津古籍出版社 2009 年版,第 292、282—283 页。

③　《清高宗实录》卷五,雍正十三年十月己酉,中华书局 1985 年版,第 241 页。

续表

序号	地券名称	殁故时间	卜葬时间
13	曾三十七地券	淳熙十年四月初七	淳熙十五年十一月一日
16	朱济南地券	庆元三年五月初三日	(庆元)四年九月二十五
19	周必大地券	嘉泰四年十月初一日	嘉泰四年十二月
20	周氏地券	嘉定四年正月	嘉定四年十一月
24	曾氏太君地券	绍定壬辰十一月初二日	绍定五年十二月
25	李氏地券	嘉熙元年三月二十一日	嘉熙元年五月初十日
26	郑静阆地券	淳祐七年	淳祐庚戌(十年)九月十有九日
29	王百四地券	淳祐癸卯二月乙卯	景定元年八月念一日
31	吴学宾地券	至元壬辰(至元二十九年)正月初四日时	(至元三十年)癸巳年十月二十七日
33	陈氏地券	延祐丙辰正月初八日	延祐六年正月丁巳朔越五日辛酉
35	李觉斋地券	乙丑年(泰定二年)四月初四日	大元泰定二年五月
36	胡仲才暨熊妙寿地券	胡氏,(后至元五年)二月二十七戊时;熊氏,先翁九日卒	大元后至元五年十一月
37	雷七宣义暨罗氏地券	雷氏,甲申年五月二十九日;罗氏,甲申年十月十七日	甲申年十二月十八日辛酉吉日
38	余妙果地券	正统十一年六月二十一日	正统十一年九月十七日

　　从表1来看,在这批出土买地券中,自宋至明,因"龟筮协从,相地袭吉"而延期安厝的案例达20例之多,表明停尸卜葬的情况相当普遍,但除第13、26通买地券外,其他买地券所述卜葬时间均不超过一年。魏佐国指出,风水对"江西古代宅基位置的选择无疑具有积极意义,但其祸福吉凶论和葬先荫后论的传播与发展,对江西几千年的封建社会却带来严重的危害",其中之一便是"停枢不葬",由于"笃信葬亲得吉壤则子孙富贵蕃祉,否则便贫贱衰绝,于是稍稍富裕之家,莫不孜孜以求风水宝地。由于佳地难寻,只好

厝其枢而不葬".① 在这一领域中,堪舆风水从社会心理学角度支配着江西地方官民"相地袭吉"葬俗的世代传递,因此,由宋元及至明,在江西出土买地券中我们很容易看到有关停尸卜葬之案例。

此外,由于择葬的需要,在江南西道(路)买地券中亦偶有迁葬的情况。这种迁葬,与魏晋六朝时期因战乱迫不得已迁葬不同,其主要原因在于择得所谓真正的"吉壤"。如前引宋绍熙元年九月"李氏地券",即于"先年(淳熙十六年)十月庚子日终于寝。卜葬于崇德乡青郭之原"。后又因择得"风水宝地",便"迁作乾亥山巽向",然后才有"面揖阁皂张葛仙峰,左顾新城,右接武陵,后倚乎十万洲之境,山齐水秀"之胜景。② 与李氏不同,明代淮王朱瞻墺王府仪卫周宽、田氏夫妇,则先于妙果寺焚化,后由子孙为其择得"吉壤"遂迁葬,兹如其买地券文曰:

> 据祖贯北京顺天府通州武清县灰埚口社人氏,见任淮府仪司仪卫正,今寓江西饶州府鄱阳县南隅延宾坊下棚巷居,奉道孝孙信官周源等,伏为祖考武德将军周宽,神主存日,享年八十一岁,原命前辛丑年十月二十四日未时受生,大限于正统辛酉年三月初三日戌时身故。再为祖妣赠宜人田氏妙贞,香魂存日,享年六十九岁,原命前丁未年六月二十日辰时受生,大限于宣德乙卯年三月初三日子时,在广东韶州府曲江县东门里拔萃坊身故,焚化停寄于妙果寺,至今理宜投请安葬。据词得此,谨依先天地理阴阳诸书,择选年庚山向大利代迁。用价银六两买到鄱阳县东北关后山坠芝山寺山园地一大段,坐落寺前西边山脚下。东至高堑,南至土井相并,西至山脚堑路,北至本寺园地。四界分明,凭中人交足,从便迁葬。仰寺坛土地龙神,毋得阻截地脉。其地坎艮山行龙,乃是麒麟狮子大座之地。震甲山庚向,合得水星来到,金星之穴,阳山阳向,午水来潮。土金星作案,左青龙回顾,叠叠高峰,挂榜御街,水流辛戌,荫益五万年,家道兴

---

① 魏佐国:《江西古代风水学考略》,《南方文物》2004 年第 2 期。
② 陈柏泉:《江西出土墓志选编》,第 563 页。

隆。亥子寅辰年月,主生贵子,加升官职,世代延洪。①

由上可知,周宽、田氏夫妇从亡故到下葬,一个相隔 13 年,一个相隔 19 年,亡故之初,先焚化停寄于妙果寺,严格意义上说,实属于未葬之情形。直到景泰五年,其孝孙周源等才"依先天地理阴阳诸书,择选年庚山向大利代迁",选了"地坎艮山行龙,乃是麒麟狮子大座之地。震甲山庚向,合得水星来到,金星之穴,阳山阳向,午水来潮。土金星作案,左青龙回顾,叠叠高峰,挂榜御街,水流辛戌"之"吉壤",以了"荫益五万年,家道兴隆"之心愿。

四、结 语

克利福德·格尔茨认为:"宗教符号用于综合民族的社会精神气质——格调、性格,以及他们的生活质量,它的道德及美学风格和模式——以及他们的世界观——他们所认为的事物真正存在方式的图景,他们最全面的秩序观念。在宗教信仰和实际中,一个群体的气质被认为是合理的,因为它代表了一种生活方式,其在观念上适应了世界观所描述的事物的实际情况,而世界观具有情感上的说服力,因为它被看作事情的实际情况的意象,它特别安排为适合这样一种生活方式。这种冲突和互相确认有两个基本影响。一方面它将道德与审美倾向描绘成隐含在一个有着特殊结构的世界中强加的生活条件,仅仅是不可更改的现实形式提供的常识,以此来将道德与美学倾向客观化。另一方面,它通过激起对道德和审美情感的感受作为经验证据,来支持那些已得到的有关世界整体的信仰。"②买地券就是这样一种宗教符号,一种富含江南西道(路)道教元素,又深受堪舆风水之术影响的生命仪式道具。作为祖先崇拜和道教信仰的产物,江南西道(路)买地券作为道教宗教符号的特征体现得尤其

---

① 陈柏泉:《江西出土墓志选编》,第 585—586 页。
② 〔美〕克利福德·格尔茨:《文化的解释》,韩莉译,译林出版社 1999 年版,第 109—110 页。

明显，特别是唐宋以后堪舆风水之术引入，民众对于墓地选址相当谨慎，墓葬既要符合堪舆风水之术的"原其所起，即其所止"基本原则，又要尽可能因地制宜，顺应自然，在促成堪舆风水学之生态审美意象构建的同时，道教信仰社会伦理与生态审美倾向的描绘实现了有机融合，推动了民众稳定的道教信仰生活的形成；在实际操作过程中，墓地要择得"风水宝地"往往还须经过严格的"龟筮协从，相地袭吉"的卜葬程序，但由于"吉壤不易得"，这就导致丧葬过程中出现较多的停枢卜葬和合葬、迁葬的葬俗现象，反映了堪舆风水文化意象对人们丧葬观念和买地券习俗影响之深远。

[作者简介]吴启琳，江西科技师范大学旅游与历史文化学院教授，《地方文化研究》编辑部副主任，江西科技师范大学学术期刊与文化研究协同创新中心研究员，研究方向为区域社会史、中国经济史、历史社会地理。

"不从，非吾民也"：明代中期
温州地区的信仰整改与民间反应

胡箫白

内容提要：明朝政府与地方百姓对民间信仰的功能和意义存在不同认知。明代前中期，温州地区的民间信仰发展繁盛，然多有悖于王朝国家的礼制规范。成化、弘治年间，温州地方官员发起"信仰规范化"运动，通过迁址、合祀和更换信仰对象的方法，大力整饬民间祠祀。面对官府针对神明信仰的密集规整，民间百姓以"伪装"和"敷衍"的方式应对，整改神明信仰的效果因此有欠理想。考察围绕民间信仰整改的官民互动，是理解明代中期温州地方社会形态的重要角度。

关键词：明代中期　温州　地方官员　民间反应　神明信仰

整饬民间信仰是中国古代王朝国家控驭地方社会的常用手段。分析与此相关的文本叙述，可以揣测地方官员的施政意图；而考察围绕地方信仰整改的权力抗衡，又是探讨王朝政策的地方实践、官员与民众互动方式的上佳视角。前辈学者曾就此类问题展开诸多讨论，①然讨论多集中于宋及清代，就明代而言，又多着眼于明初与明末，对明代中期的神明信仰情况较少关注。本文以明

---

① 综述性成果可参阅蒋竹山：《宋至清代的国家与祠神信仰研究的回顾与讨论》，《新史学》第8卷第2期，1997年，第187—220页；王见川、皮庆生编：《中国近世民间信仰：宋元明清》，上海人民出版社2010年版。

代中期的温州地区为例，观察明初国家层面的规章制度在微观地域社会的实践过程与在地反响。

“东瓯王敬鬼，故温俗多祠”，是温州地区关于神明信仰的标准化陈述。翻检由宋至清以迄民国的国家正典及地方史乘，其中对于神明信仰、祠庙祭祀热络状况的描述都占有不少篇幅。而根据明清至民国温州地区地方志书中的有关记载，历史上温州地区的各类寺庙、道观、祠庙等几近 2300 处，地区宗教信仰之繁盛可想而知。此类丰厚的文化资源，也便自然而然成为地方官员在进行文化模式改造、意识形态下达过程中的重点关注对象。本文即以明代中期温州地区的“信仰规范化”运动为切入点，考察王朝国家的制度框架，地方官员的在地实践，以及民间百姓的理解与回应，从而彰显滨海社会的多元文化形态。[①]

一、明代前期的温州祠庙

通过整改信仰以管控属民，至少自宋以来便是中央王朝规范民间文化、统驭地方社会的常规逻辑。温州地区亦然。由《宋会要》中大量记载可知，南宋朝廷不断对温州一带的神灵进行封赐，出台对神灵服饰、封号、神像等方面的规制要求，目的即是以民间信仰为切入口，强化王朝国家的在地权威。在这样的“国家—地方”互动过程中，朝廷通过“正统化”地方信仰成为神灵合法性的唯一来源，而地方社会亦因为与朝廷封赐挂钩的现实利益，在争取官方认证的过程中表现得相当主动。两者相互作用，历宋元至于明初，大量民间信仰因之得到册封，温州地区的诸多祠庙碑刻俱为佐证。[②] 明初朱元璋在制定民间祠庙政策时，一方面以宋元以来的神明信仰整饬逻辑为蓝本，另一方面亦出台革

---

① 需要说明的是，温州府下辖诸区域各有特点。永嘉地区为附郭县，地方信仰受官方政策及士大夫文化影响较大，故本文主要以永嘉地区的信仰整改作为关注对象。

② 关于温州地区的民间信仰，朱海滨的相关研究是本文的重要参考。参见朱海滨：《祭祀政策与民间信仰变迁：近世浙江民间信仰研究》，复旦大学出版社 2008 年版；《宋元时期温州的民间信仰》，唐力行主编：《江南社会历史评论》第十一期，商务印书馆 2017 年版，第 70—97 页。

新举措,以规范元末松散无序的民间信仰为首要目标。从温州地区的材料可以看出明初政策在地方上的实行情况。如《温州横山周公庙碑》中便有对神灵所受前代过于溢美的封号进行简化和规范化的处理方法:

> 神初封于唐,为平水显应公、寻升王爵,赐衮冕赤舄。宋累加通天、护国、仁济之号,从祀郊坛,兼赐仁济为庙额。元复加以咸惠,进号大和冲圣帝,遂易庙为宫。逮入国朝,壹以诚事神。以为数加溢美之辞,非所以敬恭明神。诏礼官定议,为横山周公之神。①

由此碑记可以看出,明初在朱元璋授意下强力执行的相关祠庙政策似乎取得了让人满意的结果。事实上,洪武以后诸朝虽然都多少对民间信仰进行整饬,但大体而言,相关政令基本仍遵循着明初订立的制度框架。洪武朝的定例使得后世朝臣形成了一定的惯性思维,如宣德朝礼部在拒绝将地方提名神灵纳入祀典时的说法便是:"神之功行,史无所载,况洪武中未入祀典。"②有学者即总结道,洪武以后诸帝表达崇奉新神明的方式,是将其加入祖制信仰中,而非排除祖制信仰的内容。③ 但是到了明中期的成化、弘治时期,情况开始发生变化。

罗冬阳曾以《明史》为基础,统计明代各个时段的"毁淫祠"事件,由其统计可知,成化、弘治二朝"毁淫祠"的次数占据整个明代总数的近百分之四十。④虽然除却《明史》记载之外,肯定还有很多脱漏者存在于地方志书和文人记载之中,但成、弘二朝在"毁淫祠"方面的确是明代中期的一次高潮。其时大毁淫

---

① 宋濂:《温州横山周公庙碑》,金柏东编:《温州历代碑刻集》,上海社会科学出版社 2002 年版,第 68 页。
② 《明宣宗实录》卷一百零二,宣德八年五月乙卯,台北:"中研院"史语所 1962 年校勘影印本,第 2278 页。
③ 王见川、皮庆生编:《中国近世民间信仰:宋元明清》,第 48 页。
④ 罗冬阳:《从明代淫祠之禁看儒臣、皇权与民间社会》,《求是学刊》2006 年第 1 期,第 136—137 页。

祠，一方面反映了民间信仰的繁盛，另一方面亦应放置在宣宗放任国事、地方政府因之具备更多自主权进行文教管理的宏观背景之下进行理解。及至弘治朝，被称为明代"中兴之主"的孝宗皇帝自登极伊始便对国家的宗教祭祀进行修正，而地方官员则在其中扮演了"急先锋"角色，颇为积极地规范、整饬民间信仰。① 温州地区由数位地方官员所发起，对地方民间信仰的大力整饬，便是此一历史语境的微观在地版本。

明中期温州地方社会的形态如今得以为人所知，很大程度上有赖于《弘治温州府志》的保存。是志为温州现存最早的一部方志，由曾官至礼部侍郎的温州人王瓒编修，相较于明代温州其他方志，品质上乘。在该志"祠庙"一节前，对其时温州地区祠神信仰的情况有如下的概述：

> 神祠几遍于境中，有合祀典者，有庋祀典者。合祀而祀之，所以崇德报功以昭世劝也。细民踳讹袭诞，沿流徇俗，祀其所不当祀。而原其积虑，惟以侥福蠲患而已。夫通明正直，神之所以为神也。使计祀否而异其祸福之施，已失其所以为神者矣……今因其旧额而悉存之，使人观焉问焉，知其孰为当祀、孰为不当祀也。②

由此段引文可得三点。其一，成、弘时期的温州百姓祭拜民间鬼神，所依照的标尺为这个神灵是否灵验，而非其是否"合祀典"，换句话说，中央王朝的诸项规定，对于百姓日常祭祀并不会产生太大影响；其二，循着前文中提及的洪武诏令留下的空隙，民间社会非但对不在祀典却有功于民者大加崇信，对于那些"庋祀典"的神祠，业已展开了祭祀，由此亦可见官府对于基层社会的控制力趋向

---

① 有必要提及的是，弘治朝对于"祠祀"的整顿，毕竟只是个开始，从小岛毅的研究可以得知，地方上对"淫祀"的定义要等到嘉靖时期才趋向严格并形成鲜明的自觉。参见小岛毅：《正祠と淫祠——福建の地方志における记述と论理》，《东洋文化研究所纪要》第 114 册，东京：东京帝国大学东洋文化研究所，1991 年，第 87—213 页。

② 王瓒、蔡芳编，胡珠生校注：弘治《温州府志》卷十六《祠庙》，上海社会科学出版社 2006 年版，第 415 页。

衰弱;其三,王瓒在编修《弘治温州府志》时,之所以以祠庙"旧额"为标准,而非对祠庙内供奉神灵的确实身份进行调查登记,原因当为地方官员对这些神灵的身份属性亦莫衷一是。换句话说,祠庙内供奉的神灵身份可能与祠庙额匾上所书者无法对应。此种混乱的祭祀现象,其实导因于官方与民众在祠庙祭祀方面的博弈和对抗,即从成化年间开始,地方官员主导的大规模"信仰规范化"活动。

二、明代中期温州的"信仰规范化"运动

明代中期对温州地区神明信仰的着力整饬,大体以邓淮、文林、刘逊、汪循等人为要角,他们或担任温州知府,或就任永嘉县令,而如文林者,则先为永嘉县令,再任温州知府。当然,整饬活动并非限于府城及附郭县,瑞安地区的高令宾,平阳地区的王约亦对此甚为用心,唯因史料有限,本文大体围绕前几位的事迹加以讨论。

成化、弘治年间,温州的地方官们对地方祠神信仰进行了大力的改造和厘正,而改造的力度亦有大有小。"信仰规范化"工程中力度较为温和者,为对神灵祭祀地点四处迁动。如祭祀抵抗睦寇前贤的忠烈庙:

> 旧(忠烈)庙在郡学之东百余步,成化间,前令文侯宗儒迁于城西新河里,又复倾圮无存。弘治戊午冬,予承乏于此,适文侯复来守温,乃请于侯,转迁于简讼坊之东偏。祠乘浧㳂汰斥之余而加新之,里即神之旧隅,亦神之所乐栖也。呜呼! 神之气在天地者未尝无,而在人心者不可泯,庙址常迁无常,惧岁月之漫灭也,谨请今守邓侯安济为之立石如此云。①

据弘治《温州府志》,简讼坊在城东门附近,②所以是祠先从城东门处迁到了城

---

① 汪循:《温州忠烈庙碑》,金柏东编:《温州历代碑刻集》,第 139 页。
② 王瓒、蔡芳编,胡珠生校注:弘治《温州府志》卷六《邑里》,第 106 页

西，十几年后又迁回了原址，所谓"里即神之旧隅"。这种今日看来似乎是"无用功"的举动，当理解为地方官对辖区内大量祠庙系统的规划整合，虽然具体实施的原则和标准今不得而知，但不难想见，此类工程所需的人力物力定亦不小。当然，他们自己也知道这样反反复复，"庙址常迁"的结果只会是随"岁月"而"漫灭"，所以才著记一则，以留待后日。

祭祀前太守何文渊的专祠亦为一例。何文渊，字巨川，江西广昌人，宣德年间任温州知府期间，颇行德政，所谓"奏均水陆田亩之税，复输河泊税课之钞，平徭役，禁渔猎，除暴横，辨疑狱，捕盗贼，革银课，肃治军卫，不使凌虐官民；礼待内使，不致取索供奉"。[①]因此，待到其离开时，地方民众挥泪而别，并为之立祠：

> 既去而民思之，余五十年不衰。且立祠祀之以寓不忘之意，非功德真能及民之至，能如是哉！……（何文渊）升刑部右侍郎，濒行，官吏军民累万攀号留焉。公亦唏嘘慰谕，而隔江居民数千皆望舟拜泣而归，当时士民思之不置，相与祀公像于东瓯庙左庑，为岁已久。
>
> 刘君逊来宰永嘉……凡所以养士亲民者一以公为师，民既悦服，则令四隅乡约之士曰：东庑非祠公揭虔之所，当作新庙以迁祀。[②]

由碑文可知，宣德十年何文渊离任后，地方百姓并未为其建立专祠，而是将其配享东瓯王庙；待到成化年间刘逊出任永嘉知县时，才将其神像木主从东瓯王庙中迁出，别立新祠专祀。

除此二例之外，地方志中大量祠庙的介绍中都有"庙址曾迁"的记叙，如"张忠惠侯庙，在府城南，明弘治间知县汪循徙瑞安门内"[③]。但不可否认的

---

① 章纶：《前郡守何公祠记》，吴明哲编：《温州历代碑刻二集》，上海社会科学院出版社 2006 年版，第 35 页。

② 同上书，第 36 页。

③ 张宝琳修，王棻、孙怡让等纂：光绪《永嘉县志》卷四《建置·坛庙》，上海古籍出版社 2002 年版，第 98 页。

是,此一类"规范化"之举虽然麻烦耗功,但毕竟只是有限度地改变了神灵的"居所",对其身份并未造成影响。

信仰"规范化"工程中力道适中者,为对若干神灵进行合祀。颜氏双忠祠为一例:

> 按《温志》旧有颜鲁公祠凡几处,一在州治今卫治后,一在城南,余在上戍、瞿溪、乐清黄华者,今皆不知其所,盖废圮久矣。

> 逊来官,仰止忠义,凡废圮而当兴者思续之。适东北隅遗一空宇,特修葺以奉鲁公,并以恒山公同祀焉,额曰:"颜氏双忠祠",后人幸加爱护,俾不至如故祠之废圮忘所,斯忠义永足为臣子劝,亦为政一大助也。

> 昔温惟祀鲁公,且在在有祠,以其后裔避乱散居永嘉、乐清间故尔。今并祀恒山公者,盖天下之忠义一也。二颜既从兄弟,又皆忠义如此,虽祀之天下以劝通世可也,矧曰温其有后者乎![1]

引文中的逊指刘逊,字时让,江西安福人,成化十六年由进士入官,弘治《温州府志》对其评价颇高。由碑记可知,在刘逊来到温州之前,颜鲁公祠虽有几处,但"今皆不知其所,盖废圮久矣"。而他上任之后,则挑选一些祠庙进行恢复。而挑选标准,应当与祠庙能否教化民众、规范地方有关。除却恢复祠庙功能之外,他还对祠庙祭祀对象进行了合并和统一。由是记可见,温州地区本同时分别存在颜真卿祠和颜杲卿祠,刘逊来后,进行同类项合并,将同样忠义的兄弟俩合祀。而颜氏双忠祠并非独特现象,"张忠惠侯庙"同样如此,且汪循关于此庙的记述尤其值得留意:

> 循始至,即以白于前守文侯宗儒,相遗祠之壮丽者,一以合祀之。神庙恶当治者,徙以乘之。而瑞安门内有所谓赞善王庙者,用以妥宋先锋张

---

[1] 刘逊:《颜氏双忠祠》,王瓒、蔡芳编,胡珠生校注:弘治《温州府志》卷十九《词翰一》,第571页。

忠惠之灵焉。侯旧庙在巽山之阳，卑隘倾圮，当治之尤者也。今徙而近之，非但杜觊觎之念，省趋谒之劳，以无用之区充有用之费，亦以纾民财而撙民力也。犹恐民心之未喻也，乃请于今守邓侯安济躬为之记，而示之以礼如此。於乎！礼岂远乎民哉，实人之所同得者也……为吾民者恶得不从，而亦恶敢不从也哉！不从，非吾民也。①

　　碑记叙事者汪循，安徽休宁人，弘治年间任永嘉县令。碑记中提及的张忠惠侯，原为抵抗宣和睦寇的义军首领，战死而受到朝廷封赐。庙旧在城南，由汪循迁至城内瑞安门附近。显然，汪循对于此番信仰整改颇为忐忑，也担心"民心未喻"，所以才作此记。但写作这样一则说明性质的庙记又是否有用呢？效果不得而知。而在庙记的最后，汪县令甚至还用一种近乎"恐吓"和"威胁"的口吻来告诫百姓，由此亦可见施政难度之大与民间阻力之大。

　　信仰"规范化"工程较为强硬者，则是彻底将原祠庙中的神灵抹去，置换成另一祭祀对象。事例最为典型、资料最丰者，为文林废东岳行宫而改东瓯王庙。文林在温州地区的主要政绩之一便是对地方信仰和祭祀状况进行整改。弘治《温州府志》如是介绍温州的东瓯王庙：

　　　　旧在城内海坛山麓，今立华盖山。神名摇，姒驺氏，越王勾践七世孙。灭于楚，国族分王海上，摇自王东瓯，为秦时废。遂率义兵从汉高帝灭秦，夔项籍。惠帝三年己酉，举高帝时粤功，曰：摇功多，其民便则［附］，乃立为东海王，都东瓯。殁葬瓯浦山，因为立祠。先庙在海坛山，世称"永嘉地主昭烈广泽王"。元至正戊戌（十八年），方明善据郡，筑砦光孝寺以居，祠遂废。国朝洪武初，钦定汉东瓯王之神，每岁三月初八日致祭，牲用豕一。遂即故址建庙，续迁状元坊内。成化丁酉（十三年），知县文林钦依奏准，

---

① 汪循：《张忠惠侯庙记》，吴明哲编：《温州历代碑刻二集》，第51页。

勘合改正东岳行宫,迁奏王神位祀之,即今庙也。①

东瓯王是温州地区一位亦神亦祖的历史人物,为该地区留下了颇多文化遗存,"东瓯王敬鬼,故温俗多祀"甚至成为了温州地方的文化标签。东岳行宫祭祀的则是泰山的东岳大帝,亦是得到国家认可的合法信仰。那么为何文林要用一个合祀神灵去替换另一个合祀神灵呢?在文林自己的文集中,可以找到答案。先是,文林曾作《撤东岳神告文》:

> 严严五岳,王者得祀,曰:惟太山在鲁封内。既在鲁封,鲁公当祭。今鲁与瓯,地不关系。我朝典礼,从祀天地,庶民刍狗,何敢弗戾。神必不居,奉者获罪,毁去神像,斯敬之至。②

再有《迁东瓯王庙祝文》:

> 惟神有功,为瓯民主。爰瞻神祠,宁杂民处。兹惟东岳,淫祠合毁,迎神以居,庶严祭祀,庙貌巍峨。山林阴翳,永妥神灵,普锡民祉。③

"既在鲁封,鲁公当祭。今鲁与瓯,地不关系。"这样的叙述,显然是出于儒家文化中"祭不越望"的理念,④对合法信仰如此的处理方式,可以推测为对明中期大量地域性神灵"逾界发展"有针对性的举措。作为国家法定的"正祀",东岳庙的被撤毁是温州地区"信仰规范化"运动的代表事件之一。

除却对祠神信仰祭祀位置、祭祀场所以及祭祀对象进行整合以外,祭祀的

---

① 王瓒、蔡芳编,胡珠生校注:弘治《温州府志》卷十六《祠庙》,第415页。
② 文林:《文温州集》卷九《撤东岳神告文》,四库全书存目丛书集部第40册,齐鲁书社1997年版,第577页。
③ 文林:《文温州集》卷九《迁东瓯王庙祝文》,第361页。
④ 可参阅李凯:《"祭不越望"探析》,《云南社会科学》2008年第4期。

方式也往往受制于地方官员，如刘逊就曾整合过对王羲之祭祀的具体形式：

> 岁久，(王羲之祠)祠宇倾圮，前大尹姑苏文君林白于郡守三山项侯澄，协力修治，且立碑以发扬公之幽隐，祠后复建堂为乡约所。盖欲师公之政而导民以礼义者也……今大尹安成刘君逊至，凡事关风化者，行之唯恐后……六月七日实公诞辰，市民每为修崇佛事，虽曰敬事，而不知其流于谄渎。刘君特为革去，易牺牲，如祀先贤仪。①

从碑记可以看出，温州地区的百姓在进行祭祀时，往往会在仪式中加入佛教元素。对于其时的地方官员而言，这显然是颇为僭越亵渎的举动，地方官员甚至不惜将此类祠庙归为"淫祀"，来为他们的整改提供更多的合理性。比如在温州府平阳地区的志书记载中，虽有"毁淫祠"的叙述，"王约……弘治二年知县……毁淫祠六十余所，建为社学"，②但仔细检视他毁禁的祠庙，其中却包括了大量"合祀"佛教寺庙与庵堂。

　　成化、弘治年间温州的地方官员对地方祠庙进行了大规模、全方位的深入整合规划，对不合国家规制的祭祀进行改造，归根结底的目的，都是希冀通过规范地方信仰，争夺对"神灵"进行解释和认证的权力，完成对地方社会的控制和掌握。然而接下来的问题是，此类"信仰规范化"运动是否收获了成效、得以在民间社会推行？

三、民间反应所见明代中期温州地方社会

　　无论是禁毁淫祀，还是厘正祀典，归根结底，此类行为都承载着官方"借神

---

　　① 赵谏：《王右军祠祭田记》，王瓒、蔡芳编，胡珠生校注：弘治《温州府志》卷十九《词翰一》，第577页。

　　② 王理孚修，刘绍宽纂：民国《平阳县志》卷二十六《职官志五》，中国地方志集成本，浙江府县志辑第62册，上海书店1993年版，第232页。

灵之口"教化民众以控驭地方的政治任务。然而在上文论述中,地方官员在整饬神明信仰过程中意图施加影响的客体——地方民众的身影皆未出现。下面将聚焦于民间百姓,以他们的所作所为对官员在地实践的效果进行评估,观察朝廷和地方官员"神道设教"的成效。

先看初到地方视察风土人情的汪循的叙述:

> 温俗好鬼,多淫祠,凡市集、乡团居民,或百余家,或数十家,必设立一鬼以祀之。其有水旱疾病患难,即争操豚蹄,挈壶浆祭祷以祈福,虽渎不厌。每遇官府举行朝廷简汰之诏,辄匿其像僻室中,而掩以土谷神位,伺长人者防范少懈,复出祀之,其敬信如此。至于聪明正直之鬼着在祀典者,漫不加敬,而亦不之信也。

> 循始莅官谒神,见神庙多不治,喟然叹曰:敬天事神,为政之首务。今庙若是,可但已乎?既而,以事过所谓广惠庙者,工极侈丽,中无所有,见牌书"土谷之神",怪而问之曰:"土谷之神,社稷也,亦既有坛矣,奚以屋为?"从者告之故,乃白于太守文侯宗儒,相庙陋之尤者,相与升唐将军龚公之神以乘之,于以杜其窥伺之心,使知即正弃邪以示风教,亦重慎财力,用以纾吾民也。呜呼,予岂拂民之性者哉,不得已也。①

汪循路过的"广惠庙",其实是出现在弘治《温州府志》中的"合祀"祠庙,但由碑记可见,广惠庙亦遭到了禁毁。然而虽遭整饬,该信仰在民间无疑是受到崇拜并被加以保护的,因为老百姓对于官府的"屡禁淫祀"业已形成对策,即遇朝廷下"简汰之诏"时,就将会被整改的神像藏起来,而换上"土谷之神"的塑像或牌位。待禁令松懈之后,再伺机把原来的神灵供奉起来。对于那些得到朝廷认可、受到官方推行的神灵,则不予理会,亦不加信奉。汪循对此也非常无奈,然而政令下达,却也不得不做,故有"予岂拂民之性者哉,不得已也"的感慨。作

---

① 汪循:《唐将军庙碑记》,王瓒、蔡芳编,胡珠生校注:弘治《温州府志》卷十九《词翰一》,第587页。

为深谙理学、曾与王阳明论辩的学者型官员，无论是在家乡休宁，抑或是出仕地温州，汪循都对民间信仰杂乱的态势相当反感，亦不断要求禁革，其子为其撰写的行实中便特地提到他在温州"汰黜淫祠，而易奉祀典之神"，[1]但是淘汰淫祠的效果呢？汪循自己的感慨提供了答案：

> 洪惟我太祖高皇帝，法古经邦，修明祀典，黜淫昏之鬼以崇名祠，革僭滥之封以正位号，民志定而礼俗兴矣。宪宗纯皇帝尤虑礼坏于俗成，心涣于教弛，乃下明诏，凡寺观祠宇非常典而经奏敕者悉汰斥之，投其像于水火之中。神谟庙算，鼓舞提撕，而欲挽斯民于三代之上也，呜呼至哉！奈何习俗之愚尚难尽变，前温祀所当汰者，惟黜其像而存其祠。民心往往窥觇于上以图潜复，漫不知其祀之为非也。噫！生圣明之时，闲礼义之教，百三十年于今矣，徒革面而未革其心，如此者伊谁之责欤？是盖未有以处之，亦未有以喻之耳。[2]

《张忠惠侯庙记》鲜活地描述了民间百姓"阳奉阴违"对待政府号令的过程及汪循的无奈态度。看来面对这种情况，地方官除了不断以道德教化的口径呼吁以外，似乎也无力改变太多。对于民间基础深厚的神明，只得采取听任的态度。比如"旧传五圣祖庙"的显通庙，显然供奉的是民间淫神"五通神"，但在官方志书里仅以一句"本云居院护伽蓝神"便将神明身份合法化。[3]文本作为表征，提供的仅仅是事件的结果，对于五通神这一类信仰，若想取缔殊为不易，不难想见文本背后官民之间激烈的对抗。民间社会对官方政令阳奉阴违当然不是明中期所独有的现象，温州地区的地方官自宋代以来对民间兴盛的各类崇拜一禁再禁，但结果却是此类地方信仰依旧鲜活而极具生命力。有趣的是，官与民、国家与地方在神明信仰范畴内展开的互动，有时候又并不呈现出典型而

---

① 汪戬：《先公顺天府通判仁峰先生行实》，汪循：《汪仁峰先生文集》《外集》卷一，四库全书存目丛书集部第47册，齐鲁书社1996年版，第568页。
② 汪循：《张忠惠侯庙记》，吴明哲编：《温州历代碑刻二集》，第51页。
③ 王瓒、蔡芳编，胡珠生校注：弘治《温州府志》卷十六《祠庙》，第418页。

完全的"你进我退"架势,不以彻底征服对方为目的。往往在"敏感时期"过去之后,较劲双方会停滞在某种特殊的阶段,保持着微妙的平衡,如以下两个祠庙的状态就颇有意思:

> 东岳庙:大南门外半里许,有小土地庙。又约半里许,有东岳庙,庙颇巍焕。相传为澹台灭明塑像,亦民间取回。因闻貌恶,改涂青脸,以为东岳之神。庙中楹联,俱切东岳,全与灭明无涉。温州通郡惟二像尚存,现为往访,故特记之。[①]

> 土地庙:大南门外半里许,有小土地庙,庙侧有长弄,俗呼为"土地堂巷"。庙门内悬额,题"端木祠",楹联皆切子贡。相传明嘉靖时张文忠创议,凡各学圣贤塑像皆改用木主,温州塑像俱送海中。民间私行取回,以为土地之神。[②]

无论是澹台灭明还是端木赐,都是孔门弟子。可想而知,在被丢弃海中或抛置街头之前,他们都作为先儒受到祭祀,亦应该是官方支持的"合典"祭祀对象。而在遭到整饬之后,一个因"貌恶"被简单"化妆",摇身一变成为了威严可怖的东岳大帝;另一个则变身地方的保护者,成为土地神。前者被挪作他用,变更身份;后者则"像是神非",被百姓附会了一个"合法"身份,权作"伪装"。那么百姓在日常祭祀的过程中,崇拜的究竟是端木赐,抑或是土地公公? 笔者以为,从百姓对该地的俗称来看,后者的可能性更大。联系前引文林对东岳庙的禁毁,显见东岳信仰具备相当的群众基础,原本崇信东岳大帝的信众将澹台灭明像捡回来后,通过改造塑像形象以及重题庙内楹联赐额,再造信仰;而子贡像则被从海中捞回,为了避免再遭查禁,故被奉为"土谷"之神,但亦仅此而已,并未恢复其原本身份,亦无人牵头将故旧祠庙重新装饰、改换门庭,于是此祠

---

① 孙同元:《永嘉闻见录》卷上《东岳庙》,陈瑞赞编注:《东瓯逸事汇录》,上海社会科学院出版社2006年版,第105页。
② 孙同元:《永嘉闻见录》卷上《土地庙》,陈瑞赞编注:《东瓯逸事汇录》,第105页。

庙便呈现"中间姿态"，停留在一个"未完成"的境地，久而久之，其真实的身份也就湮灭难考了。所幸此类文献保留了官民之间"拉锯"的不同程度，楹联庙额表现为官方所希冀的正统化面貌，而祭祀对象甚至仪式等地方传统和习惯仍然在下层有所延续，这才使得今日的研究者得以借此类"定格"的图像，管窥地方社会对官方主持"信仰整合"的反应和态度。

而在普通百姓以外，我们还能看到地方精英在对官方政令进行"软抵抗"的过程中所发挥的作用。叶承遇，字思章，永嘉人，万历间先后任官福建、江西，后引疾归。作为告老还乡后已然融入地方精英群体的退休地方官员，叶承遇在是否保留大禹祠的问题上选择了自己的立场。与文林撤毁东岳庙相类似，温州地区的大禹祠同样遇到了"跨地域崇拜"的问题，然而其时归隐乡里的地方官员对此的态度则较为开通，叶承遇为大禹王行祠所作碑记即有如下论述：

> 夫崇祀之典尚矣，报德、报功也。神禹盛德大功嘉懋无间者，掀揭于宇宙永赖之休，迄今睹河洛则兴思，仅仅东嘉一隅，亦立庙致祭，宁不近于亵哉！且会稽已有专祀，兹祀也，无乃无所谓乎？予闻之："御灾捍患则祀之。"祀典之设，亦以顺民心也。吾瓯滨海，常患洪水，荡居覆舟，莫可捍御……夫以神禹之德之功，耿耿不磨，与天地并。而精诚在天，余泽犹荫庇乎海隅，则今日之祀非亵也，非无谓也，因民心之追思而以义起者也。[1]

叶承遇先是对温州地区"越望"祭祀大禹的合理性表示怀疑，但之后话锋一转，以水神之于滨海地区的重要性作为开脱，提出了顺应民情的主张，而为"逾制"祭祀做了辩护。大禹祠也因之避免了遭撤改的命运。地方官员在温州地区整饬神明信仰雷厉风行，然而效果却很难持继，想必地方精英在其中的作用是关键节点。[2] 本文限于篇幅，主要以地方官员的在地实践作为考察对象，而地方

---

① 叶承遇：《祀大禹王碑记》，金柏东编：《温州历代碑刻集》，第 206 页。
② 蒋竹山在讨论清初汤斌禁毁五通神时便提到，汤斌之所以能够成功，在于他"不仅得到康熙的支持，更在于普遍获得士绅认同"。参见蒋竹山：《汤斌禁毁五通神——清初政治精英打击通俗文化的个案》，《新史学》第 6 卷第 2 期，1995 年，第 67—112 页。

精英对于民间祠庙的理解与在整饬神明信仰过程中所起的作用，当另文专门探讨。[①]

在英文学界对于帝制晚期中国民间信仰的要论中，宋怡明曾针对华琛关于国家"标准化"（standardization）天后信仰的观点进行商榷，提出民间社会采用的是"伪标准化"（pseudo-standardization）的应对策略。[②]而笔者以为，"伪标准化"的诠释并不适合明中期温州地区的情形，因为明代朝廷，尤其是成化、弘治时期的明廷关于神明信仰的标准本身就边界模糊，难以定义，地方官员则因地制宜，亦难存绝对客观同一的标准。故此，笔者拟用"伪装"与"敷衍"来概括温州民众当时的举措。百姓在意的是崇拜之神灵是否灵验，而其"合法性"是否被官府所承认，根本不在考虑之内。但面对被地方官视作"政绩"而不断推行的整饬神明信仰运动，地方社会亦只能以假模假样的妥协——伪装和多多少少的合作——敷衍，作为地方信仰的生存手段。而地方官员和士大夫其实对此亦有所察觉，并不断提出"顺民情"的呼吁。如光绪《永嘉县志》"风俗"条有："欲为治者不知其土之俗与斯民之情，不可以为治也。逆其情以施之，操之太切求之过急，必有扞格而不通者矣。"[③]清代地方文人也总结道："温多淫祠……地方官亦不能禁，顺舆情也。"[④]当然，这种声张背后，有的是报以同情的理解，有的则是面对"死灰复燃"情状的妥协。

四、结　语

相较于正德以后明代社会发生的较为明显的转变，成、弘年代往往在后世

---

①　地方精英在整饬神明信仰过程中之关键作用毋庸置疑。事实上，已经有相当多成熟研究对此展开讨论。参见康豹：《中国帝制晚期以降寺庙仪式在地方社会的功能》，林富士编：《中国史新论·宗教分册》，台北：联经出版事业股份有限公司 2011 年版，第 439—476 页。

②　Michael Szonyi, "Making Claims about Standardization and Orthopraxy in Late Imperial China: Rituals and Cults in the Fuzhou Region in Light of Watson's Theories," *Modern China*, vol 33, no. 1 (2007), pp. 47—71.

③　张宝琳修，王棻、孙怡让等纂：光绪《永嘉县志》卷六《风土》，第 136 页。

④　郭钟岳：《瓯江小记》，陈瑞赞编注：《东瓯逸事汇录》，第 41 页。

文人的论述中被贴以"风俗醇厚"的标签。事实上,正、嘉年间社会变革的方方面面已经在成、弘之间出现端倪。如刘志伟在研究广东地区基层社会时,就发现一条鞭法的诸项改革措施其实在弘治年间便已经具备规模,一条鞭法不过是对这些措施的合法化推进。①可以说,虽然在晚明变革时代的士人眼里,成、弘社会仍呈一派祥和,但实际上此一时期却是暗流奔涌,洪、永体制正在悄然松动,社会秩序业已生发变量。而在这样的时代背景下,关注中央王朝与地方社会的互动情形,则显得犹有必要。

本文以明代中期温州地区的地域社会表征为切面,试图观察神明信仰范畴内官民势力之间的张力格局。从成、弘年间温州的数任知府、县令整饬民间祠庙的事迹可见,其时地方官员颇能主导地方行政,施政手段亦相当灵活。面对逐渐脱离中央王朝强力控制的基层社会,地方官员试图加强自身在地方社会当中的比重,对神明信仰的插手无疑便是其中一个重要面向。而在具体实践的过程中,地方官员亦得以依照自己的理解和认知进行实际操作。无论是"毁淫祀",抑或是"正祀典",都更多是地方官员行使的叙述策略,而非依照官方规制所做出的应对。然而无论地方官员的实践形式如何具备弹性,其针对神明信仰的理解终究与民间社会存在本质的不同。民间社会更多注重信仰是否灵验,而对神明的合法性置若罔闻,这便引出他们在面对官方整饬时充满智慧的应对方式。任何对民间信仰产生威胁的举措,都将受到地方社会的抗拒,纵使不激烈,也极其顽强,因为这触犯了民间社会的切身利益。以此,温州地区围绕信仰整改的官民互动,为我们认识明代中期广义的"国家"与"地方"之权力格局提供了上佳视角,而地方史志及碑刻文献中提供的丰富材料,则使得此类以小见大的尝试成为可能。

[作者简介]胡箫白,南京大学历史学院副教授。

---

① 可参阅刘志伟:《在国家与社会之间——明清广东里甲赋役制度研究》,中山大学出版社 1997年版。

嘉兴族谱中的入赘记载*

黄敬斌

内容提要：就书写体例而言，入赘婚姻在族谱中存在被遮蔽的倾向，但嘉兴族谱中仍可见到为数不少的相关记载。其中有关早期先祖尤其是始迁祖或支祖的入赘故事，从族谱编纂和宗族建构的角度分析，可能是作为定居、联谱的叙事策略而存在。但这类早期入赘定居故事和后世族人的入赘婚姻记载，仍在很大程度上呈现了入赘作为实际婚姻策略的存在。这些入赘者的社会身份和面貌固然难于精准刻画，但至少在嘉兴族谱中，几乎看不到将赘婿身份与特定生业人群如"佃仆""水上人"联系起来的哪怕是松散的文本证据。相关的学术论断需要审慎对待。

关键词：族谱　嘉兴　入赘

以往关于历史上入赘婚姻的研究，多从婚姻制度、法律史等方面展开，利用的文献资料集中于民间文书、司法档案等。① 对于族谱中有关入赘的记载，

---

* 本文系复旦大学人文社会学科"传世之作"学术精品项目"明清江南专题文献研究"（项目编号：2021CSJP003）中期成果之一。

① 晚近有代表性的研究成果包括：郭松义：《从赘婿地位看入赘婚的家庭关系——以清代为例》，《清史研究》2002 年第 4 期。张佩国：《近代江南乡村地权的历史人类学研究》，上海人民出版社 2002 年版，第 109—115、214—220 页。郭松义、定宜庄：《清代民间婚书研究》，人民出版社 2005 年版。张萍：《明清徽州文书中所见的招赘与过继》，《安徽史学》2005 年第 6 期。阿风：《明清时代妇女的地位与权利——以明清契约文书、诉讼档案为中心》，社会科学文献出版社 2009 年版。陈宝良：《从财产权看明代妇女之法律及社会地位》，《明史研究》第十一辑，黄山书社 2010 年版。杜正贞：《近代山区社会的习惯、契约和权利——龙泉司法档案的社会史研究》，中华书局 2018 年版。

前人固然早有关注,但大多只是将之作为一种现象揭出。① 近期,赵世瑜基于
对洞庭东山族谱的观察,尝试着对其中大量的"赘婿"记载提出一种社会史解
释,尤其强调入赘作为"水上人上岸",并成为岸上家族的商业合伙人途径的可
能性,暗示了入赘现象与水上人社会的密切联系,其说颇具新意。② 但毋庸讳
言,对一种社会现象做任何单一化的解释都可能失之片面,另外,就族谱中的
入赘记载而言,首先也应从文献编纂和书写本身的逻辑出发来加以理解。存
世江南族谱中,常见关于入赘的记载,本文以嘉兴地区(以明清时代的嘉兴府
为限)族谱为例,尝试着做一系统讨论,并与前人的研究展开对话。

一、族谱有关入赘的记载原则

对于一个父系家族来说,入赘婚姻可能在两个方向存在:本族男丁入赘别
姓,就本族而言也可称"出赘";本族女性(可能是女儿,也可能是寡居的儿媳)
招赘别姓男丁。本文使用"入赘"一词,一般是统括这两种类型而言。以往的
研究揭示,各地族谱对于前者多能宽容并保存记载,对于后者则常有严厉的指
责,并要求不得记入族谱。③ 这类规定常与关于收养异姓螟蛉或出继为异姓
后的记载原则联系在一起,体现出族谱编纂者对于血统纯洁性的某种焦虑:本
族男丁出赘或出继别姓,并不至于影响,反而似乎有利于血统的传承,需要考
虑的只是不让这些同宗族人失联,同时促使其"归宗",而别族男丁入赘或入继

　　① 陈支平对福建族谱中所见有关入赘的记载原则,以及具体的祖先入赘事例有较为系统的总
结,见《福建族谱》,福建人民出版社 2009 年版,第四、八章。各区域史的研究中,也多有注意到族谱中
族史早期入赘或"从妻居"现象的普遍存在者,如:〔日〕濑川昌久:《族谱:华南汉族的宗族·风水·移
居》,钱杭译,上海书店出版社 1999 年版,第 42、45—46 页;林济:《长江中游宗族社会及其变迁——黄
州个案研究(明清—1949)》,中国社会科学出版社 1999 年版,第 45—46 页;徐斌:《明清鄂东宗族与地
方社会》,武汉大学出版社 2010 年版,第 241—246 页。
　　② 赵世瑜:《东山赘婿:元明时期江南的合伙制社会与明清宗族》,《北京大学学报(哲学社会科学
版)》2021 年第 5 期;《猛将还乡:洞庭东山的新江南史》,社会科学文献出版社 2022 年版,尤其是第三、
四章。
　　③ 陈支平:《福建族谱》,第 57—70 页。

本族,则使本族面临"异姓乱宗"的危险境地。在整体上,嘉兴的族谱对这一问题的态度大致相似,但体例上也存在多样化的处理。

族谱凡例中,关于收养异姓子或出继为异姓后的记载规定较关于入赘的规定多见,其原则也较为清晰。如《嘉兴徐氏族谱》:"乞养异姓为子者,不书,重一本也。为异姓子者,书曰与某处某人为子,冀其归也。"①《西塘李氏支谱》:"如有出继他姓、另立户籍者必书,俟归宗也";"抚养异姓之子为后者不书,惧乱宗也"。② 原则上,在以父系血统为本的前提下,出赘者类似于"出继他姓",赘入者则类似于"抚养异姓",上述规定自可适用于对入赘的记载。但仍有不少族谱进一步阐明对于入赘的态度,如《洲钱吴氏宗谱》将赘婿与异姓入继者相提并论,"若赘婿及异姓者不得妄乱宗谱,盖非一本之亲,鬼神不享祭尔",而"子孙以前有迁徙及出赘者",则"明注其处"。③《嘉兴梅会李氏族谱》在凡例中列举"不载于谱者"五类,首先即"女子过继竟从他姓"者,而"若男子出继他姓或赘婿从外姓及缁黄出世,虽不具书卒葬,仍必载其所生",所谓"女子过继"当指招赘,而"赘婿从外姓"者同于"男子出继"。④

以上规定给人一种印象,即不但招赘异姓者不得入谱,本族出赘及出继异姓者也仅注明其"所生"支系及出赘去向,而不详载其"卒葬"生平,当亦不录其后世世系。洲钱吴氏的记载似乎确实在一定程度上体现了这一原则,谱中共检得入赘者五例,其中第十世慧为马溪支支祖,情况特殊暂不论。第十六世邦瑜出赘杭州布政司前何氏,谱中载有其后嗣三代,曾孙在斯"其后失考"。其他十六世西桥、十九世道楠的记载皆止于其身,二十三世金荣在世系图中注有"入赘涵山陆姓"字样,但"事行考"(即谱传)部分则不言其出赘,其二子见于记

---

① 徐铣纂修:《嘉兴徐氏族谱》卷一《嘉兴世系图例》,山西社会科学院藏乾隆十六年刻乾隆末期补刻本,第66页。本文所用为美国犹他家谱学会缩微胶卷电子版,网址:https://www.familysearch.org/zh/。以下除上海图书馆、嘉兴市图书馆、嘉兴市博物馆等处藏本外,皆取自该网站,不再一一说明。
② 李正埠纂修:《西塘李氏支谱》卷首《凡例》,上海图书馆藏民国十二年铅印本,第2a页。
③ 吴学浚、吴宝卿纂修:《洲钱吴氏宗谱》卷首《凡例》,上海图书馆藏光绪十九年木活字本,第1b页。
④ 李鹏飞等纂修:《嘉兴梅会李氏族谱》卷首《凡例》,哥伦比亚大学图书馆藏光绪间抄嘉庆十八年重修刊本,第2b—3a页。

载。谱中对于出继异姓者的记载,除了马溪东、西两支支祖情况特殊不论外,尚见 13 例,在谱中的记录全部止于其身,大部分且不具生卒年月、娶葬等信息,甚至第十七世永贞"今子孙已归宗,聚居州泉中塔庙后",也并未补入世系中,显示出更为清晰的原则。① 当然,这样的文本面貌未必全是体例所致,一般情况下,出赘或出继者皆出自族中相对边缘的贫弱支系,出继异姓者且多应从小就"血抱"离家,② 当本族编修族谱时,无从追查或无意追查的可能性是很高的。

以上族谱的记载原则虽或具有一定代表性,但并不能视作通例。有些族谱对于入赘的态度明显较为严厉,如闻湖蒋氏既已明确"同姓出继者必详,异姓入继者不录,明一本也",又以决绝的词句规定"赘婿之事自暴秦始,悉削而不书"。③ 这里的"赘婿"并未分别异姓入赘本族或本族出赘他族,该谱正文记事中完全见不到相关记载,或是全面禁止入赘者入谱。④ 同样地,王店张氏在康熙初年的修谱"条款"中,明书"出姓者不入谱",当既包括出继异姓者,也包括出赘者。而且,"条款"中针对"父母早亡,遗孤无靠"者,还措辞严厉地要求"不得推诱联姻者或出赘外家"。⑤ 有趣的是,稍晚乾隆时期的续修凡例中称:"谱中有恩抚子一条,当从删削,而族人以年世相仍久远为言,不得已,姑勉从之。"⑥看来族谱的编纂者在义正词严地将"出姓"者摈除的同时,却无法抵挡可能来自强宗的异姓入继者上谱的要求。

---

① 吴学浚、吴宝卿纂修:《洲钱吴氏宗谱》卷一《亲支图》,卷二《事行考》,入赘者的记载分见于卷一第 3a、7a、42b、183b 等页,卷二第 10a、12b、54a、142a 等页,出继者中,第十七世永贞的记载见卷一第 3b 页,其他从略。

② 明清时代官方法律原则上禁止异姓承嗣,但仍规定"遗弃小儿,年三岁以下,虽异姓仍听收养",详细讨论参杜正贞:《"异姓为嗣"问题中的礼、法、俗——以明清浙南族规修订为例》,《历史研究》2017 年第 3 期。

③ 蒋长龄等纂:《闻湖蒋氏家乘》之《凡例》,浙江图书馆藏咸丰七年抄本,原书无页码。

④ 实际上,谱中所谓"同姓出继"者,也仅限于无后者的族内继嗣安排,并非本族男丁出继异姓。值得提及的是,该谱记载先祖于明末清初迁居闻湖,第五世德宣出继王氏,至第七世蒋氏本宗已绝,德宣之后遂以两支复姓归宗,另三支仍为王姓,该抄本实为这五支王、蒋族人合修族谱。在这一背景下,族谱凡例中的这一规定及实际记载原则就更为引人注目。

⑤ 张琴纂修:《檇李梅溪双桂张氏宗谱》,康熙二年"酌议条款",哈佛大学燕京图书馆藏乾隆三十三年刻本,第 1a—b 页。

⑥ 张琴纂修:《檇李梅溪双桂张氏宗谱》,乾隆三十三年《续凡例》,第 2a 页。

对于入赘的记载相对宽松者也不乏其例,《嘉兴徐氏族谱》对于本族出赘外姓者,并不遵循前述仅"载其所生""明注其处"之例,而是详细记录其后裔支系,而且,谱中还留有招赘异姓的记载(详后)。嘉兴凤嗜桥吴氏则在族谱凡例中规定:"凡有招赘,只书入赘某处某人为壻,不得列于兄弟行辈以乱族";"凡出赘与出继异姓者,亦须注明某地某姓,照式辑入,不特后免联姻,且使便于归宗也"。① 具体文本中,对出赘者同样详录其子孙世系,而赘入者也明予记载,只是不录其后裔。不难理解的是,即便是这些记载原则相对宽松、确实记录了较多入赘事例的族谱,能在多大程度上反映出特定人群——无论是否称之为"宗族"——婚姻和继嗣的实际状况,仍是可疑的。族谱以父系宗法伦理为根基,这套刻板的、常常不近人情的理想伦理,与民间社会复杂多元的日常生活实践天然存在冲突与张力。一方面,入赘事例更可能发生在"宗族"群体的边缘,从而易被族谱的编纂者有意无意间忽略。另一方面,存在入赘等"异姓乱宗"行为的"族人",基于文化观念和现实利益方面的考虑,却也会努力在族谱中确立自己的"合理性"或"合法性"。除了前引王店张氏的例子以外,如嘉兴、平湖一带的《金氏家谱》谱序中也称:"族中之育螟蛉者、招赘婿者,存其系统,明其所自,以昭异姓不得乱宗之义,虽怒于色征于言而不顾也。"②实际上隐讳和曲笔无疑广泛存在,《海盐朱氏族谱》中规定"有出赘年远及仕商占籍他乡者,并书迁居某处、现居某处字样",③提醒我们族谱中常见的"迁居"叙事可能具有的复杂图景。

二、始迁祖与支祖的入赘:"定居权"与叙事策略

无论记载原则如何,相对于动辄数百上千人的家族规模,嘉兴族谱中记载

---

① 吴德溥纂修:《嘉兴凤溪吴氏宗谱》卷首《重修宗谱凡例》,嘉兴市博物馆、嘉兴市档案馆藏光绪五年本,第 1a—b 页。

② 金燮等纂修:《金氏家谱》,《重修家谱序》,民国十五年铅印本,第 5a 页。犹他家谱学会网络电子本,原藏地不详。

③ 朱丙寿纂修:《海盐朱氏族谱》卷首《续修规则》,上海图书馆藏光绪十七年刻本,第 2a 页。

的入赘事例并非太多。然而,如果转向这些族谱对于家族早期历史的记载,则会出现一幅不一样的图景:"始迁祖"或"支祖"身为赘婿的情况占有引人注目的高比例。兹先列举数例如下:

闻湖盛氏:始迁祖盛辕,据称出自苏州平江盛氏,"出赘墅泾朱张氏",遂居闻湖,时当在元代中期。①

大易冯氏:始迁祖显五公,元末居于海盐县大易乡,洪武二十三年长子伦入赘"嘉兴县白苎十五都天字圩",次子正(又作珍)过继嘉兴县胥山六都外祖家为嗣,则显五本人虽无入赘之名,其次子入继外家却使他有了入赘之实②。

柞溪沈氏:追溯始祖至于周文王,而桐乡炉头镇(即柞溪)始迁祖为第八十六世济,"自苕溪赘桐乡之柞溪,遂居焉",时当在明初。③

嘉兴徐氏:谱中第三世土金(一名渊亮)"从海盐赘嘉兴府城东隅曹氏,继赘嘉兴县白苎十五都卜氏,因择居近乡之永丰十四都西成字圩,宣德七年始立户籍于本都十三册"。④

秀水朱氏:始迁祖西湾公景泰四年"赘陈天然翁,陈翁无子,有婿三,次孔别居,长郁其号东湾,知我祖为少婿,称西湾,以别少长"。⑤

支桥王氏:一世鼐,"明景泰间赘嘉兴里仁乡十一都原字圩支家桥吴

---

① 盛沅纂修:《闻湖盛氏家乘》,《世系图》,嘉兴市图书馆藏宣统三年刻本,第1a页。谱载盛辕生于至元三十年。

② 冯秉良纂修:《大易冯氏谱》卷首《原谱序》《上世军由》,辽宁省图书馆藏雍正二年三编刻本,第1a—5a、9a—b页。

③ 沈炳垣纂:《柞溪沈氏世系宗谱》卷首《柞溪沈氏祖德记》,上海图书馆藏咸丰五年抄本,第10a页。按:谱中亦称沈济于"明中叶"迁居桐乡,然该支族人生存时代明确始于第九十世沈铧,时在嘉靖大倭寇时期,故作为其高祖的沈济迁居当在明初。

④ 徐铣纂修:《嘉兴徐氏族谱》卷二《大宗世系图》,第1a页。

⑤ 朱守葆纂修:《秀水朱氏家乘》卷首,朱国祚《商河阡表》(天启四年),嘉兴市图书馆藏乾隆二十八年刻本,第1b页。

> 景辉公讳昱为婿,遂居堑溇村,世世奉为迁祖"。①

这些记载叙事简单,其中除了入赘以外,一般都包括迁徙、定居等要素,时代则或上溯至元代,而尤其集中于明代初期。滨岛敦俊较早指出,这些故事所反映的,可能是"三角洲开发过程"中,"非定居的船民"成为"定居农民",为农业开发提供劳动力的历史过程。② 这启发了赵世瑜提出其"水上人上岸"和"合伙经商"的解释。③ 严格来说,两位学者的论证主要是对珠江三角洲沙田开发与疍民上岸定居这一历史模式的旁推,并没有提供出自江南本地的扎实文献证据。以上族谱的记载自然也没有提供相关信息,但如果不执着于"水上人"这一人群背景,"定居权"仍是理解这些记载的重要视角。

在讨论珠江三角洲的族谱时,刘志伟已就祖先入籍定居故事提出了若干具有深远影响的论点。他强调,这些故事"只是一种关于户籍的获得以确认其身份的记忆,至于入籍以前的身份的'迷失'是完全可以理解的"。对于族谱中的"宗族"历史往往始于明初,他指出这与明代户籍制度的建立有关,"不少后来的宗族,其实是在明初编制里甲时才登入户籍之中,从此成为王朝直接控制下的编户齐民"。关于早期先祖以入赘等形式入籍,他根据明人的记载提出这与逃避军役之间的可能关联:"子孙畏继军役,不于本户附籍,却于别州县过继作赘于人,或籍寄异姓户内。"④宋怡明在关于福州宗族的研究中,则强调了入赘婚姻和异姓收养对于族谱中系谱联结与建构的意义,它"可以将一人的族谱与居住遥远的亲属族谱联系起来","最终让自己的族谱与那些已树立华北移

---

① 王大有修,王景纂:《嘉兴支桥王氏宗谱》卷一《世系》,咸丰二年七修重刻本,第1a页,犹他家谱学会网络电子本,原藏地不详。

② 〔日〕滨岛敦俊:《农村社会——研究笔记》,沈中琦译,复旦大学历史学系、复旦大学中外现代化进程研究中心编:《近代中国的乡村社会》,上海古籍出版社2005年版,第262—263页。日文初刊于1997年。

③ 赵世瑜:《猛将还乡:洞庭东山的新江南史》,第251—252页。

④ 刘志伟:《历史叙述与社会事实——珠江三角洲族谱的历史解读》,氏著《在国家与社会之间:明清广东地区里甲赋役制度与乡村社会》附录二,中国人民大学出版社2010年版,第245—246页,初刊于2005年。末段引文出自《后湖志》卷四,李纪《为陈言时政以图资治题本》。

民后裔名声的家族族谱建立联系"。① 在另一项研究中,宋怡明还重点讨论了以赘婿和义男代役作为军户应对军役的手段之一的可能性。②

这些观点在多大程度上能够解释嘉兴族谱中的上述记载? 无疑不易权衡。前引族谱原文中反复出现的"居",当然可以解释为对"居于此"的"合法性"的暗示以至强调,其间所见详细的都区"字圩"更有某种地权认证的意味,《嘉兴徐氏族谱》中还明确出现了立户籍的记载。据张佩国总结,近代以来的社会调查资料中,"通过婚姻关系或准血缘关系(如收养)是取得村籍的主要途径","在浙江省湖州双林镇徐家漾村,土改前外村人入居本村只有通过入赘这种特殊的婚姻关系"。③ 那么,尽管在后世支配族谱编纂的宗法伦理下,入赘多少具有一些负面意义,但通过强调始祖的入赘来维护家族在世居地的权益,仍有其价值。甚至入赘如果成为"定居"和"入籍"的条件,就有可能在族谱的书写中成为叙事策略,尤其当编纂者在追溯或解释祖先由来方面遇到困难之时。例如,平湖全公亭盛氏家族在太平天国战争后为攀附常州龙溪盛氏(即盛宣怀家族),将本支先祖嫁接到龙溪盛氏以名将盛庸为中心的祖源传说上,自称为盛庸第二子"延二公"之后,而该延二公名林,"明永乐即位,避隐于当湖海滨之全公亭,里有善士王公讳有德者,见公颖异,将长女赘公为婿"。④ 这一叙事的构拟性质突出,入赘要素在其中起到了为延二公定居全公亭提供合法性的作用。

入赘与迁徙、定居彼此连接,这一叙事策略在某些族谱的房支祖或旁系支祖的记载中体现得尤为突出。《唐氏族谱》追溯先祖至于唐末名岑者,南宋末年第十二世岑因战乱徙居斜塘。至第二十世有裔孙六人:文德、文教均为嘉兴

---

① 〔加〕宋怡明:《实践中的宗族》,王果译,北京师范大学出版社 2022 年版,第 44 页。
② 〔加〕宋怡明:《被统治的艺术》,钟逸明译,中国华侨出版社 2019 年版,第 67—69 页。但宋怡明在书中实际上并没有举出以赘婿代役的个案。
③ 张佩国:《近代江南乡村地权的历史人类学研究》,第 111 页,有关双林徐家漾的资料出自滨岛敦俊的调查报告。
④ 盛钟岐:《平江盛氏家乘初稿》卷十三《谱传十一·平江四房平湖全公亭平燕将军分支》,上海图书馆藏同治十三年吴中十贤祠木活字本,第 1a—b 页。

府庠生,而文教"赘于嘉兴府城内卜氏,住西县桥",文彬为海盐县庠生,宗秀"赘上海县界,即入上海县学为庠生",宗实为嘉善县庠生,文质"往湖州收丝,即家于湖州"。第二十一世四人全为文德之子:成一为斜塘支祖,成二"分居迁北区新开河",成三"婆上乡化成庵张氏,因迁居彼处",成四"赘于松江府泖桥徐氏,即居泖桥",此外又有妾生子成五,"迁居下乡埂垫坞",谱中斜塘支实为成一公后,另见新开河、泖桥两支,而化成庵、埂垫坞二支并未收录。① 在仅仅两代人间,就发生了如此大规模的迁徙,其中仅入赘者就有三例,成三公虽无入赘之名,也是"从妻居"。这固然可以放在明初社会流动和户籍登记的时代背景下来理解,②但类似"诸子分迁"的叙事模式,实际上更可能是后世族谱修纂"倒叙"的结果,或者说,是不同支系的同姓人群不断联结、"统宗"的结果。分居不同地点的同姓人群通过迁徙记忆的建立互相构建起认同,而"入赘"则是解释"迁居"的方便工具之一。

前引洲钱吴氏家族的支派结构为此提供了一个典型例证,该族分为南吴、北吴两支,南吴居于洲钱镇上,其第一世为绳翁,第五世有所谓"十一主簿""十三作县"者,为宋元间人,后衍为两支。北吴则居于镇北马头村,又称为马溪支,谱中记载其分迁始祖慧,为"绳翁十世孙,独其祖若父失传。世居洲钱,入赘马溪沈氏,遂为迁马溪之始祖,明初运粮卒于中途,年四十五"。③ 实际上,晚清谱中保留着北吴自隆庆三年至雍正四年的谱序四篇,署名者皆以慧为第一世而自居六世、七世或八世孙,④其时谱中大概只有"世居洲钱,入赘马溪"这样的记载,至光绪中南、北两支合修族谱,才依照大致的年代次序给慧公安排了一个"绳翁十世孙"的身份。值得提及的是,马溪支下又分出东、西两支,

---

① 《唐氏族谱》,不详撰人,上海图书馆藏清抄本两种,其一记事止于嘉庆时期,另一种止于咸丰时期,原书无页码。

② 谱中族人的生卒年月多未记载,但成一之子聪的谱传记称:"有成化十三年二月唐氏仝妻丁氏分拨三子裕、表、袟田产文契⋯⋯今乾隆间犹存。"以其时聪已入老境推算,第二十、二十一世生存时代大致当在明初。

③ 吴学浚、吴宝卿纂修:《洲钱吴氏宗谱》卷二《事行考》,第3a页。

④ 吴学浚、吴宝卿纂修:《洲钱吴氏宗谱》卷首《北吴谱序》,第1a—4a页。

西支祖景祥为慧公曾孙，"出继朱姓，为西支祖"，而东支祖林为慧公孙，"遵旧谱分为东支，岂亦出继他姓耶?"①如果上节所引《海盐朱氏族谱》的记载暗示了"迁居"被用来掩饰入赘、出继事实的可能性，这句话则提示我们，入赘与出继也可能被反过来用于解释迁居。

　　无疑地，上述解读绝不意味着全盘否认"始祖入赘"叙事的真实性。除了族谱的记载，这些家族的早期族史记忆往往有类似墓地、碑记等旁证资料。如闻湖盛氏最初数代祖先均葬于所赘朱张氏祖墓，墓地所在并有朱张氏所建报恩院，相关碑记存留于地方文献中。② 秀水朱氏亦有明确的三姓合葬的商河祖墓，"陈翁居中，郁穴昭位，吾祖自月梅公已上，分处穆葬"。③ 另一方面，这些始祖故事中迁徙、入赘、定居的模式也并非单一，而呈现出复杂多元的面貌。如大易冯氏长支冯伦后两度充军，其后裔绝于戍所，次支冯珍子孙亦被军役牵累，一度举家居于北京，至第五世冯澄于成化十九年中顺天乡试，后得扶父榇归葬嘉兴，重新落籍于胥山六都。④ 这一过程中，冯伦并未通过入赘实现定居，而冯澄的再次落籍虽然仍在当初其祖先出继的"外祖家"所在乡都，但定居之能实现，究竟是依凭这一"出继"的简单事实，还是可能仍然存在的外家地产，抑或是此时冯澄所拥有的举人和仕籍身份？ 这并不容易说清楚。

　　大易冯氏的族史记忆中引人注目地出现了军役要素，其间虽然涉及两支族人的勾补承替，但看不到存在逃役或代役情况的明显证据。海盐钱氏(钱陈群家族)则确实记载了明初先祖的避役行为：始祖本为何姓，第一世贵四公于洪武二十三年"以赋役事全家戍贵州都匀卫"，长子祯(一名琼)时年二十五岁随征，次子裕(号如渊)据称"生未弥月，育于同里钱富一翁"，是为出继异姓避

①　吴学浚、吴宝卿纂修：《洲钱吴氏宗谱》卷一《亲支图》，第 2b 页。
②　盛沅纂修：《闻湖盛氏家乘》，"伤字墅泾祖茔图"。朱张-盛氏早期碑记文献包括至顺二年《税暑亭记》、至正二年《市泾报恩院碑记》、成化六年《重修报恩祠记》等，散见于嘉靖《嘉兴府图记》卷六《物土一·山川》、万历《秀水县志》卷九、崇祯《嘉兴县志》卷六《祠庙》。对这些文本的分析，参黄敬斌：《从报恩院到临官驿：闻湖盛氏的族史建构与家族转型》，《安徽史学》2023 年第 1 期。根据这些文本，没有理由否认盛氏入赘朱张氏的事实。
③　朱国祚：《秀水朱氏家乘》卷首《商河阡表》，第 2b 页。
④　冯秉良纂修：《大易冯氏谱》卷首《原谱序》《上世军由》，第 1a—5a、9a—b 页。

役的例证。① 支桥王氏的入赘却恰恰是避役和代役的反面：谱载王氏始迁祖萧（朝美公）入赘吴氏，而吴氏上一代又是支氏赘婿，支氏于洪武二十八年戍南京金吾前卫，其子孙遂居南京，"原籍仅存一女，遂赘同里吴公熹为壻以承祀"，吴氏二代无子，又以女赘王氏，王氏始祖后仍葬于"支氏坟内"。② 相关个案材料虽然并不太多，但再一次揭示了入赘记载背后社会生活的多元面貌。

三、时代与社会身份：入赘者的复杂面向

如前所述，目前对于江南族谱中入赘现象为数不多的分析中，滨岛敦俊和赵世瑜均将之与船民、渔民等"水上人"上岸定居的过程联系起来，就"上岸"的动因而言，则前者强调农业开发，后者强调"合伙经商"，但也并不否认前者的解释，强调这是"明清江南社会发展中的一体两面"③。赵世瑜同时观察到，洞庭东山族谱中，入赘记载往往集中在元代到明代中期。他认为，入赘记载的消失"基本上与该族开始兴盛的时间一致"，"应与该族在该地稳定定居下来并结成了更广泛的社会关系网络有关"。④ 换言之，一个东山家族的兴起，早期或多借助于入赘的水上人带来的商业才能和网络，而一旦真正建立起定居式的"宗族"，则会慢慢脱离这种不合父系宗法伦理的婚姻模式。正是基于这一解释框架，赵世瑜在处理近代至当代各地入赘婚姻的田野资料时，也刻意强调其

---

① 钱臻纂修：《海盐钱氏家谱》卷一《四支总》，哥伦比亚大学东亚图书馆藏道光六年刻本，第1a—b页。钱仪吉纂、钱骏祥补纂《庐江钱氏年谱》（山西社会科学院藏民国七年铅印本）卷一记载尤详，尤其值得注意者，一是成化年间钱氏曾因先祖的避役改姓而遭告讦，年谱中收录了相关文书并有考辨，从中可推知族谱的相关记载形成的过程；二是年谱中记称其何姓祖在谪戍都匀卫时，即置有赡军田三十亩，此后贵州所谓"何氏大宗"常有人来浙，军田更似乎一直维护到康熙中，据此则所谓随征贵州的长子祯（琼），亦有可能实际是代役者。

② 王大有修，王景纂：《嘉兴支桥王氏宗谱》卷首《朝美公外戚支吴二氏序略》；康熙四十一年《始祖公祭条约》，第11a、18a页。支氏后人曾于正德年间回籍并曾导致争讼，但其情不详，见卷一《世系》，第2b页。

③ 赵世瑜：《猛将还乡：洞庭东山的新江南史》，第260页。

④ 同上书，第257页。

可能的水上人背景,尝试将二者紧密连接起来①。

这一解释模式在多大程度或在多大地域范围内能够成立?无疑是江南史研究必须面对的一个重要问题。本文所聚焦的嘉兴地区是典型的湖荡河网密布的水乡平原,同时是明清时期圩田开发、商业市镇发展的核心区域之一,其历史文献及其所反映的社会生活面貌与赵世瑜所论的东山、滨岛敦俊更为关注的松江或具有开展比较研究的可能性。当然,这一问题具有宽广的历史维度,以下仅能对此稍做分析。

嘉兴族谱中关于入赘的记载,尽管在始祖和支祖入赘、迁居的叙事上引人注目,但绝不限于此,在时代分布上也并不限于明代中叶以前。当然,如第一节所述,受记载体例等因素的影响,不同族谱的记事详略倾向各有差异。兹先摘录记载较为丰富的《嘉兴凤溪吴氏宗谱》《嘉兴徐氏族谱》中的相关内容,制为表1:

表 1　嘉兴凤溪吴氏宗谱、嘉兴徐氏族谱中的入赘记载

	世次	谱名	出生年代	入赘事实
嘉兴凤溪吴氏宗谱	第七世	澜	不详,约明代中期	出赘九里亭东油车浜王氏,子孙仍入谱
	第九世	中楚	隆庆四年	赘于平湖沈弦吾公为婿,妻弟为"方伯衰中",祔葬吴氏祖墓,子孙仍入谱
	第十世	文达	康熙十五年	无子,一女赘缪圣功为婿,传至于今(光绪初),仍袭吴姓,未入谱
	第十四世	苍海	雍正七年	无子,一女入赘王世伦为婿,谱中未载其后裔
	第十四世	鼎爵	乾隆十七年	有继子且至少已有三孙,次女仍入赘萧山临浦镇朱东昷为婿
	第十五世	生福	道光二十七年	出赘某氏莫考
	第十五世	履虎	道光十二年	有同宗继子,长女仍入赘李兴隆为婿
	第十五世	达鼋	不详,发妻殳氏生于道光十一年	二子皆殇,一女入赘周瑞生为婿

① 如在评论近年有关萧山赘婿的新闻报道时,赵世瑜特别指出"在这一带地区,曾经生活着大量水上人"。而对于他更为重视的太湖渔民,则突出强调当代渔民群体中入赘婚姻的普遍存在。当然,他也承认,如杜正贞揭示的浙南山区招赘婚姻普遍存在的现象,不是这一"水上人"模式所能涵盖的,且各地族谱中赘婿的记载,"不一定只局限于水上人的上岸"。赵世瑜:《猛将还乡:洞庭东山的新江南史》,第228—234、257—260页。

续表

世次	谱名	出生年代	入赘事实
嘉兴徐氏族谱 第三世	土金	洪武三年	其姐秀三娘适嘉兴城东隅王显二，因随之自海盐赘城东隅曹氏，生子阿员为王显二继子。后继赘白苎十五都卜氏，生子分前徐、后徐两支，殁后与曹、卜二氏均祔葬王显二坟
第四世	永安	不详，土金长子	先赘于朱氏，朱卒遂归。"失父母欢，糊其口于四方，凡堪舆医卜命禄诸术，靡不略习焉者。"
第六世	蕙	不详，当在明中叶	娶义和桥张姓女，迁居义和（或作乌）桥，三子均从母姓张，至孙辈复姓，子孙仍居义和桥，均入谱
第八世	锡	嘉靖十五年	赘濮斜泾，其发妻李氏"别葬濮斜泾李家坟"，后继娶陆氏，葬律字圩祖坟，再继萧氏，合葬日字圩。诸子皆居于濮斜泾，子孙均入谱
第九世	学程	万历二十一年	锡子，赘阔脚桥姚浜，妻金氏为姚浜金朝贵女，无出。庶子三，其二随母庄氏往大云寺张笋塘桥顾姓，谱中不载
第十世	可述	万历二十七年	无子，继妻陆氏生女赘陆可成，后不载
第十世	必宁	万历三十四年	无子，女赘储大成，后不载
第十世	国器	万历二十二年	赘秀才浜。先娶本圩江氏，生一子，后居戚家桥。继娶秀才浜孙氏，生二子，后均居秀才浜
第十世	宗英	万历三十二年	女一赘庄大，后不载
第十一世	世芳	不详，当在康熙初	徙落缫湾，妻陈氏为落缫湾陈姓女，子孙居落缫湾并入谱
第十二世	瑞隆	顺治十七年	赘三邱浜许氏，子孙仍入谱

资料来源：吴德溥纂：《嘉兴凤溪吴氏宗谱》卷二，第 2b、4b—5a、24a—25a 页；卷三，第 26a—b、28a—29a、72a、79a—b、82a—b 页。徐铣纂修：《嘉兴徐氏族谱》卷二《大宗世系图》，第 1a—b 页；卷五《濮西柳塘支世系图》，第 3a—b、4b—5b、6a、7a—b、19b 页，《濮东南亭支世系图》，第 21b—22a 页；卷六《前徐世系图》，第 7b—8a、9b—10a、16b 页；卷十《五祖大传》，第 4b—5a 页。嘉兴徐氏第六世蕙，谱中不书赘，但既为从妻居，生子又从母姓，则为出赘无疑。据此原则将第十一世世芳一并列入，其他个案则谱中记载均有"赘"字。

这些记载无疑是简略的，且完备性可疑。但无论如何，仍反映出入赘婚姻在明清时代的嘉兴是长期广泛存在的习俗,且具有丰富复杂的实际面貌。首先可拈出讨论的,是《嘉兴徐氏族谱》的记载展现的某种模式。该族自明初定居府城东南永丰乡十四都,分为前徐、后徐两支,后徐大宗衍至第九世有学周、学曾兄弟同中嘉靖四十三年举人,学周子必达举万历二十年进士,仕至南京兵部左侍郎,赠兵部尚书,遂成科举望族。① 然而,表1中的入赘事例,除了实际上的始迁祖土金及后徐支祖永安以外,其余全部出自后徐大宗以外的边缘支系,包括前徐及后徐滩西、滩东各支。这些支系人丁不旺,在科举事业上全无表现,也缺乏捐纳功名。而且,学周、学曾两支后大多迁居府城,而这些边缘支系仍大抵居乡。这些信息显示出,一旦一个家族(支系)走上士绅化、"宗族"化的道路,入赘婚姻或可能显著减少。

然而,这一模式也可能是文本制造的虚象:取得科举成功的士绅化强宗出于宗法伦理的立场,或格外忌讳记录本宗族人的入赘婚姻。实际上,后徐支祖永安曾出赘朱氏的事实,在世系表中即不见踪迹,而是在徐必达所撰传记中点出。凤溪吴氏更提供了一个值得玩味的例证。该族的科举成就远不能与徐氏相比,截至第十六世,最高功名不过岁贡。但表1中第九世中楚,恰恰出自家族早期士绅化程度最高的支系,其父邦献、祖霆均为嘉兴庠生,中楚出赘的平湖沈氏,为明代仕宦望族,"方伯衷中"者当为沈萃桢,号衷中,万历四十一年进士,崇祯初仕至湖广右布政使,尚有弟杞桢与之同中万历三十一年举人。② 吴中楚入赘这个家族,与表中多数因妻家无子而入赘的模式迥然有别,更类似于柏文莉关于宋代的宰相和婺州"地方精英""接纳极具潜质的年轻人作为女婿",女婿因此"与其岳父关系密切","甚至干脆居住在他们岳父家中",并常被视作入赘的模式。③

实际上,有关明清士绅阶层入赘或从妻居的记载,在嘉兴族谱和其他文献

---

① 徐铣纂修:《嘉兴徐氏族谱》卷二《大宗世系图》,第2a—5a、8b—9a页。

② 沈氏家族传记,可参盛枫辑:《嘉禾征献录》卷二十四,《四库全书存目丛书》史部125,影印上海图书馆藏稿本,第468—470页。

③ 〔美〕柏文莉:《权力关系:宋代中国的家族、地位与国家》,刘云军译,江苏人民出版社2015年版,第108—110、205—210页。

中并不罕见。嘉靖时期严嵩党羽赵文华,原籍浙江慈溪,据称即为"项氏赘婿,亦居禾郡"。① 晚清同治中仕至河南巡抚的嘉兴人吴昌寿,亦有子而为次女"赘婿归安包生延祺于家"。② 族谱中对于类似婚姻或多讳书"赘"字,如瓯山金氏始迁嘉兴者为乾隆元年状元金德瑛,其先世居杭州,又"设肆于常州",因娶于桐乡汪氏,遂迁居嘉兴府城。③ 府城葛氏第三世学孔(约万历时人)为礼部儒士,娶吴氏,子兆魁入府学,吴公只有一女,以家业付之,直至晚清民国时期,吴氏坟墓仍在葛氏祖坟祀典之中,同样是有入赘之实而无其名。④ 这些事例说明,即使对于上层士大夫来说,出赘异地异姓、从妻居及赘入异姓女婿都并不存在什么禁忌。

当然,回到表1中的记载,大部分入赘事例还是发生在底层庶民群体内,且多应是在无子情况下以招赘的方式来解决继嗣和家产承袭问题。因此,滨岛敦俊对于赘婿实际上是"义男""佃仆"在后世的"美称"的说法,⑤对于理解族谱中始祖和支祖的入赘记载而言固然有启发性,却不能推广为对入赘现象的普遍解释。此外,凤溪吴氏第十四世鼎爵和十五世履虎都是在立有同宗继子的情况下仍招入了赘婿,或反映出无子之家在选择招赘和同宗过继之间面临的困局,此处不做展开。⑥ 需要问的是,底层赘婿一般的社会身份如何?族谱中是否能找到"水上人上岸""合伙经商"的蛛丝马迹?

嘉兴族谱中的入赘记载最具细节者可能来自平湖虎啸桥胡氏,该谱自称其祖先世居徽州绩溪或休宁,约在明季迁居平湖,务农为业。至第四世翼藩公(生于康熙三十年前后):

---

　①　沈德符:《万历野获编》卷五《世官》,中华书局1959年标点本,第144页。

　②　光绪《嘉兴县志》卷二十八《列女·贞孝》,《中国地方志集成》浙江府县志辑15,影印光绪三十四年刻本,第627页。

　③　金兆蕃纂辑:《金氏如心堂谱》,山西省社会科学院藏光绪二十五年刻本,第1a页。

　④　葛文溶纂辑:《稚川族谱》,上海图书馆藏民国初年稿本。并参黄敬斌:《清代秀水葛氏的族谱编纂与宗族构建》,《复旦学报(社会科学版)》2020年第4期。

　⑤　〔日〕滨岛敦俊:《明代松江何氏之变迁》,转见于赵世瑜《猛将还乡》,第251—252页。

　⑥　参张佩国:《近代江南乡村地权的历史人类学研究》,第215、217页。

受分银五十两,赘于张,襄助张翁耕耨。时当炎夏,车棚歇昼,偶入睡乡。翁见之,谓太孺人曰:"年富力强,惟睡是好。"转达诸公,公曰:"归!何必居此。"遂率太孺人回家,积售芦沥荡租十石,资本一百千文,弃农为贾。雍正元年迁居虎啸桥镇港北。始开腐店,后兼酒米磁器,获其赢余则创置产业。辛勤二十余年,共置荡租一百三十石,楼房两第,计十四间。①

这段记载中值得注意者,首先是翼藩公入赘张氏受有"分银",并为张氏耕耨力作,其身份确有"佃仆"的影子。张氏赘入胡氏的目的可能仅是获得其劳动力,而并无继嗣和家产承继方面的考虑。但谱传中翼藩公一旦听闻岳父对自己的訾议,即能"遂率太孺人回家",虽然可能记载中省略了双方产生并解决纠纷,或者翼藩公实际仍履行完了"合同"的可能过程,但仍显示胡氏对张氏的身份依附性并不强烈。翼藩公"回家"之后"积售"的家产,及"弃农为贾"的记载也具有多种可能性。这些家产实际仍有可能是从张姓继承而来,胡姓自称的徽州祖贯则暗示了这一家族本来就具有某种商业背景,而其置产集中于"荡租"则又似乎确实反映出某种"水上人"特性。谱中对于迁平湖前三世的记载均极为简略,并充斥着诸如"耕稼""隐君子""耕读相兼"这样的用词,②颇与"务农"之说及翼藩公入赘后"襄助耕耨"的事实相合,但更可能只是一种粉饰性的套语。总之,由于族谱记载的特性,要穿透这些文本揭示出这一家族早期先祖的"真实"社会身份和生活面貌是非常困难的。

表1嘉兴徐氏早期族人的社会面貌也有一定的线索可循,在实际上的迁祖土金之后,其长子永安(后徐祖)一度出赘,妻亡归家后以"堪舆医卜命禄诸术"糊口四方。此后前徐、后徐子孙多有在嘉兴府及府学为吏者,③前徐第六

---

① 胡家相纂:《胡氏宗支记略》,上海图书馆藏光绪三十二年铅印本,第 24 页。按:原书无页码;此据电子本页码,下同。

② 同上书,第 16—20 页。

③ 见徐铣纂修:《嘉兴徐氏族谱》卷二《大宗世系图》,第 2b 页;卷五《滩西柳塘支世系图》,第 1a 页;卷六《前徐世系图》,第 1a、5b 页。

世崑徙王店镇,其子滶居王店镇业医。① 这些早期族人的择业选择暗示着,徐氏在迁居嘉兴之初,在文化上已有一定的积累,在继承妻族以至姐夫家族的土地产业及人际关系之后,遂能跻身低级官吏阶层。与此类似,闻湖盛氏入赘后的第二世盛明德,洪武中"以解饷卒于凤阳",长子可大亦应为吏得授正八品省祭官,因"听选卒于京师",次子可久则在乡"充万石长",②显然也是一个具备一定文化积累、以土地经营为核心的粮长家族。此外,柞溪沈氏的晚期文献中,称始迁祖沈济赘居炉头镇,"设炉鼓铸,创立冶业",可能是近世实际从事冶业的族人对先祖事迹的建构,也可能是家族历史记忆的彰显。③ 这些资料同样含混简略,且可能做出多种解释,但仍能显示嘉兴一带涉及入赘婚姻人群的复杂社会面貌。

至于表1呈现的两族后代招赘或出赘异姓的事例,被招赘者一般仅有姓名,其社会身份难以知晓和猜测。出赘者当然是族谱记录范围内家族的成员,如果视族谱纂修为定居农业或商业、科举家族的事业,这些人当难与"水上人"挂上钩。当然,正如赵世瑜本人也承认的,与其他族群标签一样,"水上人"所指的人群也具有高度的动态性特征,"在前现代的历史上,也时有岸上人转变为水上人的现象"。④ 在水乡地带,贫困农民也许多多少少有兼操渔业的一面,而同时仍能为族谱的编纂者追踪到。囿于可征文献资料太少,这样的猜测似无推进下去的必要。

四、结语

以往主要从法律史和婚姻制度史角度对入赘婚姻的研究,实际上多意识

---

① 徐铣纂修:《嘉兴徐氏族谱》卷六《前徐世系图》,第6a页。
② 盛沅纂修:《闻湖盛氏家乘》,《世系图》,第1a—2a页。
③ 沈善炯修:《柞溪沈氏思源堂宗谱》卷首《勉斋公墓表》,上海图书馆藏民国三十七年铅印本,18b页。该本为前引咸丰五年抄本《柞溪沈氏世系宗谱》亮采公一支续修本,中记第一百世善挚(即勉斋公)于太平天国战乱后"佐叔恢复祖业",又独力"创设苏州余昌冶坊",其子承伟"佐叔父渔舲公经纪青、炉两镇冶坊",世系表,第46a—b、65a页。
④ 赵世瑜:《猛将还乡:洞庭东山的新江南史》,第184、192页。

到入赘婚在各地的普遍存在。近代江南也有大量入赘婚俗的记录和调查,如费孝通即注意到,开弦弓村当男人"有女无子"时,有多种婚姻模式的选择:典型的入赘婚姻有 12 例;"两头挂花幡"——女家将女儿的一个男孩作为自己的孙子,有 1 例;"黄泥膀"——儿子无子死后,其父母"找一个替代人作为儿媳妇的后夫",有 2 例。① 若以当地总计 300 对配偶双方均健在的已婚夫妇计,②这三类婚姻恰占到总数的 5%。对于近代嘉兴的情形,李旻悦曾统计存世的1932 年、1935 年、1946 年《嘉区民国日报》上刊登的有关婚姻类的声明启事,共计 74 条启事中 9 条涉及招赘,此外在涉及析产纠纷的声明启事中亦屡见招赘情事,这些事例具体包括以女赘婿、养女赘婿、寡妇招赘壮劳力顶门户或称"填夫"等多种类型。③ 这些资料提醒我们,一方面,族谱中对于入赘婚姻的记录相对社会生活中的实际情形而言显然是被大大遮蔽了。另一方面,开弦弓村是一个典型的农业、蚕桑业村落,嘉兴于报纸上登载启事者应多为城镇居民或近郊农民,这些人群的婚姻模式与现代田野调查中的太湖渔民显然具有高度的相似性。④

　　本文所探讨的主要是嘉兴族谱中记载的入赘,如前所述,基于族谱文献的纂修体例,这方面的记载肯定是不完全、被遮蔽的。而族谱文本的特性也决定了,关于族人婚姻状况的记载一般来说都非常简略而缺乏细节,在入赘婚的场合下更是如此。族谱中记载的早期先祖尤其是始迁祖或支祖的入赘故事,从族谱编纂和宗族建构的角度分析,有可能是作为定居、联谱的叙事策略而存

---

① 费孝通:《江村经济——中国农民的生活》,戴可景译,商务印书馆 2003 年版,第 74—75 页。

② 同上书,第 43 页,脚注①。

③ 李旻悦:《民国时期嘉兴社会生活与民情研究——以〈嘉区民国日报〉声明公告为核心》,嘉兴社会科学界联合会编:《2021 嘉兴市哲学社会科学优秀课题成果汇编》,内部资料,第 537—539 页。

④ 〔日〕佐藤仁史、吴滔、张舫澜、夏一红:《垂虹问俗——田野中的近现代江南社会与文化》,广东人民出版社 2018 年版,第 114—115 页。应该指出的是,赵世瑜在引述这一调查时忽略了以下语句:"过去渔民一般只与背景相似的渔民通婚。渔民与岸上人一般维系父系家庭,大体上实践岸上人常见的男婚女嫁模式,但交换婚和领养婚等亦比较流行。"而仅引及"渔民重视父姓的延续,家里只有女儿的话,他们会想方设法招赘或以'两头挂'的方式"缔结婚姻的论述,似有选择性利用资料之嫌。赵世瑜:《猛将还乡:洞庭东山的新江南史》,第 228 页。

在。但无论是始迁祖或支祖的早期记录,还是后代族人的婚姻记录,都仍有相当多能够呈现入赘作为实际婚姻策略存在的事例。这些入赘者的真实社会身份和面貌难于精准刻画,但至少在嘉兴族谱中,几乎看不到将赘婿的身份与"水上人"和商业经营密切联系起来的哪怕是松散的文本证据。大量事例当与乏嗣家庭的继承和男性劳动力的引入有关,就这一点而言,宋怡明关于福州的入赘婚姻"与异姓收养一样,也是具有多重目的的策略性行为,如确保在没有子嗣的情况下延续香火,以及满足家中的劳动力需求"①的概括,大体上也适用于嘉兴。结合族谱及其他文献中偶见的精英士人入赘或从妻居的记载,认为入赘现象既不局限于特定生业领域的人群,也并非仅通行于下层民众,这大体上是稳妥的结论。

作为一种伦理色彩浓厚的文献类型,族谱在述及入赘和异姓收养这类明显违背父系宗法伦理的社会现象时,天然必须具有某种批判性的立场。这可能引导读者将入赘视作一种"非正常"的,甚至是外在于"定居宗族"人群的习俗。实际上,如果宗族既是"一种信仰","在大多数时候、大多数地方……更只不过是一种盼望",②则普通民众的日常生活及观念在多大程度上真正受到宗法伦理的影响,是大可怀疑的。也许不仅是位居社会边缘的"水上人",即便对于定居农民、商人乃至士大夫而言,入赘婚姻都是习以为常的事情。晚明官至大学士入阁的秀水人朱国祚,其高祖西湾公于景泰四年入赘陈氏,而陈氏另有郁姓赘婿号东湾,死后三姓合葬商河墓地,朱国祚亲撰阡表中,展现了与传统宗法伦理截然有异的家族伦理观,特征引如下,作为本文的收束:

> 呜呼! 自先世凭陈翁贻意,生既合异为同,作一家骨肉,死必左顾右盼,聚后先魂气。壤逊顷亩,邱封之度,陈翁居中,郁穴昭位,吾祖自月梅公已上,分处穆葬,皆南向。……合异姓为同冈,而从若斧也,进甥舅为父

① 〔加〕宋怡明:《实践中的宗族》,第46—47页。
② 科大卫:《皇帝和祖宗:华南的国家与宗族》,卜永坚译,江苏人民出版社2009年版,第13页。

子,而荷若薪也,联友倩为兄弟,而无参商也,呼姊妹为娣姒,而毋勃僷也。鞠育诸外孙曾,如家常子弟,不复知外舅祖父、中表昆季之系而姓缀而食也。……茨檐甕牖中,有斯耆耇,有斯风规,讵不大可追敬乎哉! 缅忆我浙,国初有浦江义门郑氏,累世同居,为朝廷赏重,不愧有唐公艺。然昔张今郑,一族耳,岂如家萃三姓,土覆一抔,不分尔我,数十百年? 倘遇有识推举,其邀声誉,必使两门却步也![1]

　　[作者简介]黄敬斌,复旦大学历史学系教授。

————————

[1]　朱国祚:《秀水朱氏家乘》卷首《商河阡表》(天启四年),第 2a—3a 页。

散居与合谱:明清松江的董氏家族*

黄阿明

内容提要:明清时期,松江董氏通过出赘与过继化解家族危机,潜心科举大业,董纶率先实现科举突破,自后代有闻人,蔚为望族名宗。然而,非纶支却科举道路崎岖,受挫压抑,直到董其昌、董羽宸相继中第才打破纶支长达二百余年的垄断局面。董氏族内经济升降、科举发展的不平衡,导致家族内部贫富分化、裂变与亲疏远近变动。董氏没有形成统一的家族公共财产,设置族田义庄,一定范围的救济与协助活动基本都是个人行为,不是一个村落聚族而居的宗族,而是一个成员散居在相距数里甚至几十里,分成若干宗支、缺乏严密组织的松散宗族。这一宗族组织形态不同于华南社会的宗族组织形态。随着族姓繁衍、科第兴盛,通过修谱"敬祖收宗"的观念意识日益加强。嘉万年间,董思忠房与董思贤房在欧苏谱例原则下,选择可以记忆追溯的官一公作为共同的祖先,分别修纂族谱,最终在明季合谱成松江《董氏族谱》,不过其间却存在着许多矛盾的记载。

关键词:明清 松江董氏 家族 散居 合谱

长期以来,宗族史一直是历史研究的热门领域,但由于受到经典论述的深刻影响,宗族史研究实际上是在对宗族的政治性功能论述进行阐释。① 徐扬

---

　* 本文为华东师范大学青年教师科研项目"明清松江市镇与地方社会"(项目编号:43800-20101-222402)阶段性成果。

　① 毛泽东:《湖南农民运动考察报告》,《毛泽东选集》第1卷,人民出版社1991年版,第31—32页。

杰曾对宋代以后封建家族组织的形态、结构、特征和功能做过总结：

> 宋以后逐渐形成的近代封建家族制度，主要有两种形式，一是由个体小家庭组成的聚族而居的封建家族组织；二是累世同居共财的大家庭。这两种形式的家族组织在农村中都是普遍存在的，其中尤以前者居绝对多数，是近代封建家族制度的主要形式。①

徐氏认为，村落聚族而居是封建家族组织的基本特征，具有普遍性。封建家族组织是一个以血缘关系为纽带组成的家族，是一个自给自足的自然经济单位，是一个封闭的政治实体，有一套严密的家族组织系统、缜密的家法族规和族众平等和家族间不平等的原则。②"祠堂、家谱和族田是一个家族的不可缺一的三个条件。这三件东西把族众紧紧地束缚在一起，不致离散。"③徐氏的论断，在学界产生了深远影响。

但是，郑振满并不完全同意徐氏的论断。他认为家族组织具有错综复杂的形态特征。就其表现形式而言，既有建祠修谱、族产丰厚的强宗大族，也有无祠无谱、族产甚少的弱房小族，还有各种同居共财的大小家庭。就其发展规模而言，既有跨越县界、府界乃至省界的散居宗族，也有一村一姓或数村一姓的聚居宗族，还有单门独户的"客寓"家庭。就家庭成员间的联系纽带而言，既有婚姻关系、血缘关系的亲属关系，也有收养关系、过继关系等拟制的亲属关系，还有超越亲属范畴的地缘关系或利益关系。各种形态特征可以同时并存，相互交错；又可以变动不居，时有差异。明清闽台地区的宗族，祭祀与仪式才是宗族组织中最核心的内涵。④

明清江南宗族是宗族史研究的重要对象，潘光旦《明清两代嘉兴的望族》

---

① 徐扬杰：《中国家族制度史》，武汉大学出版社 2012 年版，第 283 页。
② 同上书，第 283—290、293 页。
③ 徐扬杰：《宋明家族制度史论》，中华书局 1996 年版，第 13—42 页。
④ 郑振满：《明清福建家族组织与社会变迁》（增订版），北京师范大学出版社 2020 年版，第 15 页。

可以说是江南宗族史研究的早期代表作。20 世纪 80 年代以来,许多学者对江南宗族问题进行了深入细致的探讨,发表了一系列研究成果。近年,滨岛敦俊提出"江南无宗族"的观点,认为江南三角洲是一个"非宗族型乡绅社会",考察江南三角洲地方社会或乡村社会的特性、结构、效能时,"宗族"并非不可缺少的因素。此论一出,如巨石投水,激起千层浪,引起中国学界广泛争论。那么,如何准确理解滨岛的论断,江南到底是无宗族还是无华南式的宗族社会,成为学者们争论的焦点。① 本文以明清松江董氏宗族作为个案进行考察,一方面希望清晰呈现松江董氏宗族的真实历史;另一方面试图与滨岛"江南无宗族"论有所对话。

一、疑团重重的松江董氏始祖谱系

明清松江董氏选择南渡追溯族源,建构世系,并没有寻找一个更久远的祖先。然而即便如此,明清文献与董氏族谱关于松江董氏族源记载却存在巨大分歧,甚至掺杂着虚假信息。

康熙年间,董含自述家世:

> 赘客者,江南松江华亭人也,姓董氏,名含,字阆石,一字榕城,晚自号莼乡赘客云。始祖籍河南,元末避乱渡江,避乱卜居五茸,再传而族始大。②

嘉靖年间,与董氏世姻的孙承恩说:"上海董氏,先本汴人,从宋南渡徙郡中。阅今若干世,世有隐德,至御史介轩公始以仕显。既而,诸子相继起,科第

---

① 〔日〕滨岛敦俊、范金民、吴建华等:《江南"无宗族"》,邹振环、黄敬斌主编:《明清以来江南城市发展与文化交流》,复旦大学出版社 2011 年版,第 281—292 页;徐茂明:《江南无"宗族"与江南有"宗族"》,《史学月刊》2013 年第 2 期。

② 董含:《三冈识略》卷十《莼乡赘客自述》,辽宁教育出版社 2000 年版,第 225 页。

蝉联，簪组迄今未艾，文声擅望，蔚为名宗。"①万历三年，陆树声为南京礼部右侍郎董传策之父董体仁撰写墓志，他在铭文中说：

> 董公讳某，字公近，别号海观。其先汴人，从宋南渡，徙家上海竹冈里。国初，讳官一者生仲庄。仲庄子二，长思贤，赘钱，从其姓，今廷评志学其后也；次思忠，为遗安公，实大董氏。②

明季，陈继儒亦说："按董氏谱，其先汴人，宋南渡扈跸，遂籍松之上海。始祖讳官一，凡五传而生华，代多闻人。"③而董其昌则说："按谱，余家厥初为汴人，自扈宋南迁，更居华亭，上世有官一公始著，数传为思贤、思忠。"④

上揭史料显示，明清时代的人包括董氏族人对松江董氏来源说法存在明显矛盾，存在元末徙松与南渡徙松二说。

松江董氏有谱，最早成于嘉靖年间。董氏思忠房后裔董宜阳纂成族谱，敦请世好孙承恩作序。孙氏云：

> 董氏自汴徙嵩，凡三百载，克培世德，衍庆发祥。自御史公而下，蝉联簪组，蔚为望族。而谱犹未备，大理少卿世良先生，尝以命其子宜阳，至是始克成之，于是距公之亡三十有五年矣。⑤

林树声亦说："董氏自徙汴以来，蔚为名宗，其子孙多斑斑着仕籍中，固衣

---

① 孙承恩：《文简集》卷三十四《董氏先德录小引》，景印文渊阁四库全书本，第1271册，台北：台湾商务印书馆1986年版，第463页。

② 陆树声：《陆文定公集》卷六《封通议大夫工部右侍郎海观董公墓志铭》，黄山书社2016年版，第332页。

③ 陈继儒：《陈眉公先生集》卷三十六《思白董公暨元配龚氏合葬行状》，《容台文集》附录，西泠印社出版社2012年版，第720页。

④ 董其昌：《容台文集》卷六《渐川兄传》，西泠印社出版社2012年版，第393—394页。

⑤ 《董氏族谱》卷首《谱序》，上海科技文献出版社2018年版，第3—4页。

缨之胄也。盖自官一公而下，十世而为子姓者，百七十人焉，族蕃矣。世远亲尽，将不有遗忘者乎？此宜阳所为辑谱也。谱始于官一，世更十传，凡缩而图之者，溯未始以明尊尊也。"①

嘉靖三十五年，董宜阳自叙族源说：

> 吾家本汴人，建炎南渡徙嵩华亭，为华亭人。元至元末，拆其地为上海，故今为上海人。世远谱亡，其讳字不可知，所可知者自官一公始。官一公尝居竹冈东，生子仲庄公。仲庄公居吴会里东沙冈之上。生二子，其次为遗安公。赘居华亭之车墩。后复归里中，能自树立起家。植德累仁，故人多称吴会董氏。②

《董氏族谱·世谱》记载：

【一世】官一，生宋末，居竹冈洪桥东。配孺人周氏。子仲庄公。

【二世】仲庄，生元时，赘韩氏，子思贤、思忠。

【三世】思贤，赘江氏，年三十六卒，葬车墩俞塘北原。遗孤，沿钱姓。八世孙钱志学奏复董姓，今应合。思忠，号遗安，配宋氏，葬杨家浜原新阡。生洪武戊申，卒正统壬戌三月十七日，年六十有三；宋孺人年七十有八。子真、正、弘。③

又《董氏族谱·世传》记载：

> 官一府君，胜国时人。按旧谱，生汴梁，为宋逸人。当元世，不乐仕进，乃遁于东海之墟，名遂不显，居竹冈洪桥东。配孺人周氏。子一，即仲庄府君。
>
> 仲庄府君，亦生胜国时。性任侠，以名义自重。尝面折不能容人之过，里中有竞，无不走直于府君。府君以数言折之立辨，人多服之，而怨亦

---

① 《董氏族谱》卷首《族谱图记》，第8—9、10页。

② 《董氏族谱》卷首《族谱序》，第21—22页。

③ 《董氏族谱》卷三《世谱》，第121—122页。

因是作。府君赘韩氏，家颇饶。洪武初，诏发郡邑间左徭役，缮治白城，韩翁与焉。子二，长思贤府君，赘华亭车墩里江氏，年三十六而卒。江氏以节终，有遗腹子琳，才数岁，继钱氏，因沿钱姓。……仲讳思忠，即遗安府君。

　　遗安府君，讳思忠，赘宋氏。仲庄府君没，府君尚幼，茹苦服恶，以自成立，与伯兄思贤府君虽异处，友爱如一堂。伯兄早世，事寡嫂江氏如母，抚其孤琳有恩……府君生洪武戊申，卒正统壬戌三月十七日，年六十有三。①

　　现在，我们对以上史料进行逐一梳理。首先，绝大多数史料都说松江董氏建炎南渡，徙松江华亭。元初上海置县，董氏遂为上海人。"董氏自汴徙嵩，几三百载，克培世德，衍庆发祥。自御史公而下，蝉联簪组，蔚为望族。"御史公即董氏五世董纶，天顺八年（1464 年）进士，仕终南京河南道监察御史。推原孙氏文义，"几三百载"指董纶中进士以前的时间，三百载前即 1160 年前后，值南宋初际。如是，谓松江董氏元末徙松说法错误。

　　其次，董宜阳说世远谱亡，可知者自官一公始。即官一公是松江董氏公认的始祖。成化十年，王俟撰董氏先德碑铭云："董氏其先汴人，宋南渡后徙居松之上海。高祖官一，姓周氏，居竹冈洪桥东乡，人谓之飞来落，盖谚语犹所谓非土著也。曾祖仲庄，赘韩氏。"②陆树声亦云，松江董氏始祖是明初的官一公，生子仲庄。然而，董其昌却说："上世有官一公始著，数传为思贤、思忠。思贤又三传至冕，为母姨钱氏后，袭其姓。"这与王俟、陆树声的说法皆不同，董其昌并未确说官一公是国初人，只说是"上世"。可是，陈继儒根据董氏族谱，称董氏是宋南渡扈跸，遂籍松之上海，始祖讳官一，似乎又是建炎南渡时人。

　　那么，松江董氏始祖官一公到底是何时之人？

　　《董氏族谱·世谱》载："官一，生宋末，居竹冈洪桥东，配孺人周氏，子仲庄公。仲庄生元时，赘韩氏，子思贤、思忠。"据此，董官一生于宋末、董仲庄生于

---

① 《董氏族谱》卷六《世传》，上海科技文献出版社 2018 年版，第二册，第 1—4 页。
② 王俟：《王俟全集》卷十六《董氏先德之碑》，世恩堂毗邻王氏编，2000 年自印本，第 247 页。

元时，与《董氏族谱·世传》所云大致契合，但与《董氏族谱》记载董氏建炎南渡自汴徙嵩说法矛盾，在时间上相差 150 年左右。

万历初，思贤房董志学纂《家乘》，追溯本宗来源时说："我董氏始祖，在国初为官一，有丈夫子二人，长曰思忠，次曰思贤。思忠，世董氏矣。思贤，六传而至冕，则出为母姨钱氏后，袭其姓。"又说："第思我董氏自汴京扈宋南迁以来，代不乏人。乃胜国以前，父老仅仅能道一二，不能具举。何也？入国朝以迄于今，而世次犁然可数也。"①显然，"国初"指明初。鉴于文献记载明朝"国初"的时间范畴较为宽泛，可以指自至正十六年（1356 年）朱元璋定鼎金陵到终洪武一朝这一时期。这与以上记载勉强凑近，但与宋元之际明显存在半个世纪时间差。

值得注意的是，董志学谓董思忠是官一公长子，而思贤是次子，且缺董仲庄一世。这与《世谱》记载正好相反！

然而，沈恺给董志学父母董潮暨潘孺人所撰墓铭则说："其先汴人，姓董氏，扈宋南渡，遂籍于嵩。始祖讳官一，居竹冈洪桥东，族日蕃昌，代多显人。至国朝高祖讳思贤，乃遗子，为江赘婿，始家华亭之车墩，曾祖讳琳，祖讳其，父讳冕，号守愚。"②如是，董官一是南渡徙松始迁祖，明朝高祖乃是董思贤。

综上所述，《董氏族谱》所谓一世始祖官一公与二世祖仲庄公很有可能并非父子关系，松江董氏祖先世系中间应该存在断裂。

2015 年，上海闵行区马桥镇出土了一方墓志，墓主为董思忠，铭文如录：

> 先考讳中，字思忠，姓董氏，自曾祖以上世居松之上海。考仲庄，隐德弗耀，姚韩氏。先考幼孤，鞠于韩氏。弱冠，归守先业，勤俭经营，遂大其门阀。永乐间，乡里推为万石长。凡应事接物，敬亲睦族，所著有能声。平居训子孙以读书闻礼，课童奴以耕垦为业，故以遗安名其堂。寻，往松

---

① 《董氏族谱》卷三《家乘自序》，第一册，第 299 页。
② 《董氏族谱》卷七《静轩公同潘孺人墓志铭》，第 131 页。

城，得中风疾，遽然卒于旅邸。时大明正统七年壬戌三月十七日也。生于洪武十三年庚申五月二十九日，世寿六十有三。娶宋氏，子男三人，曰和，娶江氏；曰平，娶卫氏，正生也；曰弘，尚幼，庶生也。孙男三人，曰经，曰纶，曰震。孙女重阳。女妙真，适龚士俊。甥男三人，曰豫，曰升，曰孚。少房王氏。卜以是年四月初七日丁酉，礼葬上海县十六保师字围先陇之侧，从治命也。呜呼，天乎，我父弃予等而去，竟不能奉汤药，伺枕席，不孝之罪，将焉可逃，劬劳之德难报。

孤子和立。

仙山老农丁季悦填讳。①

董思忠系董氏所谓三世祖，圹志由思忠长子所立。这份铭文信息丰富，与传世文献、族谱记载情况存在很大出入。②

首先，据前引《董氏族谱》，三世祖董思忠，名思忠，号遗安，字不知，生洪武戊申（1368 年），卒正统壬戌（1442 年），年 75 岁，而非 63 岁。配宋氏，其实是思忠入赘宋氏。三子，长真、次正、季弘。然据铭文，董思忠本名中，字思忠，《董氏族谱》以字为名，其生洪武庚申（1380 年），卒正统壬戌（1442 年），故年 63 岁。

其次，董思忠确系董仲庄之子。董和之子董纶参加应天府乡试填报家庭直系亲属关系时，明确写道："曾祖仲庄，祖思忠，父以和，母江氏。"③但系第几子，圹志未言。而且，在圹志中完全不见仲庄公长子董思贤踪迹。可是，《董氏族谱》称遗安府君与思贤府君友爱一堂，思忠诸子竟不知伯父存在，令人匪夷所思！

再次，《董氏族谱》记载董思忠三子分别是董真、董正、董弘。董真，字以和，号怡竹；董正，字以平，号爱梅；董弘，字以道，号友松。而圹志所载思忠三

---

① 董和：《明故遗安处士董公圹志铭》，张乃清：《上海市闵行区碑刻资料集》，中西书局 2017 年版，第 16—17 页。

② 根据这方碑铭，王成兰对董氏三世祖董思忠的生卒年进行了考证并对董氏世系提出某种质疑，见王成兰：《上海董氏世序新考——从新发现的董思忠圹志谈〈董氏族谱〉中存在的问题》，《都会遗踪》2016 年第 3 期。

③ 龚延明：《天一阁藏明代科举录选刊·登科录》，宁波出版社 2016 年版，第 295 页。

子,依次是董和、董平、董弘,思忠除元配宋氏外还有妾,姓氏不详。董和、董平,正妻宋氏出,董弘庶出。① 当然,董和完全存在改名的可能。此外,圹志提到的董中(思忠)之孙董震,亦不见诸《董氏族谱》。

值得注意的是,圹志并没有说仲庄公是官一公之子,亦未说思忠之祖是官一公,只说曾祖以上世居松之上海。这与董其昌的说法异词同趣。盖董其昌察觉到祖先世系中存在可疑之处,因此既没有确言官一公是何时之人,亦未说官一公生子仲庄,而是模糊地说"数传为思贤、思忠"。万历七年,董传策罹难,徐阶在其墓志铭中说:"其先自汴徙上海之竹冈,至五世祖真,生南京监察御史纶。"②这里,徐阶说徙居始迁祖至五世祖董真。然而在《董氏族谱》中,无论是《世系》、《世谱》还是《世传》,董真皆系作四世祖。③ 按此,可以证明官一公与仲庄公并非父子关系,《董氏族谱》记载的一世官一公与二世仲庄公之间确实存在断裂。

要之,无论是明清传世文献还是《董氏族谱》,关于松江董氏始迁祖的记载与说法存在诸多矛盾牴牾,谜团重重。董氏始迁祖官一公的身份以及官一公—仲庄公的父子关系,极不可靠。合理的理解当是,董官一是嘉万时期董氏修谱时可以记忆追溯的某一世祖,将之作为本族始迁祖。在欧苏谱例原则下,高祖以上的世代缺乏文字记载与准确记忆,记忆错误或误置官一公的代系位次并不一定是董氏有意伪造的产物。

二、出赘、过继与分宗散居

族谱是研究宗族的一手资料,不过必须批判地加以运用。在假定《董氏族谱》记载可靠的前提下,这里讨论几个与明清松江董氏家族盛衰消长密切相关的重要问题。

---

① 王偁《董氏先德之碑》准确地区分了董真、董正、董弘的嫡庶身份,《王偁全集》卷十六,第248页。
② 徐阶:《明故通议大夫南京吏部右侍郎幼海董公墓志铭》,《新中国出土墓志·上海天津》,文物出版社2009年版,第129页。
③ 《董氏族谱》卷一《世系》,第45页;卷二《世谱》,第121页;卷六《四世传》,第5页。

（一）出赘与过继

简单家族通常结构不稳定，当其中单一成员状态改变时，家族就可能减弱甚至消失。相反，复数家族分家之后，原先的家族成员还可能会居住在一个新成立的、由复数家庭组成的家族单位中。① 古代王朝国家控制下的乡村社会，农家经济状况一般都不富庶，往往皆勉强过活度日，一旦发生变故，一个家庭就会陷入崩垮瓦解的危机，必须采取相应措施化解危机。

出赘与过继，是明清江南家庭与家族化解危机的普遍方式。文徵明说："吾吴中故多秦赘，缘是而易姓者十室而四五，至有名世大臣不能免。驯而习之，往往不知其姓之所自出。"②可见出赘是明清江南社会普遍现象，几近一半比例。至于过继不唯江南如此，全国都是如此。

徙松董氏是典型的乡村编户。徙松董氏不久就面临家庭危机，二世祖董仲庄不得不入赘华亭车墩韩氏：

> 仲庄府君，亦生胜国时……府君赘韩氏，家颇饶。洪武初，诏发郡邑间左徙役，缮治白城，韩翁与焉。役竣归，为怨家诬构赃钞事，逮系诏狱。府君奋然曰："怨我取也，何累翁为？"遂代韩往，白韩所以无罪者。比至，其人已死，莫为证理，官迟之，系诸狱。府君发愤病，仰天呼曰："天乎，我何辜至此乎？"寻殁，时韩翁毫矣。二子俱幼，无能归其丧。③

元时作赘招婿是社会普遍风俗，④有养老婿和年限婿两种。⑤ 元朝不禁一

---

① 〔美〕李中清、康文林：《中国农村的机会与命运：辽宁的社会组织与人口行为，1774—1873》，剑桥大学出版社 1997 年版，转引自郑振满《明清福建家族组织与社会变迁》（增订版），第 5 页。
② 文徵明著，周道振辑：《文徵明集》卷十九《沈氏复姓记》，上海古籍出版社 2014 年版，第 487 页。
③ 《董氏族谱》卷六《世传·仲庄府君》，第 1—2 页。
④ 《通制条格校注》卷三《户令·婚姻礼制》，方贵龄校注，中华书局 2001 年版，第 140 页。
⑤ 《通制条格校注》卷二《户令·户例》，第 24—25 页。

子出赘，明朝则有明禁。① 如今已无法考证董仲庄本生家庭究竟发生何种变故，还是由于韩氏家中无丁，仲庄入赘韩氏。通过入赘，董仲庄实现了从不完整家庭到小家庭的跨越。②

洪武元年营建京师，于直隶十八府州及江西饶州、南康、九江金发丁夫，每田一顷出丁夫一人，不及顷者以别田足之。此即均工夫役。韩翁在均工夫役金发行列，可见韩氏只是有田百亩有余的小地主人家，并非殷实大户。董仲庄冤死狱中，"二子俱幼，无能归其丧"。十岁以下，谓之幼小。③ 仲庄早故，对韩氏一门来说可谓摧毁性打击，小家庭解体，又变成不完整家庭。

如何渡过门庭危机，是摆在这个不完整家庭面前的难题。《董氏族谱》记载，仲庄二子，长思贤入赘华亭车墩里江氏，年 36 而卒，遗腹子琳才数岁，继钱氏，因沿钱姓。④ 然而，《董氏族谱》关于思贤房过继钱氏时间的记载却是错误的。万历三年，董志学在《复姓奏疏》中说："臣思得原系故祖董冕之孙。祖冕，本县十三保十五图民籍，向因过继母姨夫钱瑾为后，即从钱姓，相袭至今。"据此可知，董冕是成化三年过继给继母姨夫钱瑾为后，"即从钱姓"，⑤而非在思贤子董琳之世过继给钱氏。

董志学《家乘》云："思贤六传而至冕，则出为母姨钱氏，后袭其姓。"⑥可是《董氏族谱·渐川公一支世系》中思贤实三传而至冕，⑦董其昌说"思贤又三传至冕"，⑧陆树声称"思贤三世孙冕，出后母弟钱"。⑨ 六传与三传差异甚巨，可

---

① 申时行：万历《大明会典》卷二十《户部七·户口二·婚姻》，台北：新文丰出版有限公司 1976 年版，第 367 页。

② 这里借用郑振满关于家庭与宗族的观念，《明清福建家族组织与社会变迁》（增订版），第 14、17—18 页。

③ 申时行：万历《大明会典》卷二十《户部七·户口二·黄册》，第 357 页。

④ 《董氏族谱》卷六《二世仲庄府君》，第 2—3 页。

⑤ 《董氏族谱》卷三《复姓奏疏》，第 295—298 页。

⑥ 《董氏族谱》卷三《家乘自序》，第 299 页。

⑦ 《董氏族谱》卷三《渐川公一支世系》，第 309 页。

⑧ 董其昌：《容台文集》卷六《渐川兄传》，下册，第 393—394 页。

⑨ 《董氏族谱》卷七《渐川公墓志铭》，第 139 页。

见董氏祖先世系舛讹甚多。

《遗安府君传》云："遗安府君，讳思忠，赘宋氏……中岁归，理仲庄府君遗业，间挟资游江湖，渐拓其家，而俭约自若。喜任恤，不给者，推食解衣，为德无倦，里人诵义，相称为遗安公。即居之东偏建草堂数楹，子孙因世家焉。"①思忠中年复归，收拾仲庄公遗业，可知董思忠是年限女婿。

五世董经死时，季子董龙年甫9岁，"既幼而孤，家事皆归两兄，无所恃立，公饮荼茹毒"，训导野鹤乔公一见器之，赘养为婿，教育成配，始稍自树。② 即使董纶官至监察御史，家境仍旧不殷，因子嗣众多，令子董忱入赘李氏③、董愉入赘嘉定陈氏④。思贤房董志学家贫无依，御史徐南湖见而器之，纳为甥馆。⑤

可见，董氏家族自二世祖董仲庄降至五世，不乏出赘记录，通过出赘组建新的小家庭，化除个体不完整家庭面临瓦解的危机，延续本门血脉不绝。

《族谱》不载入赘、出继、入继，⑥但族内过继则被清晰记录在谱。例如纶支，董愉无子，立兄怿次子继英为嗣，英生体信，信生传奇，传奇生玉祠，延续香火。怿曾孙董传文三子，长玉枢、次玉京、季玉阶。玉枢无子，立弟玉京幼子"凤"字辈某为己后，改名"仕"；忱支十世董锦，无子，立兄铠次子汝元为嗣。⑦又弘支，五世董华生慄、懂、悌三子。慄生循、健，循生其新、体道、志道，其新膝下无子，择立从侄董祖元第三子玉磬为后，改名绳祖，玉磬因此由董其新从侄孙的身份，升格一辈，变成其新嗣子。悌支，董其昌孙董庭、董赓二人无子，庭立弟广长子朝元为嗣、赓立长兄用威幼子传昇为嗣，延续血脉。⑧

过继，在渐川公一支同样存在。九世董士鳌无子，因立从弟传绥第四子维

① 《董氏族谱》卷六《三世遗安府君》，第3—4页。

② 《董氏族谱》卷七《南田公志铭》，第103页。

③ 《董氏族谱》卷七《宜庵自撰墓志铭》，第98—99页。

④ 《董氏族谱》卷八《董节妇传》，第257页。

⑤ 李延昰：《南吴旧话录》卷十七《董渐川》，上海市松江区地方志编纂委员会办公室，1998年，第347—348页。

⑥ 《董氏族谱》卷十《合谱后序》，第514页。

⑦ 《董氏族谱》卷一《世系》，第54—55、53页。

⑧ 同上书，第65页。

宁为后。耐人寻味的是,传绶六子,过继一子与董士鳌房下,余五子,其中第三子董维藩无子,又从其弟董维宁诸子中择其次子廷瓒为后,这相当于维藩变相地从直系血亲中立侄为嗣。①

不难看出,董氏家族实行族内过继时并没有严格遵守嫡长子不过继的礼法规则和社会习俗,既有幼子过继者,亦有次子、三子、四子过继者,也有长子过继的情形,并无固定模式可循。

(二) 宗族内部经济状况

不完整家庭演变成小家庭,由生育而发生分化,家庭生命周期完成蜕变,形成大家庭和家族;再进一步扩展、分化和螺旋式循环,形成宗族。在分化过程中,各房各支以及个体家庭从事社会经济生产与经营方式的不同,造成个体家庭与分支家族经济发展出现差异,呈现不均等化状态。即使在同一宗支各家族,也会存在经济状况消长升降,导致内部发生贫富分化。

三世董思忠中年复归,操理仲庄遗业,经营原属韩氏田地,"间而挟资游江湖",从事商贸活动。可见,寄居韩氏的董思忠一家是以农业经济为主体,兼营商贩贸易,因此渐拓其家,雄于里中,推食解衣,赒济邻里,为董氏立足乡里奠定了基础。② 永乐年间,董思忠被推为粮长。③ 明朝迁都北京后,粮长日益成为乡村社会的一项重役,被佥者多数因而败家。思忠父子两代充粮长。思忠子董真性敏有识量,"数代遗安府君为粮长役,尝鬻产以代输",家道中落,"积二十稔而其业复振"。正统年间,董真复充粮长,鉴于前事,"凡民有逋宦,田有芜秽不治者,皆预为之计,招徕而垦辟之",以是赋事卒办,因而深得巡抚周忱赏识,"俾兼典邑赋,名总收",兼典一邑之赋。④

董氏自五世始出现分家析产,各房支的经济状况随之发生贫富分化。

---

① 《董氏族谱》卷三《渐川公一支世系》,第310—311页。
② 《董氏族谱》卷六《三世遗安府君》,第3—4页。
③ 董和:《明故遗安处士董公圹志铭》,张乃清:《上海市闵行区碑刻资料集》,第16页。
④ 《董氏族谱》卷六《四世怡竹府君》,第5—6页;卷七《先德碑铭》,第81—82页。

五世董纶，天顺八年进士，是董氏家族第一位进士，仕终南京河南道监察御史。董纶因科举成功，家庭社会经济状况明显改观，"以察罢"家居，不久迁至府城东，而堂弟董正之子董纯却因年少丧父，"祖业十不二三，拮据"，久而复振。①

董纶六子，长子董恢守家，董恬、董忱弘治九年同登进士，恬仕终大理寺右少卿，忱官肇庆知府；董怿，弘治十四年举人，以绵州府知府致仕。实际上，即使董恬科举中式为官，家境亦不富庶，与弟怀同居四十年，"素不计财利，家无赢赀"。② 董怀，在其伯季夭死、三兄仕宦于外，独持门户，家渐裕，人不知其为势家门也。③ 但晚年却与董忱诸子争夺财产，同室操戈，"贫老所见皆空，大悟道以头陀终"。④ 恬子宜阳，与弟宜旭分家，推产悉让弟，一贫如洗，居无定所，故友莫中江、王世懋、袁黄等倡义捐资，谋为筑室。⑤ 董怿官至绵州知府，但同样廉无产业遗诸子孙。⑥ 董传策孙象祖，鼎革后，"敝庐数椽，足蔽风雨"。⑦ 董忱孙宾大仅薄田几十亩，"家如悬罄，穷困至难黔突，离散惨于逋亡"，⑧四子尊闻、传谊、传诜、尊美，"各授田八亩，不能糊口"。⑨

纯支，七世董鹤年自四世祖董正分宗以来，世业中落，拮据以延，只得勉励子孙安贫乐善，清白相永。⑩ 鹤年诸子久困场屋，兄弟贫苦相恤，董嘉相一生致于举业而不得其志，母杜氏"备尝苦辛，频老犹浣蔬食"。⑪ 崇祯十七年，董羽宸自述家世说，"家贫质鲁，九岁始就学，十四岁春习文，秋应童子试，十九岁

---

① 《董氏族谱》卷六《五世慎庵公、介轩公》，第9—10页。
② 《董氏族谱》卷七《中冈公墓碑铭》，第93页。
③ 何良俊：《何翰林集》卷二十三《隐居董怀墓志铭》，安徽教育出版社2012年版，第246页。
④ 《董氏族谱》卷六《六世三冈公》、卷七《宜庵自撰墓志铭》，第18、101页。
⑤ 李延昰：《南吴旧话录》卷十九《董紫冈》，第392页。
⑥ 《董氏族谱》卷七《海观公神道碑》，第109页。
⑦ 《董氏族谱》卷六《十一世传》，第73页。
⑧ 《董氏族谱》卷十《请旌节疏》，第445页。
⑨ 《董氏族谱》卷六《九世绯百公》，第45页。
⑩ 《董氏族谱》卷六《七世雅峰府君》，第26页。
⑪ 《董氏族谱》卷六《八世传》，第33—34、36页。

入上海县邑学"；①而其弟羽翔、羽阶则皆"幼以贫废学"。②

　　董经子董龙，"平生慷慨，不屑治田业，其家至今落落如故"。③ 董龙曾孙董贞大十四岁孤，与诸季弟儆戒，矢志亢宗，蜚声黉序，"不问上世产业"，屡上棘闱不售。④ 华支三世不发，董汉儒屡试不售，"而家益贫，以砚舌耕"，⑤止留董其昌薄田 20 亩，"上海蠹胥将中以重役，思白远遁得脱"。⑥

　　总的来说，自明而清三百余年，松江董氏家族虽科举不绝，代多闻人，但整个宗族经济状况并不富厚，族众大多生计拮据。当然，由于宗支内部家庭存在实际的差异，经济状况亦表现出相当的差别。这可以说是明清江南宗族在经济方面的普遍特征。这与徐扬杰对宋以后近世聚族而居的封建宗族组织所做的社会经济状况的一般性论断，实有天壤之别。

　　董氏宗族内部也存在一定范围的救济与协助活动，但并没有形成公共的经济产业，亦不存在统一的族田族产，仅个别家庭自置田产，在一定范围赒济直系血亲，功能极为有限。嘉靖年间，董怿孙体仁竭力振兴家业，"尝捐田代偿其叔继英之逋，又代其叔役凤阳，又鬻居以代其兄希大偿所负"，旁及姻故，待以举火者甚众。但董体仁亦只是勉力济恤族亲姻故，直到其子传策官至南京工部右侍郎方有赀力，以俸置义田二百余亩，"岁收其租供祀事，而以其余与族之孤婺"，以食宗人贫者。⑦ 崇祯中，禄支裔孙董羽宸官至吏部左侍郎，门户鼎盛，"赡贫士，施穷族，人待以举火"；⑧胞弟羽翔以"本县役繁赋重，苦无救援"，天启元年慨然捐助腴田三百亩，分赡本保各图役民。⑨ 总之，明清三四百年间整个董氏宗族赒济宗人的记录寥寥数例，甚至董其昌富贵后不仅不赡济宗党、

---

① 《董氏族谱》卷六《九世传》，第 47—48 页。
② 同上书，第 56、60 页。
③ 《董氏族谱》卷六《七世朗州公》，第 22 页。
④ 《董氏族谱》卷六《八世涵初公》，第 38 页。
⑤ 《董氏族谱》卷六《七世白斋公》，第 28 页。
⑥ 李延昰：《南吴旧话录》卷十八《董思白》，第 376 页。
⑦ 《董氏族谱》卷七《海观公神道碑》，第 114 页。
⑧ 《董氏族谱》卷八《少宰邃初公传》，第 255 页。
⑨ 《董氏族谱》卷十《义助役田碑》，第 467—475 页。

邻里,反而父子侵渔百姓,豪横乡里,遂有民抄董宦事件。①

　　实际上,松郡著姓望族于捐田置庄一事向来淡漠,乾隆时期松江人章有谟还说"捐田赡族,我松向无举行",直到成化间顾太守草堂为义庄以赡宗族,后有此行为亦指可屈而已。② 这颇可反映明清松江地区著姓望族并不太重视置设族田义庄之一斑。

(三) 分宗与散居

　　董氏一世官一公,居竹冈洪桥东。二世董仲庄入赘韩氏,徙居韩氏住地。其子思忠入赘宋氏,迨至中年复归韩氏居址。根据葬地来看,二世董仲庄,三世董思忠,四世董真、董正,五世董经,六世董麒、董麟,七世董振宗、董扬宗、董松年,皆葬杨家浜,③即韩氏故址。④ 而四世董纯,五世董纶、董华,六世董恬、董忱、董愉、董懂、董悌,七世董材、董继贵、董继贯,八世董宏大,皆葬竹冈西原新阡。杨家浜往东三里即竹冈,⑤因此董氏族人于竹冈西选择葬地自然合乎情理。

　　随着婚姻与人口繁衍,董氏从第四世发生分化,是分宗之始。⑥ 思忠房首先沿竹冈泾自南向北徙居,到达俞塘和俞庄。⑦ 此地,乃华亭、上海两县分界。⑧ 五世董纯,纯子源、洋、洵,皆葬俞庄北原新阡;⑨经支六世董龙,七世董子仪,八世董懋延、董懋晋,九世董传美,皆葬俞塘南原。⑩ 稍后,董氏开始向

　　① 无名氏:《民抄董宦事实》,文津出版社 2021 年版,第 274 页。

　　② 章有谟:《景船斋杂记》卷上,大华印书馆 1974 年版,第 48 页。

　　③ 《董氏族谱》卷二《世谱》,第一册,第 121—123 页。

　　④ 《董氏族谱》卷六《世传》,第 4 页。

　　⑤ 文徵明撰,周道振辑:《文徵明集》卷三十五《董氏竹冈阡碑》,第 750 页。

　　⑥ 《董氏族谱》卷六《世传》,第 8 页。

　　⑦ 万历《上海县志》卷二《诸水》,《上海府县旧志丛书 上海县卷》,上海古籍出版社 2015 年版,第 207—208 页。

　　⑧ 正德《华亭县志》卷二《水上》,《上海府县旧志丛书 松江县卷》,第 99 页。

　　⑨ 《董氏族谱》卷二《世谱》,第 122、141—146 页。

　　⑩ 同上书,第 126 页。

西移动,以沙冈为中心向周边扩散,六世董恢,七世董彰宗、董荣宗、董继隆、董继成、董宜阳,八世董必大、董观大,皆葬沙冈西原新阡;而七世董继恩,八世董充大、希大、贞大,九世董传教、传中、传道、传恭、传敏、董崇礼、崇义、崇让,皆葬沙冈西望海塘原新阡;七世董继资,八世董宾大、实大、容大,九世董传科、董尊闻、尊美,则是葬沙冈东原。① 这样,董氏大致形成居于黄浦北、沙竹二冈之间的地理分布格局。②

竹、沙二冈在上海县十六保,俞塘在十八保,紫冈在十八保。③ 根据嘉庆《上海县志》水道图,在黄浦江北,自西向东,南北水系分支,依次是语儿泾、韩仓浜、姚港、驷马塘、沙冈、新河、竹冈、夹沟。④ 竹冈、沙冈、紫冈,所谓三冈,"南尽于海,北抵松江,南属华亭,北为县境",其地高卓,宜种菽麦。⑤ 是华亭、上海二县必由之地,明代弘、正年间沙冈成镇,镇西属华亭县三十六保,镇东属上海县十六保,距竹冈、紫冈五里。⑥

这样,居于上海县十六保竹冈洪桥东的董氏,随着世远族蕃,派分支衍,逐渐从十六保扩散到十七保、十八保的"三冈"。董宜阳说,官一公尝居竹冈东,生子仲庄公,居吴会里东沙冈之上,世人多称吴会董氏。⑦ 可以看出,董氏从乡村走向城镇的迁徙轨迹十分清晰,自南而北、从东往西,在空间上逐渐向上海、华亭县城靠拢。甚至,思忠房弘支的董其昌因科举富贵,官至南京礼部尚书,遂从"三冈"迁至松江府城定居,占籍华亭。⑧ 清初,怿支中董景和一门更是从上海迁出,徙居北直隶大明府东明县。⑨

---

① 《董氏族谱》卷二《世谱》,第 125、128、132、134、136—139 页。
② 《董氏族谱》卷十《遗安堂记》,第 383 页。
③ 弘治《上海志》卷二《山川志·水类》,《上海府县旧志丛书 上海县卷》,第 27—28 页。
④ 嘉庆《上海县志》卷首《水道图》,《上海府县旧志丛书 上海县卷》,第 824 页。
⑤ 嘉靖《上海县志》卷一《山水》,《上海府县旧志丛书 上海县卷》,第 105 页。
⑥ 正德《华亭县志》卷五《镇市》,《上海府县旧志丛书 松江县卷》,第 139 页。
⑦ 《董氏族谱》卷首《族谱序》,第 21—22 页。
⑧ 李延昰:《南吴旧话录》卷十八《董思白》,松江地方志办公室印刷内部版,第 376 页。
⑨ 《董氏族谱》卷一《世系》,第一册,第 83 页。

《族谱》又载，三世董思贤入赘江氏，居华亭县十三保，属于白沙乡。① 其曾孙董冕过继蟠龙塘继母姨夫钱直庵瑾为后，故思贤房不仅徙居至蟠龙塘，还在明代相当长时期内消失在董氏一族的视野里，与思忠房失联。② 万历三年钱志学奏请复姓，认祖归宗，但是并未返还故地。蟠龙塘即盘龙塘，③在上海县三十四保，因里成镇，属高昌乡，距上海县西北 54 里。④

可以看出，松江董氏实际上散居在华亭车墩镇、上海十六至十八保的三冈、上海盘龙镇三地，加上府城，相距数里甚至几十里，分成若干宗支，是一个缺乏统一的严密组织的松散家族。

明清松江及江南地区由于自然地理环境的开放性、赋役繁重、工商业高度发展等原因，聚族而居的宗族组织形态难以形成。徐三重说松郡赋繁役重，"家业易为消长，虽立祭田，难为永守"，宗法难立。⑤ 清季，顾莲撰《华亭县乡土志》时还说："本境无聚居数十百家之大姓，故氏族一类从阙。"⑥总之，明清江南地区的宗族，起码松江地区的宗族组织形态与结构，绝非地理环境相对封闭地区的那种聚族而居的封建宗族组织所可相提并论，二者存在着很大差别。

三、科举大业与两董合谱

清初，叶梦珠论松郡望族门祚升降的标准就是科举。⑦ 宋代以降，人们的社会观念有所变化，居身以取士唯上，其次农本，其次莫如医，蓍卜亦可，工商为殿。⑧ 松江董氏亦不例外，自董纶始以仕显，既而诸子鹊起，科第蝉联，簪缨

---

①　正德《华亭县志》卷五《乡保》，第 138 页。

②　《董氏族谱》卷三《渐川公一支合谱》，第 319—320 页。

③　金惟蘥：《盘龙镇志·义局》，《上海乡镇旧志丛书》第 7 册，上海社会科学院出版社 2005 年版，第 36 页。

④　弘治《上海志》卷二《山川志·水类》《山川志·乡保》《山川志·市镇》，第 25、29、31 页。

⑤　徐三重：《鸿洲先生家则》，《四库全书存目丛书》子部 106 册，齐鲁书社 1995 年版，第 139 页。

⑥　顾莲：《华亭县乡土志》，《上海府县旧志丛书　松江县卷》，上海古籍出版社 2011 年版，第 1709 页。

⑦　叶梦珠：《阅世编》卷五《门祚》，中华书局 1999 年版，第 129 页。

⑧　徐三重：《野志·居身》，《四库全书存目丛书》子部 106 册，齐鲁书社 1995 年版，第 158 页。

相继,文声擅望,蔚为名宗。①

(一) 潜心大业

董含曾对明清董氏科举之盛做过盘点,②《董氏族谱》亦记录明清董氏甲科进士 9 人、乡科举人 7 人、贡士 19 人、官生 4 人以及太学出仕者 15 人。③ 但这种简单胪列的做法,遮蔽了董氏家族内部科第进取的实际差异情状。

董氏在第三世,分成思贤、思忠二房。思贤房曾孙董冕过继盘龙塘钱氏后,思忠房遂成松江董氏专称,世称大董。董思忠实肇开董氏,在家族发展史上具有功德不迁之崇高地位。④ 董氏各房各支皆将科举作为家庭与家族兴盛发展的目标和理想,视科举为"大业"。然而,董氏家族各房各支,甚至单个家庭的科举道路不尽相同,或早或晚,或顺利,或崎岖,导致家族内部结构的分化及亲疏远近关系的变动,充满张力。

董思忠身兼董、韩双重身份,独撑两姓,汲汲于家计,遑论读书问学;但他却为子孙读书制举创造了物质条件。思忠三子,董真支首先在科举上实现根本性突破。真子董纶,治书经,天顺八年彭教榜三甲进士,⑤初授上饶知县,成化七年擢南京河南道监察御史。⑥ 而董正之子董纯少失怙,生计拮据,无力举业;董弘子董华"才能雄视",却"历试不售,益自奋",终府学廪生。⑦

在第六世,真支在科举方面迎来大爆发。董纶长子董恢牺牲一人,成就诸仲弟。董恬、董忱同登弘治九年朱希周榜进士,⑧恬仕终大理寺右少卿、忱肇庆知府;董悸潜心大业,弘治十四年举人,选河南磁州守,以四川绵州守致

① 孙承恩:《文简集》卷三十四《董氏先德录小引》,第 463 页。
② 董含:《三冈识略》卷八《科名不绝》,第 182—183 页。
③ 《董氏族谱》卷三《世恩》,第 341—343 页。
④ 《董氏族谱》卷首《族谱图记》,第 10 页。
⑤ 龚延明:《天一阁藏明代科举录选刊·登科录》,第 295 页。
⑥ 《明宪宗实录》卷九十,成化七年四月戊申,中华书局 2012 年版,第 1747 页。
⑦ 《董氏族谱》卷六《五世晚翠府君、抑斋公》,第 11—12 页。
⑧ 弘治《上海志》卷八《科贡》,第 82 页。

仕。① 一门二进士一举人，风光无两，时称"云间三凤"。纯子董源，成化十五年入郡黉，"英气巍巍，谓青紫若可俯拾者，既而屡进屡踬"，乃援例入太学，授南京右军都督府都事，"声誉籍籍"，考满赴部，归省，病卒于家；董洵亦以国子生授嵩明州同知，"朴茂多识，大著政声"；而董华子董悌，"抱朴崇雅，敦古人风，苦志不遂，以儒隐终"。②

董氏第七世在科举方面发生分化，从纶支向其他支系扩展，但整体上却趋于低迷。真子董经，以"仲纶以及仲诸子多贵盛"，而仅能诗，称隐君，至孙董子仪嘉靖二十九年中进士，授刑部主事，改礼部仪制司，选入内阁供奉，迁尚宝司丞，兼翰林院五经博士。嘉靖年间，"祈报章词，往往出其手"，以此受知于时，亦以此贾怨，"遂出判河东鹾政"，以劳瘁卒于官。③

董恢子继恩，"性踔厉自负，学有造诣"，屡困场屋，乃入太学，选授河南都司断事，旋以病致仕，归两月而病革。恬子宜阳，聪警异凡儿，九岁能属文，"于书无所不窥，尤究心当代典故，游太学，名噪都下"，然屡试不售，"遂弃去制举业"，终身不求仕宦，自号七休居士，与何良俊、张王屋、徐献忠并称四贤。④

纯支，董源子天佑以国子生仕浦城县主簿，董洋子应登以国子生仕惠安县主簿。⑤ 董禄子鹤年，"思自我祖爱梅府君分宗以来，又一再传"，世业中落，拮据以延，学成数奇，"隐居闲思有先人未竟之志，辄泣下"，一生悒悒不得志。⑥华支，董悌子汉儒，金山卫学生，"质颖学邃，屡试不售，而家益贫，以砚舌耕"。华支由于四世科举不发，因此对科举渴望成功产生了迫切的焦虑感，与同样几世科举不起的纯支禄系、纶支恽系产生强烈的情感共鸣，互相期许，关系密切。董羽宸说："溯自先祖考雅峰府君、先祖妣张淑人以上种德凡七世而生府君，又

---

① 《董氏族谱》卷六《六世中冈公、守斋公》，第 14、16—17 页。

② 《董氏族谱》卷七《沙溪公墓志铭》，第 145 页；卷六《六世吾溪公》，第 20 页。

③ 《董氏族谱》卷六《七世朗州公》，第 21—22 页。

④ 李延昰：《南吴旧话录》卷十九《董紫冈》，第 391—392 页；《董氏族谱》卷六《六世紫冈公》，第 24 页。

⑤ 《董氏族谱》卷六《七世成溪公》，第 25 页。

⑥ 《董氏族谱》卷六《七世雅峰府君》，第 26 页。

不发于其身,食报至晚也。……每思先祖考有志不遂,辄发愤以求继述,白首青衿,非得已也。……一生柔而立、贫而乐,落落寡交,而独与族封少司空海观公、赠大宗伯白斋公有夙契,德之不孤可知。"①又说:"宗党中与先祖雅峰府君、先父复初府君,有同心一德之契,绝分甘少,自信两家之后必昌高门,待封固相期久矣。"②怿孙体仁,一生致力科举而不售,直至其子传策科第联捷才绝意仕进。③

九世董传策,嘉靖二十九年进士,官至南京工部右侍郎。④ 董羽宸,纯支董嘉相之子,万历四十一年进士,崇祯十一年升吏部左侍郎。董羽宸高中进士,可以说是董嘉相一门倾力的结果。⑤ 在辈分上高一辈的汉儒之子董其昌,万历十七年科举中第,历官礼部尚书、太子太保,加之其昌在艺坛大放光彩,华支终于扬眉吐气。⑥ 董其昌科举成功,盛名赫赫,力压董氏衮衮诸公,成为家族中熠熠生辉的人物,乃至凡举松江董氏必谓董其昌,他的光芒掩盖了整个董氏一族。

与此同时,还有一批董氏族人仍旧挣扎在艰辛的科举征程上。如董恢孙董克大,生质端敏,"潜心大业,试辄首选",庚子乡试名第六,"梓行文论,莫不传诵",然连不得志于礼闱,遂闭关研究义理。董忱孙董容大,八岁通《语》《孟》,十岁通《尚书》,十四岁更业《春秋》,弱冠入庠,"博极群书,大为名流所推重,试辄前茅,而独蹶于棘闱",不得不苦涩自嘲:"我不信文,只信命矣!"后以贡士选授瑞州广文教谕,阅四月,以丁父忧归。⑦ 纯支洋系董厚子传性,廪生,博极群书,绩学负才,然十余科不售,最终选授河南广州判官。⑧

---

① 《董氏族谱》卷六《八世复初公》,第35—36页。
② 《董氏族谱》卷六《七世白斋公》,第28页。
③ 《董氏族谱》卷六《八世海观公》,第32页。
④ 《董氏族谱》卷六《九世幼海公》,第39页。
⑤ 《董氏族谱》卷六《九世传》,第48—53页。
⑥ 嘉庆《松江府志》卷五十四《董其昌传》,《上海府县旧志丛书 松江府卷》,上海古籍出版社2011年版,第716—717页。
⑦ 《董氏族谱》卷六《八世五泉公、理庵公》,第29—30页。
⑧ 《董氏族谱》卷六《九世栢山公》,第40页。

思贤房，五世沉寂。董潮生而颖异，"及长，沉潜好学，文尚典实。补学官弟子员，誉籍甚"，倡举文会，并当时名士，"同游者仍仍取科第去，而公犹逡巡庠校中"，乃喟然慨叹，"不复仕进矣"。[1] 心灰意冷的董潮曾经劝诫其子不要蹈其覆辙，"第令守先人业足矣"，孰料志学嘉靖十九年乡试中式，然同榜者相继脱颖而去，而志学"几上春宫不遇"，嘉靖四十四年谒选得归德府推官，三载考称，擢大理寺评事，"而公已坚意乞归"，遂家居不复再仕。[2]

由上所述，明清松江董氏纶支最早实现科举零的突破，紧接着董纶又有三子考中进士、举人，迨至清前期，纶支共有 5 人甲科进士，最高官至浙江巡抚，占董氏家族一半以上比例，最为强盛，"瓜瓞绵绵，奕叶贵盛，甲于一郡"。[3] 与此同时，经支、纯支、华支科举之路长期曲折崎岖，数世受挫，华支直到八世董其昌高中甲科，官居一品，纯支直到九世董羽宸进士、居官吏部左侍郎，才算是扬眉吐气，改变了非纶支家族的命运和现状；甚至思贤房明清两代仅董志学 1 人领取乡荐。可见明清两代二百余年间松江董氏虽代有科名，但具体到家族内部各分支在科举进取方面却是极不平衡，既有科举顺利者的风光无限，亦有数世科举受挫者的长期压抑愤懑，导致家族内部发生裂变与亲疏远近变动。

（二）两董合谱不合族

随着族姓繁衍，特别是董纶父子两代甲科蝉联，涌生修谱收族的意识自觉。董恬命子宜阳曰："吾祖怡竹府君……肇生汝祖，始以诗书甲第丕厥宗，实开文献，迨吾兄弟行相继禄仕于朝，余庆所钟，世泽未艾，凡此皆先德之所遗也。而今族姓蕃衍，谱牒不具，久愈湮没，后世将何稽焉？"后因董宜阳人生坎坷崎岖，中更诸难，俯仰三十年，谱事未就而宗族之事屡更，窃伤遗言在耳，"用敢以所闻于先大夫、诸父兄及后来耳目所睹记者，次第谱之。惟是凉薄，每以挂漏是惧。然自官一公至今十世，其承传之序，昭穆之次，与夫文献之征亦可

---

① 《董氏族谱》卷七《静轩公同潘孺人墓志铭》，第 131—132 页。
② 董其昌：《容台文集》卷六《渐川兄传》，第 393—396 页。
③ 《董氏族谱》卷十《复初兄七十寿序》，第 413 页。

概见,录而藏之,昭先德,诏后世,以备考见"。① 此即董宜阳纂辑的松江董氏的第一份族谱,时在嘉靖三十五年。族谱包括世系图、世谱、世传、外传以及后录四个部分,诠次义例,断自官一为始,"书其所知,阙其所不知"。② 此外,宜阳还图其世次,勒石以置诸墓。③

在思忠房内部,随着正支和弘支八世、九世在科举上的成功,打破了真支二百余年垄断科举的局面。董其昌说:"余与公之子原孚相继解褐,于是三祖之后,皆为朝士,若剂而均焉。"④思忠房分支在科举上出现平衡,"敬祖收宗"的观念被提出,并得以强调。尤其是失联的思贤房,在八世董志学实现科举突破,官至大理寺评事,复姓归宗。志学归宗后,"岁时会萃其族之人,以洽燕礼,敦伦叙","复慨其先未有谱,将渐远而失其绪也",于是"综考其世",万历十一年自撰《家乘》一编。《家乘》亦以官一者为董氏之始祖。⑤

然而,以董宜阳《族谱》为基础经后世递补的《董氏族谱》和董志学《家乘》,对董思贤、董思忠二人长次关系、思贤房世系传承关系以及思贤房过继钱氏时间的记载存在着根本分歧,泄露了董思贤之董与董思忠之董在有明一代二百年间没有任何交集,彼此陌生,这令人很是怀疑二董并非出自同宗之董。从这一意义上来说,董志学的复姓与其说是认祖归宗,毋宁说更像是以利益为纽带的联宗。而且董氏分宗散居的状态依然如故,并未因联宗而实行合祠合族。

存世之松江《董氏族谱》,实际上是以董宜阳《族谱》及董传性续补、董志学《家乘》为蓝本;由董羽宸、董羽翔拼凑与重新编辑,勒成 10 卷,实现合谱;又经董象孚、董含递修和篡改,最终形成的一个"完整"族谱。⑥ 因此,《董氏族谱》并不能真切反映明清松江董氏家族的实况,但具有一定的文献学意义。

---

① 《董氏族谱》卷首《族谱序》,第 22—24 页。
② 《董氏族谱》卷首《董氏族谱序》,第 4 页。
③ 《董氏族谱》卷首《族谱图记》,第 7 页。
④ 《董氏族谱》卷十《复初兄七十寿序》,第 413—414 页。
⑤ 《董氏族谱》卷首《董氏家乘序》,第 13—14 页。
⑥ 《董氏族谱》卷十《族谱跋》《合谱后序》《续修族谱纪略》,第 487—490、511—512 页。

四、结语

松江董氏建炎南渡徙松，是典型的乡村编户人家。入明以来，董氏有了比较清晰的家族记忆与叙事。明清时期，董氏通过出赘与过继渡过因意外变故而带来的家庭家族危机。三世董思忠以农为本，兼营商贸起家，奠定了董氏家族发展的物质基础。像所有传统社会的家庭一样，董氏家族视科举为潜心大业，真支董纶率先实现科举上的突破，并在第六世迎来爆发，一门二进士一举人，风光无两，自是代有闻人，蔚为簪缨之族。与此同时，经支、纯支、华支科举道路曲折崎岖，数世受挫，直到第八、九世的华支董其昌、纯支董羽宸科举成功，才打破纶支长达二百余年的垄断局面，达到三支平衡。而且，董其昌以一人赫赫盛名遮蔽了整个董氏家族，成为松江董氏的标签。科举发展上的不平衡，导致董氏家族内部分支发生严重裂变与亲疏远近变动。

董氏虽蔚为名宗，但并非富厚之族，内部不乏贫宗穷支。即使科举出仕，亦可能仅是勉强维持家计。因科举、经营方式的差异，董氏家族内部各分支经济状况发生升降，出现贫富分化。虽然董氏族内也存在一定的救济与协助活动，但没有形成公共的经济产业，也不存在统一的族田族产，仅个别家庭自置赈济田产，功能极为有限。董氏宗族形成的过程也是宗族分迁的过程，并未形成村落聚族而居的模式，实际上是一个散居在相距数里甚至几十里，分成若干宗支、缺乏严密组织的松散家族。

随着族姓繁衍，特别是董氏科第的兴盛，通过修谱"敬祖收宗"的观念意识日益加强。不管是出于认祖归宗，还是出于以利益为纽带的联宗，嘉万年间，董思忠房与董思贤房在遵循欧苏谱例的原则下，选择可以记忆追溯的官一公作为共同的祖先，分别修纂族谱，最终在明季拼凑合谱成松江《董氏族谱》，但没有消除其记载上的牴牾之处。

明清时期松江董氏家族的发展与演变情形，在一定程度上可以支持滨岛敦俊先生提出的明清时期江南地区没有出现华南式的宗族组织社会的观点。

[作者简介]黄阿明，华东师范大学历史学系副教授。

同治年间嘉兴儒医陆以湉的社交与日常生活
——以新见稿本《陆以湉日记》为中心

王　俐

内容提要：中国社科院近代史所图书馆馆藏汪宝树档案内含一日记稿本，无署名，记录时间为同治三年正月至六月，经考证非汪宝树日记，而是嘉兴儒医陆以湉所撰。日记中保留大量原始史料，其中每日行医医案是研究其医学活动的重要资料，同时也反映出其晚年社交网络、交游活动及同治年间嘉兴地方社会状况。

关键词：陆以湉　日记　江南社会

一、日记的作者与版本

笔者于中国社科院近代史所图书馆检索汪宝树[①]档案时，发现两册日记，共 128 页。第一册所记时间为同治三年正月初一至五月二十五，第二册所记时间为同治三年五月二十六至六月初一。[②] 日记开篇有楷书所写"同治三年上元甲子正月"字样。

---

① 汪宝树，字谢阶，号东渠，山东泰安人，光绪庚辰科（1880 年）进士，历任庆云、饶阳、广昌等县知县，其全宗档案包括《汪宝树存札》《汪宝树日记》《汪宝树年谱》等。

② 第一册档号为 JDS-JB-0283-002-05-01，第二册档号为 JDS-JB-0283-002-05-02。

日记存于汪宝树档案内,但非汪宝树所撰(汪氏同治"六年丁卯三十一岁,始立日记簿"[1])。内无具体署名,但有部分线索可资参考,正月初九日,有一份履历抄录:

> 藩吏房程小竹代请禀见中丞验看履历录后:前杭州府学教授陆以湉谨禀呈,今开:卑职现年五十九岁,系浙江嘉兴府桐乡县人,由廪膳生中式道光十二年壬辰科本省乡试举人,十六年丙申恩科会试中式第五十四名,殿试第二甲第四十七名进士。(作者原注:引见奉旨,以知县即用,钦此。)同年,以知县分发湖北,呈请改教职获准。十九年改任浙江台州府教授,同年八月十八日到任。因二十四年九月丁父忧回籍,制期满起复。二十九年二月,又迁杭州府教授,同年六月二十一日到任。咸丰十年三月初二日,因亲母年老,呈请开缺回籍。十年九月初六日,亲母周氏于籍病故,遵例守制,报明在案。依例自咸丰十年九月初八日丁忧之日起,扣至同治元年十二月初八日,不计闰二十七个月,报满,终养事毕,例应起复,因时原籍陷于贼寇,现居上海。先奉署苏漕宪为委司忠义局采访事,今已报访本籍,无从呈报,出具供结,呈请上海县加结,详请苏松并呈文详达宪。云云。

此为陆以湉履历,所录十分详尽,且与日记时代相符,故此日记为陆以湉的可能性较大。

陆以湉,嘉兴桐乡人,字敬安,号定圃,道光十六年(1836年)丙申科进士。其医术高超,为晚清江南影响颇大的一代儒医,与江南名医吴有性、叶桂、徐大椿等并列入《清史稿》,据称:"同时浙西论医者,平湖陆以湉、嘉善汪震、乌程汪曰桢,宗旨略同。"[2]陆氏著有多部医学著作,近代浙江医家曹炳章称赞说:"凡研核学识,必穿理索奥,务达其旨。于是随笔记述,分门别类,成《冷庐医话》五

---

① 汪宝树:《太山颠樵夫岁事编年》,中国社科院近代史图书馆藏,档案号 JDS-JB-0283-006-02-01,第 61 页。

② 赵尔巽:《清史稿》卷五百三十六,民国十七年清史馆本,第 5463 页。

卷。光绪二十三年(1897年),乌程庞元澂,为之刊行,早已脍炙人口。先生于咸丰五年(1855年)时,曾著《冷庐杂识》八卷,其中采撷岐黄家言正复不少,俱心得实录,精凿可珍。"①此外,陆以湉还著有《再续名医类案》《冷庐诗话》《杭城纪难诗》等。②

然而,日记内并未言明,所录为作者本人履历,所以仅凭此履历尚难肯定作者即陆以湉。还需寻觅更多证据:

日记详录每日行医医案,这与陆以湉身份相符。如:(同治三年,1864年)正月二十九,石菴帖改方,腹中胀痛日减,夜间嗳气未已,吞后咽涩,大便欠畅,背不舒,脉来似数,仍以调中化饮为主,俾中枢健运如常,悉自平安。半夏麵、陈皮、砂仁米、白芍、桂枝三分□□□、川石斛、左金九六分、红枣二枚、瓜蒌仁。

日记所记日常,与陆以湉经历相符。咸丰十年(1860年)太平军攻占杭州,陆以湉赴上海躲避战祸,境遇艰难,"遂挈家避自沪上,流离颠沛,几不自存",③幸江苏巡抚李鸿章闻其名,聘作忠义局董事,资以薪水。日记中也有对此经历的回忆,正月初三聚会时:"谈及昔年被难逃众,备尝艰苦,九死一生,为感喟者久之。余于壬戌七月携家来沪,少荃李公鸿章等令同忠义局采访,同郡王晓莲观察使(引者按:王大经,字梦莲,号晓莲,浙江平湖人。道光二十年举人,时官候补道)又令为禾郡恤生局司事。"此时陆以湉即在抚恤局谋生,日记中也常有抚恤局办差经历。如:"二月初一,张同仁所捎癸亥年禾郡恤生局钱来。初二,晨起收至忠义恤生局。初三,晨赴忠义局见蒋钟承,知刘公赴苏未回,局银须于初八日给发。赴恤生局交付张同仁捐款,留午饭。"等等。

陆以湉的人际交往网络及活动范围,也与日记内相符。陆得李鸿章推荐得以入抚恤局,日记内多有与李交往记录。日记所载地域范围为上海、苏州、嘉兴,即陆以湉的活动范围,其中对故乡乌镇战况格外关注。此外,日记内称:

① 曹炳章:《〈冷庐医话补编〉弁言》,陆以湉:《冷庐医话补编》,上海卫生出版社1958年版,第2页。

② 杜晓明:《清代医家陆以湉传略与年谱简编》,《中医杂志》2011年第19期。

③ 严辰:《桐庐县志》卷十五,光绪十三年刊本,第29页。

"母氏陆夫人之家训也。"正月十六日页,钤印有三枚相同印章,经辨认为"陆"字。综上而观,此为陆以湉日记无疑。

日记虽混于汪宝树档案之内,用纸、字迹也与汪相似,但应非汪之抄本。首先,汪之所存日记、编年、书信等所有资料,并未表明与江南人士有过多交往,也并未对医学表现过兴趣,汪未有誊抄或收藏陆以湉日记理由(且汪档所存陆之日记数量极少)。其次,日记内日期不同,字迹也有大小及深浅之别,非是统一誊抄。且又有增补及审读后批注,加之所钤"陆"字印章,应是陆以湉本人所著之稿本。应是图书馆工作人员整理之时,或因与汪日记相似,便混入一档。

二、日记所见陆以湉行医日常及治法特点

陆以湉17岁独自赴杭求学,在此期间,"曾剃头为业,兼治歧黄",[1]又因其弟与子均为庸医误药致死,遂专攻医学,医术高超,一时享有盛名。日记中有"开馆,学徒未至""清明节,放馆一日""午后放馆"及"学徒凌渡刚来读书"等记录,可知其仍以教书为主业,而行医活动仅应熟人延请。作为副业,按行医频率推算,日记所记医案应为每日治疗记录,并未大幅删减或有意筛选。虽其著有《冷庐医话》《再续名医类案》等医学作品,但都为后世整理所得,而日记时效性及所记行医过程的连贯性是其他文本所不具备的,因此此日记对研究陆以湉医学活动具有独特价值。

嘉兴桐乡地处江南,气候湿热,温病多发,"温邪上受,首先犯肺",[2]湿易困阻中焦,故而病位多在中上二焦,症状表现多集中在肺胃。医案中求诊者即以肺系及脾胃系疾病为主,肺系如咳嗽、咽痛;脾胃系如胃痛、腹痛、腹胀等;外科疡病、湿热痹症、淋症亦有涉及。症多见湿热之象,如身热、咽痛、口渴多汗、小便短赤等症,苔色多黄或白滑腻,脉多见数象、左关或右关独大。

---

① 陆以湉:《冷庐医话》,中国中医药出版社1996年版,第181页。

② 唐笠山纂,丁光迪校:《吴医汇讲》,上海科学技术出版社1983年版,第3页。

自明末苏州吴有性编著《温疫论》、创立温疫辨证施治理论,至晚清时,温病学理论已发展成熟。江南地区"乃良医荟萃之地",在温病流行中涌现出一批温病学家,形成了诸如《吴医汇讲》等刊物交流性著作。① 受医学发展的时间与地域影响,依据病案中对于病情及用药的记载,推测陆以湉辨证法主要为温病学之三焦辨证。

日记中医案治法用药也符合温病学特点,治法以宣畅气机、清热利湿养阴,多以辛凉解表药、清热化湿药、淡渗利湿药、消食导滞药为主。疾病初期,病邪轻浅,邪犯肺卫,日记中有"入城诊吟樵病,惟咳嗽痰多","沈少英之弟延诊,其室人疾,咳嗽稍减"等,症见身热、咽痛、咳嗽。用药多轻清,以宣畅气机、清化湿热,陆以湉用药如:连翘、牛蒡子、杏仁、薏苡仁、芦根、前胡、豆豉、冬桑叶等。湿热阻滞中焦,健运无权,日记"陈秋泉症腹胀气逆","王石庵招改方,昨复胃痛","石庵招改方,向有痰饮,昨忽呕吐频频"等,证见腹胀气逆、胃痛、呕吐。治以调中化滞、清热利湿,陆以湉用药如:半夏、陈皮、茯苓、砂仁、木香、炒谷芽、焦山楂、鸡内金等。湿热下注膀胱,而见小便淋痛,宜清热利湿,用药如:生甘草、瞿麦、车前子、赤苓、通草、滑石等。湿热相合客于关节经络,"树云之室人,周腿痛腰,为定散药方",症见周腿痛腰之症,宜清热利湿通络,陆以湉用药如:木瓜、防己、生瓜仁、蚕砂、木通、赤苓、忍冬藤、姜黄、海桐皮等。病邪日久不去,湿热入里,可伤津耗液,而致肺阴亏耗,"石泉招诊其次子病,廿六岁,咳嗽经年","为沈茂庭之室人定方,咳嗽日久,气到右胁作痛",症见咳嗽经年、咳嗽引动,右胁作痛、脉肺部极虚。治以清肺育阴、化痰清热,陆以湉用药如:北沙参、元参、枇杷叶、石斛、麦冬、生地、桑白皮、川贝、杏仁等。

陆以湉治法上也重视脏腑平衡,重视肝肺、肝胃之间的关系。有育阴平木法,"沈茂庭招诊,以轿来接,肝阳易偕,由于阴分未克,拟育阴平木法。方:生黄芪片,生于术,炒白芍,炒生地,□川贝,橘仁,扁豆,北沙参,煨玉竹,生牡蛎,

---

① 《中医大辞典》编辑委员会:《中医大辞典(医史文献分册)》,人民卫生出版社1981年版,第121页。

川石斛,炒薏仁”。有清肺平肝法,“为沈茂庭之室人定方,咳嗽日久,气到右胁作痛,脉散右关较大,拟清肺平肝治法。方:瓜蒌皮,象贝,杏仁,冬桑叶,生甘草,钩藤,竹茹,橘络,丝瓜络,恰彀,丹皮,云苓”。有清肝和胃法,“王石蓭来改方,腹胀已愈,嗳气时作,兼多酸水,夜寐不甚恬,脉来似数,治当和胃平肝。方:川石斛,酒炒白芍,归须,砂仁壳,四制香附,陈香橼片,神曲,半夏曲,陈皮,左金丸”。“王石蓭招改方,昨复胃痛,食少,吞酸嗳气,抚因中宫快饮,又为肝木所乘,气不健运使然。方:半夏曲,云苓,陈皮,陈香橼片,四制香附,焦神曲,生谷芽,鸡内金,砂仁末,□□□,左金九,归须。”

中医治病以病机为要,需分寒热虚实,病机随用药、饮食、情志等影响会不断变化,在诊治过程中需时时调整方药以切合病机,达到祛邪于外、调和寒热、平衡阴阳的目的。故而,陆以湉所收治患者均是多次改方和复诊,以王石菴为例,改方次数七次以上,持续时间从正月二十五日至三月初八治疗。陆也重视饮食及生活方式对疾病的影响,吟樵“清胃热病已去半,元神未复”,叮嘱其“起居饮食切宜小心”。由于陆以湉医术高超,有病入膏肓而得救案例。三月十三日,“入城诊吟樵,病热已深入载,败相俱见。其母已七十三岁,问可挽救否,告以难治,苦求定方”,经多次改方频繁治疗,“复神清便通,胃纳亦增”。

三、日记所见陆以湉晚年社交网络与交游活动

“就士人生活而言,社交网络与他们的生活空间、交游活动息息相关,生活空间限定了士人的交往半径,交游活动则是他们实现社会互动的重要手段。”[①]日记所见,陆以湉晚年交往活动极为频繁,几乎每日都有会客记录,或为有客来访,或为主动拜访,交际网络包括医、士、绅多个阶层,其作为具有功名且拥有官职的士大夫,最终致仕弃儒习医,是典型的儒医身份,多元的社交

① 汪颖奇:《社会变迁与士人因应——以常熟士人徐兆玮为中心》,上海师范大学博士学位论文,2021年。

网络也体现了不失其儒士本色的儒医特点。

陆以湉于太平天国战争时躲避战乱寓居上海，后又返回家乡担任忠义局董事，在日记所记同治三年中，其活动空间主要以乌镇为中心，交游活动也多在此地。也会因忠义局差务来往于苏州、上海，如正月十一日便由水路出发，乘船赶赴苏州抚恤总局，因风大且雪不止，十六日"晓抵苏州，泊阊门外"，公干结束后又乘船返回，于二十三日方才抵家。

一些由儒入医的医者仍旧维系和文人圈子的交往，除了作为读书人"物以类聚"的本性使然，还多了一层保持其"士君子身份"的现实考虑。① 而陆以湉的主业仍是做书院讲席，又有忠义局公职，加之医术高超，与其他儒医交往中的攀附之嫌相比，其在交往活动中身份更为有利。其交往频次较高的好友有周饶蓉、徐调生、程志周、王晓莲、周介梅、王石庵、卢小菊、李鹤杉、严石泉、孔拙斋、张蓉镜等人，因所用皆是人物字号，部分姓名难以考证。

陆以湉也与中上层士绅多有交往。在避难移居沪上时，与严辰、李日燨、汪曰桢、董燿诸友时有宴会雅集，返回家乡后，也多有来往，日记中时有记载，其中与严辰、李日燨交往最为频繁。日记中访缁生或缁生来见记录达二十五次。缁生即严辰（1822—1893 年），原名仲泽，号缁生，严廷钰次子。幼颖悟，能属文，咸丰九年（1859 年）中进士，授翰林院庶吉士，筹建乌镇立志书院并任山长，先后任桐溪书院、翔云书院、浔溪书院主讲。其姊丈沈秉成曾任两江总督，后隐居于苏州耦园，与江南上层精英潘曾玮、顾文彬、吴云、勒方锜等诗书唱和，组成率真会。严辰先后编纂、刊刻光绪《桐乡县志》24 卷 70 余万字，著名学者俞樾为书题签。续修《青溪严氏家谱》，撰《桐溪达叟自订年谱》，又有《墨花吟馆诗钞》《小梦椽馆诗》等著作。日记中见李鹤杉记载十余次，李日燨字鹤杉，浙江桐乡青镇（今乌镇）人。道光十五年（1835 年）举人，以大挑就教职，选授寿昌训导，擢升衢州教授，著有《北行吟记》《竹素山房诗钞》《集百家姓

---

① 王敏：《清代松江"医、士交游"与儒医社交圈之形成：以民间医生何其伟为个案的考察》，《社会科学》2009 年第 12 期。

全字杂咏》。汪曰桢(1813—1881年),字仲雍,一字刚木,号谢城,又号薪甫,浙江乌程(今湖州)人。著有《二十四史日月考》《古今诸术考》等。陆以湉日记首页便有与汪曰桢交往记录:"汪谢城处寄过五万,现钞,八月十七日记。"

此外,陆以湉日记中所记载的频繁的交往者还有曹柳桥、卢小菊、应敏斋、沈宝禾等。曹柳桥即杭州知名士曹籀,又名金籀,字葛民,号柳桥,著《籀书》《梦西湖词》等。卢小菊,名景昌,曾中第五名举人,任立志书院山长,曾历任青镇立志书水院山长、南浔浔溪书院山长、乌镇商会第一任总理等职。应敏斋即应宝时(1821—1890年),字敏斋,浙江永康人,道光二十四年(1845年),举人。同治元年(1862年),太平军进攻上海时,曾以候补知州身份与当地士绅联合外侨设立会防局,筹措械饷,迎李鸿章率淮军来沪。沈宝禾,一作宝和,字雏宜、洛宜。道光十五年(1835年)乙未举人,江苏候补知县,著有《忍默恕退之斋诗钞》《求是斋甲申诗草》等。正是借助广泛的交际网络,陆以湉得以解决自身难题,间接获得、施展权力。他被李鸿章任用,即得益于熟人程小竹(其人时任江苏布政司吏房书吏)推荐,①而后的同治四年又应浙江巡抚蒋益沣之请,再主杭州紫阳书院讲席。

陆以湉的交往活动较为传统,除了诊病,还有友人互访、雅集等。如登临江楼饮茶:"余谓来此饮茗之人,大抵半雅半俗。"另有详细饮酒记录:"凌聘三招饮,合席七人,拇战数巡,中正席散。十二碟,四热吃,六正菜,一暖锅,二点心,鱼翅四份,整鸭,鸡,鳖,整蹄,猪首肉片,春饼肉,烧麦糖。"亦有饮酒时的娱乐活动:"以古人七字诗句颠倒字画之于我,每书一字,各人皆对一字,候每人对毕,方望第二字,人后各对一字,如此七次,每人皆有对句七字,然后收。古人诗句顺文写出,而以每人两对之句查找后,以文指通本为上元,饮酒一口,合家一杯。文理不通本罚一杯,大不同而大笑,本罚两杯,合家皆免。"另有与申介梅、镜蓉、润卿夜谈:"谈及昔年被难逃众,备尝艰苦,九死一生,为感喟者久

---

① 中国社会科学院近代史研究所资料室编:《曾国藩未刊往来函稿》,岳麓书社1986年版,第340页。

之。……仿孟子作《逃难文》。逃难有三案：两带钱财，不与存转，首领俱存，腰脚无故，一案；夜不宿露天，昼不坐泥地，二案也；明天下英才而聚谈之，三案也。"

陆以湉也经常与友人进行文学交流，其日记中记录了编录《琴史遗稿》的过程：属缁生（严辰）定其事，共二十八首以属卢小菊，誊清一册收以付梓。卢小菊以嘱钞《琴史遗稿》来，计一万五千余字。交付《琴史遗稿》二本。以《琴史遗稿》文致蓉镜，属兄校正。又与友人谈论诗书，与卢小菊"谈《檐曝杂记》共十本"，张蓉镜示《过作二首》，过黄浦作："浩浩天风外，江流战国声。怒涛未远海，落日隐孤城。身老文意废，时危涕泪横。壮心殊未已，直欲请长缨。"访吴晓钰、沈梦枚并见吴朴堂，述其旧作《扬州记难诗》："狂澜直倒三千里，杀运重开五百年。江上旌旗新壁垒，湖边瓦砾旧林泉。"

通过日常生活中的交往编织而成的网络，是生活世界——文化、社会和个性——得以自我再生产的媒介。① 由血缘、地缘、学缘等构成的私谊网络是陆以湉在地方生存、发展所赖以凭借的根基，其正是通过这些社会交往与活动，在与"地方势力"的互动中，参与地方事务，影响着地方社会。

四、陆以湉对嘉兴地方事务的参与

陆以湉参与地方社会事务时，亦儒亦医的身份为他提供了便利。其医术及医学著作成为强化他在地方上的声望和权威的重要手段，令其为李鸿章与蒋益沣所耳闻，而士绅的身份及所任职务又为其参与地方事务打下了基础，儒与医的社会身份交错共存，造就了其参与地方事务的优势。

陆以湉作为积极入世的儒士，关心国家的思想根植于心，践行着自己经世致用的理想。他无事常阅明史，并形成自己独到的见解，他认为："明世宗以张

---

① 章国锋：《关于一个公正世界的"乌托邦"构想：解读哈贝马斯〈交往行为理论〉》，山东人民出版社 2001 年版，第 116 页。

邦奇可为相,欲用之,而为李时、郭勋所尼,甚矣! 而信任严嵩,明之亡,盖早于嘉靖基之矣。"强烈的社会责任感使其格外关心时局和家乡状况。此时太平天国运动已进入尾声,清兵反攻,合围天京,洪秀全卧病不起,不久逝世。至七月,太平天国天京失陷。陆以湉日记中常有对此前后家乡战况的记载:正月十七日,"闻桐乡乌镇已投顺,浙江蒋方伯(益澧)兵收攻禾城"。正月二十三日"闻桐乡顷失,乌镇乡间被寇劫掠,镇人尽遁,西路双林、琏市各镇,皆遭焚掳。因已投顺,为湖城之寇王老虎所劫也。蒋方伯兵调运战截防,贼窜往薇严"。二十四日,"蓉翁言新桥镇于二十日破,湖州城因王老虎焚掠殆尽"。二月初五日,"蒋亚棣来知乌镇,于廿八日被寇攻陷,人死不少"。二月初九日,"闻乌镇被寇焚毁,南栅房屋存在无几,死者万余人,可伤可惊"。二月十五日,"闻江阴复失,苏城戒严,城中获奸细若多"。三月十二日,"访缁生,过岳蓉村,云吾家乌镇住屋已被贼焚"。三月十七日,"闻湖城初九日收复,全省肃清"。

而陆以湉具体的社会活动包括忠义事迹采录、战后抚恤、文学交流及家乡的慈善事业等各个方面。

历时十余年的太平天国运动,对江南地区造成巨大创伤。战后,清政府为恢复名教、抚慰官民,将忠义者事迹搜采纂辑为书,给予官方纪念与褒扬。咸丰十一年(1861 年),清政府下令各省设立褒忠局(称谓不一,有忠义局、节义局、褒忠局等)。[①] 同治三年(1864 年),李鸿章在苏州设江苏忠义局,采访忠义,为殉难者汇旌,由此,陆以湉被李鸿章任命同忠义局采访。其间,因忠义局事务,他曾赴苏州"见中丞李宫保鸿章",汇报工作内容,平日还需赴局内处理事务,至"忠义局校辨",多担任采录事务,"忠义局呈报洞庭东山殉难男、妇十名口,奉交蒋钟承"。忠义局的这些旌恤制度,成为太平天国运动后思想文化和社会秩序重建的重要措施。

江南受太平天国运动影响较大,乌镇也多次成为战场。太平军于咸丰十年首次进军占领乌镇,后清军于咸丰十一年(1861 年)和同治二年(1863 年)多

---

①　魏星:《清咸同时期战争旌恤与纪念制度研究》,《学术论坛》2019 年第 4 期。

次攻打,尤以同治二年秋战况为惨烈,镇上民居被毁,居民死伤无数,嘉兴被清军收复后,社会凋敝,百姓不能自存。在此状况下,陆以湉多次进行个人捐助,并个人组织或参与社会募捐活动。

陆以湉二月十八日日记有"周润卿书来,乞为周月帆之眷属作启募钱公启"。周月帆英年早逝,"八口之啼饥谁讬"。幸有周善溥(字润卿,桐乡学岁贡,青镇人,候选训导)为其家人组织捐助。陆以湉为之撰启以倡。此次为个人募捐,而后其又为救济乌镇,录《缁生作乌镇募捐赈饥公启》:

> 公启者,吾邑自庚申八月陷贼后,绅富不能自存,率皆流徙他处,而下户贫民之无告者,草间偷活,难以保其余生。乃于今年正月廿八日,官军正攻嘉郡之时,湖郡贼匪亦出焚掠,以致吾邑乌镇、加镇各乡镇,尽遭荼毒,死者盈千累万,尸骸枕藉,河水断流。既已惨不胜言,然死者长已矣,而生者屋庐被毁,无可栖身。产业荡然,无能糊口,嗷嗷待哺,遍野哀鸿。现幸杭、嘉克后,湖郡亦有捷告,而使此兵燹遗黎,既倖逃此红羊黑劫之余,仍骈死于此化日光天之下,则我辈之幸邀天佑、早脱艰危者,其忍袖手旁观、坐视不救耶? 用敢布告同邑诸君子,大发慈悲,随缘率助,亟筹赈济,活此残黎,俾吾国家多一赤子,即吾乡里多一人烟。上以报效夫朝廷,即下以造福于子孙者也。一俟捐有成数,即当具呈左制宪、蒋藩宪及本府县出示遵行,各任捐数请登于簿,另拟规条十则,开列于后。(略)陆以湉、沈宝禾、冯宝圻、严锡康、陆黄森、冯烛、萧仪斌、李日燨、周善溥、严辰公启。

参与此倡议的皆为乌镇中上层士绅,除公启署名者,另有在沪的乌镇商人沈宝樾、徐之林等参与,主要由上海向故乡载米归赈。陆以湉多次与众人商度此事,三月十四日"约于明日未初至缁生处,议乌镇捐赈事";十五日到上海,中午先拜见代理上海道台应宝时,下午"未初,至缁生处,沈雒宣大令、冯莲士大令、沈茂亭、丁揖峰都到";十六日,与沈雒宣、冯莲士、严缁生、李鹤松等人"往徐邵梅处商议捐赈事"。由于战后社会治安混乱,便由任过刑部主事的京官严辰主导,严辰按募赈条规行事,"公禀江苏抚宪李宫保给发免捐护照,并求通饬沿途各营弁一体护送,以昭慎重"。船至平望,守将潘鼎新派炮舟相送至嘉兴。嘉兴驻帅刘秉璋派枪船、炮舟护送到乌镇。① 到县之后,严辰"驰奏制宪、藩宪",并专程到杭州进谒浙江巡抚左宗棠,"请赈桐邑遗黎,蒙饬邑令毋使吏胥干预"。② 在县府的协助下,乌镇募赈事宜得以妥帖完成。后来依然由严辰组织相关士绅,在桐乡县的宏远堂和乌镇的留婴堂办起了善后局,以赈乌镇。

由于史料所限,长时间以来,陆以湉研究并未取得重要突破。此次新发现陆以湉日记,虽篇幅不大,所记时间跨度也仅半年之久,但仍能由此窥视陆以湉晚年生活及同治年间的嘉兴地方社会。日记中存有关于陆以湉《冷庐杂识》新版本的史料,现存《冷庐杂识》有清咸丰六年刻本影印、光绪十九年乌程庞氏刊本两种版本,但日记中记载:二月初四日"访丁松生,托寄高伯平书,并托其于江北补刻《冷庐杂识》,凡十二页(江北刻字八文十字。上海作十四文十字,且迟延不即刻)",可知除已知两种版本外,另有同治三年所刻《冷庐杂识》。此外,日记还存有多处新见史料,如张蓉镜示《过作二首》、吴朴堂《扬州记难诗》及两份募捐公启,皆他处所未见,可补史料之阙。更为重要的是,此处所新见日记,仅为夹杂于汪宝树档案中的小部分内容,据著录,今仍存有陆以湉《北行日记草册》一卷,③推测应有完整日记档案存世,而其他如《吴下汇谈》等亡佚著作或许也有抄本。本文做引玉之用,希望陆以湉其他资料能够在更大程度上被发掘、重视。

[作者简介]王俐,上海师范大学历史系博士研究生。

---

① 章建明:《乌镇史话》,浙江人民出版社 2014 年版,第 100 页。

② 《清代诗文集汇编》编纂委员会:《清代诗文集汇编》第 689 册,上海古籍出版社 2010 年版,第 618 页。

③ 黄义枢:《明清日记戏曲史料的分布与价值》,《中原文化研究》2017 年第 5 期。

清代上海宗族义庄的经营管理与收入分配：以金山钱氏支庄为例*

刘雨佳　叶　舟

内容提要：金山钱氏支庄虽然诞生于清光绪年间，但大体上仍沿用传统宗族义庄的管理运行模式，对范氏义庄的管理方法多有效仿。金山钱氏建置义庄的主要目的是赡族，庄正手握该义庄大小事务的决断权。金山钱氏支庄的庄规自觉维护传统伦理道德和法纪，寓劝惩于周恤之中，遵循传统宗法伦理，男女、长幼尊卑分明，以其为代表的清代上海宗族义庄有助于达到弱势群体不孤苦无依，贫穷子弟有机会改变命运，族人不作奸犯科的目标。不过，鸦片战争之后的大变局已然影响了一些上海的宗族义庄，对于古老的中国宗族组织而言，风云变幻的近代纵然充满挑战，但也不乏机遇。

关键词：上海　金山钱氏支庄　宗族　清代　管理

宗族义庄之设始于北宋士大夫范仲淹，①后世不乏学习范氏义庄的管理方法建置义庄者，至清代，宗族义庄迎来了大发展的时代。虽然学界对于清

＊ 本文为国家社科一般项目"近代以来江南的家族组织与社会变迁研究（1860—1949）"（项目编号：20BZS130）的阶段性成果。

① 宗族义庄有广义、狭义之分。广义者，指包含义田以及赡养宗族的组织及设施，甚至包括祖墓、义冢、祠堂、庄屋、义塾等。狭义者，称收藏义田田租，并以之分给族人的建筑物。参见中华文化通志编委会编，常建华撰：《中华文化通志·宗族志》，上海人民出版社1998年版，第317页。本文采用义庄的广义概念。

代，特别是清代苏南地区的宗族义庄倾注了不小的关注度，①但清代上海地区宗族义庄的专门研究总体尚属薄弱，②往往只是作为其中的一部分而一笔带过，也缺少细致的个案研究。

根据此前学界的研究，上海宗族义庄的快速发展是在清代中后期，尤其是太平天国运动失败后。③ 清代义田数量大，管理强化，分配规制更加严密且更注意对孝义贤明的赡助等都标志着清代义田发展已臻于成熟。④ 同理，上海地区的宗族义庄之所以能在清代出现如此发展盛况，宗族义庄管理制度的日益健全是其中的重要因素。虽然金山钱氏支庄建置于光绪朝，但基本上仍采用的是传统宗族义庄的管理运行模式。本文便以诞生于清末这一上海地区宗族义庄发展极盛期的金山钱氏支庄为代表，分析传统上海宗族义庄的管理、经营与收入分配。

一、金山钱氏宗族义庄的缘起

金山钱氏的始迁祖是章羽公，由奉贤县迁往金山卫之钱圩村，此后有子孙迁往浙江，也有定居江苏的钱氏后人。据钱铭江、钱铭铨所述，钱氏的总庄最初由钱氏的高祖槎亭公，即钱义所设。钱义育有六子，长子为钱树本，其余五子是树棠、树艺、树立、树芝和树兰，钱义六子被称作"老六房"。彼时，名溥聪、字舜达的钱义同曾祖昆弟自浙西而来，同钱义一道努力耕田，并营造宫室，遂定居于钱圩村。后因钱溥聪无嗣，过继钱义的幼子树兰为子，钱树兰即为钱铭

---

① 有关清代及清代苏南宗族义庄的研究成果主要有：冯尔康：《论清代苏南义庄的性质与族权的关系》，收入其著作《冯尔康文集/清代宗族史论》，天津人民出版社 2019 年版，第 205—216 页；张研：《清代族田与基层社会结构》，中国人民大学出版社 1991 年版；范金民：《清代苏州宗族义田的发展》，《中国史研究》1995 年第 3 期；李学如、陈勇：《清代宗族义庄的发展——以苏南地区为考察中心》，《中国社会经济史研究》2014 年第 1 期；等等。

② 本文所指的"清代上海地区"范围包括松江府的华亭、娄县、南汇、上海、奉贤、金山、青浦七县，直隶太仓州的嘉定、宝山、崇明三县以及川沙一厅。

③ 李学如、陈勇：《近代上海地区的宗族义庄》，《史林》2019 年第 1 期。

④ 王日根：《论清代义田的发展与成熟》，《清史研究》1992 年第 2 期。

江和钱铭铨的曾祖父。除钱溥聪外，钱义还有三个世居浙西的同祖昆弟溥慧、溥信和溥智。咸同年间，溥慧、溥信、溥智之子多有迁居钱圩村者，但他们的籍贯仍属平湖，称为"西钱"。以上三支（钱义及其同曾祖昆弟钱溥聪，同组昆弟溥慧、溥信和溥智），皆属一派，但只有钱义家资丰厚且不为自己聚敛财货，将财产分给六个儿子。他令六房各提田三百亩，共计一千八百亩，想要效法范仲淹，将田亩留作义庄，该义庄向来由族人轮管，此时也正拟定章程，详定举办形式，以上便是钱氏总庄的缘起。

金山钱氏支庄继总庄而生。钱铭江、钱铭铨已故去的祖父名熙祚，字锡之，是钱溥聪的嗣孙。钱熙祚本人博闻强识，急公好义，还有振兴家业的能力。鉴于钱氏宗族虽支派繁衍，人口众多，不过其始迁祖章羽公一支已有槎亭公钱义捐出田亩建置了义庄来赡养族人，故钱熙祚也追思先志，为后人计长远，打算效仿范氏支庄，增置义田来扶助钱义、钱溥聪两支中的贫穷子孙，以补钱氏总庄之不能及，他又从自置田中提出一千三百余亩，打算将其作为本支的义田和祭产，但此志未酬，钱熙祚便已抱憾而逝。钱铭江、钱铭铨幼年丧父，仰赖其母王氏抚育成人，时刻将其故祖的遗志铭记在心，金山钱氏支庄即为遵照钱熙祚的遗嘱在光绪十三年（1887 年）所建置。①

二、金山钱氏宗族义庄的经营管理

金山钱氏支庄包含新置的一千三亩一分一厘义田和三百三十四亩三分三厘七丝祭田，两者分别成册各立户名，定名为锡庆义田和锡庆祭田，该支庄的最大赡族范围是槎亭公钱义和舜达公钱溥聪两支的后人。《金山钱氏支庄全案》中的《庄规》载："据职妇钱王氏领子文童钱铭江、钱铭铨，遵故翁三品封衔钱熙祚遗命，捐置义田祭产，拟立庄规，造具清册，呈候宪核。"②可见，金山钱

---

① 《钱氏设立支庄缘起》，钱铭江、钱铭铨纂修：《金山钱氏支庄全案》，清光绪十六年木活字本，上海图书馆藏。

② 《庄规》，钱铭江、钱铭铨纂修：《金山钱氏支庄全案》。

氏支庄在建置以后便订立庄规,奏报其所在的松江府金山县立案,受到官府和《大清律例》的支持与保护,还可受到官方旌表,光宗耀祖。钱氏总庄于"槎亭公在日,早经提捐田一千八百亩为合族赡给公产,尚待请详立案"。① 即总庄在金山钱氏支庄申请官府保护时还未开庄,属于宗族自管。该类义庄与其他义庄最大的区别,在于义庄产业的所有权和处分权上。"不开庄"义庄的所有权并未发生流变,还在捐建者及其嫡裔的手里,以后如何处分庄产与其他受济族群没有任何关系。② 不过,从钱氏总庄"向由族人轮管,现亦拟定章程,请详举办"来看,③总庄不久也会走上开庄的道路。

　　在管理方法方面,无论是金山钱氏的总庄还是支庄,无不表明要学习北宋的范氏义庄。范仲淹在建置范氏义庄后,采取的是由专人来掌管庄务的方式,到了清代,宗族义庄的管理人员多被称为庄正,庄正以外还设有副手——庄副协助管理。金山钱氏支庄亦采用这种管理方式:"义庄设庄正一人,总理诸务;庄副二人,咨请而行。统归三人掌管,依规处置,虽族中尊长,不得干预侵扰。倘掌管人有苟且情弊,当会同宗族,从公理断。庄正现由铭江承当,日后总以锡之公嫡支殷实可托之人举为庄正。另择公正族人轮司庄副。三人各须秉公,互相纠察,毋得徇情舞弊,以昭信实。"④可见该义庄设一位庄正,两位庄副来进行管理,庄正总理诸务,而两位庄副则要在处理义庄日常事务时咨询庄正的意见,三人行使职权时族中尊长亦不可干扰,这说明庄规赋予庄正的权力最大,有最终决断权,庄正与庄副之间是上下级关系,但三人同时应当互相监督,有令其相互制约之意。另外,此三人由族人推选产生,亦受到族众的监督。不过,庄正的推选尤有范围限制,必须是锡之公钱熙祚的嫡派子孙,即庄正要从庄裔中推选产生,首先担任庄正的钱铭江即为钱熙祚的嫡孙,再者还须为人可靠负责,家境富裕。庄正的责任感是其作为宗族义庄领导的基本素养,至于要

① 《庄规》,钱铭江、钱铭铨纂修:《金山钱氏支庄全案》。
② 李学如、曹化芝:《近代苏南义庄的经营管理制度》,《中国社会经济史研究》2014 年第 1 期。
③ 《钱氏设立支庄缘起》《庄规》,钱铭江、钱铭铨纂修:《金山钱氏支庄全案》。
④ 《庄规》,钱铭江、钱铭铨纂修:《金山钱氏支庄全案》。

求家境富裕,可能有以下几种考虑:一是家底殷实者不会耽于生计,能全身心地投入到宗族事业中去;二是主要担心贫寒之士觊觎义庄财富,存在侵渔蠹蚀之患;三是保证义庄的控制权始终掌握在庄绅手中。① 此外,学者王志龙还根据常熟张氏的庄规,提出要求庄正人选家境殷实还可能是因为庄正管理庄务要为义庄的亏短负责,倘若庄正出身贫寒便无法弥补庄损失。② 庄副则选择公正族人轮司,可见金山钱氏支庄的管理者选用原则既有"亲"又虑"贤"。不过,未有限制庄正、庄副的任期,以及如何对他们的工作进行进一步监督的系统规定。再者,从有关祭田的规定"祭产以备岁时修理祭扫之用,应修应扫之处,须由承管人报明庄正察看,然后开支"来看,③金山钱氏支庄的祭田还设有专门的承管人,但其对于祭田的收入也没有全权处理权。倘若需要支出修理祭扫的费用,承管人还须知会庄正,待其查看无疑后才能支出,由此也可再次窥见庄正的权力之大,义庄大小事务的决断权都掌握在其手中。

在义庄田产的经营管理方面,范氏义庄从神宗熙宁六年(1073 年)至徽宗政和七年(1117 年)制定的《续订规矩》中,已有不许族人租佃义田、不得典买族人田土的规定。④ 这是要防止出现族人在租种义田时趁机侵占或拖欠地租的情况,而这种情况一旦发生,不进行惩治会有损宗族利益,但如严厉惩治又会对亲情有害,可谓是进退两难,无法万全。并且,倘若允许族人耕种义庄田地,建庄者也怕难于管理,"久佃近业主"或"久佃成业主"的事件就有可能发生,此举何异于分财析产? 若此,一遇不肖子弟,义庄最终难逃解体的命运。⑤对此,金山钱氏支庄规定:"族人不准租佃义庄及借居庄屋,以昭公允。"金山钱氏支庄还十分重视节流工作,严明申领钱粮的规定:"义庄以赡贫乏,量入为出,明定章程。"为避免因公私不分、擅用公款而给宗族义庄带来损失,规定:

---

① 李学如、曹化芝:《近代苏南义庄的经营管理制度》,《中国社会经济史研究》2014 年第 1 期。
② 王志龙:《清代苏南宗族义庄的庄正研究》,《社会科学》2016 年第 5 期。
③ 《庄规》,钱铭江、钱铭铨纂修:《金山钱氏支庄全案》。
④ 冯尔康等编著:《中国宗族史》,上海人民出版社 2009 年版,第 184 页。
⑤ 李学如、曹化芝:《近代苏南义庄的经营管理制度》,《中国社会经济史研究》2014 年第 1 期。

"虽系亲房，不得越例动支公项。"每月初一向族人支取的口粮也有严格的领取规定，以免出入不清："倘先期预支，不准给发。或有应给未给，托经手人留仓，他日并支者，即行扣提充公。"为杜绝浪费，规定："族人遇有病故，及男女未及领米之年夭殇等，随将月日报明开除。倘有隐瞒察出，照数追扣。"此外，"族人力能自给，不请口粮，遇婚丧等事，不支贴费者，听。其有出外营生，去乡就职者，一概停给。倘赋闲家居，以礼去官，仍准自行请给"。

三、金山钱氏宗族义庄的收入分配

首先，金山钱氏支庄的义田和祭田的地租收入必须足额，才能将其进行合理的分配，于是，相关规定先礼后兵："义庄田户所当优恤，使之安业，为子孙久远之计。如有实在顽佃，理宜由庄正禀官究治。"在义庄田产的收入分配上，金山钱氏支庄明确规定："义庄办事宜先公后私，虽有歉收，不得迟缓输赋。一切出入账目，务须逐月件件结清，不得移挪亏空，至误正项。"①像当时的许多宗族一样，金山钱氏支庄也把按时缴纳赋税置于宗族义庄收入分配的首要位置。在清代，中央集权制下君主的权力进一步加强，将家族完全置于政府控制之下，家族日益民间化、民众化，为官员、绅衿乃至平民所掌握，失去对天子的任何抗衡能力，依附于政权，受到政府的保护，人们认为"君恩重于亲恩""宁可终身无父，不可一日无君"，从观念上将国家放在第一位，家族置于其次，家族要求族人忠君，具体地说是"畏王法"，按时完纳赋税。②故而，金山钱氏支庄还规定："子弟中不安本分，故犯为匪，为宗族乡党所不齿，公议摒弃出族。倘其子孙改悔，许由族人报明复藉，依旧支领。"此外，另有对因贞节或孝悌而请瞻的族人进行襄助的规定。这些规定既属自觉维护传统伦理道德和法纪，又说明义庄的存在有助于宗族对族人的教化与控制。金山钱氏支庄的其他规定，

---

① 《庄规》，钱铭江、钱铭铨纂修：《金山钱氏支庄全案》。
② 冯尔康：《18 世纪以来中国家族的现代转向》，上海人民出版社 2005 年版，第 21 页。

如:"族人有以异姓之子承祧者,及出继他姓为后者,均不准入籍,领支口粮",以及"若娶再醮之妇,淫奔之女及嫁与匪人者,不准支给,同族并宜理禁",①更明显地体现了这一点。不仅如此,范氏义庄在范仲淹过世后续订了有关族人道德规范要求的规定,确定了不赡的原则,玷辱门户的族人甚至可能会被除籍,②金山钱氏支庄的庄规对此进行了效仿。此外,前一条也展现了义庄赡族的严格血缘限制,目的是维护宗族血缘的正统。与此同时,制定上述庄规中规范族人行为的有关规定也是出于宗族自身的发展考虑。救济与惩治并行,是保证义田的良法美意得到贯彻,以利于培养孝子顺孙、出人才,达到家族兴旺的目的。没有这种惩罚,义田的经营就不会达到本来的目标,所以义田要赡族,还必须寓劝惩于周恤之中。③

　　前文提到金山钱氏支庄为了宗族祭祀还专门置有祭田,面积约为义田的四分之一,可见赡族在金山钱氏支庄的收入分配中所占的比重远远超过祭祀所用,金山钱氏支庄的建置确是主要出于赡族的目的。祭田的收入专门用作祭祀。从义庄"祭产以备岁时修理祭扫之用,应修应扫之处,须由承管人报明庄正察看"的相关规定来看,其功能是岁时修理祭扫,并且规定中强调,祭田的收入分配必须要在庄正察看实情后定夺,不能只听任其承管人处置,可见祭田虽面积远远不如义田,但这并不意味着祭田在金山钱氏支庄中便不如义田重要。

　　金山钱氏支庄在赡族方面仍旧沿用了范氏义庄的计口授粮方法,贯彻平均主义的原则,规定:"逐房计口给米,每日一升,并支白米,用部颁五斗三升斛斗,较准应斛。男女自五岁起,每口日给米五合,自十六岁以上成丁,日给米一升,闰月照给。女于出嫁日停给。年过六十岁以上,于本分应支月米外,准许加给,如鳏寡孤独,兼有废疾,无人侍养者,亦许加给。惟加给之数不得多于应给之数。族人有独子单丁,年过四十无子,实在贫寒不能续娶及置妾者,公同

---

① 《庄规》,钱铭江、钱铭铨纂修:《金山钱氏支庄全案》。
② 中华文化通志编委会编,常建华撰:《中华文化通志・宗族志》,第370—371页。
③ 冯尔康:《18世纪以来中国家族的现代转向》,第150页。

酌给银两,听本人详慎自行。"①可见,金山钱氏支庄在赡族方面贯彻平均主义原则的同时,也对年老、病弱和贫寒的弱势族人进行特别关照,颇类今日的社会救济。

传统宗族无不重视人丁的兴旺,因而对族人的婚嫁、生育有相应的奖励措施。金山钱氏支庄也规定:"婚嫁婚娶者支钱十六千,嫁女者支钱十二千,定于临期具领,但须明媒正配,族长主婚","族人添丁,限满月后,即以某人于某月日时生男女,及生母某氏,男女、行第、小名书单呈报,察查注册,以备他日及年支粮"。死生皆古之大事,金山钱氏支庄还十分重视族人丧葬事宜,过世的族人在族中的尊卑地位不同,义庄发给的资金数额也有所差别:"尊长有丧,先支钱十千;至葬,再支钱十千。次长,支钱八千;至葬,再支钱八千。卑幼及已成丁而未婚娶者丧葬,共支钱十二千,未满七岁者不支。"另外,金山钱氏支庄还为没有能力买地安葬亲人的族众准备了三四十亩的墓田。上述金山钱氏支庄中有关族人婚丧嫁娶的规定遵循传统宗法伦理,男女、长幼尊卑分明。

在科举制下,宗族对族人学业的支持不仅有助于个人的成才,还能带动宗族势力的扩大,提升宗族的地位,有益于宗族的整体、长期发展。于是,清代的许多宗族采取开办义塾、建置专门的学田、从义田的收入中拨出专项资金等方式助力宗族的教育事业。金山钱氏支庄以义田收入帮助族中贫寒求学,规定:"子弟有志读书,无力从师者,月给膏火钱五百文。"还资助参加科举考试的族人,奖励学有所成者:"应院试者,月给一千文;入学者,给奖赏钱二十千文,赴乡试者,给盘费十千文;发科者,奖赏钱三十千文;赴会试者,给盘费二十千文;登第者,奖赏钱五十千文。"②

清代许多宗族往往规定,族田租入要本着古人"耕三余一""耕九余三"之法,将一部分储存起来,以备荒欠。③ 金山钱氏支庄也不例外,规定:"义庄余租当仿余一余三之制,预备三年口粮,以补岁歉缓征之不足。"如此既是为了以

---

①　《庄规》,钱铭江、钱铭铨纂修:《金山钱氏支庄全案》。

②　同上。

③　张研:《清代族田经营初探》,《中国经济史研究》1987 年第 3 期。

防万一,也是为义庄的田亩增置考虑,"倘三年外有余,续行增置田亩。及族中有慕义捐助者,约满半庄之数,即行禀案通详"。在清代,半庄为五百亩,即义庄增置田亩达到约五百亩就要上报官府。既然要预备三年口粮,便要留有空间足够的仓房,这也是义庄收入支出的一部分,金山钱氏支庄便规定:"义庄仓屋于本邑六保廿三六图横浦场西团黄字圩买绝田六亩,并自造平房两进,门面三间,次进五间,作为仓房。倘日后不敷囤积,即于余地添造。"①

值得注意的是,金山钱氏支庄不仅立足于本族内部的赈济,还致力于地方上的慈善救济事业。前文提到的金山钱氏的锡之公钱熙祚曾创建与善一局,这也是"义庄先路之导",与善一局"于地方善举,亦略及一二",但因太平天国运动的战乱而一度中止。在金山钱氏支庄成功开庄后,"念局中有掩埋这事,最于地方有益,屡欲举办,但义庄既为赡族而设,界限所在,附入为难,非别筹经费不可。适恒大典事决裂,收得存款十之一二。除千五百串助赈外,尚余一千串,即捐答掩埋经费,事赖以成,与前助地若干亩,府县均有存案"。② 与善一局有地五亩四分二厘七毫,定于每年的清明节和十月朝掩埋两次,该局地界内的无主逝者、亲人无力营葬者、路毙者,甚至是界外的无主路毙者等如若符合章程规定皆可葬入,已类似于今天的地方慈善组织。只是与善一局虽名义上"附设钱氏锡庆义庄所设义冢",但不与义庄共用经费,而是另外筹款,③可见金山钱氏支庄尚未打破宗族血缘的局限。

四、以金山钱氏支庄为代表的上海宗族义庄的作用

宗族义庄的族内救济作为清代地方社会救济的重要组成部分,对弱势人群的生活扶助措施颇具人文关怀,非常值得称道,有助于社会秩序的和谐稳定,贫富差距的缩小,社会矛盾的缓和。中国传统社会后期,政府的行政机构

---

① 《庄规》,钱铭江、钱铭铨纂修:《金山钱氏支庄全案》。
② 《谨拟与善局掩埋章程八则》,钱铭江、钱铭铨纂修:《金山钱氏支庄全案》。
③ 同上。

只设至县，由于用官时常不得其人，义田也常可补此不足，①如帮办地方公益事业，在遇到灾荒时协助地方政府应对灾情，救助灾民。并且，由于清代所实施的鼓励、保护宗族义庄发展的法律、政策以及宗族义庄的仓储，使族田义庄犹如族人的长期保险，为其生存留有退路，无论是遇到灾荒战乱甚或是家道中落，都不至走投无路。更不用说宗族义庄对族中子弟求学成才之路的助力，金山钱氏支庄就有资助族中贫穷子弟拜师求教、应试，奖励取得功名者的规定。南汇傅氏也利用祭田的收入针对"族人贫难入学者补助学费"。② 除了奖励族中学有所成者，资助族人的应试外，上海王氏在光绪年间还增设了育材义塾，"先尽族人，次及外客，似私而实公焉"，③后来更发展成为南洋中学。所谓授人以鱼不如授人以渔，以金山钱氏支庄为代表的上海宗族义庄对教育的重视有利于族人素质的提升，当然也会给宗族的发展带来希望，助力社会发展所需要的人才的养成。作为宗族义庄之始的范氏义庄便人才辈出，是一个典型的范例。正如有学者分析的，"义庄以土地为根基，在发展中注意组织、制度的建设，这是使义庄成为一个'教养咸备'的共同体的基础。在一个'教养咸备'的环境下成长和生活的范氏子弟，更易培养'富而好礼'的素质"。④ 上海宗族义庄对族中贫寒子弟的学业的格外关照，使其因贫困而失去上升希望的可能性大大降低，这也有助于社会阶层的正常流动，促进社会公平。最后，如前文所言，金山钱氏支庄寓劝惩于周恤之中，注重对族人的教化，规范族人的行为。此外，崇明朱氏的《生祖锦遗命设立义田规条》中也有"族人有习为不肖，赌博打降，卖身鬻子，私盐窃盗，闺门污秽，辱及祖先者，定行出族除籍，不给"的规定。⑤ 上海王氏的宗族义庄也要求"族人如有不孝、不弟、不睦、不安生理，不

---

① 王日根：《论清代义田的发展与成熟》，《清史研究》1992 年第 2 期。

② 《傅惠元公祭扫田条规》，傅恭弼纂修：《（南汇县）傅氏续修家谱》，1939 年油印本，上海图书馆藏。

③ 《育材书塾初定章程序》，王师曾纂修：《（上海县）续修王氏家谱》卷五《世产》，1924 年铅印本，上海图书馆藏。

④ 刘志强：《从儒家仁爱到契约精神——论苏州范氏义庄发展的韧性机制》，《江南大学学报（人文社会科学版）》2020 年第 4 期。

⑤ 《生祖锦遗命设立义田规条》，（崇明）《朱氏家乘》，清刻本，上海图书馆藏。

训子孙，以及赌博、打降、匪类，甚至涉入确实命盗案内，及卖身于人，一切不言之事，为宗族乡党所不齿者，义当摈弃出族，除籍勿给"。① 上海宗族义庄的这些规定有利于维护地方的社会秩序，对社会风气也有一定的积极影响。综上所述，上海宗族义庄的设立既为族人与宗族发展托底，又能推动两者的向上发展。如果上海地区的宗族义庄都能使弱势群体不致孤苦无依，贫穷子弟有机会改变命运，族人不作奸犯科，那么无疑对地方社会的治理乃至社会的正常发展都将大有助力。

五、结　语

虽然诞生于光绪年间的金山钱氏支庄大体上仍选择传统宗族义庄的管理运行模式，但数千年未有的大变局已然影响了一些上海的宗族义庄。对于古老的中国宗族组织而言，风云变幻的近代纵然充满挑战，但也暗藏机遇。

前文提到，以金山钱氏支庄为代表的清代上海宗族义庄的管理和收入分配方法，在很大程度上受到了范氏义庄的示范影响。其中，范仲淹最初定下的计口授粮法仍旧被金山钱氏支庄所沿用。该义庄在很大程度上还以普惠福利为原则，并没有设置针对能供养自身的成年族人的强制退出机制。除规定背井离乡者义庄停止赡养外，日常生活是否不需口粮发放，婚丧嫁娶是否不需义庄银两补贴，皆秉持族人自愿原则，如此规定，不仅可能导致富者更富，也容易养懒汉，使原本可以自食其力的族人安于现状，甚至堕落为弱势族人，实际上不利于族人的成才，浪费宗族义庄的收入，拖累宗族义庄和宗族的整体发展。义庄要推行计口授粮的赡族方略，至少要满足两个条件：一是要有相当规模的义田，租入丰厚；二是人口数量不能过于庞大，且和义田数量成比例发展。② 于是，随着族中人口的激增，诞生于北宋的范氏义庄也由普惠渐重济贫。在金

---

① 《义庄规条》，王师曾纂修：《（上海县）续修王氏家谱》卷五《世产》，1924 年铅印本，上海图书馆藏。
② 李学如、曹化芝：《近代苏南义庄的经营管理制度》，《中国社会经济史研究》2014 年第 1 期。

山钱氏支庄所处的清代,已有对个人无条件地赡养族人观念的质疑。① 正如范氏义庄由普惠渐重济贫一样,即便金山钱氏支庄田亩众多,包含一千三亩一分一厘义田和三百三十四亩三分三厘七丝祭田,且只赡槎亭公钱义和舜达公钱溥聪两支的后人,但也在计口授粮法的基础上对族中六十岁以上的老人及贫寒、病弱、孤苦的族人给予额外关照,多给米粮或者银两。迈入近代,上海地区的宗族义庄在赡族方面已不再完全秉持平均主义原则,甚至还有族田义庄近乎甚至彻底放弃了无差别赡养族人的例子。上文提到的上海王氏义庄由王寿康建置于道光二十七年(1847年),规模远不如金山钱氏支庄,有田五百亩,该义庄也采用了计口授粮法,规定:"男女过十七岁元旦以上者,始作成丁一口,日给米一升;十一岁至十六岁者,日给米半升;五岁至十岁者,日给米三合,闰月照前给发。四岁以下不给,女于出嫁日停给。"但同金山钱氏支庄相比,该义庄不仅同样对族中六十岁以上的老人及贫寒、病弱、孤苦的族人给予额外关照,还专门规定"凡力能自给,及出外营生,不在家者,不给口粮"。② 崇明朱氏的义田规定中称宗族已历十六世,人口众多,但只有田六百八十亩,无力赡养全族,"止可供高祖以下五世族人也耳"。该义庄规定对族人十分严厉,"如强壮无故,尚不能谋生,以致亏缺衣食,非耽于逸乐,即赌博匪为所致,不足恤也。故男人十六岁成丁以上至五十五岁,皆不给米布",还按族人有田多少来发放银两,"族人有田四亩者,养老教幼,以及嫁娶丧葬,减其三之一;有田六亩者,减其十之半;有田十亩者,一概不给。又有田产,虽不敷而家道充足,仍请给付,当自存廉耻,毋使贫族羞恶,有失义田济困之意"。③ 可见崇明朱氏对济贫这一建置义田的主要目标的坚持。上海嘉定曾氏瑞芝义庄规定享受小口米的孤苦族人,男子成年后停给,女子至出嫁日停给。若为废疾者,丧失劳动及自养能力,成年后即可享受大口米。享受大口米待遇的鳏寡,若有子至成年可以奉养时,义庄一般会停发赡米。这便是明文规定成年族人中,义庄只赡因病或

---

① 冯尔康:《18世纪以来中国家族的现代转向》,第160页。
② 《义庄规条》,王师曾纂修:《(上海县)续修王氏家谱》卷五《世产》,1924年铅印本,上海图书馆藏。
③ 《生祖锦遗命设立义田规条》,(崇明)《朱氏家乘》,清刻本,上海图书馆藏。

残而无法自立者，即便有老而无妻或无夫的族人，义庄也一般在其有成年亲子可奉养时停发赡米。此外，上文提到上海王氏在光绪年间开设育材书塾，生源不限于本族子弟，嘉定曾氏瑞芝义庄也在光绪年间设瑞芝中西义塾，允许外姓子弟中的聪颖者就读，还在庄田所在地设蒙学堂五六所，教读佃户子弟。① 可见，虽然同样诞生于清代光绪年间的金山钱氏支庄在大体上仍遵循传统的宗族义庄管理运行模式，但上海的宗族义庄在近代已有打破血缘限制、向救济组织转变的倾向。

以金山钱氏支庄为代表的上海宗族义庄由建庄者自任首任庄正，其后推选的庄正也要从庄裔中产生，有任人唯亲之嫌，致使宗族义庄在日后有专属于庄裔一支的可能。并且，庄正大权在握，其他管理人员被其领导，族中尊长亦不可干预，一旦所托非人，原本属于宗族公产的义庄便会变为私有，被其任意处置，损害宗族的利益。例如，上海朱氏就因为宗族义庄长久被庄裔一支所霸占，其他族人无权过问而导致"庄务废弛，租息日亏，祀宇就圮，群情惴惴"，② 这也是促使上海朱氏较早成立族会的重要原因。即便是历史悠久的范氏义庄，也在清代因为管理者范安恭无德而遭到破坏，可见由庄正经管宗族义庄的方式存在着无人能够对其制衡、监督的问题。虽然乾隆朝曾修订《大清律例》保护宗族义庄，打击盗买盗卖，但是自明中叶以后，由于商品经济关系侵蚀农村而变得十分普遍的族长、族绅等盗卖族田的现象一直有增无减，族田是家族制度的经济上的基石，族田大量地被侵占、被盗卖，说明家族制度已处在衰落的过程之中。③ 就宗族本身而言，由于其仍然是建立在传统的宗族伦理观念之上，族往往是家的扩大，宗祧继承权、嫡庶之分等民间习惯使得族产在产权上有着天然的模糊性，族长或者宗子都认为自己有天然的族产处置权，当初捐置族产的族人嫡系后裔也认为这些族产理所当然属于自己，而在一般族人眼中，祠产的"公"属性即所谓的"财产人人有份"，反而代表了产权属于族内的每

---

① 李学如、陈勇：《近代上海地区的宗族义庄》，《史林》2019年第1期。

② 《族会大事记》，朱澄俭辑纂：《上海朱氏族谱》卷八《外录》，1928年木活字本，上海图书馆藏。

③ 徐扬杰：《中国家族制度史》，武汉大学出版社2012年版，第417页。

一个人，所以一旦私欲膨胀，即使有再严格和清晰的规条，也不能阻止从族长到族人将公产当作私产去占用和盗卖。[①] 要解决这些问题，亟待上海宗族义庄管理方法的更新，更有待于法律和产权制度的进一步健全，唯此方能使宗族义庄真正成为服务于族众，管理和应用受其监督的宗族公产而非被某一或个别族人所霸占、私享。

另外，前文提到清代上海宗族义庄寓劝惩于周恤之中，注重对族人的教化，规范族人的行为，这一点固然有助于提升族人的素养，但将对族人的周济和族人是否遵守传统伦理道德与法纪挂钩，也在一定程度上增强了宗族对族人的控制。并且，作为在政权之下的基层组织，宗族义庄对族人的教化与控制最终也将服务于清朝的统治，于是宗族义庄实际上与统治者上下通力合作，维护君主专制制度和等级制度，稳定旧有的社会秩序，共同阻碍社会新因素的产生与发展，并在这个过程中一并僵化，失去活力。与君主专制制度和等级制度相适应，宗族的族长、尊长与宗族义庄的庄正有专断权，宗族内部的管理与义庄的规定无不是血缘等级秩序的展现，长幼尊卑分明，而这也使得宗族义庄易被族中个别有权有势的人物所控制，反倒对宗族义庄不利，而其他族人对此或不敢、无力去阻止，或据理力争引发族内纷争，也不利于宗族凝聚。不过，宗族在宋代以后依附于政权而存在。这也意味着伴随着时代的发展和体制变更，宗族的管理也会相应地进行调整，这也是宗族发展的必然途径。

[作者简介]刘雨佳，上海社会科学院历史研究所硕士；叶舟，上海社会科学院历史研究所副研究员。

---

① 叶舟：《改良族制：近代上海的族会》，《史林》2020 年第 4 期。

清代徽州宗族社会的历史书写
与认同建构

——以歙县桂溪项氏一族为中心的案例研究

裴 奕

内容提要：歙县桂溪项氏是明清时期徽州地区的名族。本文以《桂溪项氏族谱》的家族史书写为中心，并通过对比与其同宗而异族的紫峰项氏和桐城项氏的族谱书写，细致爬梳桂溪项氏建构自身名族身份的策略与过程，旨在深入探讨清代徽州宗族社会的历史书写与认同建构。此外，本文对桂溪项氏族谱书写的分析表明，通过对同族标准的再界定从而缩小宗族范围，同样是建构宗族认同的重要手段，也是加强对族人控制的手段。这一现象，或可以对学界已形成的明清徽州宗族组织规模扩大的论述提出补充与商榷。

关键词：清代　徽州　宗族社会　认同　历史书写

一、引言

关于祖先记忆与族谱中的附会、传说已然成为 21 世纪以来明清宗族研究的重要主题与途径。① 一般认为，明清时期徽州宗族制度日益强化，宗族社会

---

① 参见瀬川昌久：『族譜華南漢族の宗族・風水・移住』風響社 1996 年版；片山剛：「明代珠江デルタの宗族・族譜・戸籍—宗族をめぐる言説と史実—」，井上徹、遠藤隆俊編：「宋—明宗族研究」，汲古書院 2005 年版，第 459—486 頁；臼井佐知子：「徽州商人の研究」，汲古書院 2010 年版；祝虻：《历史记忆、宗族边界与族群分层—明清徽州宗族认同研究》，《云南民族大学学报（哲学社会科学版）》2016 年

的历史书写和认同建构都达到了新的高峰。① 其中,有名望的大族更是普遍而频繁地通过撰写宗族历史、建构始迁祖形象等方式接纳其他的同姓集团,以扩大宗族范围,并以此获得官方及其他宗族的认可,从而确立其成员的精英地位。②

然而,既有研究往往关注同一家族在不同年代的族谱书写,并参考地方文献对族谱中叙述的真实性进行考证,却鲜有研究通过直接对比的方式,考察同宗同源的几个家族的不同族谱,重现宗族认同形成的历史脉络。③ 在这种情况下,我们仍然难以洞察宗族精英书写历史与建构认同的真实动机和具体方式。因此,本文拟通过对明清时期徽州地区同宗异族的桂溪项氏、紫峰项氏与桐城项氏三族族谱书写的对比,细致梳理宗族精英的历史书写与认同建构过程。

值得注意的是,中岛乐章、朴元熇、李甜等中日韩学者纷纷指出,因地域竞争和资源争夺,明清徽州宗族组织呈现出扩大的趋势。④ 然而,笔者通过对"同姓非族"等现象的研究,发现桂溪项氏在清代的发展并未呈现出明显的组织扩大、联宗整合等趋势;相反,宗族精英通过制定"非族"的判定标准,缩小宗族范围,从而进一步巩固自身的宗族界限与名族身份。换言之,对于宗族精英而言,限定同族标准从而缩小宗族范围同样是建构宗族认同的重要手段。上

（接上页）第 6 期,第 48—55 页;陈雪明、卞利:《宋元以降徽州程氏宗族始迁祖形象的建构、演变与强化》,《安徽大学学报(哲学社会科学版)》2018 年第 3 期,第 1—8 页。

　　① 陈雪明、卞利:《宋元以降徽州程氏宗族始迁祖形象的建构、演变与强化》,《安徽大学学报(哲学社会科学版)》2018 年第 3 期,第 1—8 页。

　　② 参见片山刚:「明代珠江デルタの宗族・族譜・戸籍―宗族をめぐる言説と史実―」,井上徹、遠藤隆俊主编:「宋―明宗族の研究」,汲古書院 2005 年版,第 459—486 页;许雪姬:《宗族的发展与社会的结合——以龙井林家为例》,香港珠海文史研究所学会编《罗香林教授记念论文集》(下册),台北:新文丰出版股份有限公司 1992 年版,第 1063—1078 页;龟冈敦子:「明代の福建漳州府における宗族の形成―龍溪県の白石丁氏をめぐって―」,「東洋学報」2016 年第 3 期,第 29—58 页;陈雪明、卞利:《宋元以降徽州程氏宗族始迁祖形象的建构、演变与强化》,《安徽大学学报(哲学社会科学版)》2018 年第 3 期,第 1—8 页。

　　③ 马勇虎:《始迁祖历史形象的建构与塑造——以徽州程氏家族始迁祖程元谭为例》,《徽学》2018 年第 1 期,第 35—48 页。

　　④ 中岛乐章:「明代徽州の一宗族をめぐる紛争と同族統合」,「社会経済史学」62(4),1996 年,第 457—485 页;〔韩〕朴元熇:《从柳山方氏看明代徽州宗族组织的扩大》,《历史研究》1997 年第 1 期;李甜:《旌德隐龙方氏与清代徽州宗族组织的扩大》,《安徽史学》2010 年第 6 期第 99—105 页。

述发现不仅在一定程度上挑战了学界的一些重要共识,也在很大程度上启发我们从动机而非结果的角度来进一步思考历史与现实中的认同现象。

二、明清徽州名族志的编纂 与名族的概念、构成及其延续

《新安大族志》与《新安名族志》是研究明清时期徽州名族最重要的著作。关于这两本著作的研究,学界已取得较为丰硕的成果。① 如今传世的《新安大族志》刻本由清代程以通在明代戴廷明(嘉靖二十九年[1550 年]刻本)的基础上增编而成。② 《新安名族志》则是明代程尚宽以明代戴廷明的旧本为参考,于嘉靖三十年(1551 年)发行的版本。③

明清时期,商品经济繁荣引起徽州当地社会急剧变化,对宗族制度产生了巨大的冲击。④ 在此背景下,宗族精英编纂《新安名族志》与《新安大族志》,作为宣扬传统伦理道德和加强宗族统治的重要手段。⑤ 徐景华、吴兆龙认为这两部著作中的名族划分标准主要有两种,即宗族记忆绵延而稳定(世系久远)、宗法观念下的名族行为和社会美谈(地方名人),只有同时满足两则标准的宗族才有资格被称为"大族"或"名族"。⑥ 换言之,名族判定标准的基础就是历史记忆中的宗族边界,并辅以宗族认同中的价值标准和行为准则。

---

① 参见郑力民:《〈新安大族志〉考辨——兼谈〈实录新安世家〉(续)》,《安徽史学》1994 年第 3 期,第 14—18 页;赵富华:《〈新安名族志〉编撰的背景和宗旨》,《安徽大学学报(哲学社会科学版)》1997 年第 3 期,第 13—18 页;徐景华、吴兆龙《〈新安大族志〉大族标准、姓氏排列及功用探析》,《黄山学院学报》2018 年第 20 卷第 2 期,第 12—18 页。

② 郑力民:《〈新安大族志〉考辨——兼谈〈实录新安世家〉(续)》,《安徽史学》1994 年第 3 期,第 14—18 页。

③ 同上。

④ 赵富华:《〈新安名族志〉编撰的背景和宗旨》,《安徽大学学报(哲学社会科学版)》1997 年第 3 期,第 13—18 页。

⑤ 徐景华、吴兆龙:《〈新安大族志〉大族标准、姓氏排列及功用探析》,《黄山学院学报》2018 年第 20 卷第 2 期,第 12—18 页。

⑥ 同上。

　　桂溪项氏出自睦州青溪(今杭州淳安县西)的轩翥。其始迁祖绍公于唐清泰年间移居至小溪(又称贵溪及桂溪),随着世代推移,形成了桂溪项氏一族,在明代时被地方认证为歙县地区望族。至嘉庆年间,桂溪项氏已经成为拥有九门(均安、上门、中门、下门、圣立门、易魁门、裕公门、上族门、嘉会门)、十八派(仅五派存世,即桂山派[守彰公派]、白石派[浩公]、文与公派、士仁公派、噉裕公派)的大族。

　　桂溪项氏世系久远、名人辈出,这不仅为本族精英所传颂,也得到了其他地方精英的普遍认可。譬如,桂溪项氏在《新安大族志》与《新安名族志》中均榜上有名。而明清两代是桂溪项氏最繁荣的时期,共产生 13 位进士,其中耐庵公一家更是"四世一品",[①]显赫至极,是康熙年间最有名的扬州盐商家族之一。[②]此外,迁居于杭州的廷模公也曾"皇帝南巡必亲往接",可谓盛极一时。

　　事实上,桂溪项氏与紫峰项氏在五代十国时期同隶属于轩翥宗族(见图1)。此外,桐城项氏与桂溪项氏亦是同宗。桐城项氏迁祖英发公(南宋安庆府桐城县)发家,于清康熙年间开始进行具有一定规模的宗族活动。因此,我们试图通过直接比较的方法从文本的角度考察桂溪项氏、紫峰项氏、桐城项氏族谱的书写方式,进而探究桂溪项氏通过族谱书写树立名族意识的内在逻辑。

　　具体而言,本文所涉及的族谱除嘉庆十六年(1811 年)歙县桂溪地区项氏一族的《桂溪项氏族谱》[③](以下简称《桂溪谱》),还包括康熙十七年(1678 年)淳安县紫峰项氏的《古睦清溪紫峰项氏宗谱》[④](以下简称《紫峰谱》)与自称为桂溪后人的道光十八年(1848 年)桐城县项氏的《桐城项氏重修宗谱》[⑤](以下简称《桐城谱》)。

---

　　①　嘉庆《桂溪项氏族谱》卷十二上《圣立门支系》,第 33 页;卷十二下《圣立门支系》,第 77—78页。项纶(耐庵公长子)慷慨解囊支援朝廷财政被册封为正一品光禄大夫,德旻公(耐庵公祖父)、时瑞公(耐庵公父)、耐庵公也因此一同享此典祀,被世间称为"四世一品"。

　　②　同上。

　　③　项启銶:《桂溪项氏族谱》,嘉庆十六年(1811 年)刻本,现收藏于安徽图书馆、北京大学图书馆、中国社会科学院历史研究所图书馆与中国国家图书馆。

　　④　项钟秀:《古睦清溪紫峰项氏宗谱》,康熙十七年(1678 年)刻本,现收藏于上海图书馆和美国犹他家谱学会。

　　⑤　项寅、项户尊:《桐城项氏重修宗谱》,道光二十八年(1848 年)刻本,现收藏于上海图书馆。

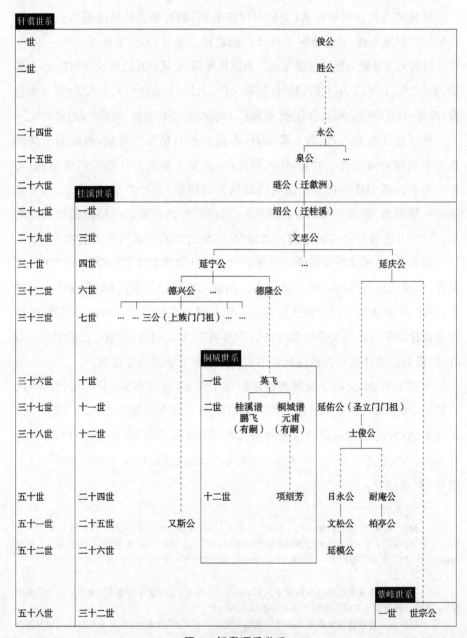

轩辕世系		
一世		俊公
二世		胜公
二十四世		永公
二十五世		泉公 …
二十六世	桂溪世系	琏公（迁歙洲）
二十七世	一世	绍公（迁桂溪）
二十九世	三世	文忠公
三十世	四世	延宁公 … 延庆公
三十二世	六世	德兴公 … 德隆公
三十三世	七世	… … 三公（上族门门祖）… …
三十六世	十世	桐城世系 一世 英飞
三十七世	十一世	二世 桂溪谱 桐城谱 延佑公（圣立门门祖） 鹏飞 元甫 （有嗣）（有嗣）
三十八世	十二世	士俊公
五十世	二十四世	十二世 项绍芳 日永公 耐庵公
五十一世	二十五世	又斯公 文松公 柏亭公
五十二世	二十六世	延模公
		紫峰世系
五十八世	三十二世	一世 世宗公

图 1　轩辕项氏世系

三、桂溪项氏的名族意识与身份认同

一般认为，在正式的宗族活动（祠堂、族谱、义田）开始之前，宗族成员首先需要确定共同始祖，因为唯有如此，才能决定宗族的边界与可能整合的范围。譬如，徽州程氏宗族与其他非共同血缘关系集团在进行整合时，就一起商议和建构了新的始迁祖形象。①此外，宗族成员往往会顺应时代变化，对族谱内容进行再次创作，使自身行为正当化。尤其是再次划分宗族范围时，需要通过新的历史书写来建构新的宗族认同。②譬如，朴元熇的研究表明，柳山方氏就是通过改编宗谱来扩大、重整其宗族组织的。与之不同的是，笔者发现，桂溪项氏的历史书写并不侧重于扩大自己的成员范围，而是更有选择性地附会名族、名人和隐瞒历史污点，进而重塑宗族边界，建构、维护和增强宗族成员的身份认同。

桂溪项氏的历史书写几乎一直围绕名族意识展开，这无疑对宗族成员的身份认同产生了直接而深远的影响。以下将通过分析桂溪始迁祖绍公拒绝吴越王征召、项绍芳（桐城项氏族人）事件来揭示这一现象。

（一）绍公拒绝吴越王征招的记载

附会历代名人是族谱编撰活动中的常见现象。一般而言，通过附会，历史记忆中的宗族认同、地域认同和国家认同会更加紧密地交织在一起。③嘉庆年间，桂溪项氏对于自己始迁祖的历史记忆就进行了重要的再创作。

---

① 陈雪明、卞利：《宋元以降徽州程氏宗族始迁祖形象的建构、演变与强化》，《安徽大学学报（哲学社会科学版）》2018年第3期，第1—8页。

② 龟冈敦子：「明代の福建漳州府における宗族の形成—龍渓県の白石丁氏をめぐって—」，『東洋学報』，2016年第3期，第29—58页；陈雪明、卞利：《宋元以降徽州程氏宗族始迁祖形象的建构、演变与强化》，《安徽大学学报（哲学社会科学版）》2018年第3期，第1—8页；多賀秋五朗：『中国宗譜の研究上巻』，日本学術振興会，1981年。

③ 陈雪明、卞利：《宋元以降徽州程氏宗族始迁祖形象的建构、演变与强化》，《安徽大学学报（哲学社会科学版）》2018年第3期，第1—8页。

具体而言，在桂溪项氏明代抄本的族谱①中，对于绍公的描述仅为"始祖绍公蟠坑之墓，坐落于二十六都四保"。②但是，乾隆二十五年成书的《桂溪项氏族谱》则出现关于绍公"却吴越王聘请"的记载。该谱卷首《族谱第十辑序》提及"而泉公者率子琏公居歙州，寻生绍公，却吴越王聘，隐于歙之南乡。此今桂溪一族之所由开也"。③然而，康熙十七年《紫峰谱》只略微提到"故歙以绍为第一世，而以予宗昭穆纪之，则由始祖钦逮绍"，④而未出现关于绍公"却吴越王聘"的相关记载。《桂溪谱》内收录的乾隆二十五年《汪太傅公序》⑤也只提到"其居于歙之桂溪者，自隐君绍公始今八百余年，传三十余世矣"。⑥由此可见，无论是在旁族过往的族谱记忆中，还是外族人对于桂溪项氏的认知中，都没有提及绍公拒绝吴越王征召这一事件。甚至在《新安大族志》下卷《项氏》⑦与《新安名族志》后卷《项》⑧中也未能发现绍公与吴越王相关的内容。

因此，不难发现"却吴越王聘"一事极有可能是其后世子孙为使桂溪项氏的名族形象更加丰满，因而攀附帝王将相，对原有的家族历史穿凿附会的结果。

（二）项绍芳事件

除了附会特定名人，附会同姓名族同样是提高宗族地位、重构宗族历史记忆的重要手段。桐城项氏对于自己一族的来源进行了如下陈述："一自新安歙

---

① 《歙县项氏族谱》，明抄本，现收藏于上海图书馆。

② 《歙县项氏族谱》，明抄本，第51页。

③ 嘉庆《桂溪项氏族谱》卷首《原序》，第13页。

④ 康熙《古睦清溪紫峰项氏宗谱》卷五《歙州贵溪派》，第1页。

⑤ 这里所引用的外族人谱序出自休宁望族汪氏一族的汪由敦之手，此人深受乾隆帝器重，曾官至吏部尚书，死后更被追赠太子太师封号。根据汪由敦生平事迹，此人曾于乾隆二十二年（1757年）陪同乾隆帝南巡至杭州之时，蒙乾隆帝给假归里。从此文的完成时间来看，极有可能是桂溪项氏在汪由敦归里期间所求之文。

⑥ 嘉庆《桂溪项氏族谱》卷首《原序》，第5页。

⑦ 程以通：康熙《新安大族志》，经莉编：《徽州名族志》（中国公共图书馆古籍文献珍本汇刊·史部），全国图书馆文献缩微复制中心，2003年，第145页。原文为："歙县大族项氏，小溪派，邑南五十里。先世出汝阳郡，世居淳安，唐始迁此。"

⑧ 同上书，第530—532页。原文为："小溪张山始祖曰绍，号贵溪处士，唐清泰丙申始迁于此。"

之桂溪而来者,吾族是也。我始祖英发公率子元甫公于明洪武初迁桐,今三百余年矣。"①为了加强自身与桂溪项氏之间关联的真实性,桐城项氏亦在上述描述之后写道:"庚申闰月培同兄鸿、弟循、侄孙绍爵辈以谱牒不容再缓。正矢志纂修,极力搜讨。适歙之家盟讳又斯字天采者,②原任云南曲靖府太守,际明公冢孙,文学重光公长子也。抱桂溪项氏宗谱来桐,既详且确。"③真相是否如《桐城谱》所记载的那样,桐城项氏是从桂溪项氏中分离出来的一个旁族呢?

笔者比对《桂溪项氏族谱》中的相关信息后,发现真相比桐城项氏的记载更为复杂。而且,《桐城谱》中关于又斯公的记载又牵扯出一段桂溪一族不愿提及的族史。据《桂溪项氏族谱》记载,又斯公卒于顺治丙戌(1646 年),与桐城项氏族谱中又斯公于康熙庚申(1680 年)携谱来桐的记载矛盾。而且《桂溪项氏族谱》第二十三卷中对于移居在外的族人进行了详细的考证,并无涉及关于桐城项氏的纪录。这说明在桂溪项氏看来,桐城项氏并非曾与其同宗同枝。

为解决上述矛盾,笔者又进一步比对了《紫峰谱》《桂溪谱》和《桐城谱》三者的记载,发现:(1)三者族谱中皆载有相同的内容,即《紫峰谱》中《项姓人物志》、《桂溪谱》卷二十《青溪人物》、《桐城谱》卷一《人物志》;(2)《紫峰谱》中所绘桂溪派世系图中英发公名下标有"迁桐城"字样;(3)《紫峰谱》虽著于康熙十七年,但其族谱领取名单中,又斯公的姓名赫然在列;(4)《桂溪谱》中提及在修谱时参考《紫峰谱》的内容。④由上可见,《紫峰谱》与《桐城谱》所载时间、内容都相对一致,因此笔者认为桐城项氏的记载更为可靠,而对《桂溪项氏族谱》中所给信息的真实性深感怀疑。而且,通过对又斯公生平事迹的推断,笔者认为桂溪项氏极有可能为了维护本族的声望,在族谱书写中隐去了与有家族历史污点的桐城项氏的联系。

---

① 道光《桐城项氏重修宗谱》卷一《宗谱旧序》,第 2—5 页。
② 嘉庆《桂溪项氏族谱》卷八上《上门支系》,第 11—12 页。又斯公(又名瑞麟,上门二十五世代),万历己亥(1599 年)—顺治丙戌(1646 年)。
③ 道光《桐城项氏重修宗谱》卷一《宗谱旧序》,第 2—5 页。
④ 嘉庆《桂溪项氏族谱》卷首《订正款言》,第 34 页。

　　徽州宗族的族规都会明确要求将作奸犯科的族人从族谱中剔除,以儆效尤。虽然族规文本严苛,但执行却未必到位。关于桐城项氏族人项绍芳的记录就是典型的例证。项绍芳乃桐城项氏第十二世代,谱名廷鼐,字又芳(见图1)。①《清史稿》中记载,项绍芳因受顺治十四年乡试贿赂事件牵连而坐斩。②然而,桐城项氏并未因为项绍芳犯法被斩便将其从族谱中除名,反而认为项绍芳蒙受冤屈,并对其冤情表示痛心疾首:"旨复项姓丁酉七月谒都门,值北闱事发,芳亦衔冤被难,得年三十有四,惜哉惜哉。"③在桐城项氏的族谱记忆中,项绍芳并非作奸犯科之徒,反而是一位蒙冤受难的受害者。

　　然而,笔者认为,桐城谱关于项绍芳蒙冤一事的书写,或可被视作桐城项氏未将项绍芳依照惯例从族谱中除名这件事合理化的一种策略。那么,桐城项氏为何处心积虑地想通过族谱记述将项绍芳在族谱中的地位正当化呢?笔者认为,这主要源于桐城项氏在科举方面人才的匮乏,而科举人才的出现及其数量是评判一族社会地位的重要指标。不难发现,在许多族谱记叙中,都会将中第之人的出现,作为一族兴起的标志。因此,项绍芳作为进士及第者在桐城项氏的家族史中具有举足轻重的地位。不将其除名,或可有助于提升桐城项氏一族的社会地位和声望。

　　然而桂溪作为徽州名族,并不需要仰赖项绍芳的功名来提升自身名族地位,相反,与具有"黑历史"的桐城项氏之间的联结很有可能会影响其作为名族的声誉。再者,项氏《旧谱序跋》中还有这样一段表述:"吾祖宗或仕或儒,足为望族。奈世远代更,子孙不能继其业,使编谱者鄙其不肖,而不为载人,不得认同为同支,而流为异派也。"④因此,笔者推断,桂溪项氏在族谱编纂的过程中隐去了与桐城项氏相关的信息与共同记忆。

---

① 道光《桐城项氏重修宗谱》卷四《文中公支系》,第50页。
② 赵尔巽:《清史稿》卷二百六十四《列传五十一·任克溥》,中华书局1976年版,第9919页。
③ 道光《桐城项氏重修宗谱》卷末《列传》,第19页。
④ 嘉庆《桂溪项氏族谱》卷一《旧谱序跋》,第52页。

四、桂溪项氏的宗族边界与同姓非族

明清徽州宗族一直注重同姓非族的重要性。一方面,是为了通过得姓源流与始迁祖个人事迹的历史记载,将自身与同姓的他族区分开来。另一方面,这也是为了通过考证自身历史的方式,记录姓氏内改宗者,从而标记姓氏内的非族,以达到保护自身血缘和标示名族身份的作用。[①]笔者认为,名族意识不仅导致族人重构遥远的祖先记忆,同样也使得他们在不同时期对自身宗族边界进行不断调整。事实上,名族意识的增长提高了其他小族攀附加入本族的门槛,在一定程度上不利于宗族的整合与扩大,反而缩小了本族的范围。因此,对《桂溪项氏族谱》第二十三卷《同姓非族》中桂溪项氏如何划定本族界限的研究,或将对学界关于明清徽州宗族规模扩大的观点提供补正。

此外,既有研究虽然已经概括了徽州宗族社会"非族"的普遍标准,即缺少相关联的历史记忆,或持有不同的历史记忆。[②]这种标准下所形成的宗族边界清晰地将自身与"不属于历史记忆下所标示出的结合范围内的"同姓非族区别出来。《桂溪谱》中《同姓非族》的事例,虽也多为普遍标准下的典型案例,但其中有三例却是将原本属于自身结合范围下的同族之人,以利益、名族意识为标准将其身份重新定义,向内进一步缩小一族原有的宗族边界。因此,笔者将在下文探讨《桂溪谱》中所呈现出来的三种"同宗非族"的非典型案例。

(一)原岭口项氏与桂溪项氏关于墓地的纷争

相近的地域与相同的姓氏也许不能直接显示其血缘联系,但往往意味着密切交往与互惠合作。例如,南宋宝祐(1253—1258 年)年间,原岭口项氏与桂溪项氏族人是以亲缘身份相处交往,"右原岭口项氏儿时尝见叔和、叔良呼

---

① 祝虻:《历史记忆、宗族边界与族群分层——明清徽州宗族认同研究》,《云南民族大学学报(哲学社会科学版)》2016 年第 6 期,第 48—55 页。
② 同上。

项十客、项三二客为兄,认为近族……无乃叔和之居密迩,其族又与之情交多"。① 而共同的利益关系则是促成彼此间以亲缘关系来互相称谓的催化剂,例如,"宝祐间叔良之子师谅斫伐栲坑、神龟垣等处墓木,其价钱族众分派桩管。叔和以原岭口为密族,将彼合承分入己"。②在南宋宝祐年间,岭口项氏的居住地与桂溪项氏的族人叔和、叔良相邻,又因为拥有相同的姓氏,所以互相以类似血亲的关系相处。更为重要的是,当时岭口项氏和桂溪项氏一同经营林业,甚至共享商业利润。由此可知,在宝祐年间两家保持着友好的关系,某种程度上可以说是同姓的利益共同体。

但桂溪族人项叔良虽共有三位儿子,长子师恭无后,次子师谅移居淮安无后,三子师谟在成婚前亡故。而叔和共有两子,一名倬,移居淮安无子,一名仪,也同样无子。除叔良、叔和外,与其一同居住在岭口的其他桂溪项氏的六名族人也同样无子。因此,不管是后人之间的来往,还是地缘关系上的疏离,都导致曾与桂溪族人关系过密的原岭口项氏可以"包占墓木价钱",并出现"神龟垣已上祖墓为原岭口众房侵葬"的现象。

随着时间的推移,地缘上的疏远和利益上的冲突使原岭口项氏与桂溪项氏族人之间的关系也由利益共同体变为"非族"。而且,据"间有存者皆愿为臧获,而不知其媿矣"可知,桂溪项氏对原岭口项氏后人的卑贱的奴婢身份也颇为在意。

因此,宝祐年间原岭口项氏与桂溪项氏族人,因相近的地缘、相同的姓氏和共同的利益,进行了一段时间的结合。但随着地缘上的疏离、利益上的冲突,以及原岭口项氏后人社会地位有损桂溪项氏名族身份,两者之间的"亲缘"关系的相关记忆也随之改变,并被迁离出新的宗族边界。

(二) 作为庶生子的三九郎

在传统的认知中,拥有相同之"气"的人,方可视为同族,而这个"气"即为

---

① 嘉庆《桂溪项氏族谱》卷二十三《姓同非族考》,第1—2页。
② 同上。

血缘。但在"谱云子威在大坑庄,日有婢邵五姊,生一女一男。……男三九郎,以别宅未尝同居,不得承分。然借子威遗荫,稍稍保长科矣。……按三九郎不得为子威后,当时以漏兰子断之,不得承分财产,其不可入我桂溪族也"。① 这段话中,桂溪项氏族人虽认可三九郎为族人子威公的后人,但最终依旧否认其桂溪族人身份。作为桂溪族人否决三九郎身份的核心依据是:"谨按刑书,诸奸良人妇女有子,及诸遗荫异居庶孽,应合分财产者,给半,仍不在承袭之限。"②笔者虽并未从《宋刑统》③和《庆元条法事类》④中找到类似的规定,但其中有这样一条规定:"诸应分田宅者及财物,兄弟近分。"在这条法令中只言及"兄弟",并未出现嫡庶等字眼,因此,即使是庶生子也属于财产继承人。⑤ 所以,桂溪项氏此条依据并非那么具有说服力。那么,是什么原因导致桂溪项氏一族在缺乏有效力的法规条例的支持下,依旧决意将三九郎认定为"非族"之人呢?

笔者认为,真正导致三九郎无法得到桂溪项氏承认的重要原因是其庶生子的身份。对于具有"名族意识",且被地方社会所认同的当地望族而言,承认私通所生的庶生子的族人地位无疑会影响其名族声誉。正如族谱中所记载的:"想子威垂老之年,外庄之丫环女子,何足比数以通名于宗祝,私嬖而孕,乃与野合而生何异也。"⑥从字里行间,我们可以感受桂溪项氏族人到对三九郎此类由丫鬟婢女所生庶生子的鄙夷。因此,尽管三九郎是子威公的骨肉,却被项氏族人视为"非族"。

可见,精英会通过人为的方式对宗族边界"血缘性"进行构建,以达到彰显

---

① 嘉庆《桂溪项氏族谱》卷二十三《姓同非族考》,第7—8页。

② 同上。

③ 宋代法典。参考版本为:薛梅卿点校,法律出版社1999年版。

④ 宋代法律丛书。参见杨一凡、田涛主编:《中国珍稀法律典籍续编》,黑龙江人民出版社2002年版。

⑤ 高楠:《宋代民间财产纠纷与诉讼问题研究》第四章"宋代遗产继承中的纠纷与诉讼",云南大学出版社2009年版,第127—170页;邢铁:《我国古代庶生子的继产权》,《文史知识》1995年第2期,第30—33页。

⑥ 嘉庆《桂溪项氏族谱》卷二十三《姓同非族考》,第7—8页。

一族重礼教的名族之风。所以,此处的三九郎就因其是婢女所生的庶生子,而被在名族意识包裹下的"血缘性"宗族边界剔除出桂溪项氏一族。

(三) 势力微弱的渡渎张山项氏

桂溪项氏所认同的"兄弟之族"除了紫峰项氏外,渡渎张山项氏也是其中之一。虽"渡渎张山与本族原同出一源",但"同堂兄弟业已分族而居。则各自为昭,各自为穆,尚有区分"。① 不难看出,桂溪项氏对"桂溪"身份的强烈认同感,并未有丝毫模糊宗族边界的意图。

然而,康熙年间,桂溪族人积极参与紫峰族谱的编撰,且接受将紫峰一支以房派为单位记于桂溪族谱之中,可以推断,此时期桂溪项氏与紫峰项氏之间有过一次联宗的尝试。但对于同样是自己认同的"兄弟之族"——渡渎张山项氏,桂溪项氏明显采取了截然不同的态度。笔者认为,产生这种态度差异的原因在于紫峰与渡渎张山项氏两族在规模上的差距。"紫峰者,庐廛栉比,族茂人繁,耕读于紫荄之阳,可与我桂溪并峙也。"而"三房款公迁渡渎者,今荒墟一片,久无人烟"。即,桂溪项氏明确与渡渎张山项氏划清关系的原因是:第一,在新地缘建立起各自昭穆秩序,已有区分;第二,其乃式微的小族。

而此类以势力为判断依据的现象,除了第二十三卷渡渎张山项氏的案例外,还有收录在第十八卷中的廷模公传记。② 通过该卷及第二十二卷中宗族活动相关记载,不难发现,廷模公一家在迁居杭州钱塘县之后,常年缺席桂溪项氏的宗族活动,与在徽宗族的联系越来越少。因他曾在"皇帝南巡(时)必亲往接",是一个社会地位不俗之人,在《桂溪谱》中,编撰者仍努力将与廷模公相关的事件书写进一族的共同记忆之中。这一行为既反映了人为构建宗族结合的情况,也呈现出族谱编撰者试图再次连接已离散但有权势的族人的意识。

因此,以上"非族"的标准下的宗族边界并非一成不变,对于这些"同姓非

① 嘉庆《桂溪项式族谱》卷二十三《姓同非族考》,第10页。
② 嘉庆《桂溪项氏族谱》卷十八《翰林廷模公暨姚安人合传》,第79—80页。

族"的探讨,无疑是在桂溪项氏内部建立起了明确的宗族边界,可以有据可循地去筛除掉与自身的价值观、利益、血缘、姓氏、历史记忆不同的同姓"非族"。原岭口项氏的事例说明,随着地缘和共同利益的变迁,与"亲缘"关系的相关记忆也会随之发生改变。三九郎的事例说明,即使在血缘上与桂溪项氏有关联,因其庶生子身份与在名族意识影响下的"血缘性"边界相悖,亦无法得到桂溪项氏一族的认同。渡渎张山项氏的事例说明,桂溪项氏因其强烈的名族意识,会有意识地避免与式微的小族的关联。

以上事例表明,明清时期的徽州宗族中存在着如桂溪项氏这样的旅群,他们通过对"非族"的界定,向内进一步缩小自身的宗族边界,进而达到加强对宗族控制的目的。

五、结　语

通过对始于同宗的桂溪项氏、桐城项氏与紫峰项氏的族谱进行分析,笔者发现,桂溪项氏的族人通过附会名人、隐藏历史"污点"、强化"非族"边界、弱化与小族之间的关联等手段,强化其名族意识,构成清代《桂溪项氏族谱》书写的基本趋势。

而对于《桂溪项氏族谱》中"非族"的判定标准则体现了这一时期桂溪项氏对于自身宗族界限的巩固和名族身份的捍卫。这一现象与学界之前所认为的明清时期徽州宗族组织普遍扩大和强化的趋势存在明显矛盾。也即,以往学界所讨论的宗族组织的扩大与强化主要体现在地方资源极度不平衡的条件下,小族依附于大族,或旗鼓相当的族群相互联合,抑或理解为大族对于小族的"向下兼容"。然而,桂溪项氏与其同宗紫峰项氏和桐城项氏的互动、桂溪项氏对同宗渡渎张山项氏及周边其余同姓小族的态度则表明,为了标示其自身的名族意识,他们的族谱书写中的"非族"标准存在向内缩小宗族边界的趋势,从"结合范围"内剔除不符合自身利益、价值观的"旧族人"。而这部分被新宗族边界驱离的新"非族",可以佐证明清时期徽州宗族的发展模式并非单纯为前人研究中所认为的地缘宗族之间形成联盟。①

事实上，宗族的历史书写清晰地反映了认同建构的实质：划清界限、美化本族、贬低他族、虚构光荣、隐瞒罪恶无不是为了增强宗族成员的身份认同，从而让宗族本身变得更加团结，进而谋取更大的利益。可见，从心理认同而非生理血缘、主观评价而非客观标准、行为动机而非事件结果的角度来考察族谱书写，可以对宗族社会问题形成更为丰满的认识。

［作者简介］裴奕，大阪大学东洋史学硕士，主要研究方向为清代社会史。

① 中岛乐章：「明代徽州の一宗族をめぐる紛争と同族統合」，『社会経済史学』62(4)，1996年，第457—485页；〔韩〕朴元熇：《从柳山方氏看明代徽州宗族组织的扩大》，《历史研究》1997年第1期；李甜：《旌德隐龙方氏与清代徽州宗族组织的扩大》，《安徽史学》2010年第6期，第99—105页。

清代江南儒家先贤有子奉祀研究[*]

贺晏然

内容提要：儒家圣贤家族的祖先崇祀活动沟通着地方家族和中央朝廷的崇儒政策，是观察儒学社会化的有效窗口。随着明清以来家族和儒家先贤奉祀制度的发展，南方的儒家先贤奉祀家族陆续涌现。清代孔子弟子先贤有若奉祀在崇明的建立便是一例。乾隆年间，崇明郁氏族支借助先贤有子后裔身份，获得了朝廷承认的奉祀生资格。此后，面对族支内部对先贤后裔身份认同的分歧，以及衍圣公府和山东官府支持下的山东肥城、益都有氏族人的压制，崇明郁氏艰难维持着清代南方唯一的先贤有子奉祀生资格。道光之后，崇明郁氏族人在江南各地的散播使有子奉祀后裔身份得到广泛认同，对有子后裔身份的共同记忆在诸多江南郁氏族谱中复兴。清代崇明郁氏围绕先贤奉祀制度兴衰的过程展现了儒家先贤奉祀制度下，江南先贤家族的政治敏感和灵活的家族策略，也反映了儒学社会化过程中家族实践的多元可能。

关键词：先贤奉祀　先贤有子　崇明郁氏　儒学社会化

一、引言

祖先崇拜是中国文化的重要特征，同时也是儒家最为重视的社会实践，因

＊ 本文为国家社科基金项目"明清儒家先贤祭祀研究"（项目编号：20CZS033）的阶段性成果。

此,儒家圣贤家族本身的祖先崇祀活动也就尤其值得关注。这些家族以圣贤为符号,借助不同时期的国家政策作为家族建设的契机,不但完成家族的团结与内部影响力分配,而且从国家和地方社会手中赢得了声誉、社会地位与经济利益。晚明以来地方家族和儒家先贤奉祀制度的发展,催生了诸多南方先贤专祠奉祀活动,先贤家族以此为契机展开家族建设。依托地方专祠的儒家先贤奉祀迅速呼应朝廷奉祀政策,又与地方家族建设直接相关,成为观察儒学社会化的有效窗口。清代崇明郁氏家族参与先贤有子奉祀的例子,即充分展现了南方底层家族与中央朝廷制度之间敏捷的互动过程。可以在此前先贤奉祀制度研究的基础上,细化地方家族的奉祀实践。① 重建有子奉祀的崇明郁氏是清代朝廷崇儒政策的直接践行者,展现了清初新兴江南士绅家族强烈的政治敏感和家族策略的灵活性,反映了儒学社会化过程中家族实践的多元可能。

有子(前 518—前 458 年),名若,字子有,鲁国人。是孔子晚年重要的弟子之一。唐开元八年从祀孔庙,唐玄宗尊为卞伯,宋真宗加封为平阴侯,明嘉靖九年改称先贤有子。② 《论语》《史记》中均有对有子事迹的记载,其中最为重要的记录是关于有子言行气象的描述:"孔子既没,弟子思慕,有若状似孔子,弟子相与共立为师,师之如夫子时也。"③此后关于有子地位的讨论,常围绕"有若状似孔子"展开。④ 清乾隆三年三月,尚书徐元梦(1655—1741 年)便以此为由,奏请将有子升位:"考鲁《论》次章,即载有子之说,其言行气象,皆与圣人相似。则有子若宜得升堂配享,确然无疑。"⑤礼部议准了徐元梦的请求,

① 刘永华:《明清时期的礼生与王朝礼仪》,《中国社会历史评论》(第九卷),天津古籍出版社 2008 年版,第 245—257 页;牛建强:《地方先贤祭祀的展开与明清国家权力的基层渗透》,《史学月刊》2013 年第 4 期,第 39—63 页;王春花:《圣贤后裔奉祀生初探》,《清史论丛》2018 年 1 期,第 84—103 页;李成:《清朝奉祀生制度初探》,《清史论丛》2019 年第 1 期,第 152—169 页;张钰:《清代圣贤奉祀生选补研究》,《泰山学院学报》2019 年第 5 期,第 87—93 页。

② 文庆、李宗昉纂修,郭亚南点校:《钦定国子监志》卷三,北京古籍出版社 2000 年版,第 60—61 页。

③ 司马迁:《史记》卷六十七《仲尼弟子列传》,中华书局 1959 年版,第 2215—2216 页。

④ 顾炎武著,黄汝成集释,保群校注:《日知录集释(校注本)》,浙江古籍出版社 2013 年版,第 865—866 页。

⑤ 庆桂:《高宗纯皇帝实录》卷六十五,《清实录》第 10 册,中华书局 1985 年版,第 58—59 页。

有子得以跻身十二哲之列,配祀于孔庙大成殿内,奠定了其在清代儒家祭祀系统中的重要地位。

有子跻身十二哲的同时,南方的崇明郁氏在清代先贤奉祀制度的框架下,重新构建了先贤有子后裔的身份,并以此展开先贤家族建设,经历了数代先贤奉祀生资格稳定的传承,赢得了科举和经济的诸多实利。在此过程中,崇明郁氏制造的先贤后裔身份曾遭受族内和族外的质疑。与山东有子后裔备受官府支持的状况不同,崇明郁氏主要依靠家族力量艰难维持奉祀资格。道光以后,崇明郁氏族内的分歧重新得到了弥合,作为除肥城五经博士之外,南方唯一得到中央朝廷承认的有子奉祀生家族。先贤奉祀身份随之开始成为崇明郁氏共同的家族记忆,通过晚清散播江南地区的郁氏家族的追溯,形成了对郁氏先贤后裔身份更为广泛的认同。崇明郁氏通过熟练的谱系建构技巧,迅速回应了朝廷崇儒政策的发展,与以衍圣公府为中心的儒家先贤奉祀体系形成竞合,也由此落实了清廷对南北儒学形式上的统合。

二、由郁氏家祠到有子专祠

为地方先贤专祠设立奉祀后裔是明清以来国家先贤奉祀制度在地方层面的新变。自明景泰年间设立五经博士以司儒家圣贤专祠祭祀以来,争取嫡裔身份成为先贤后裔家族发展的契机。[①] 圣贤祠庙设置的奉祀生属于圣贤地方祭祀系统的最后一环。在明代设立之初,仅仅出自衍圣公与各省督抚的半官方行为,尚未上升到朝廷的层面。清康熙年间,奉祀生开始受到朝廷重视,逐渐被纳入礼部的管辖范围,实际上具有了明代五经博士的奉祀地位。雍正年间正式确立奉祀生职责,专司一厅或一庙之祭祀。[②] 雍正二年,诏令"果系先贤嫡裔,建有祠宇,将本生履历造册咨部,销毁原给印照,换给礼部印照,其冒

①　孔莹、王成舜:《圣贤后裔五经博士考》,《山东档案》2007 年第 5 期,第 61—62 页。
②　王春花:《圣贤后裔奉祀生初探》,《清史论丛》2018 年第 1 期,第 87—88 页。

滥者革除",①中央朝廷进一步明确了承袭奉祀的条件和程序,这一诏令可以被视为儒家先贤奉祀制度建立的标志。伴随着先贤奉祀制度的确立,围绕先贤奉祀而进行的祠宇修建、族谱编撰等活动,频繁地出现在各地先贤后裔家族争取先贤奉祀生资格的过程中。② 明代以前主要集中于北方的先贤奉祀家族,自清初开始逐渐南移。

崇明郁氏对先贤有子后裔身份的建设主要集中于奉祀制度渐趋稳定的乾隆年间。郁氏对承袭奉祀所需先贤专祠、家族传承谱系等要求了然于心。最晚在乾隆初年,崇明郁氏的一支开始大肆宣扬其"有"姓身份,并重构了崇明郁氏与先贤有子的关系。现藏上海崇明学宫明伦堂的《重建先贤祠碑记》保留了有子专祠建立时崇明郁氏对家族传承谱系的描述:"先贤平阴侯讳若,字子育,祖居郁郎地方,与武城接壤,因师事先圣,宅鲁北,号有房村。廿传祖讳察,避难加邑,志郁郎之旧也。宋建炎时,四十九世祖讳麟,值金厄,播迁江南句容县,先贤神位负以南来。元祚衰,江南绎骚,句人星散,六十一世祖,讳君盛,同弟君玉抱主徙崇,子孙至今守祀焉。"③这一由有子至崇明郁氏的谱系,是首次出现在郁氏家族的记述中,成为认证其先贤后裔身份的重要证据。

崇明自称有子后裔的族支,也是崇明有子专祠建设的推动者。早在雍正年间,崇明郁氏七十一世孙郁瑚,或称有瑚,便已开始为建祠活动得到官方许可而努力,"有瑚,字呈夏,廪贡生,雍正六年具结禀学,建立先贤有子庙"。④在郁瑚与其父郁从先两代人的努力下,崇明有子祭祀空间由家族私祀拓展为先贤有子专祠:

---

① 《大清会典则例》卷七十《礼部·仪制清吏司·学校三》,《文渊阁四库全书》第 622 册,台北:台湾商务印书馆 1983 年版,第 343 页。

② 贺晏然:《先贤后裔:乾隆间有子祭祀权的争夺》,《九州学林》2015 年第 1 期,第 125—146 页;贺晏然:《清代儒家先贤家族和先贤奉祀的重塑——以任子为例的研究》,《江海学刊》2021 年 6 期,第166—171 页。

③ 《重建先贤祠碑记》,碑存崇明学宫明伦堂。

④ 郁清耀等:《黎阳郁氏支谱》卷三"金山世系表",美国哥伦比亚大学东亚图书馆藏清光绪二十五年(1899 年)刊本,第 12 页。

父讳从先，敬奉先贤像于寝堂，倡议重建专祠，请颜额于娄东梅村吴君。颜两堂，一曰务本，一曰用和，额门中曰本仁，左曰近礼，右曰近义。方庀厥材，未克终构。今卜吉于吴家沙盘龙镇之东，建有正祠五间，东西厢六间，门祠三间，左右堂四间，门额、堂颜悉遵旧名。爰继父志，刊石勒规。①

《重建先贤祠碑记》中将有子专祠最终建成的时间记为乾隆三年，这次建祠显然是以争取官方奉祀生身份为目的的。有子祠建成后，有瑚实际上已承担着祭祀责任，至迟在乾隆六年，经衍圣公咨准，礼部咨开，崇明郁氏便取得了朝廷承认的奉祀生资格。② 这一迅捷的操作显示了崇明郁氏家族对朝廷奉祀政策的敏感，在崇明郁氏所立《宪给先贤有子祀产判帖》碑文中，奉祀制度的确立、崇明有子奉祀生的认定及朝廷对有子奉祀地位的提升等是彼此联系的一系列事件：

> 沿历国朝，雍正二年钦奉恩纶，增设博士，访查嫡裔承袭。乾隆三年，复奉恩旨，升有子于十一哲之内，纂入会典。嗣蒙衍圣公咨准，礼部咨开，江南监生有瑚系有子七十一代孙，应主蒸尝，取给照奉祀。③

雍正年间确立的礼部对设立奉祀生的规定中，最重要的要求之一就是建有专祠。朝廷对有子奉祀地位的提升又急需奉祀家族的呼应，有瑚显然深谙二者之间的关联，并迅速地将之付诸实践，成为有子后裔中较早受益于先贤奉祀制度的家族，有瑚等建立崇明有子祠的目的就此达成。有瑚病故之后，奉祀生资格在家族中继续传承。先是由有瑚长子有上承摄，后传给正式的奉祀生有昭熊："有上故后，又奉部行，有子祀生山东无人承充，准于崇明另设一缺，给

---

① 《重建先贤祠碑记》，碑存崇明学宫明伦堂。
② 有守业：《有氏宗谱》，"恩宠本末"，美国哥伦比亚大学图书馆藏清乾隆五十五年（1790年）刊本，第8页。
③ 《宪给先贤有子祀产判帖》，碑存崇明学宫明伦堂。

照奉祀。有上之子有廷模例应承袭,缘庚辰科已中举人,将伊子有昭熊取结给照承袭。"①因此,有昭熊是继有瑚之后另一位得到朝廷承认的奉祀生,崇明郁氏由此获得了稳定的地方士绅地位。

奉祀生是清代学校系统中一种特殊的生员。享有类似生员的优免赋役等特权。此外,自乾隆五十年后,奉祀生中获准参加临雍大典的,可以直接成为监生,崇明郁氏奉祀生一支,自有瑚起,便以举业为家族进路。成为监生对业儒的家庭来说是一条科举的捷径,崇明郁氏的有昭熊就得到了此项荣耀。乾隆五十年二月,江苏巡抚咨送有昭熊在京参与释奠大典,并请承袭博士,②昭熊虽然最终未能得到五经博士的头衔,但参与释奠大典依然给昭熊带来了监生的资格,也是对其有子后裔身份的肯定。

乾隆四十年(1775 年),拥有了奉祀生和监生头衔的有昭熊,决定重修崇明有子祠。这座设有奉祀生的祠庙实际上拥有官方的身份,有资格要求官府拨给祭田。"奉祀生有昭熊因祭祀修葺,毫无抵办,呈奉升抚部院萨批司查议行。据太仓州饬议详覆,当查先贤有子专祠为灵爽式凭之所,祭祀不可不虔,栋宇难容颓废。援照先贤言子祠叠拨祭田成例,查有崇明县永福沙东北新涨滩涂八顷十七亩八分一厘,计积十九万六千二百七十五步,系无主充公之产,即经循例详请就近拨充有子祠,以供祭祀修葺之需,自四十一年为始。"③前述《宪给先贤有子祀产判帖》便是对这次拨田事件的记录,有昭熊将拨给祭田的文书登石,"奉祀生有昭熊"的名称多次出现在碑文中,这一身份为崇明郁氏奉祀活动提供了正统性。获赐祭田的有昭熊特请清中叶苏州地区最具代表性的文人刻工穆大展刻碑,④显示了这次拨田对崇明郁氏奉祀生一支的重要意义。

综上可见,清代崇明郁氏的崛起实是以先贤奉祀制度为依托。郁氏郁从

---

① 《宪给先贤有子祀产判帖》,碑存崇明学宫明伦堂。
② 《有氏宗谱》,"恩宠本末",第 15 页。
③ 《宪给先贤有子祀产判帖》,碑存崇明学宫明伦堂。
④ 郑幸:《苏州刻工穆大展之生平与交游考述——以摄山玩松图为中心》,《文献》2018 年第 6 期,第 178—187 页。

先一支,利用雍正以来进一步制度化的先贤奉祀政策,给家族带来了科举和经济的双重实利,郁氏对有姓的回归、崇明有子专祠的建设等都是获得官方奉祀身份的准备。偏处南方的崇明郁氏,可以如此迅捷地回应朝廷的制度发展,或许是江南先贤后裔家族清代迅速崛起的关窍所在。奉祀生资格使得举业本不突出的崇明郁氏,获得了可以稳定传承的士绅身份,尤其是承袭奉祀的一支,在家族内或地方上都获得了更多的权益。

三、郁有之辨

根据崇明郁氏的记载,郁姓在历史上曾发生了至少两次剧烈的变化,第一次是先贤有子二十世裔孙有察"易姓为郁",始于汉建安年,①即崇明郁氏常常提及的"避难加邑,志郁郎之旧也"②。晚近的一次则是上节所述从"郁"再次回到"有"的过程,崇明奉祀生一支从郁瑢开始参与了这次姓氏转换的过程。基于两姓之间复杂的变化,怎样解释有、郁之间的关系是郁氏继承先贤血脉必须面对的问题。崇明郁氏通过碑文、族谱等材料向朝廷论证先贤后裔身份的真实性,为崇明郁氏获得有子奉祀资格提供证据。③ 但同时,无论是族内或族外,都曾出现对崇明郁氏奉祀资格的质疑,甚至影响到崇明郁氏此后与其他地区有氏之间奉祀资格的争夺。

《鲁国郡谱》是崇明郁氏获得奉祀生资格过程中建构谱系的重要资料,目前可见的版本由嘉庆年间崇明郁氏奉祀生光圻等重修,道光十七年郁兆培续修刊行。④ 其编撰的目的就是证明崇明郁氏奉祀身份的正当性。《鲁国郡谱》卷首收有四篇序,分别是雍正四年(1726 年)山东学政王希曾、永乐十七年

---

① 《黎阳郁氏支谱》卷三,第 2 页。
② 《重建先贤祠碑记》,碑存崇明学宫明伦堂。
③ 《黎阳郁氏支谱》卷四,第 16 页。
④ 郁兆培:《鲁国郡谱》,第 2 册,上海图书馆藏道光十七年(1837 年)刻本,第 1 页。

(1419年)同郡薄充实、大德五年(1301年)吴兴陈绎曾、道光元年十四世孙郁日煦所撰。其中较为重要的是雍正四年王希曾的序。王希曾是崇明人,康熙五十二年进士,他在序中自称"年家眷弟",与郁氏的关系密切。王序明确写道:"惟崇川之派为鲁国之嫡裔,盖自先贤有子,世居曲阜,厥后遭金厄而迁句容,遇元乱而迁崇明,其家乘班然可考。"①这与崇明郁氏雍正、乾隆间构筑的家族谱系如出一辙,王希曾作为山东学政,本就肩负寻访先贤后裔的职责,他对崇明郁氏有子后裔身份的支持,无疑有助于崇明郁氏对有子奉祀生资格的争取。王希曾见到的"班然可考"的家乘,很可能曾是崇明郁氏争取奉祀资格时呈递给官方的文本,这一版本目前已不可见,但是从道光本中不难推测,其目的也是证明"先贤平阴侯至二公以上皆大宗",②嫡系后裔正是朝廷设立先贤奉祀生的重要要求之一。

除王序以外,《鲁国郡谱》其余几篇序文也均涉及郁、有二姓的关系,强调郁氏本是有子后裔。与滨岛敦俊等学者对江南宗族"想象的产物"的观察类似,③为了重构有、郁一脉,崇明郁氏对族谱的内容进行了全面的改写。薄充实原序中称郁氏"今断自唐太子校书郎讳圆者,由高平就其子之养于苏之官邸,以江淮骚乱,遂家于苏,迄今计之凡得一十八世,垂六百余年矣"。④《鲁国郡谱》将这段记录径直改为"今断自先贤若,就其师之教于鲁之阙里,遂家于鲁,迄今计之凡得六十三世,垂一千八百余年矣"。⑤薄充实对郁氏迁居过程的描述本是"校书之后,传五世讳祚者,再徙昆山,祚之后,传九世,讳日新者始徙常熟之沙溪,又二传至性,其世之远,族之衍,子孙之贤,可谓冠于郡中之世

---

① 《鲁国郡谱》王希曾序,第2册,第1页。

② 二公指的是始迁崇明的郁氏祖先君盛、君玉。《鲁国郡谱》谱源,第1册,第5页。

③ 滨岛敦俊:「明代江南は"宗族社会"なりしや」,「中国の近世规范と秩序」,第94—135页。

④ 郁继有等修:《郁氏宗谱》卷一,日本东京国立国会图书馆藏清光绪二年(1876年)刊本,第10页。薄充实的序亦见于《锡山郁氏宗谱》等,郁惟泰:《锡山郁氏宗谱》卷一,上海图书馆藏清道光十一年(1831年)敦本堂木活字本,第3页。

⑤ 《鲁国郡谱》薄充实序,第2册,第1页。

家矣"。①《鲁国郡谱》则改为："先贤之后，传四十九世麟始徙句容，麟之后传十二世君盛、君玉再徙崇明之西沙，又二传至霎，其世之远，族之衍，子孙之贤，可谓冠于郡中之世家矣。"②谱中"校书之耳孙"也自然变成"先贤之裔孙"。崇明郁氏由此被简单直接地续于有子之下，以达到重构贤裔的目的。

大德五年陈绎曾的序，在《鲁国郡谱》中也同样有所改动。《鲁国郡谱》直接删除了陈绎曾原序对黎阳郁氏的描述，而改称"高平郁氏"，并将陈绎曾结识的族人"宣州教授府君之孙秀岩"改为"句曲钜儒而敏"，显然是希望将郁氏迁徙途经的崇明隐晦地掺入对家族传承的记述中。谱中并添加了崇明郁氏对有、郁二姓转变过程的记述："自虞舜庶子封邑于有，加阝为郁，因名郁夷城。至鲁相贡居郁郎，寻失地去阝为有，至汉复加阝为郁矣。"③陈绎曾原序中并未涉及有、郁关系这一主题，这段新增的记述显示了崇明郁氏在建立有子后裔身份过程中对有、郁两姓关系的焦虑。原序篇末陈绎曾夸赞郁氏谱"今郁氏自原公而下，虽年代久远而派系甚明"，④《鲁国郡谱》改为"今郁氏自先贤若而后，虽年代久远而派系甚明"。⑤ 显然也是为了将崇明郁氏续于有子之下，与对薄充实序的改写方式如出一辙。崇明郁氏对黎阳郁氏传承脉络大刀阔斧地增删和改写，不禁透露出其先贤后裔身份的可疑。

实际上，纵使崇明郁氏族内对先贤后裔的身份认同也多有不同。《崇明县志》在对崇明郁氏族人的介绍中便曾质疑有子后裔有廷模的先贤后裔身份："[郁柄]兄子廷模，冒先贤有子后裔，乾隆二十五年举人。"⑥《崇明县志》的这一记录其实并不确切，有瑚的奉祀生身份实际上是由有廷模之子有昭熊承袭，有廷模作为昭熊的父亲，本有承袭资格，但是他在承袭之前已经取得了举人功

---

① 《郁氏宗谱》卷一，第1页。

② 《鲁国郡谱》薄充实序，第2册，第3页。

③ 《鲁国郡谱》陈绎曾序，第2册，第1页。

④ 《郁氏宗谱》卷一，第2页。

⑤ 《鲁国郡谱》陈绎曾序，第2册，第2页。

⑥ 民国《崇明县志》卷七十二《人物》，"中国地方志集成：上海府县志辑10"，上海书店出版社2010年版，第957页。

名,因此并未承袭奉祀。但是县志的编撰者将延模"冒先贤有子后裔"一事,与郁柄的事迹并列,暗示了在宗族内部对郁氏有子后裔身份的不同意见。一个"冒"字,尤其可见县志编纂者对崇明郁氏奉祀生一支先贤后裔身份的怀疑。

由于崇明郁氏族内对郁氏是否有子后裔意见不一,证明其先贤后裔身份的《鲁国郡谱》的编撰过程因此也充满了曲折。道光本《鲁国郡谱》始纂于嘉庆二十年,延宕至道光十七年才得以刊刻,造成这种拖延的原因可以部分地从道光元年郁日煦的序中窥见:

> 吾族谱系,自乾隆五十五年修辑,迄今数十年矣……故于嘉庆二十年间命侄奉祀生光圻出面,遣男兆培肩司续修之任,大江南北奔走查写……延搁到今,缘予无力人也,欲成是谱,而非易成。告之同宗,互相推诿,求之亲友,周急无人。呜呼! 此真乃巧媳难炊无米饭,伤哉恨哉! 但予又不肯为有始鲜终人也,竭厥章程,称贷刊发,祈族有力者见是谱而谅予苦衷,知工费之浩繁,慨助眦本,凑成完项,信不愧为先贤后裔,俾予亦得竣公事而无憾。①

郁日煦是郁安国的孙子,与承袭奉祀的一支共享曾祖父奉祀生有瑚。序文中"告之同宗,互相推诿,求之亲友,周急无人"的记录,显示了郁氏族人对修谱的态度。郁氏家族的其他支房,显然对刊印家谱并不热心,从前述族人对先贤后裔身份的怀疑态度来看,类似郁柄后裔对崇明族人冒充先贤身份的质疑,很可能是妨碍《鲁国郡谱》修谱工作顺利进行的原因之一。

在郁氏家族外,本地官员对郁氏的先贤后裔身份也态度消极。曾任崇明县令的查岐昌(1713—1761 年),读过崇明郁氏的家谱且做过崇明县令,以父母官的身份亦对郁氏自称有子后裔表示不满:"彼谱所言有姓因封邑郁夷加

---

① 《鲁国郡谱》郁日煦序,第 2 册,第 1 页。

邑,更属无稽,况既云魏时加邑,又云封郁夷加邑,何舛错乎?"①乾隆年间礼部尚书彭元瑞(1731—1803 年),曾于乾隆三十六至三十九年出任江苏学政,也表示从未听说过崇明还有有子后裔。他认为所谓有子祖居郁郎,本是郁姓、郎姓两姓所居,与有子毫无瓜葛,甚至怀疑崇明有氏实为郁氏所改。② 可见郁氏争取奉祀资格虽在乾隆年间得到江苏巡抚的支持,但对其身份的怀疑才是地方的主流态度。

清初先贤家族的构建是朝廷崇儒政策在地方的下沉,对家族先贤后裔身份的建设不仅需要族谱、祠堂等具象的证明,也需要族内和地方社会的认同。对崇明郁氏奉祀身份的怀疑,虽然并非朝廷最终否定崇明郁氏大宗身份的直接原因,但其族谱曾被称为"新刊无证"者,③一定程度上影响了礼部对崇明郁氏先贤嫡裔的认证。除了姓氏真伪这一内忧,影响崇明郁氏的还有与山东有子后裔争夺奉祀身份的外患。乾隆年间,山东肥城、益都两地有子后裔在山东官府和衍圣公府的支持下,与崇明郁氏展开先贤有子大宗身份的竞争,最终造成了郁氏的奉祀身份受到压制。

四、奉祀权之争和崇明郁氏的存续

崇明郁氏家族对先贤后裔身份的追认是对清廷的崇儒政策的回应,清代"治教合一"的转向推动有子的官方地位多次提升。④ 雍正二年三月,世宗释奠太学、谕礼部等,详议先贤先儒之后孰当增置五经博士。五月辛酉,礼部等奏,以孔门弟子冉伯牛、仲弓、冉求、宰予、子张、有若六子均宜确访嫡裔,赐以

---

① 王鸣盛:《蛾术编》卷五十四,道光二十一年(1841 年)世楷堂刻本,第 14 页。
② 赵佑:《重修先贤有子祠墓始立五经博士序》,《清献堂文集》,丛书编纂委员会:《清代诗文集汇编》,第 360 册,上海古籍出版社 2010 年版,第 643 页。
③ 孙汝彦纂,有守业刊:《有氏宗谱》,"恩宠本末",美国哥伦比亚大学图书藏乾隆庚戌(1790 年)刻本,第 16 页。
④ 黄进兴:《优入圣域:权力、信仰与正当性》,中华书局 2010 年版,第 76—105 页。

世袭五经博士。上议宰予、冉有二人再议。① 八月甲午,礼部等奏,宜增置博士者四人,冉雍、冉伯牛、子张、有若,上谕从之。② 朝廷决定为有子后裔设置五经博士之后,礼部便咨请衍圣公寻找有子嫡裔。五经博士较之奉祀生,对先贤嫡裔的要求更为严格,使得重新审查先贤有子后裔奉祀资格成为礼部、衍圣公府和山东官府需要面对的问题。

雍正以前,山东实际已经出现过受到衍圣公府或山东官府短暂支持的有子奉祀家族。康熙四十九年(1710 年),衍圣公认定益都县有可宾为有子后裔,但可宾抱疾,以其弟有可观代授奉祀生;③康熙五十八年(1719 年),山东学政口头允诺肥城有志学承充有子奉祀生,旋因调任未果。任子为鲁人,山东益都、肥城较之隔省充补的崇明,更符合朝廷对奉祀生的期望,也有利于争取衍圣公府的支持,占有地利的两地与崇明互不相让,在乾隆年间竞争愈发激烈,一度形成山东肥城、益都和江苏崇明三地争夺奉祀权的局面。

雍正二年增设五经博士后,曾依靠衍圣公府支持的益都有氏随即呈请,衍圣公以益都县有可观是代充奉祀,且专祠不存,谱系难考,未曾题请,有子后裔的五经博士之位因此空缺。④ 到了雍正九年(1731 年),礼部咨请山东省查找有子后裔承袭博士,益都有可观并侄有琼再度呈请,衍圣公以其并无专祠,亦无确据,再次拒绝。

乾隆三年,有子的地位进一步提升,进入了十二哲的行列。所谓十二哲,是对从祀文庙正殿的"十哲"名单的扩充。唐开元八年(720 年),以孔门十哲从祀文庙正殿。即《论语·先进》所谓"从我于陈、蔡者,皆不及门也。德行:颜渊、闵子骞、冉伯牛、仲弓。言语:宰我、子贡。政事:冉有、季路。文学:子游、子夏"。⑤ 康熙中,朱熹升于十哲之次,为十一哲。乾隆三年三月,尚书徐元梦

---

① 《世宗宪皇帝实录》卷十七,《清实录》第 7 册,中华书局 1985 年版,第 282—283 页。
② 《世宗宪皇帝实录》卷二十三,《清实录》第 7 册,第 374 页。
③ 《有氏宗谱》,"恩宠本末",第 17—19 页。
④ 同上书,第 11 页。
⑤ 程树德:《论语集释》,中华书局 1990 年版,第 742 页。

奏请将有子升为十一哲之次，得旨允行①。有子升为十二哲是清廷对十哲的最后一次扩充。有子升位后，朝廷再次明诏访求有子后裔，衍圣公在青州寻访有子后裔，惜未寻得。有子因此成为新增五经博士的四位圣门弟子中五经博士空缺时间最久的。

乾隆四年（1739年），益都有可观已病故，其子有瑄、有琼争夺奉祀资格，衍圣公依旧以该地未有林墓为由，不予承袭。几乎同时，在崇明经营祠庙多时的郁氏家族抓住了有子奉祀暂缺的机会，呈请奉祀，礼部及衍圣公批准崇明县盘龙镇有瑚承袭奉祀，发给印照，主持崇明有子祠祭祀。但有瑚之后郁氏奉祀资格曾经历变动。乾隆三十五年（1770年），有瑚病故，以子有上咨补。礼部称崇明有上为隔省充补，应予缴销执照，另于山东省内选择后裔承充奉祀生。② 直到有瑚曾孙有昭熊，才重新取得奉祀生的资格。有昭熊的承袭很可能得到了江苏督抚的助力。在此前后，不仅崇明有子祠获得官府拨给的大量祭田，乾隆五十年二月，江苏巡抚更咨送崇明有子后裔在京参与释奠大典，并请承袭博士。在圣贤后裔身份模糊不清的状态下，地方官府的回护是先贤家族争取奉祀资格的重要资源。

山东有氏后裔的再次登场同样得益于官府的支持。乾隆四十七年（1782年），山东学政赵佑（1727—1800年）在肥城西北一个叫有庄的地方访得有子后裔及有氏宗谱。有庄有子后裔仅存十三人，且极度衰落，"世累单微"，"皆朴僿，佣力于汶济间"③。得到了以赵佑为代表的山东官府的支持，肥城有庄有氏开始迅速崛起。肥城县令亲到有庄，捐修祠宇，乾隆四十九年十一月，有庄有子祠完竣。乾隆五十年正月，赵佑咨于山东巡抚，请将肥城县有庄有子七十一代孙有克昌认定为有子后裔，呈请世袭五经博士。经过泰安府及肥城县的调查，发现克昌有兄克俊实为大宗，因克俊患痼疾，请以克俊子有守业承袭博士，这一请求

---

① 《高宗纯皇帝实录》卷六十五，《清实录》第7册，第58—59页。

② 《钦定学政全书》卷十一，《故宫珍本丛刊》第334册，海南出版社2000年版，第289—290页。

③ 赵佑：《重修先贤有子祠墓始立五经博士序》，《清献堂文集》，第640—643页。

得到礼部的批准。① 次年，肥城县在县城修建了有子祠及博士宅，将肥城有氏全族十三人迁居城内。乾隆五十三年（1788年）八月，肥城有氏有守业赴礼部考试合格，正式承袭五经博士，这也是清代第一位有氏后裔获得五经博士头衔。② 乾隆五十五年，济南府儒学训导孙汝彦重纂了肥城《有氏宗谱》，由五经博士有守业刊印，赵佑及山东学政刘权之、荆州知府张方理纷纷作序。③ 谱中对肥城有氏获得五经博士的过程详加记录，显示了其在官方操纵下复兴的过程。

崇明郁氏在强大的山东官府面前，自然无力继续争夺五经博士一职。但同在山东的益都有氏并未放弃最后的努力，乾隆五十二年（1787年），益都有其盛和其子有希孔为争夺五经博士，开始向益都县、山东巡抚和礼部等呈告，自称嫡系，望能承袭，未被准允。乾隆五十五年（1790年），有希孔又到都察院呈告，山东巡抚和布政司按察司亲自审理，有希孔称不再寻求承袭博士，只要求承充奉祀生，益都县亦代为呈请。乾隆五十六年（1791年）二月初九日，济南府、临清州督同历城县会审此案，驳回有希孔的请求，并杖责八十。益都有氏在这场先贤奉祀资格的争夺中败下阵来。④

由三地争夺奉祀的例子可见，先贤奉祀资格不仅依赖于实际的专祠、族谱、林墓等条件，地方政府和衍圣公府的态度、家族的活动能力、朝廷奉祀政策的变化均是影响奉祀资格争夺的因素。山东官府鼎力支持的肥城，最终战胜了家族实力更强的崇明和益都，成为五经博士的人选。⑤ 崇明郁氏在嘉庆年间奉祀生有光圻之后是否还曾持续产出奉祀生，并没有留下具体的官方记录。但直至光绪等朝的《大清会典》中，仍明确记载"崇明县有子祠"设有受到礼部承认的奉祀生一名，⑥说明至少在制度上，清代崇明郁氏拥有礼部承认的奉祀

---

① 《钦定学政全书》卷十一，第 334 册，第 288—289 页。
② 《高宗纯皇帝实录》卷一二九八，《清实录》第 25 册，第 457 页。
③ 《有氏宗谱》刘权之序、张方理序，标页不清。
④ 《有氏宗谱》，"恩宠本末"，第 20—23 页。
⑤ 贺晏然：《先贤后裔：乾隆间有子祭祀权的争夺》，《九州学林》2015 年第 1 期，第 125—146 页。
⑥ 《钦定大清会典事例》卷三九二，《续修四库全书》，第 804 册，上海古籍出版社 1995 年版，第 265 页。

资格。相较于失宠于衍圣公府的益都和家族力量薄弱的肥城,身份存疑的崇明郁氏仍是幸运的,他是清代南方唯一的有子奉祀家族,是江南"先贤后裔"家族活动能力与先贤奉祀制度互相成就的典型。

五、奉祀话语的延续

崇明有子后裔的荣耀在奉祀生有光圻之后记录颇为隐晦,但是崇明郁氏前后持续六代的三位奉祀生,对清代江南地区郁氏家族谱系的建构产生了深远的影响。清代黎阳郁氏家族南迁路径的叙述主要有两条:一条是由吴地开始,播迁常熟、常州、江阴等地,另一条则是崇明郁氏构建的句容、崇明一线。二者对宗族脉络的叙述差异颇多。有趣的是,曾备受质疑的崇明郁氏奉祀生身份,通过播迁江南的崇明郁氏后裔的追溯,开始逐渐成为江南黎阳郁氏谱系的主流之一。对奉祀生家族及其建立的郁氏谱系的肯定,使得郁氏的先贤后裔身份在晚清江南郁氏家族中得到了更为广泛的传播。

由吴地播迁的郁氏,虽然亦自称黎阳郁氏,但就郁氏与有子关系和崇明郁氏存在分歧。如黎阳郁氏鸿绪堂《郁氏宗谱》中,也收录了大德五年陈绎曾序和永乐十七年薄充实的序,但二序与崇明郁氏《鲁国郡谱》差异甚大,纵观《郁氏宗谱》更未见平阴侯认同。清嘉庆四年屠绅(1744—1801 年)为《郁氏宗谱》所撰的序言中曾提及黎阳郁氏"晋汉而上,茫然无稽",这应该是黎阳郁氏较为真实的状况,屠绅同时提到近来有谱"摭远而遗近,进显而黜幽,甚或升爱而抑憎,采似而乱实",①虽未点明崇明郁氏谱上追有子的做法,但显然两种族谱对晋汉以上家族传承的处理是截然不同的。

随着乾隆以来崇明郁瑚取得官方奉祀资格,有子后裔身份成为构建家族历史可利用的重要政治资源。本已与崇明渐行渐远的江南郁氏后裔,也逐渐开始回溯有子后裔的身份。现藏哥伦比亚大学图书馆的《黎阳郁氏支谱》为追

---

① 《郁氏宗谱》卷一,第 11 页。

寻崇明郁氏清道光以后的家族传承提供了例证。根据此谱的记录,早在崇明郁氏争夺有子奉祀资格之前,崇明郁氏的六十八世肇泉公郁应渊便迁居吴县金山一带。清道光年间,金山郁氏七十六世郁洪学等以黎阳郁氏的名义追述了郁氏的源流,以及从崇明迁移吴县的历史。① 道光二十八年,由郁熙祗重刊。② 光绪二十五年,金山郁氏的八十世郁清耀等重修并刊刻。从族谱名称中的"黎阳"可见,与春秋时鲁相郁贡有关,但在《黎阳郁氏支谱》中,郁氏子孙始终强调对一世祖先贤有子的尊崇,自称有子后裔,与前述鸿绪堂的黎阳郁氏谱态度大异。七十三世孙郁光旦为《黎阳郁氏支谱》所撰《世系叙言》中,详述了郁氏有子后裔的形成过程:

> 盖考吾宗世系,其始世居曲阜,自鲁相贡后,易姓为有。世次承叙,未能追明。传至先贤子有公讳若之后,历历可纪,故吾宗即以子有公为第一世祖焉。至二十世祖宪章公讳察,仍复以郁为姓。四十九世祖国瑞公由曲阜迁句曲。五十五世祖而敏公修辑宗谱,列名详实。六十一世祖均盛公及弟君玉公避乱徙崇明西沙里。六十三世祖廷文公重修《鲁国郡谱》。六十八世祖肇泉公又迁于吴县金山之南溪,暨旦已居吴第六世矣。今乃谱牒告竣略溯源焉云尔。③

郁光旦是金山郁氏的第六世,从有子开始算是第七十三世孙。他提及的《鲁国郡谱》亦为崇明郁氏所继承,但由《黎阳郁氏支谱》中对先贤奉祀生和有子事迹的记载可知,《黎阳郁氏支谱》所参考的《鲁国郡谱》显然并非叙言中廷文公郁霙永乐年间所传,而与崇明郁氏清代重修的版本相关。《黎阳郁氏支谱》中廷文公的几篇传记也从未透露其有子后裔的身份,江南郁氏的有子后裔

---

① 《黎阳郁氏支谱》卷四,"谱后自序",第6页。
② 同上书,第8页。
③ 《黎阳郁氏支谱》卷二,第28页。

认同很显然晚于永乐甚至郁应渊迁出的清初。① 以目前的资料来看,以有子为一世祖的做法,在清初崇明郁氏奉祀生一支的宗族建设中方才出现。《黎阳郁氏支谱》中对有子的极端推崇,很可能也受到崇明郁氏奉祀生一支家族叙事的影响。《黎阳郁氏支谱》与道光本《鲁国郡谱》一样,对陈绎曾序和薄充实序进行了增删,以符合郁氏上接有子的需要。由崇明迁居江南金山的郁氏子孙,不仅接受了这种对有、郁关系的解释,并且以更为丰富的材料进一步确认了郁氏有子后裔的身份。谱中特录《先贤有子列传》,综合了《论语》《家语》《曲阜志》《礼记》和《鲁国郡谱》等内容,另收录了《有子考》、曹之升的《先贤有子论》等篇,有子成为族谱编撰的核心,较之崇明郁氏奉祀生一支清初所构建的家谱传统,对有子的推崇更甚。

《黎阳郁氏支谱》为了凸显先贤后裔的身份,还梳理了与崇明郁氏的关系,详细罗列了奉祀生一支从六十八世郁应龙(爵)②到七十二世郁上的传承谱系,族谱中提及的七十一世孙郁瑚、七十二世孙郁上均是世袭先贤有子奉祀期间的崇明郁氏族人。但实际上,迁居金山的一支从第六十八世郁应渊开始已离开崇明,建有独立的祠堂,另刻谱支,与崇明郁氏的关联转淡。金山谱的郁应渊与郁瑚曾祖郁应龙(爵)共享一位曾祖父郁㑇。《黎阳郁氏支谱》记录的"郁应龙(爵)—郁于周—郁从先—郁瑚—郁上"③的脉络在合谱的尝试之外,无疑也有强调郁氏子孙先贤后裔身份的作用。谱中并详细介绍了奉祀族人的生平和奉祀活动,流露出金山郁氏希望借先贤有子这一政治化的儒家符号提高家族地位,重塑家族先贤后裔身份的目的。

道光以后,对有子后裔身份的认同在与崇明相关的江南郁氏家族中逐渐增强,郁氏出自先贤有若成为一些江南郁氏家族的共识,与乾隆年间崇明郁氏族内的分歧形成鲜明的对比。除了金山郁氏,类似的还有嘉定郁氏,也

---

① 《黎阳郁氏支谱》卷四,第22页。
② 对奉祀生一支的记载谱中有两说,分别为郁应龙、郁应爵,见《黎阳郁氏支谱》卷二,第34页;《黎阳郁氏支谱》卷三,第8页。
③ 《黎阳郁氏支谱》卷二,第34页。

以先贤后裔自居,其家族迁移的过程与金山郁氏相似,黄汝成(1799—1837年)在为嘉定郁氏宗祠所作记文中写道:"郁氏系出先贤平阴侯,初姓有至三国时从邑为郁,宋建炎间,避金师自鲁入江南句容之绛严山,元季迁崇明道安乡,兵燹流离,谱系散佚,世次不可考,前明文学柳溪君始由崇明迁嘉定之巨门村,越三世,处士杏泉君又迁于祁冈里,遂世居焉。"①嘉定郁氏虽然没有将有子作为一世祖,但是对郁氏迁徙路径的描述,与崇明郁氏的叙事极为相似。此支迁出崇明的时间早在明季,却依然将崇明奉祀中建立的谱系引入姓氏起源的叙述,可见崇明郁氏承袭奉祀的一支对先贤有子身份的建构,很可能影响了一些左近郁氏家族回溯家族历史的过程。晚清江南的郁氏家族,尤其是经历了句容—崇明迁徙路径的家族,很可能接受了崇明奉祀生一支所构建的晋汉以上的传承脉络,而将先贤有子作为家族的开端或姓氏的来源。至少,崇明郁氏清初的奉祀生经历对加强族裔的有子后裔认同有强烈的推动作用。

由此可见,明清以来儒家先贤奉祀的建立,使江南的业儒家族获得了重新诠释家族历史的机会,崇明郁氏即围绕先贤后裔身份形成了全新的叙事。道光以后,郁氏有子后裔身份在乾隆年间遭受的质疑,逐渐被淡忘,有子后裔认同随着迁居江南其他地区的崇明郁氏族人的回溯而散播。纵使曾经助益奉祀家族的经济和科举因素已经消退,但是江南郁氏依然乐意接受这一融合了国家象征与儒家文化的家族身份。② 在此过程中,文本起着重要的作用,崇明郁氏为争夺奉祀资格所辑的《鲁国郡谱》等是确立有、郁二姓关系的重要媒介,这些叙事话语,已经超越实利的层面,与朝廷对奉祀生的官方认证一起,帮助这一传承脉络在更广大的族人中建立了共识。

---

① 黄汝成:《郁氏宗祠记》,《袖海楼文录》,《清代诗文集汇编》第 600 册,上海古籍出版社 2010 年版,第 313 页。

② 科大卫、刘志伟:《宗族与地方社会的国家认同——明清华南地区宗族发展的意识形态基础》,《历史研究》2000 年第 3 期,第 14 页。

六、结　语

　　清代先贤后裔家族是支撑清廷崇儒政策和先贤奉祀制度在地实践的单位,其与地方政府、衍圣公府、宗族和朝廷之间的复杂关系在有子后裔家族争夺先贤奉祀权的过程中体现得淋漓尽致。崇明郁氏是清代南方先贤奉祀家族的代表。清代雍正、乾隆年间,崇明郁氏族支为了获得朝廷承认的奉祀资格,以及随之而来的经济和科举益处,对姓氏、谱系和祠堂等进行了全面的构建,并抵挡住来自族内和族外的质疑,一度与地方官府和朝廷达成了共识,成为清代南方拥有先贤有子奉祀权的唯一族裔。直到山东有子后裔在官府的一力支持下崛起,才打破了崇明郁氏的大宗身份,而形成以山东肥城新设五经博士为中心的奉祀体系。崇明郁氏在错失五经博士资格之后,虽然保留了奉祀生资格,但是传承不明,呈现由盛转衰的态势。这一过程充分展示了先贤奉祀制度下各地先贤家族发展的特点。崇明郁氏所代表的江南家族和官府支持下的肥城有氏,遵循不同的家族发展路径,在朝廷的奉祀框架下寻得了自身的位置。

　　清道光之后,曾经在崇明郁氏内部造成重大分歧的姓氏之争,在崇明郁氏散布江南的族裔中逐渐弥合,形成对先贤后裔的共同追认。崇明郁氏清代重修的《鲁国郡谱》为重构有、郁关系提供了成熟的叙述话语,曾经历过句容—崇明迁徙路线的诸多江南郁氏家族,通过修谱、建祠等活动,将崇明郁氏承袭奉祀的郁从先、郁瑚一支进行的这一重大的先贤后裔身份改造,保留在宗族的共同记忆中。

　　纵观崇明郁氏发展的过程,与朝廷政策的密切互动是江南先贤家族发展的重要策略之一。崇明郁氏作为底层的业儒家族,巧妙而迅速地迎合了清初先贤奉祀制度的要求,有效地建立起争取先贤奉祀身份的祭祀环境,并调集了族人和地方政治力量对其的支持,一度跻身地方儒学望族的行列。另一方面,朝廷的意志通过家族的在地实践得到了迅速的传达,以山东衍圣公府为核心的先贤奉祀家族体系也借此完成了形式上的南北统一。对类似崇明郁氏的江南先贤家族来说,他们面临的并不是此前江南宗族研究更为关注的流动性和乡土性的矛盾,也不关注维系庞大宗族的策略。他们关注家族与朝廷政策的互动,善于捕捉政治符号带来的象征意义。崇明郁氏构建的奉祀话语,为诸多科举并不突出的业儒旁支提供了资源,在朝廷的奉祀政策和家族文化身份之间构建了一种直接而又充满韧性的互动关系。①

[作者简介]贺晏然,东南大学历史学系。

---

① 叶舟:《明代上海地区家族的变迁与发展》,《史林》2018 年第 3 期,第 92—99 页。

晚清江西南丰城西望族群体初探

——以《刘孚周日记》为中心①

封治国

内容提要：南丰西隅，向为望族麇集之地，而在长期聚居的过程中，各家族一方面通过血缘与地缘的凝聚作用，保证了族群的延续与繁荣。同时，家族间借助联姻等形式巩固了族谊，甚至构建成盘根错节的利益集团。《刘孚周日记》及南丰地方文献，既勾勒出了城西名门簪缨相继的世系盛景，也通过那些踏出故土迈上仕途者的士宦行迹，为我们呈现出了近世中国的社会嬗变。

关键词：南丰　城西望族　《刘孚周日记》　社会变局

清代地理学家梁份（1641—1729 年）在《文学谭从仁家传》中曾说："南丰著姓喜聚族居，出入里间间，意气张甚。"②自明末以来，南丰的名门望族大都往县城之城西集中，到了晚清，这一望族群体便逐渐成为琴城的文化地标，而城西也成为划分县城绅衿阶层与市民阶层的一道分水岭。当然，并非所有的望族都居住在城西，县城其他区域也有一定分布，如东门的谭氏家族就是一例。

望族者，一邑之望也，所谓诗书之泽，衣冠之望。在古代中国，望族的形成

---

① 刘孚周(1856—?)，字三安，江西南丰人，光绪十七年举人。《刘孚周日记》系笔者 2017 年在江西省南丰县意外发现，稿本，私人藏，目前仅存 9 册，约 40 万字。该日记正在整理当中，本文节选自笔者所撰《最后的功名——大变局与清末民初的南丰士人》（未完成）第一章第三节"城西望族"，略有删节。特此说明。

② 梁份：《文学谭从仁家传》，《怀葛堂集》卷五，《豫章丛书》集部第十册，第 693 页。

乃世代逐渐累积的结果，但无论是农耕起家，还是经商致富，最为重要的一条标准还是科举入仕。故而，明清以来的江南望族基本也是科举家族。潘光旦写作《明清两代嘉兴的望族》之重要动机，便是希望从谱牒学的角度，以望族血缘世系为基础，一探其作为人文渊薮的原因。嘉兴人文荟萃，俊采星驰，这与望族门第世代以来在科举的成功密不可分。南丰当然不能与嘉兴相提并论，但县城的西门望族也多少具备科举门第的特征。

一

南丰科举人物的乡、会试朱卷还有少量幸存于世，现藏上海图书馆。朱卷中的履历记录了他们的世居之地，此处胪列数条：

> 刘澐，道光九年己丑科进士，世居城内西隅转角街；
>
> 鲁琪光，同治七年戊辰科进士，世居南丰城内西隅横钟巷；
>
> 赵从佐，同治七年戊辰科进士，世居城内西隅；
>
> 谭承祖，同治七年戊辰科进士，世居南丰县城内集贤坊；
>
> 赵惟善，同治十三年甲戌科进士，世居城内横钟巷；
>
> 赵惟熙，光绪十六年庚寅科进士，世居县城内甫官巷口；
>
> 刘孚周，光绪十七年辛卯科举人，世居城内转角街；
>
> 黄信任，光绪十九年癸巳科举人，世居四十六都古竹，移居城内横钟巷；
>
> 包发鹇，光绪二十三年丁酉科举人，世居北门外二都吉岭堡。①

除谭承祖及包发鹇二人，其他均居住于西隅。其中，赵、刘出自最为显赫的名门望族，而他们先祖占籍南丰的历史亦可追溯到宋代。鲁琪光祖籍新城

---

① 以上所引，均出自顾廷龙主编：《清代朱卷集成》，台北：成文出版社 1992 年版。

（今黎川）中田，"自宋循吏有开之子孙，由江南亳州迁居江西之南丰，其后有曰佐文者，复由南丰迁居新城之中田里"。[1] 新城鲁氏自明末以来，科举极盛，终清一朝，共产生了 17 名进士，34 名举人，[2]在新城著姓中排在第 2 位。[3] 而南丰鲁氏也延续了新城先祖的文采风流，自鲁琪光之父鲁垂绅于嘉庆二年高中进士之后，鲁氏便一跃成为南丰新贵。鲁琪光后来以书法蜚声于世，亦是南丰近代文化的杰出代表。

赵氏是继曾巩家族之后兴起的科甲门第，数十代簪缨不绝，甲于全县。从康熙《南丰县志》的"选举题名"看，他们在清初皆居住于县城东隅，此后逐渐向城西迁徙。至于刘氏，他们作为科举门庭的显赫履历甚至引起了曾国藩的关注。咸丰九年（1859 年）五月十一日，曾国藩在日记中特意记下：

> 与星房前辈久谈。观其家科名一单，自太高祖以来已中举三十三人，中进士廿一人，翰林三人，皆在五服之内。其稍疏远者，不过二三人耳，可谓簪缨盛族矣。[4]

"星房"指刘良驹（1797—1866 年）。道光九年（1829 年），他与叔叔刘澐同榜成进士，闻名乡里。为表示纪念，刘氏家族特别于城西转角建有一栋"同榜第"，在《刘孚周日记》中，同榜第时常出现，惜今已不存。

保存下来的零星朱卷还无法反映全面的情况。例如，府官巷（即甫官巷）内除了赵惟熙家族，还有著名的张希京家族，其府邸至今仍是琴城清代建筑的重要典范。此外，南丰饶氏家族、汤氏家族、揭氏家族亦居住于县城西隅，他们均为硕儒辈出的科举门第。在长期的聚居过程中，望族之间自然形成了紧密

---

① 鲁九皋：《河南永宁知县鲁在田墓志铭》，转引自衷海燕：《清代江西的家族、乡绅与义仓——新城县广仁庄研究》，《中国社会经济史研究》2002 年第 4 期。

② 见衷海燕：《清代江西的家族、乡绅与义仓——新城县广仁庄研究》，《中国社会经济史研究》2002 年第 4 期。

③ 吴宗慈：《江西通志稿》第 35 册"黎川著姓及代表人物"，第 110 页。

④ 曾国藩：《曾国藩全集·日记》一，咸丰九年五月十一日，岳麓书社 1987 年版，第 385 页。

的联姻,这使得他们往往有着极为复杂的姻亲关系。潘光旦认为:"同一地方的世家大族,通过朋友、师生等方式建立起来的族谊,因智能程度的相近,社会地位、经济生活、文化旨趣等相同,特别是人品优秀,就会进一步向联姻发展,这样就在望族间建立起亲缘关系。"①在传统社会,这是一个十分普遍的现象,可以说,此举有力保证了望族门第地位的延续与家族繁荣。在南丰西门,这种婚姻类聚现象亦极为突出,兹举一例。

刘、赵两家族的联姻始于明末清初。后来,刘孚周曾祖父刘衡娶赵氏家族赵由坤之孙女为妻,其长女亦适赵氏;刘衡之孙刘庠娶南丰东隅吴嘉宾(1803—1864 年)之女为妻,吴嘉宾为道光十八年进士、翰林院编修,与曾国藩进士同年,交谊颇厚。刘庠之长女嫁与揭氏望族之揭传泗,其父揭裕鈖为兵部员外郎。事实上,揭、刘、赵联姻的历史均可追溯到数代之前。揭氏本为南丰市山人,至其"传"字一辈,他们除继续与刘氏缔结姻亲外,亦与张希京家族、吴嘉宾家族联姻,其中揭传淇(1846—1919 年)官至苏州知府,他娶张希京长女为妻,并由此迁入城西府官巷。因而,赵、刘、张、揭、吴(按:吴氏居住于县城东隅)几大望族间均存在姻亲关系。②

从某种意义说,整个城西乃是一个盘根错节、关系复杂的巨大亲族网络和利益网络,这一网络保证了他们作为绅士集团牢不可破的稳固性。值得注意的是,前引朱卷中的黄信任在获得功名后便移居城西,履历表的家庭情况显示,黄信任的祖先及亲属均为"从九职",乃是标准的平民出身。它说明,经由科举而成为士绅的平民有可能进一步向望族群体靠拢,虽然成长为望族还需要漫长的时日,但作为新贵,此举有利于他们较快地提高自身的社会地位,这与揭传淇通过联姻而迁入城西府官巷的行为有些类似,所不同的是,揭氏本身就是地方望族。

---

① 潘光旦:《潘光旦选集》第一卷,北京大学出版社 1997 年版,第 255 页。
② 上述可见《南丰刘氏族谱》(同治九年抄本,私人藏)、《南丰东隅吴氏支谱》(同治八年木活字本,上海图书馆藏)、《南丰市山揭氏家谱》(民国甲子年木活字本,私人藏)、《南丰赵济川公支谱》(民国元年木活字本,上海图书馆藏)的相关记载。

《刘孚周日记》真实反映了琴城西门望族间千丝万缕的联系,他在南丰的社交圈亦基本以望族成员为中心。在传统中国,绅士地位的基础不是财富,而是因科举所获得的功名身份。一个重要细节不能忽略,距离刘氏住宅不过数百步,有一户彭姓盐商,其宅邸"紫金第"(即彭家大屋)在县城赫赫有名,①但刘孚周一次也没有去过,日记中没有任何证据显示他们有过往来。这似乎表明,科举门第的绅士并不屑于与单纯依靠经商致富的巨贾交往。事实是否如此,还有待史料的进一步支持。

二

在刘孚周写日记的时候,不少咸、同两朝入仕的官员陆续还乡。一旦脱下官服,他们便从官僚变为标准的地方绅士。在此,我们不妨借助刘孚周残存日记中的线索,对部分绅士的情况进行一次扫描。

日记残篇始于光绪二十三年(1897 年)年底,首先出现的重要事件是"芝友老伯"——鲁琪光去世。鲁琪光(1827—1897 年),字芝友,号黼衫,同治戊辰进士。其宦海生涯虽不显赫,却也算波澜不惊。光绪十六年(1890 年)六月的《申报》有他较为完整的履历:

> 鲁琪光,现年五十八岁,②江西南丰县人。由监生中式咸丰十一年辛酉科顺天乡试举人,同治七年戊辰科会试中式贡士,改庶吉士。九年闰十月,丁生母忧,服满起复。十三年散馆,授职编修,充国史馆协修篡修官,十月充武闱殿试弥封官。光绪元年充顺天乡试同考官,二年、五年,充直省乡试磨勘试卷官。七年十月,考试御史奉旨记名,八年,京察一等,奉旨

---

① 紫金第彭家大屋位于南丰县直钟巷 43 号。据传为同治三年江苏一彭姓盐商所建,现为南丰县文物保护单位。民国《南丰县志》中亦没有发现关于彭氏及其住宅的任何记录。

② 此处有误。如按 1890 年五十八岁来计算,鲁琪光当生于 1833 年,这与其朱卷履历严重不符,也与县志记载有较大出入。

记名以道府用,七月补授陕西道监察御史,八月充顺天乡试内帘监试官,十月充考试汉荫生监试官。九年二月,转掌陕西道监察御史,四月,充会试磨勘试卷官、翻译会试入号巡察官,五月二十日奉旨补授山东登州府知府。九年十一月初七日到任,十二年,大计保荐卓异。该员吏治练达,为守兼优,以之调补济南府知府,实堪胜任,与例亦属相符。①

这是鲁琪光调补济南知府前的公告,亦可视作其详细的个人履历。赴任前夕,鲁琪光踌躇满志,他同友人章高元、唐廷威共游蓬莱阁并挥毫写下四个大字"碧海清风"。跋中道:"三人同官东海,志合衷和,公余之暇,尝登斯阁……将行,两公属志存迹,镌石嵌壁,以作海上泥鸿。"②光绪二十三年(1897年)十月十九日,刘孚周到姨公鲁幼璞家,获赠"碧海清风"四字拓片。此作原石至今仍嵌于蓬莱阁大殿之石壁,对海而立,遥望鲸波。

光绪九年(1883年),鲁琪光任陕西道监察御史。他针对各级衙门以官价采购物质并从中渔利之事向朝廷上折,引起当局的高度重视。是年九月,内阁奉谕:"御史鲁琪光奏官价病民,请饬裁免一折。……着各直省督抚通饬所属,革除陋习。嗣后如有仍蹈前辙者,随时惩办,以恤商民。"③官价的制定权一般在内务府,主要适用于宫廷采购。因其价格高于民间价格数倍乃至数十倍,致使地方各级政府纷纷仿效,官员胥吏等竞相借机牟利,不仅直接损害朝廷利益,也给市场秩序带来巨大混乱。鲁琪光的这道奏折对抑制和规范政府采购行为起到了一定作用,这是他为官期间少有的亮点。

从登州到济南后,鲁琪光组织过一次黄河决口的抢险,④此外并无出色的宦绩。光绪二十年(1894年),在即将卸任时,鲁琪光收到北洋水师提督丁汝昌(1836—1895年)来信,内容是丁氏威海公馆落成,请鲁琪光"惠赐翰宝"以

---

① 《光绪十六年四月廿七日京报全录》,《申报》1890年6月23日,第12版。
② 据鲁琪光"碧海清风"刻石拓本跋文,245×87厘米。
③ 《江西近代重要历史文献丛编·上谕档》下册,江西人民出版社2016年版,第578页。
④ 张永强:《蓬莱金石录》,黄河出版社2007年版,第323页。

"增绚花厅,益恋人流览矣"①。丁函写于威海官邸,落款时间为五月二十五日,目的是向鲁琪光索书。同日,丁汝昌还有一封《复樊时勋书》,信的末尾说道:"缫丝局弟前入本五千之股份票,是否取出?"②然而,此时的中日局势已万分紧张,可谓一触即发。就在丁汝昌致函鲁琪光一月之后,清军在朝鲜战场与日军短兵相接,二十九日,清军在成欢战役中惨败。③

鲁琪光后来是否为威海公馆留下墨宝,不得而知。甲午海战后,日军进军威海刘公岛,"彼我炮声如轰雷,天地为之震撼","敌军之炮弹其着发距离测定之精确为从来清军未曾有"。次年一月,日军炮击登州,据载,一枚炮弹击中蓬莱阁石壁前"海不扬波"四字,而比邻的鲁琪光书"碧海清风"居然完璧,可谓大幸!④

海战后不久,鲁琪光致仕回到故里,深居城西的横钟巷老宅。民国《南丰县志》这样评价他:

> 琪光文章道德冠绝一时,书名尤藉甚。官翰林时,索书者踵相接,朝鲜、日本人士得其零缣片楮,争相宝贵。晚年书珠圆玉润,雍容华贵……尤笃于故旧,待以举火者,常数十家,同乡识与不识,必留之幕下。以此显宦三十年,依然寒素……⑤

鲁琪光始终保持着一份澹然纯朴的心态,清正廉洁,安贫乐道,在晚清官吏中,这实在是极为难得的品格。

柏春在同治《南丰县志》首序中称:"直至庚午冬,方延定琴台书院山长鲁芝友太史琪光总纂一切。"⑥庚午为同治九年(1870年),结合《申报》登载的鲁

① 丁汝昌:《复鲁芝友》,《丁汝昌集》,山东大学出版社1997年版,第195页。
② 同上书,第196页。
③ 参见戚其章:《甲午战争史》,上海人民出版社2005年版,第38—69页。
④ 参见张永强:《蓬莱金石录》,第329、511页。
⑤ 民国《南丰县志》卷二十八《文苑》,第11页。
⑥ 同治《南丰县志》柏春序,第2—3页。

氏履历,可知从是年闰十月始,鲁琪光在籍丁忧。这说明,他在丁忧的三年中不但主持过县志的修纂,还出任了县城琴台书院的山长。对一生平淡低调的鲁琪光而言,这是他对家乡所做出的重要贡献。

由于日记残缺,我们未能得到更多信息,只知道鲁琪光逝世于 1897 年。这年的 11 月 29 日,刘孚周"为芝友观察写墓志铭,三更时竟"。[①] 腊月初九日,鲁琪光下葬南丰黄陂嵊(今属市山)长岗上,而墓志铭的书丹者,依然是刘孚周。[②]

就在刘氏为鲁琪光完成墓志铭的当日中午,他的舅公张柳桥刚刚出殡,[③]这位"张柳桥"即张希京(1816—1896 年),[④]同治初年曾任广东广宁县知县。随着杜凤治《望凫行馆宦粤日记》的出现,这位张柳桥的谜团将被解开。首先看看县志中的记载:

> 张希京,字柳桥,广瑯长子。道光己酉举人,以拣选知县分发广东,历署海康、乳源、广宁、龙门县事,授曲江县。任曲江十有二年,循声卓著,即邻邑有事,争愿就曲江剖断。同治间修圆明园,英德县民阻抗采木,几酿巨祸,皆曰愿得张公一言。乳源闱考,阖邑文童联名禀请上宪,愿借张公来。希京至,均无事。历膺卓荐,调补澄海县,以同知在任候补,未赴任,致仕归。居家好简朴,遇公益事,率捐资为一邑倡。卒年八十有一。[⑤]

张希京之父名张广瑯,字贵玉,早年与堂弟张广理在湖北襄樊从事贸易致

---

① 《刘孚周日记》光绪二十三年十一月二十九日条。
② 《刘孚周日记》光绪二十三年十一月二十三日:"鲁同参来,告知芝友老伯于腊月初九日葬黄陂嵊之长岗上,予前为作墓志铭,拟即刻石,并托予书之。"
③ 《刘孚周日记》光绪二十三年十一月二十九日条:"午间往送张柳桥舅公出殡。"
④ 关于张希京的生卒年,《刘孚周日记》光绪二十三年十一月十七日条:"张柳桥舅公周年忌日,往行礼,在彼吃素粉",可知其应卒于 1896 年。民国《南丰县志》称其"卒年八十有一",故其应生于 1816 年。
⑤ 民国《南丰县志》卷二十八《宦业》,第 28 页。

富。[1] 据县志载，张广瑯“广书院、助义仓、修祖庙、捐军需、修殿开壕，赈饥救乏，累百累千皆弗惜”，[2]故张氏家族在南丰享有很高的声誉。张广瑯注重教育，笃信“遗子黄金满籯，不如一经”之古训，他说：“余所期者大，岂值如贾三倍哉？”[3]在父亲的影响下，张希京以科举入仕，商贾之家渐而成为绅衿之族。

从张希京的履历可以看出，其为官广东期间颇有政声，处世练达，以至邻县每遇难题，包括生童闹考一类的棘手事件，都愿意找他帮忙处置，似乎是一位能力很强的“循吏”无疑。张希京旧宅至今仍矗立于故里的府官巷，作为清代建筑的优秀代表，地方史研究学者顾建华曾撰有《翰林院：张氏宅院》一文，描写生动细腻，在此略作征引：

> 县城西门府官巷的“翰林院”张氏宅院，共有三栋建筑，风格各有千秋，是张希京在清道光年间任职海康、乳源等县期间，从任官初期到告老还乡，分三次建造而成的，共由三座豪宅组成，分别是“大夫第”“太守第”和“分转第”（选清别墅）。宅与宅之间或相连贯通，或对面相望。飞檐斗拱，正门上方及两侧的雕刻精美细致，栩栩如生。宅院整体结构精巧，为典型的清代建筑风格。[4]

不过，所谓“翰林院”的说法只是作者的形象比喻，张希京出身举人，不可能如此大言不惭地命名自家宅邸。[5] “翰林院”“太守第”等称呼，实际上与张希京之侄张履春（1858—1932 年）有所关联。张履春，字宜仲，光绪二十四年（1898 年）戊戌科进士，光绪二十九年（1903 年）以庶吉士授翰林院编修。[6] 由于南丰县民间长期误传张履春为张希京之子，因此，这些已成习说的称谓多少

---

① 见民国《南丰县志》卷三十一《善士》之张广瑯、张广理条，第 12—13 页。

② 民国《南丰县志》卷三十一《善士》张广瑯条，第 12—13 页。

③ 同上书，第 13 页。

④ 顾建华：《翰林院：张氏宅院》，《文化南丰》2015 年增刊。

⑤ 同上书，第 5 页。张希京没有考取过进士，民国《南丰县志》明确地记载其为道光己酉举人。

⑥ 《上谕》，《申报》1903 年 5 月 26 日，第 1 版。

融入了后世的某些附会与误会。①

　　然而,一位七品县令为何有如此财力建设这般豪宅?按瞿同祖的研究,一位清代地方县令的年俸仅为 45 两,这与晚清南丰县令的俸禄一致。② 如果加上朝廷所给予的养廉银,在 500—1400 两之间,也就是说,一位县令的合法年收入一般不会超过 1500 两。参考这一研究结论,始终在广东担任知县的张希京,其年薪应在 1500 两左右。③

　　除了养家,县令还必须支付其幕友及长随的工资,而事实上,"一个州县官的全部薪水几乎不够给幕友付酬"。④ 因此,他们必须通过"摊捐""规费"做局"亏空",尤其是用巧立名目的"陋规"收费等方式来维持收入。有关这些手段的具体内容和运作方式,瞿同祖在《清代地方政府》中有详细说明,此不赘述。

　　单从县志的记载看,张希京堪称廉吏,但事实可能并非如此。

　　　　廿七日壬子,晴……因近日柳桥犹在县署,自交印后,夜夜有人爬墙作窃,并闻有持刀者。……而自亦知柳桥催粮严酷,不得民心,且有满载而归之言,故觊觎之。并闻此贼非自外来,乃伊署中有脚勾引来者……柳桥善于会计,太有心计,看□□重,催粮严逼。此行官橐充实,本地不称之流不无觊觎之心,为此,自印交出,夜夜不安。□家眷已行,辎重尽去,即安□矣。⑤

---

　　① 民国《南丰县志》卷十五《儒林》,第 15—16 页,张效京条:"张效京,字砚侯,广瑯次子……长子履福……次子履春,进士,湖北安陆府知府。"张希京从未担任过知府的职务,因而与"翰林院"等称呼一样,所谓的"太守第"应该是将张履春曾任知府一事附会到张希京身上。

　　② 同治《南丰县志》卷七《赋役》:"本县知县项下俸银四十五两。"(第 242 页)。

　　③ 见瞿同祖:《清代地方政府》,新星出版社 2022 年版,第 48 页。瞿同祖在注释 38 中列举了不少实例,其中,广东南海与番禺县的县官薪俸为 1500 两,超过 2000 两的有四个县,山东历城、河南祥符、江西南昌和广西临桂,临桂的薪俸为最高值 2259 两。因而,张希京的合法年薪在 1500 两左右应比较合理。

　　④ 瞿同祖:《清代地方政府》,第 38 页。

　　⑤ 杜凤治:《望凫行馆宦粤日记》同治五年十月二十七日条,见桑兵主编:《清代稿钞本》第 10 册,广东人民出版社 2007 年版,第 88 页。

这是张希京的继任者杜凤治在《望凫行馆宦粤日记》中所记张氏离任前的真实状态。杜著卷帙浩繁，事无巨细，足见作者心思缜密。杜凤治初到广宁履新，与张希京并无嫌隙，他对前任的记载当具有极高的可信度。可以看出，张希京声誉不佳，临行前民间盛传其即将满载而归，以致"夜夜有人爬墙作窃"。除此之外，杜凤治还有具体描述，此为交接事宜：

> 初六日辛酉，晴……张柳桥来，为交代册已备。初十准赴府，由府上省，并有税契赢余千余金，意办不入交［待］册，私相授受，以五六百金归余。此公善于会计，正得钩距法，每事深思极虑，不得便宜不止。[1]

应该说，张希京颇具行政手腕，在他的任上不但未出现审计亏空，反有一千多两的盈余。无论他是通过"催粮严酷"，还是依靠"正得钩距法"[2]的手段，总之，他可以圆满地把丁漕串册交给下任。不过，张希京是要在里面捞一票的，故而，他明确说，盈余不入账册，二人按比例私分进入自己的钱囊。果然，张希京说到做到，次日，"柳桥送税羡银一千二百两来，共计千八百零余，五百两伊挪解别款，入交代帐"。[3]

日记里多次称张希京善于会计，并非仅是一句修辞，在和张氏盘仓时，杜凤治惊讶地发现：

> 申刻，出署至常平仓，祭仓神毕后，张柳桥来较斛。每斛计五斗，存铁斛一只，系乾隆二十四年由部颁发，前后任查盘仓谷以此斛为准。铁斛重笨难举，道光四年，粮道另颁木斛一支，较得比铁斛多载二合五勺，盘谷时

---

① 杜凤治：《望凫行馆宦粤日记》同治五年十一月六日条，见桑兵主编：《清代稿钞本》第 10 册，第 91 页。

② "钩距"，语出《汉书·赵广汉传》，即官员通过广泛安置眼线的方式获取情报。杜凤治这里应该指张希京心思缜密，心狠手辣，善于获得情报及线索，在征粮征税等方面能做到滴水不漏。

③ 杜凤治：《望凫行馆宦粤日记》同治五年十一月七日条，见桑兵主编：《清代稿钞本》第 10 册，第 91 页。

　　每斛仗出二合五勺算计……①

　　"合"为容量单位,10 勺等于 1 合,10 合即一升。张希京沿用乾隆时期的铁斛,拒绝使用朝廷于道光四年(1824 年)重新配置的木斛,目的就是获得其间的差额。

　　断定张希京为巨贪或嫌证据不足,考虑到家族因素,豪宅是否与其父张广璐的遗产有关,亦未可知。但可以明确的是,他并不像县志中所描写的那般"循声卓著"。无须否认和抹杀他的政绩,毕竟,执政能力与贪腐是两回事。借助杜凤治的日记,我们完全可以想象张氏在乳源等任上的行事风格:既能催征严酷,又善于会计,凡事深思熟虑,又不得便宜不止。正是这种个性造就了张希京的成功,至于每次卸任返乡,想必也是"官橐充实"了。

　　《南丰刘先生文集》存有《张砚侯先生七十寿叙》一文,刘孚京于"丙戌之冬假归,始获侍先生之兄柳桥先生座",并称其"方自粤中令引年归",可知张希京约于光绪十二年(1886 年)告老还乡。文中描写张希京"鸠杖朱履,须发皓洁,里中望之,以为神仙"。② 从残存《刘孚周日记》看,张氏府邸并无再兴土木的迹象,一切都应该在张希京致仕前全部完成。

　　如果说张希京用铁斛盘粮是为了榨取其间的差额牟利,那么刘孚周叔祖刘良驷则有着相反的事迹。

　　　　刘良驷,字穆生,一字述舫,衡之子,举道光十七年乡试,以知县分发陕西,历署华州、大荔、临潼诸县,补太谷,调补岐山,擢商州直隶州……凤翔属长吏,皆公取常平仓谷斛量所赢,用给私度,转相仿效。驷居岐山二年,吏以故白,事因进所赢,不应,遂无所取,弊为革。③

----

　　① 杜凤治:《望凫行馆宦粤日记》同治五年十一月十一日条,见桑兵主编:《清代稿钞本》第 10 册,第 92 页。

　　② 刘孚京:《张砚侯先生七十寿叙》,《南丰刘先生文集》卷四,上海聚珍仿宋印书局,1919 年。但刘孚京文中称"柳桥先生于先君为同岁",似乎并不准确。刘孚京之父刘庆生于道光五年,即 1825 年,和张希京年龄相差较大。

　　③ 民国《南丰县志》卷二十一《宦业》刘良驷条,第 28 页。

这种严格自律的作风应该来自家族的影响。作为晚清全国地方县令的典范,刘良驹的父亲刘衡因此进入《清史稿·循吏传》。在《庸吏庸言》的自序中,刘衡曾记录下自己青年时代的座右铭:

> 先大夫编修公自云南退居林下,先大夫以岁贡生里居授徒,屡以官箴勖衡曰:"他日毋作孽也。"又尝课衡读律暨廿四史循吏、良能诸列传,旁及昔贤荒政、水利、保甲、弭盗、听讼、理冤狱诸法,曰:"尔师此,他日毋作孽也。"①

"编修公"指刘衡祖父刘焯,字青渠,号芬浦,乾隆二十六年进士,以庶吉士授翰林院编修。② "毋作孽"影响了刘衡官宦生涯的始终,后来,刘衡之父刘斯禧又书"无作孽"三字寄予在外担任县令的刘衡,并嘱其高悬于壁。③ 可以说,"无作孽"既是刘衡的座右铭,也是这支城西望族的重要家训。

在历代《南丰县志》中,刘氏作为地方望族,史迹颇为突出。这其中,刘孚周祖父刘良驹声誉犹著。④ 刘氏曾官两淮都转盐运使,回乡后,他不仅会同邑中绅士兴建豫丰义仓,筹办赈济,并首倡同治《南丰县志》的修纂,同时,他还极力推动了琴台书院在太平天国战乱后的重建并亲自出任山长。在晚清南丰的书院史上,刘良驹留下了重要一笔。或许,这与他在扬州任上的一次惨痛经历相关,事见同治四年(1865 年),清代著名学者、目录版本学家莫友芝(1811—1871 年)所撰日记:

> 初九日癸酉,晴······欲访金雪舫长福,而雪舫至,问以文汇阁遗书,谓咸丰三年毛贼陷扬时,贼酋欲睹行宫,索宫中及大观堂弆藏于天宁寺僧□

---

① 刘衡:《庸吏庸言》卷上自序,同治七年江苏书局重刊本。
② 同治《南丰县志》卷二十六《人物四》刘焯条,第 1231 页。
③ 同治《南丰县志》卷二十六《人物四》刘斯禧条:"衡官知县时,斯禧书'无作孽'三字寄之,令衡悬座间以自顾警。"(第 1275 页)
④ 刘良驹,字星舫(亦作"星方、星房"),道光九年进士。其生平大略,参见同治《南丰县志》卷二十七《人物五》的记载,第 1294—1295 页。

云,僧坚不应,遂火寺,及堂阁,僧亦被火,数日夜不熄,后有检灰烬得担许残纸,皆烂不可理矣。唯闻尔时经管阁书为谢梦渔增,今用山东简缺道,其家住扬州城康山旁,尚有借钞未还者数种。贼未至时,董事者请运司以二三千金移阁中御赐及《全书》避之他所,坚不肯应,运库寻为贼有。时盐运使刘良驹也。①

这年年初,莫友芝奉曾国藩之命前往扬州、镇江一带搜求文汇、文宗两阁遗书。② 文汇阁始建于乾隆四十五年(1780 年),以收藏乾隆御赐《四库全书》及《古今图书集成》著称。作为清代七大藏书楼之一,文汇阁自然是扬州极为重要的文化坐标。咸丰三年(1853 年),太平军攻陷扬州,当合邑绅士请求刘氏将文汇阁藏书移避他处贮藏时,刘良驹"以须筹费置不理也"。③ 可以想象,当莫友芝致信曾国藩,讲到以下情形时内心的悲愤与无奈:

> 奉钧委探访镇江、扬州两阁四库书,即留两郡间二十日许,悉心咨问……咸丰二、三年间,毛贼且至扬州,绅士曾呈请运使刘良驹筹费,移书避深山中,坚不肯应。比贼火及阁,尚扃匙完固,竟不能夺出一册。④

信函现藏南京图书馆。大火熊熊之际,藏书阁竟然"扃匙完固",以致众人无法入内,只能眼睁睁地看着文汇阁付之一炬,不啻为近代文化史的惨痛浩劫。虽然纵火者为太平军,但肩负管理职责的两淮都转盐运使刘良驹当难辞其咎。

此信写于同治四年(1865 年),次年刘氏病故。颇耐人寻味的是,后来为刘良驹撰写墓志铭的正是曾国藩。曾氏云:"国藩官京师时,与侯官王雁汀尚

---

① 《莫友芝日记》同治四年四月九日条,见《中国近现代稀见史料丛刊》第一辑,凤凰出版社 2014 年版,第 141—142 页。

② 《莫友芝日记》同治四年一月二十一日条,见《中国近现代稀见史料丛刊》第一辑,第 130 页。

③ 《莫友芝日记》同治四年八月十二日条,见《中国近现代稀见史料丛刊》第一辑,第 157 页。

④ 莫友芝:《探访镇江、扬州两阁〈四库全书〉上曾国藩书》,《中国古代藏书与近代图书馆史料》,中华书局 1982 年版,第 20 页。

书、南丰刘星房都转最善,三人者,邸居邻近,朝夕过从。"①在回复莫友芝的书信中,曾国藩说:"镇、扬两阁四库书既遭一炬,所谓存十一于千百者,又仓猝无从究问,只好徐徐图之。"②完全回避了对刘良驹的指责。

同样,同治《南丰县志》谈到刘良驹在扬州的经历时亦隐去此事,只用十分含糊的语言说:

> 会粤逆陷金陵,大帅策失机宜,扬州不守,遂获谴。统兵大臣琦善、德兴阿先后奏留司文案,数年乃归。③

刘良驹的被黜很可能与文汇阁藏书惨遭灭顶之灾有所关联,但最直接的原因则是扬州失守。在墓志铭中,曾国藩对此事仅数语带过,却动情地回忆了双方的最后一次见面:

> 后二年,国藩以兵部侍郎统湘中子弟,复江西郡县,驻兵抚州。君时患目眚,流寓南昌,招至军中,贫窭如未尝为显官者,而高旷恬适,无戚戚之色。诵司马子长、韩退之、柳子厚诸文诗,不遗一字,初若不自知其履忧患而遭困厄也。④

时为咸丰九年(1859 年),二人阔别十载后于抚州相会,曾氏在日记中亦有记录。曾国藩早岁与刘良驹同官京师,比邻而居,其好友吴嘉宾又与刘氏素为姻亲,故曾氏对其礼遇有加。在日记里,他一直尊称刘良驹为"星房前辈",关心备至。当看到刘氏双目失明时,曾国藩感慨万千,他在写给亲家郭霈霖的书信中特意提及:

① 曾国藩:《两淮盐运使刘星房先生墓志》,《南丰刘氏族谱》,同治九年刘廉手抄本,私人藏。
② 曾国藩:《复莫友芝》,同治四年闰五月十一日,《曾国藩全集·书信》七,第 5093 页。
③ 同治《南丰县志》卷二十七《人物五》刘良驹条,第 1295 页。
④ 曾国藩:《两淮盐运使刘星房先生墓志》,《南丰刘氏族谱》,同治九年刘廉手抄本,私人藏。

刘星房前辈顷来敝营，益道昔年与左右过从欢洽之详。星翁自去秋以来，两目失明，动止需人，南丰庐舍被焚，田荒不耕，百物荡尽，侨居南昌，恃其子慈民孝廉，觅馆谋食。丧乱以来，衣冠播荡，良可悯念。幸星翁冲襟淡远，萧然寡营，慈民读书具有师法……足用怡悦。①

曾国藩热情地为他寻找良医并表示"按季致送五十金"，②足见殷殷关切之情。但即便如此，受太平天国战乱影响，刘良驹的处境仍十分艰难。咸丰十一年(1861 年)三月十二日，他致函曾国藩道：

良驹久伤蓬转，倍切菀丝，兼以旅费难支，连年荷颁厚贶，并为广赐仁嘘，借赒困乏。嗣因戚族相依日众，珠桂不敷，住房亦难久假，上年两次雇定船只归里，均以抚、建寇警未果……城内旧居毁拆殆尽，只好在乡间亲戚家暂觅数椽栖止……③

曾国藩没有忘记他的困难，尽管因军务繁忙未能复信，仍拿出白银一百两委托吴嘉宾"代交星房前辈"，④对其施以援手。也就是在这年，刘良驹得以返回南丰。⑤

如果不是曾国藩的这些文字，仅凭同治《南丰县志》的简略记载，我们很难想象，刘良驹乃是在双目失明、庐舍被焚的极端困顿中，努力为家乡筹办赈济并热情地投入琴台书院的重建工作。这样看来，刘良驹不愧为望族后裔，足称矜式乡邦。

---

① 曾国藩：《复郭霈霖》，咸丰九年五月二十一日，《曾国藩全书·书信》二，第 994 页。
② 曾国藩：《复刘星房》，咸丰九年正月二十六日，《曾国藩全集·书信》七，第 5093 页。
③ 《刘良驹来函》(刘氏落款时间为三月十二日，函稿底簿备注及编号：咸丰十一年三月二十五日到，第九号)，载中国社会科学院近代史研究所编：《湘军史料丛刊——曾国藩未刊往来函稿》，岳麓书社1986 年版，第 206 页。
④ 曾国藩：《复吴嘉宾》，咸丰十一年十二月十九日，《曾国藩全集·书信》三，第 2391 页。
⑤ 吴嘉宾：《前辈刘青渠先生逸事传》《求自得之室文钞》卷十，同治五年刻本。亦可证刘良驹于咸丰十一年返回南丰，其中称："岁辛酉，星房盐使归里修族谱。""辛酉"即咸丰十一年。

除了刘良驹,晚清担任过琴台书院山长的还有刘绪,①他是刘孚周的堂曾叔祖。从现存科举人物的朱卷看,他担任山长的时间较长。而城西另一大望族——赵氏家族中的赵从佐(1835—1898 年),他在主讲琴台书院时期大力提倡经世致用之实学,亦是一个极为难得的举措。② 赵从佐去世于光绪二十四年(1898 年),刘孚周用隶书为他书写了墓志铭并题写墓碑。③

三

在晚清,南丰城西祠堂遍布,如赵济川公祠、赵介子公祠、刘氏宗祠及鲁氏、汤氏、饶氏、揭氏、包氏等宗祠,均集中于城西。在传统社会中,以血缘和地缘关系相连结的宗族社会群体,具有极强的凝聚力,而宗祠作为祭祖活动的重要场所,也是体现家族权威的重要象征。在《刘孚周日记》中,他总是不厌其烦地记录着宗祠的祭祖活动。

一般来说,修谱、建祠两项,是宗族制度最为基本的功能。同时,地方宗族尤其是望族,总有数量巨大、名目不同的田产,如义田、租田、学田、墓田等,其收入主要用于宗族活动和赡济族人,这些内容都必须详细记载于相关族谱之中。南丰声望卓著的家族一般都具有完整、严格的族规和祠堂条约,只可惜大都不存。在现存谱牒中,上海图书馆藏南丰《赵济川公支谱》(下称《支谱》)体例完备、保存完好,堪称谱牒编纂的上乘之作。其中,它对祠堂祭祖时科甲与捐纳之间的矛盾处理尤引人瞩目,具有典型意义。

《江楼祠堂条规》一节,赵氏对上述问题的处理主要体现在关于主祭的产生上:

> 主祭。前人宗子主祭,议云:"吾宗主祭,群推宗子。"谓序爵、序官,俱

---

①　参见民国《南丰县志》卷二十一《宦业》刘绪条,第 18 页。刘绪,字叔伦。

②　参见民国《南丰县志》卷二十一《宦业》赵从佐条,第 19 页。赵从佐,字莘野。

③　《刘孚周日记》光绪二十四年五月六日、十月二十六日、十一月六日条。

非敬宗收族所宜,然必宗子列在。有爵则无论尊卑,中堂主祭自当宗子,倘属布衣或且置散投闲,则主祭自应序爵,爵同则序分,分同则序齿,总以科甲为正,以此推尊先达,以此奖励后进,使吾宗科甲蝉联,缵先绪于勿坠,岂不伟欤?

前人之议虽法良而意美,但国朝有捐例,其升迁降调与正途无别。我族由科甲至腏仕者,固不乏人,即由捐例至显宦者,亦所常有。……公议嗣后主祭,凡捐纳京职自六品以下,外官自同知以下,照旧以科甲为重;若捐纳实缺之郎中员外则止,可先举人而不得先进士;若实缺如知府以上,而科甲位只州县,则知府先而科甲后;若科甲之主事直隶州同知、通判,则可先知府而不得越道员;科甲之知府可先道员,科甲之郎中、员外可先道府,均不得越藩臬、运使;科甲之道员及内用翰林,可先藩臬、运使,均不得越督抚;捐纳主事、知县可先五贡,至六品以下佐杂则不得先五贡,并不得先廪、增、副贡;五品卿及科给御史视道员,四品卿视藩臬、运使,三品卿视督抚。保举与捐纳同。①

这条定于光绪七年(1881 年)的祠规巧妙调和了科甲与捐纳之间的矛盾,即"正途"与"异途"的矛盾。瞿同祖发现,从乾隆十年(1745 年)至道光三十年(1850 年),经由捐纳而担任知州的人数逐渐攀升。② 如果从这一角度看,《支谱》对旧规"以科甲为正"的标准所做出的修改,正适应了此种变化,它充分考虑到捐纳盛行后的普遍现象,这同时也表明,赵氏家族由捐纳入仕者比例不小。张仲礼曾计算出太平天国之前江西是全国报捐监生人数最多的省份,在道光朝三十年间,其数量曾达到 38552 人之多,而这些捐纳者只有很少一部分出自商贾巨富。太平天国运动以后,国内的官吏和具备官衔的人之中,捐纳的

---

① 赵欣荣等修:《赵济川公支谱》卷一"祠堂条规",上海图书馆藏木活字本,1912 年。

② 瞿同祖曾对这一时期清代州县官的出身情况进行了统计,他发现:"在 1745 年到 1850 年之间,由纳捐进入仕途者稍有增长;这一增长率在知州中比在知县中更大。在知州中,纳捐者从 37.5%增长到 44.0%,而科目正途者增幅较小,仅从 45.8%增至 46.2%"。见瞿同祖:《清代地方政府》,第 31 页。

比例已高达惊人的 66%。① 因而,伍跃总结说:

> 　　从利用"杂途"的手法谋求,而且实际上谋求到"正途"出身者除了"富家子弟"的商人之外,也不乏"士人"及其子孙……与带有庶民性特征的科举同样,捐纳也带有庶民性的特征。②

　　在这一情况下,赵氏祠规将科甲与序爵相结合。其基本原则是:凡捐纳者为六品以上京官的赵氏宗子,以官职大小产生主祭,此为序爵,六品以下京官及正五品同知以下者,则依照科甲等级的高低。此外,京官与外官、实缺与虚衔的差异都予以了细致考虑。例如,若有担任实缺的六部郎中,在祭祖时则必须遵照"先举人而后进士"的原则,绝不得按科甲出身,但倘若此郎中为虚衔,则反之。故而,《江楼祠堂条规》的主祭产生办法,是望族世家针对宗子们由于科甲正途与捐纳异途的出身差异,在科第等级与爵位品级出现不平衡之时所综合而成的一套办法。

　　捐纳的产生源自历代政府的财政需要,直到清政府灭亡,捐纳制度才退出历史舞台。因而,南丰赵氏家族的这一项祠规,生动地诠释了捐纳制度对地方家族所产生的具体影响。不过,对于其他族姓而言,则未必存在此类情况,深居四十二都山中的古竹刘氏,其《筠溪刘氏支谱》中的祠规对"主祭"一条极为简单,只有一句——"举贡以上来祠主祭,给轿□二百文"③。

　　刘孚周的家谱今仅存残卷。但日记显示,每年冬至前后,他都要往先人坟前祭扫,而春冬两季的祠堂祭祖最为正式,各房成员均必须参加。冬至前两三日,刘孚周一般先在"转角祠"进行家祭,然后再到"松门祠"参加族祭,作为规

---

①　以上数据参见张仲礼:《中国绅士——关于其在 19 世纪中国社会中作用的研究》,上海社会科学院出版社 1991 年版,第 113—136 页。关于太平天国之后的官吏捐纳情况,还可参见费正清、刘广京主编:《剑桥中国晚清史》下册,中国社会科学出版社 1985 年版,第 527—530 页。

②　伍跃:《中国的捐纳制度与社会》,江苏人民出版社 2013 年版,第 461—463 页。

③　《炳炎公祠规条》,《筠溪刘氏支谱》,1994 年重修,古竹村村委会藏。

定,祭祖前一日还必须举行习仪。宗法制认为,祭者,教之本也,而宗子承祭统。刘孚周既是宗子,又具备高等级科甲身份,所以无论是转角祠祭祖,还是松门祠祭祖,他几乎每次都要担任主祭,这是他很在意的一项家族荣誉。不过,日记中也记载了一次不愉快的春季祭祖。

> 松门祠春祭,予主祭,文光、集贤分献……今日祭祀,告文分明曰谨以"刚鬣柔毛"云云,乃庭除寥落,并未陈设猪羊,而算数酒一桌,则用之是(按:此处疑有错字、漏字),悬胙数年,祖宗至莫享馨香而附和一堂,伊等反畅供铺啜也,司礼责无可逃,族长罪应加等,质诸群从,谁曰不宜。又闻连年悬胙,意在修谱,夫嘉庆壬申,媚生公创修松门祠支谱,阅五十年,至同治壬戌,星房公始续修之,作述相因,维曰有德,壬戌迄今未四十年,既非数典之已忘,又非宗枝之紊乱,历时未久,轻议改作,徒欲颠倒矩矱,适以污秽枣梨,吾惢恐先灵之怨恫耳,瓜绵椒衍,丁册可稽,条贯博综,且待来哲。①

祭祖之时必须衣冠整肃,昭穆分明,而祭器的种类、牺牲及具馔也都有明确规定。作为氏族中具有高级功名的绅士,刘孚周很在意祭祀各个环节的礼仪。对族长的不满并非个人原因,而是在他看来,无论是省牲进馔,还是续修谱牒,都必须严格遵照祠规和族规,不能"轻议改作"。刘氏望族的声誉事关大体,故而,刘孚周对"礼"的坚持正显示了他传统的宗族观。作为与赵氏有着相同地位的丰邑望族,或许,刘氏家族的祠规及族规也有不少相似之处。

在刘孚周的日记中,他与赵氏家族的接触极为频繁,借助《支谱》及其他史料,我们辨认出了其中的大部分人物。他们既有上文提到的赵从佐(莘野),还有刘氏的表伯兼老师赵奎仲(玉銎),②以及共同赴京会试的密友赵世猷(杏衫)、赵世庸(檀峰),而赵世猷是除张履春之外,日记中出现频率最高的人物之

---

① 《刘孚周日记》光绪二十五年二月十日条。
② 刘孚周一般称其为"赵奎师"或"奎师",结合刘氏的乡试朱卷,我们知道他叫赵奎仲。

一。至于后来官至江西宣抚副使的赵惟熙(芝珊)以及曾任江西省省长的赵从蕃(仲宣)、负责民国《南丰县志》纂修的赵惟仁(慕祁)等,刘孚周都不陌生。从现有史料看,至少从清初开始,赵、刘两望族便开始了联姻,到刘孚周这代更是形成了密切而复杂的人际网络。《支谱》卷十的"艺文汇纪",内容颇为丰富,从某种意义上说,它堪称南丰望族关系史极有价值的一部文本。

南丰城西不仅生活着赵、刘等颇为活跃的望族子孙,也有走向困顿的名门之后,与刘孚周比邻而居的吴氏家族就是一例。在日记中,那位时常与刘孚周对弈的少年"吴爱林",便是日后成为著名方志学家的吴宗慈(1879—1951年)。吴氏的外祖父名刘绪,①前面讲过,他是刘孚周的堂曾叔祖——原琴台书院山长。在清末民初的大变局中,吴宗慈将以特殊的方式见证科举制度的最后落幕。尔后,他又以极为激进的姿态融入了民主革命的洪流。

日记中还时常出现一位江勚旃,似乎也居住在城西,且与刘孚周交情甚笃。江氏并非名门望族,但这位江勚旃并不简单,他还有两位兄弟,南丰誉之为"一门三孝友"。

> 江炳灵、江德玉、江德舆,昆弟也,有家财,少孤,均以孝闻。母好施……炳灵耽深经史,为文夏夏独造,书法遒劲……德玉少年持重,不忍以外事累兄,辍学,独立主持家政,商业、宾兴、书院,次第捐巨款,邑侯狄上其事,奖六品顶戴,与炳灵俱未永年。德舆继起,商业益蒸蒸日上。先是德舆随伯兄学,将有成,尤工书法,以伯仲相继逝,改就商……②

江勚旃即江德舆。其兄在狄学耕任南丰县令之时解囊捐资,修建书院、赞助宾兴,功莫大焉。从日记看,江勚旃时常举办宴请,城西诸望族子弟往往在

① 吴宗慈:《护法日记》1919年1月1日条"家母节略",《北京大学图书馆藏稿本丛书》第18册,天津古籍出版社1991年版,第142页。其中说:"家母刘,为同邑叔伦公之第三女。刘氏为南丰望族,清代科名凡十三世不绝,男女同就外傅,故家母幼读诗书,长承庭训,有所秉也。""叔伦公"即刘绪。

② 民国《南丰县志》卷二十五《笃行》,第18页。

座,应该家底丰厚,生意颇为成功。这是《刘孚周日记》中罕见的一位纯粹以经商为业的友人。

光绪二十三年(1897年)十月十九日,刘孚周在获赠鲁琪光"碧海清风"拓片之后,在家中迎来一位客人——"包晖翁",他给刘氏带来了江西闱墨及题名录。一道前来的还有包晖翁之子包发鹓(荻村),不久前,他刚刚考取丁酉科举人,这是包氏家族所产生的第一位高级功名获得者。

包晖翁名包斯嵋(1844—1911年),字晖章,南丰市山吉岭村人。刘孚周在日记中常称其为"叔",然具体关系失考。同治年间,包晖章与其兄包斯莹(字琼章,1838—1905年)二人因在南昌从事制箔业发迹,尔后成为巨富。[1] 就在包晖章造访刘家的第二天,刘孚周为包氏兄弟分别书写了"富而好礼"四字匾额及"椿庭日永"寿匾一方。[2]

包氏家族是南丰历史上最大的慈善家族,天心堂在民国时期转换为慈善机构便是包氏投入巨资的结果。[3] 刘孚周在上海期间,包晖章也在沪上拓展家族业务并介入南浔铁路筹建事宜。在南丰城西,包氏兄弟建立了一座大型宗祠,其位置正好紧挨刘氏家族宅邸,它与赵氏宗祠、鲁氏宗祠及刘氏宗祠等一道,共同构成了晚清城西望族的宗庙集群。

清季,南丰鳞次栉比的家庙宗祠,总是规律性地上演着庄严隆重的祭祀活动。同样,这座赣东小城的人们依然以古老的方式恪守着祖宗成法,日复一日地劳作生息,尽管时代的变化也会影响和渗透琴城,但域外的刺激并未成为生活的主流。然而,那些踏上谋求功名之路的士子早已自觉或不自觉地被卷入了大变局的激流中。

[作者简介] 封治国,中国美术学院教授。

---

① 关于南丰包氏,参见彭晓华:《包氏华堂盛衰考略》,《文化南丰》2015年第4期。彭晓华此文建立在《盱江包氏族谱》所提供的史料基础之上,准确度较高。除此之外,还可参见彭嘉宾《南丰"包家"的发迹史》一文,此文系作者根据包竺峰之徒与包金坡子孙及族人口述资料整理而成,与彭晓华的研究有较大不同,可资比较。另,彭嘉宾文称包琼章、包晖章二人为介福、介眉。见《南丰文史资料》第二辑,1987年,第31—36页。

② 《刘孚周日记》光绪二十三年十一月二十日条。

③ 见民国《南丰县志》,另见彭嘉宾:《南丰"包氏"发迹史》,《南丰文史资料》第二辑,1987年,第35—36页。

王昶藏书事迹考*

——以上海图书馆藏《塾南书库目录初编》为中心

赵成杰　孙天琪

内容提要：作为清代著名的文学家、金石学家，王昶在藏书史上亦有重要地位。他的藏书之地名为塾南书库，是专为家族子弟课业而设，所编《塾南书库目录初编》著录图籍 1500 余种，以通行本和金石为主。其藏书多为其一生搜访所积，精善之书常有钤印、题跋。本文以上海图书馆藏清刻本《塾南书库目录初编》为主要依据，结合王昶《金石萃编》《春融堂集》等著作，从藏书概况、藏书来源、藏书特色、藏书流散四个方面对王昶藏书事迹进行探究。

关键词：王昶　藏书　《塾南书库目录初编》　金石学

王昶（1725—1806 年），字德甫，号兰泉，江苏青浦（今属上海）人。工诗文，有《春融堂集》《金石萃编》等著作。前人对王昶的研究集中于金石、文学，对其藏书关注甚少。清李元度《国朝先正事略》和叶衍兰《清代学者象传》均记载王昶藏书"积金石文字数千通，书五万卷"。[①] 叶昌炽《藏书纪事诗》赞其"箧

* 本文系全国高校古籍整理研究工作委员会项目"王昶《金石萃编》点校整理"（项目编号：2058）研究成果之一。

① 李元度：《国朝先正事略》卷二十，《续修四库全书》第 538 册，上海古籍出版社 2002 年版，第 441 页；叶衍兰：《清代学者象传》，《叶衍兰集》，上海古籍出版社 2015 年版，第 266 页。

中打本一千通",并略言"家富藏书,藏有宋椠《初学记》《春秋经传集解》。①
王昶藏书目录《塾南书库目录初编》更是少有提及,《清史稿·艺文志》著录为
"《塾南书库目录》六卷,王昶撰"。② 现代学者中,郑伟章《书林丛考》《文献家
通考》和来新夏《清代目录提要》较早关注到《塾南书库目录初编》的著录与分
类,后来学者的论述多从二人转引。

王昶早年宦游赣、滇、蜀、陕及京师,广搜碑拓一千余通,成为编纂《金石萃
编》的重要参照,也是其收藏的重要组成部分。乾隆修《四库全书》时,收王昶
献书三种,其藏书之精善可见一斑。晚年著《塾南书库目录初编》六卷,以通行
本及金石为主,著录之书约 1500 种,反映了藏书的基本情况。又有《春融堂
集》六十八卷,其中收书籍、金石、书画题跋近 150 篇,是研究王昶藏书的重要
资料。王昶旧藏存世知见者共 25 种,卷中常有王昶手书批跋,多为《塾南书库
目录初编》所不载,可略览其藏书思想。本文以上海图书馆藏清刻本《塾南书
库目录初编》为主要依据,结合王昶《金石萃编》《春融堂集》等著作,从藏书概
况、藏书来源、藏书特色、藏书流散四个方面对王昶藏书事迹进行探究。

一、王昶生平与藏书活动

王昶早年游宦江西、云南、四川、陕西、北京多地,年及悬车回归故里,构所
著书,赒恤宗族。其一生字号、室名众多。据考证,有春融堂、塾南书库、履二
斋、兰泉书屋、蒲褐山房、经训堂、三泖渔庄等二十余个。③ 王昶参与修纂的乾
隆《青浦县志》载:"三泖渔庄:在珠街镇。王昶所居,有经训堂、郑学斋、履二
斋、蒲褐山房。"④在众多堂号中,最著名的当属春融堂。"春融"二字得名于乾

---

① 叶昌炽:《藏书纪事诗》卷五,上海古籍出版社 1989 年版,第 508 页。

② 赵尔巽等:《清史稿》卷一百四十六《艺文二》,中华书局 1976 年版,第 4314 页。

③ 赵成杰:《〈金石萃编〉与清代金石学》,中国社会科学出版社 2019 年版,第 42—46 页。

④ 孙凤鸣等修,王昶纂:乾隆《青浦县志》卷十九《第宅园林下》,中国国家图书馆藏清乾隆五十三
年(1788 年)刻本,版心页 23b。

隆圣谕"岁暮寒,且待春融归",王昶致仕归田,在三泖渔庄内设春融堂以志纪念。"塾南书库"则是已知资料中最为明确的王昶藏书之地。

史料对三泖渔庄各建筑方位描述较为详尽:

> 　　侍郎第乃昶诸生时所居,中经训堂,堂前茶厅三间,厅前门房五间。厅东为履二斋,对斋为兰泉书屋,皆三间。堂西有弄,弄西有屋,为蒲褐山房……王氏宗祠,在侍郎第对岸,南向,前一进六间,中为门,左以居阍人。由庭中西向入,为塾南书库,北向凡四间,皆以藏书,"述庵"匾其中。第二进,中为旧德堂。堂左为庖,堂右为奴仆所居。又西二间,为郑学斋,与述庵对,盖藏金石文字及书版之用。第三进,东三间祠堂……又西三间,中为塾,两旁为生徒卧处,其前两厢,一塾长居,一以藏祭器画像。①

由此可知,塾南书库为藏书之所。塾南书库位于王氏宗祠内,占屋四间,用于藏书,内有"述庵"牌匾。另外,王氏宗祠中还设有郑学斋,专藏金石文字和书板。

塾南书库当得名于方位词"祠塾之南"。王鸣盛《王氏祠堂碑记》载:"副都御史王公作祠堂于所居之南,且设家塾于其内。既置田八百亩以供祀事,又延师以训课族子弟。"②王昶归田之后,效仿范仲淹和吴郡张氏,在所居三泖渔庄南侧创建王氏祠堂,内置义塾以教化子弟,并亲自编写了祠塾条规。结合上文对三泖渔庄的描述,祠塾在北,书库在南,故命名为"塾南书库"。王昶在乾隆四十五年(1780年)三月作《祠塾条规自序》云:"自丁丑登仕籍,服官二十余年,至今春宗祠始落成,欲置田以副先大夫之志,而力不足以及之。"③王昶女婿严荣撰《述庵先生年谱》载:"己亥秋,卜地于所居桥南,起祀屋三进,共二十

---

①　转引自沈尔立《珠溪文儒》,上海三联书店2007年版,第81页。

②　孙凤鸣等修,王昶纂:乾隆《青浦县志》卷十二《学校》,版心页12a。

③　汪祖绶等修,熊其英、邱式金纂:光绪《青浦县志》卷九《学校》,中国国家图书馆藏清光绪五年(1879)刻本,版心页25b。

间,置田四五亩,以供其用。又藏经史子集四万余卷,金石文字、法帖二千余通。"①由此推之,塾南书库建成于乾隆四十五年(1780 年)前后。王昶曾亲自管理塾南书库,《春融堂集》中《料理塾南书库示从孙绍成》②一诗可证。

王昶藏书数量著录不一。塾南书库藏书数量记载有三种。王昶《祠塾条规自序》:"于是悉以所有田百余亩置之于塾,共祭祀及子弟衣食之用。……又畀以书四万卷,金石文字一千余卷。教养之资,犁然粗具。"③王鸣盛《王氏宗祠碑记》:"又畀以书二万卷,金石文字一千卷,教养之资略备矣。"④严荣《述庵先生年谱》:"藏经史子集四万余卷,金石文字、法帖二千余通。"⑤从这些资料看,塾南书库藏书过万卷,金石文字千通,具有一定的规模。另外,阮元、周郁滨记载了王昶一生藏书数量。阮元《诰授光禄大夫刑部右侍郎述庵王公神道碑》:"积金石文字数千通,书五万卷。"⑥周郁滨《珠里小志》:"藏书五万余卷,金石碑版一千余通。"⑦由此也可推测,塾南书库是王昶为供家族子弟读书特意设立的藏书处,从个人藏书中抽出常见书列架,并非藏书全貌。

《塾南书库目录初编》是现在了解王昶藏书最直接的资料。六卷,清刻本,半页十行,行十八字,小字双行,单鱼尾,书口有"书库目录"四字,卷端题"塾南书库目录初编卷某,青浦王昶德甫编"。分经、史、子、集、金石五部分,每部前有序言,略述分类标准。每部之下列书名、卷数、著者。上海图书馆、南京图书馆、天津图书馆有藏。另外,山东大学图书馆藏有民国朱丝栏抄本。南京图书馆藏本第一叶有缺损,间有工楷批注,增补《陆清献公全书》《亭林遗书》等子目书名近百种。卷一钤"钱唐丁氏藏书",为八千卷楼旧藏。上海图书

---

① 王昶著,陈明洁、朱惠国、裴风顺点校:《春融堂集》附录,上海文化出版社 2013 年版,第 1157 页。
② 王昶著,陈明洁、朱惠国、裴风顺点校:《春融堂集》卷二十二《存养斋集》,第 441 页。
③ 王昶著,陈明洁、朱惠国、裴风顺点校:《春融堂集》卷三十七《序二》,第 687 页。
④ 孙凤鸣等修,王昶纂:[乾隆]《青浦县志》卷十二《学校》,版心页 12a。
⑤ 严荣编:《述庵先生年谱》,《新编中国名人年谱集成》第四辑,台北:台湾商务印书馆 1978 年版,第 52 页。
⑥ 王昶著,陈明洁、朱惠国、裴风顺点校:《春融堂集》附录,第 1184 页。
⑦ 周郁滨纂,戴扬本整理:《珠里小志》卷十二《人物下》,上海社会科学院出版社 2005 年版,第 147 页。

馆藏本较为完整。上海图书馆藏《塾南书库目录初编》卷一著录经部书,卷二著录史部书,卷三著录子部书,卷四著录集部书,共计约 1500 种。卷五、卷六著录金石 747 通、法帖 24 种。具体编著时间今不可考。

王昶藏书印众多。中国国家图书馆、上海图书馆、吉林省图书馆、日本静嘉堂文库、美国加州大学伯克利分校东亚图书馆等地藏有王昶钤印本,印文主要有"经训堂王氏之印"(朱文)、"一字述庵别号兰泉"(朱文)、"琴德一字兰泉"(朱文)、"青浦王氏宗祠家塾记"(朱文)、"左副都御使"(朱文)、"大理寺卿"(朱文)、"履二斋"(朱文)、"王昶德甫"(朱文)、"王昶"(白文)、"述庵"(白文)、"三泖渔庄"(白文)、"青浦王昶字曰德甫"(白文)、"青浦王昶"(白文)、"字曰德甫"(白文)、"别字兰泉"(白文)、"秋官侍郎"(朱文)、"近文章底砺廉隅"(白文)。另有一方楷书木记,共 64 字,为世人称道,印文为:"二万卷,书可贵。一千通,金石备。购且藏,剧劳勚。愿后人,勤讲肆。敷文章,明义理。习典故,兼游艺。时整齐,勿废置。如不材,敢卖弃。是非人,犬豕类。屏出族,加鞭箠。述庵传诫。"

二、王昶塾南书库藏书来源

(一) 搜访

王昶的藏书多数为其一生搜访所积,尤以碑拓、法帖为甚。《金石萃编》自序云:

> 余弱冠即有志于古学,及壮,游京师,始嗜金石,朋好所赢,无不丐也。蛮陬海澨,度可致,无不索也。两仕江西,一仕秦,三年在滇,五年在蜀,六出兴桓而北,以至往来青、徐、兖、豫、吴、楚、燕、赵之境,无不访求也。盖得之之难如此。然方其从军于西南徼也,留书簏于京师,往往为人取去,又游宦辄数千百里,携以行,间有失者。失则复搜罗以补之,其聚之之难

又如此。而后自三代至宋末、辽、金，始有一千五百余通之存。①

因热衷于金石，所到之处便尽力搜访，宦游多地间有损失，前后积得 1500 余通。故于《塾南书库目录初编》专辟"金石"一类，凡二卷，共著录碑拓 747 通、法帖 24 种。这些碑拓、法帖是王昶编著《金石萃编》的重要依据，卷中常见其引用自家藏本撰写按语。《塾南书库目录初编》著录的诸多碑拓在《金石萃编》王昶按语中都能找到寻访经过。

王昶从年少时就开始访碑、拓碑，每至一地便亲自搜寻，摩挲洛诵。《金石萃编》王昶按语中也有述说搜访之经历。如《麓山寺碑》："碑在岳麓书院，昶数过长沙，渡湘江，诣书院，亲至碑下，见是碑上多裂文，士人作亭，碑嵌亭壁甚固，碑阴所题今不可复见。"②又如《旸台山清水院藏经记》："乾隆戊戌九月二十七日，昶从寒芜落叶堆中搜得之，摩挲洛诵，回环数四。"③即使从军远征，也不忘搜访。如《豳州昭仁寺碑》："昶于乾隆甲辰四月，值宁夏回人之叛。率兵防御于长武者五阅月。军事暇，即往观之，通体完好，盖因寺中研石材丈余方正巩固乃立亭其土，置碑于中。"④每见精品则嘱拓工拓录碑文，如《高宗御书石经》："乾隆壬寅之冬，昶在武林修《西湖志》。暇时躬诣府学，周览左右廊壁。命工全拓以归，谛审数过，惜其残泐太甚，其经文与前代石经及今行监本异同处，皆不及详考。姑就诸说之不同者，辨而识之。"⑤

王昶访得旧拓、珍本后，多作跋语述其流传并品评得失。《春融堂集》收录数则，如《题宋拓〈争坐位帖〉》："是为常熟钱湘灵物，后入仓场侍郎蒋晓沧家，故余得之。其书信手变化，神采灿然，为宋拓本无疑。"⑥又如《跋旧帖》："前有'琅琊王静美氏家藏图书''茂苑韩氏图书'，又有'侍御吴永安家珍藏印'，后归

① 王昶：《金石萃编》序，日本公文书馆藏清嘉庆刻本，版心页 1b、2a。
② 王昶：《金石萃编》卷七十八，日本公文书馆藏清嘉庆刻本，版心页 9b。
③ 王昶：《金石萃编》卷一百五十三，日本公文书馆藏清嘉庆刻本，版心页 11a。
④ 王昶：《金石萃编》卷四十二，日本公文书馆藏清嘉庆刻本，版心页 30a、30b。
⑤ 王昶：《金石萃编》卷一百四十八，日本公文书馆藏清嘉庆刻本，版心页 18b。
⑥ 王昶著，陈明洁、朱惠国、裴风顺点校：《春融堂集》卷四十四《跋二》，第 799 页。

于红豆斋惠学士士奇,因以归余。银钩铁画,波磔分明,楮墨古香,裹人襟袖,虽不全,良可宝也。"①王昶所藏经由钱陆灿、惠士奇等名家递藏,倍加珍视。

（二）编纂

王昶著述宏富,据陈恒舒《王昶著述考》统计共 105 种。② 其著作可分为自撰与编校两类。自撰作品中,部头较大的有《金石萃编》160 卷,《春融堂集》68 卷。编校著作中,部头较大的有《五礼通考》262 卷、《通鉴辑览》116 卷、《平定两金川方略》152 卷、乾隆《大清一统志》500 卷、嘉庆《直隶太仓州志》65 卷、乾隆《青浦县志》40 卷、《云南铜政全书》50 卷、《天下书院总志》50 卷等。其中,《同岑诗选》《湖海诗传》《湖海文传》《西湖柳枝词》《词综补》《明词综》《国朝词综》等都是嘉庆初期王昶居家编定或刊印的。《塾南书库目录初编》虽未著录,但有些应为王昶案头常备书籍。书籍编成后,王昶还时常翻阅,甚至还会做批校、增补。如《国朝词综》48 卷于嘉庆七年(1802 年)编成后,王昶作《书〈国朝词综〉后》曰:"是书既成,摩挲再四,觉尚多缺略……余目瞽亦已三年矣,搜采抉摘,尚有待乎后之君子焉。"③《塾南书库目录初编》中的金石著作、诗文集占比重非常大,也应与其晚年编订著作密切关联。

王昶还将悉心存留的友朋书札编定成集,有《旧箧集》《履二斋尺牍》等。《〈旧箧集〉题辞》云:"仆少与四方名士结缟纻、交通籍,后投分者益众,书札所贻殆无虚日,弆而藏之如牛腰、如笋束。及游滇、蜀九年,归京师,散佚之余,犹二百余纸。其人或亡或别,而郑重推逮及谈经论道之雅,显显若在心目。命小胥录之,合以新得,厘为六卷,名曰《旧箧集》,盖取孙可之'试发旧箧,手书盈千'句云。"④王昶有意存留信函,并命抄工誊录成册。除《旧箧集》外,还有《履二斋尺牍》稿本,今藏南开大学图书馆,收王昶往来信札 300 余通。

① 王昶著,陈明洁、朱惠国、裴风顺点校:《春融堂集》卷四十四《跋二》,第 800 页。
② 陈舒恒:《王昶著述考》,《国学研究》第二十八卷,北京大学出版社 2011 年版,第 341—380 页。
③ 王昶著,陈明洁、朱惠国、裴风顺点校:《春融堂集》卷四十四《跋二》,第 794 页。
④ 同上书,第 793 页。

（三）抄录

　　清代藏书家有抄写旧本之风气，毛氏汲古阁、黄丕烈士礼居、徐乾学传是楼等抄写之书精工古雅，广受追捧。在宋元本不传的情况下，抄录之书成为翻刻的重要依据。对于稀见之书，王昶也会通过借抄的方式存留。

　　王氏所抄书籍知见者不多，有《毛诗稽古编》《隶释》《吕语集粹》等。其中，《毛诗稽古编》是王昶抄书的精品。《春融堂集》卷四十三《跋〈稽古编〉》云："此覃溪太史钞本，虽全用楷法，尚未失原书本意，借而录之，并志是书缘起于左。"①《毛诗稽古编》30卷，陈启源撰。陈氏手稿本有两种：一种写定于康熙二十三年（1684年），字体不纯用古字，陈启源的学生赵嘉稷又雇工录副，录副之本后归秀水曹溶；一种写定于康熙二十六年（1687年），陈启源亲自用小篆写定，赵嘉稷又据该本过录一部。"自康熙至嘉庆，一百四十年间，《毛诗稽古编》赖陈启源的两个稿本、赵嘉稷的两个抄本，以及两稿本与两抄本的转抄本流传。"②王昶跋又云："乾隆戊辰，始见是书于定宇徵君所，盖长发先生手书，字画杂出于大小篆，古质端雅可爱。阅赵氏嘉稷跋，是书在世止有四本，其三不知所往矣。"③可知王昶曾于乾隆十三年（1748年）在惠栋处见到过陈启源康熙二十六年手稿本。后来，王昶又从翁方纲（号覃溪）抄本转录。乾隆修《四库全书》时，收王昶抄本《毛诗稽古编》入经部诗类，《四库全书总目》标注为"江西按察使王昶家藏本"。④

　　值得注意的是，王昶抄录之书多为雇工抄写。《春融堂集》卷四十四《书〈隶释〉后》记："余成进士，始好金石之学。乾隆戊寅入京，得《隶释》写本于陈勾山先生所，丐归读之。是时为梁文庄纂《续文献通考》，又奉命修《通鉴辑

---

　　①　王昶著，陈明洁、朱惠国、裴凤顺点校：《春融堂集》卷四十三《跋一》，第770页。
　　②　王承略：《陈启源〈毛诗稽古编〉的内容体例及版本系统》，《盐城师范学院学报》2017年第3期，第85页。
　　③　王昶著，陈明洁、朱惠国、裴凤顺点校：《春融堂集》卷四十三《跋一》，第770页。
　　④　永瑢等：《四库全书总目》，中华书局1965年版，第132页。

览》，不暇手写。仆有龚运者愿钞之……"①这里明确记载了《隶释》为雇工龚运所抄。又《跋〈吕语集粹〉》云："今从军来蜀，得《吕语集粹》一册，盖尹公会一所辑，苏公昌所刊。视陈刻又加省焉，视原刻五之一尔，然精粹警切语颇具于此。……因命胥录之……"②另外，王昶特意印制了抄书专用纸张。上海图书馆藏清王氏经训堂抄本《老子道德经》四卷便是一证。是本用纸半叶十行，左右双边，版心刻有"王氏经训堂"五字，全书用工楷写成。钤"经训堂王氏之印""青浦王昶""琴德一字兰泉"三方印，卷末有王昶跋语。

（四）友人赠送

王昶与乾嘉学人交游广泛。今藏南开大学图书馆的稿本《履二斋尺牍》，收王昶书信 322 封，载其与惠栋、钱大昕、沈德潜等交游事。根据《春融堂集》、年谱、传记文献记载，王昶又与戴震、翁方纲、朱文藻、孙星衍、阮元等往来密切。与友人来往中，王昶得到馈赠的书籍、字画、拓片，多作跋语记其经过。

惠栋《易汉学》手稿是王昶获赠的极为珍贵的文献。乾隆二十二年（1757年），王昶客居扬州两淮盐运使卢见曾幕府，协助校勘《雅雨堂丛书》，与惠栋结识，惠栋赠予《易汉学》手稿。《春融堂集》卷四十四《易汉学》跋：

> 定宇采掇排次，稿凡五六易。丁丑，与余客扬州，始定此本。命小胥录其副，以是授余，盖其所手书者。今下世已十年矣，展复数过，为之泫然。③

王昶极为推崇惠栋易学研究，曾言"余尝谓绍郑、荀、虞《易》学，定宇《易汉学》《周易述》称最"。④ 亦曾在《惠氏〈周易述〉跋》中称赞："定宇又有《易汉学》，盖

---

① 王昶著，陈明洁、朱惠国、裴风顺点校：《春融堂集》卷四十四《跋二》，第 796 页。
② 同上书，第 813 页。
③ 王昶著，陈明洁、朱惠国、裴风顺点校：《春融堂集》卷四十三《跋一》，第 770 页。
④ 同上。

《易述》之纲领,不读《汉学》不知《易述》所以作。"①惠栋《易汉学》数易其稿,复旦大学藏《易汉学》稿本为七卷,《四库全书总目》《郑堂读书记补逸》等著录为八卷。漆永祥先生指出:"今本八卷者,第八卷原为《周易本义辨证》末之《周易附录》,后附本书末卷。"②《塾南书库目录初编》著录有"《易汉学》八卷,惠栋撰",显然不是手稿本,王昶获赠的手稿本当存他处。

《春融堂集》中《〈感旧集〉跋》《跋〈吕语集粹〉》等也都详细记载了友朋赠书之经过。王昶也曾将藏书赠予他人。今存中国国家图书馆的元刻《元丰类稿》50卷,卷前有道光三年(1823年)少河山人(朱锡庚)手书跋语,言:"故刑部侍郎王兰泉先生与先大夫为乾隆甲戌同榜进士,相知最笃。是盖先生从军金川时所贻者,藏于余家六十年矣。爰是识于是,用告后来。"王昶在乾隆三十六年(1771年)至乾隆四十一年(1776年)随云贵总督阿贵入川平定大小金川,在此期间将此书赠予朱锡庚之父朱筠。

除此之外,王昶还从亲属、僚友、门人等处获赠大量拓片、字画,精品者亦撰题跋以记之。《春融堂集》中有《题钱稼廉〈集古帖〉后》《跋张文敏公画〈梅花册〉》《题一泉上人〈墨梅册〉》等,足见其收藏之广泛。

三、塾南书库藏书特点

(一)实用居多,分类独特

塾南书库主要为家族子弟课业而设,以贮藏常见书籍为主。《塾南书库目录初编》著录书籍约1500种,多数仅著录书名、卷数、作者三项,有些总集、丛书罗列子目。大部分书为通行本,如《通志堂经解》《二十一史》《汉魏丛书》《津逮秘书》《知不足斋丛书》《历代诗话》《西河合集》《汉魏六朝三百家集》等。王

---

① 王昶著,陈明洁、朱惠国、裴风顺点校:《春融堂集》卷四十三《跋一》,第769页。
② 漆永祥:《惠栋易学著述考》,《周易研究》2004年第3期,第55页。

昶在《祠塾条规自序》中明确表示划拨二万卷书以充"教养之资"，又亲自制定了《塾规》，确定读书分年日程及具体书目。《塾规》中提到的四书、《史记》、《纲鉴》、《广韵》、《性理字训》，书目均有著录。

王昶在编著藏书目录时，对分类有所调整。《塾南书库目录初编》分经、史、子、集、金石五部分，部类前先列"御定""御撰"之书，无疑是受《四库全书总目》的影响。各部前有类序，简述分类标准，并结合藏书实际在分类上略作改动。卷一经部序言曰：

> 案：古人书目，类分四部。而四部中之书，又各以类相从。今如《通志堂经解》及《黄氏经说》《万氏五经》，一家椠本，势不可分隶各经。且有数十纸一卷，宜与他书合钉，故从所刻书之。又，历算是小学之一，而金石碑版与音韵之学皆所以通经。然金石流为法帖，法帖参入图画，亦不可分，故并附于小学之末。①

王昶认为丛书中的零种在版刻特征上相同，不应拆分，遂依丛书名著录。历算本属子部天文算法类，金石本属史部金石类，王昶认为历算、金石都是研究经学的必备知识，并且金石又与法帖、书画关联密切，不易区分，遂将历算、金石列于小学之末。其余各部分类也有创见。卷二史部对于方志有所摒弃，仅列十八省志和与家世相关的《云间志》《松江府志》《昆山县志》《青浦县志》，"此外府州县志，过于繁琐，不复收入"。② 卷三子部延续经部丛书分类方式，"各种丛书，亦依其原本次第分叙"。③ 并将类书附于子部之末，认为"类，犹丛也"。卷五、卷六设为金石，则是考虑到所藏碑拓众多，故单设一类。当然，这种分类也造成了一些混乱。如《浙江采集遗书总目》《方略馆奏禁书目》《四库全书馆奏禁书目》等本属史部目录类，王昶归入集部，甚为不妥。

---

① 王昶：《塾南书库目录初编》卷一，上海图书馆藏清刻本，版心页 1a。
② 王昶：《塾南书库目录初编》卷二，上海图书馆藏清刻本，版心页 1a。
③ 王昶：《塾南书库目录初编》卷三，上海图书馆藏清刻本，版心页 1a。

（二）间有珍本，另藏他处

《塾南书库目录初编》著录版本者仅有十余种，即"《十三经注疏》，明北京国子监本"、"《说文解字》十五卷，许慎撰，宋椠本，有匣。又，卷同，常熟毛晋椠本"、"《知不足斋丛书》鲍氏椠本"、"《历代诗话》何文焕刻"等。其中，宋刊小字本《说文解字》是王昶藏书的代表，今存日本静嘉堂文库，《续古逸丛书》据以影印。是本有阮元跋语，经王昶、汪士钟、蔡廷桢等递藏，后归陆心源皕宋楼，光绪间售与日本岩崎氏静嘉堂文库，颇受治小学者重视。

从《春融堂集》诸多题跋及存世王昶钤印本来看，大量宋元珍本及名家递藏之本未见《塾南书库目录初编》著录，这也说明王昶藏书中的精品当另存他处。《春融堂集》卷四十三收录三种宋本跋语，《塾南书库目录初编》均未著录。《宋本〈春秋左传〉跋》①言卷前有"闻人演印"。此本后归海源阁，杨绍和《楹书隅录》载："宋巾箱本《春秋经传集解》二十二卷二十二册，此本向为青浦王德甫先生所藏，后归扬州汪孟慈。"②可知是本先后经王昶、汪喜孙、杨氏海源阁递藏，今存中国国家图书馆，《中华再造善本》据以影印。《宋本〈周礼〉跋》③言为徐乾学旧藏，《宋本〈元和郡县志〉跋》④述李吉甫经历，未介绍藏书源流，今不知流散何处。与王昶同时期的严可均曾经眼王昶藏宋刊《初学记》。《铁桥漫稿》卷八《书〈初学记〉校本后》："嘉庆初，王兰泉少司寇得宋板大字本。丙寅春，孙渊翁借得之以示余。余案头有徐本，取与对勘。"⑤王昶所藏《初学记》后归十万卷楼，但陆心源认为是元刻本。陆心源又将其与安国刻本重校，写成校勘记八卷，刻入《群书校补》。王昶旧藏本今不知流落何所，严可均校宋本今存

① 王昶著，陈明洁、朱惠国、裴风顺点校：《春融堂集》卷四十三《跋一》，第 771 页。
② 杨绍和撰，傅增湘批注，朱振华整理：《藏园批注楹书隅录》，中华书局 2017 年版，第 32 页。
③ 王昶著，陈明洁、朱惠国、裴风顺点校：《春融堂集》卷四十三《跋一》，第 770 页。
④ 同上书，第 774 页。
⑤ 《续修四库全书》编委会：《续修四库全书》第 1489 册，上海古籍出版社 2003 年版，第 49 页。

日本静嘉堂文库。①

除上述论及外，王昶藏宋元本存世知见者还有三种，即宋刻《张氏集注百将传》、宋刻《韩集举正》、元刻《元丰类稿》。这些宋元本大都经明末清初的藏书大家递藏，《塾南书库目录初编》未曾著录。如中国国家图书馆藏宋刻《张氏集注百将传》100 卷，宋张预撰，存十卷。钤印"徐氏传是楼藏书""青浦王昶字曰德甫""一字述庵别号兰泉"等。有嘉庆丁巳（1797 年）王昶跋语："宋椠张预辑《百将传》残本二册，每半叶十四行，行二十四字。卷五十四之卷五十八一册，六十四之六十八一册，计仅十卷。玩其楮墨簇新，古香古色，虽散佚残编，实不啻片羽吉光之可宝。后有藏者宜拱璧珍之。"从跋语看，王昶甚为珍视此本。又如中国国家图书馆藏《元丰类稿》50 卷，宋曾巩撰，元大德八年丁思敬刻本。钤印"曲阿孙氏禹见珍玩""孙云翼印""徐健菴""乾学""季振宜字诜兮号沧苇""经训堂王氏之印""琴德一字兰泉""青浦王昶"等。由藏印可知，是本先经孙云翼、徐乾学、季振宜递藏，后被王昶收得。

王昶是《四库全书》最早的倡修者之一，乾隆开四库馆后也曾献书。《四库全书》收王昶藏书三种，侧面反映了王昶藏书之精善。《塾南书库目录初编》《春融堂集》亦未详述，前人对此少有论及。其中，《易存》无卷数，列入经部易类存目，标注为"大理寺卿王昶家藏本"。②《毛诗稽古编》30 卷，入经部诗类；③《开元释教录》20 卷，入子部释家类，二书标注为"江西按察使王昶家藏本"。④《塾南书库目录初编》仅著录有"《开元释教录》二十卷，僧智昇撰"，⑤但未注明版本，不知是否与进呈之书有关。另外，王昶还藏有惠栋《易汉学》稿本、王太岳《青虚山房集》稿本，亦为珍稀书籍。

① 王京州：《宋本〈初学记〉流布考》，《清华大学学报（哲学社会科学版）》2019 年第 1 期，第 119—125 页。
② 永瑢等：《四库全书总目》，中华书局 1965 年版，第 71 页。
③ 同上书，第 132 页。
④ 同上书，第 1237 页。
⑤ 王昶：《塾南书库目录初编》卷三，上海图书馆藏清刻本，版心页 8a。

（三）偏重金石，广搜诗文

王昶是清乾嘉时期最为著名的金石学家，所著《金石萃编》160 卷，收录金石文字一千五百余种，汇集"目录、存文、集释、考证"于一体，[①]为清代金石学扛鼎之作。《金石萃编》中有 374 通碑刻不著录各家题跋，只有王昶撰写的按语，说明这些碑拓在前代极为稀见，大部分材料来源于王昶私藏。王昶在编著《塾南书库目录初编》时将所藏 700 余种碑拓单列两卷，按时代划分，并详细标注了写刻时间及字体。如："《史晨享孔庙后碑》，建宁二年，隶书，后有周天授二年马元贞题名。"[②]

王昶收藏碑拓追求精善，不乏宋元古拓。如《孔颖达碑》原文 2500 余字，前代诸家著录皆已不全，最少者仅著录二百余字。王昶所藏拓本共 1600 字，可见其收藏之精。又如《王仁求碑》，王昶查阅方志时发现，命人首次拓出，乃为世人所知。这其中有很多珍贵古拓，如宋拓《沛相杨统碑》《颜鲁公与郭仆射书》《高阳令杨著碑》等。

王昶在文学上亦有创设。一生所创作的诗文汇为《春融堂集》，共 68 卷，收诗作多达二千余篇。又编有《青浦诗传》《明词综》《国朝词综》《湖海诗传》《湖海文传》等诗文集，广搜博采、编排精当，"保存了明清两代许多文学家的作品、传记资料及其创作情况，其中许多人的事迹，今已难以查考"[③]。《续修四库全书总目提要》称赞"虽诸家不必籍选本以传，更不必以选者去取为轻重，然其会粹之功，固未可没也"。[④] 这些诗文集绝大多数成书于嘉庆初年，此时王昶居家养老。有些著作甚至在王昶去世时还未刊行，《湖海文传》编成于嘉庆十年（1805 年），次年王昶离世，未及付梓。直至道光十七年，在阮元资助下才得以印行。编纂部头庞大的诗文集，所依材料定与其藏书密切关联。现存王

---

① 赵成杰：《〈金石萃编〉与清代金石学》，第 303 页。
② 王昶：《塾南书库目录初编》卷五，上海图书馆藏清刻本，版心页 2b。
③ 王慧华：《王昶的文学文献学研究》，华东师范大学硕士学位论文，2006 年，第 20 页。
④ 《续修四库全书总目提要》卷四《湖海诗传》。

昶旧藏绝大多数为诗文集,也与其文学追求相关联。

(四) 随书批校,题跋精当

王昶批校本颇不易得,傅增湘《藏园群书题记》言"兰泉校书向所稀觏"①。北京大学图书馆有王昶手校《盐铁论》,为李盛铎旧藏,卷中多王昶随笔点勘。傅沅叔跋曰:"辛巳冬至日移校毕,惟兰泉当日据何本勘正,未有跋识,其改定之处,与张古余考证多不同,亦可资参考。"②王昶批校本今见者还有 4 种,即浙江图书馆藏清初毛氏汲古阁刻本《说文解字》、天一阁博物馆藏《周礼摘要》、上海图书馆藏稿本《青虚山房集》、湖北省图书馆藏稿本《鹤谿文稿》。湖北图书馆藏稿本《鹤谿文稿》中王昶批语较长,对原文进行补充。如《昭庆寺修建记》文末有王昶批注,作于乾隆壬寅腊月二十一日,增补了大量关于昭庆寺的传闻。③

《春融堂集》卷四十三、卷四十四收王昶书籍、金石、书画题跋近 150 篇,或述源流,或涉校勘,或评优劣,是了解王昶藏书思想的重要资料。王昶于金石、诗文颇有心得,涉及文字校勘,故其跋语值得重视。如《唐人书〈莲华经〉残字跋》:

> 此《妙法莲华经》第三《譬喻品》佛所说偈,前后俱散佚矣。考其中"忽然"作"欻然"、"鸱枭"作"鵄枭"、"恼急"作"憽急"、"耽缅"作"恇",知为隋末唐初人作。盖北朝自周、齐后造字猥拙,讹替滋生,多失形声之义……初唐墨宝甚难得,展玩数过,又何啻获三种宝车耶。④

现存王昶旧藏中,多有王昶手书跋语,亦有所创见。上海图书馆藏清王氏经训堂抄本《老子道德经》四卷,卷末有王昶跋:

---

① 傅增湘:《藏园群书题记》,上海古籍出版社 1989 年版,第 289 页。
② 傅增湘撰,王菡整理《藏园群书校勘跋识录》,中华书局 2012 年版,第 189 页。
③ 吴波:《湖南省图书馆藏王鸣韶稿本〈鹤谿文稿〉考辨》,《文献》2015 年第 6 期,第 91 页。
④ 王昶著,陈明洁、朱惠国、裴风顺点校《春融堂集》卷四十四《跋二》,第 802 页。

自战国后，宗老子者，或为传、为说、为注、为疏、为论、为解、为问……迄唐之季，已九十五种。而宋世若苏氏辙、王氏安石、陆氏佃等尚不与数，可谓繁矣。今惟此本最传，是可宝也。唐玄宗注二卷，世罕知者。然其石刻具存，与是本稍有异同，好古者当梓以并行焉。青浦王昶识。①

其在跋语中详述战国至唐代老子研究著述类型 95 种，并基于金石学功底，认为是本文字与石刻略有不同，文献价值较大。

又如，上海图书馆藏明刻本《杜少陵集》十卷，有明张栋跋及清王昶跋。王昶跋云：

元椠《杜少陵集》皆有注本，而无注本者极少。是集尾册有明张太常跋语，据云胜国时无注本《杜集》甚少见也，依此可以确信。夫溯有元迄明季，累百年矣，明季迄今又累百年矣，独是集字文俱古，楮墨犹新。昼长无俚，展阅一过，弥不禁盥露辫香虔奉云。乾隆甲寅春日，后学王昶谨书。

按：明张太常，讳栋，字伯任，昆山人，著有《木雁轩诗文集》。平生藏书甚富，见《明史》列传。昶又。②

跋语中既指出了版本特色又考证了人物生平，颇为翔实。

四、王昶藏书流散情况

嘉庆八年（1803 年），王昶因云南铜、盐矿亏空被朝廷罚银 12000 两，变卖田产仅筹得 6000 两。此后，举家迁至王氏宗祠居住，晚景颇为凄凉。③ 嘉庆十一年（1806 年），王昶卒于家中，年八十有三。无子，以从弟王曦之子王肇和

①　方勇编：《子藏·道家部·老子卷》第五册，国家图书馆出版社 2018 年版，第 425—426 页。
②　上海图书馆编：《上海图书馆善本题跋真迹》第十一册，上海辞书出版社 2013 年版，第 136 页。
③　陈舒恒：《王昶著述考》，《国学研究》第二十八卷，北京大学出版社 2011 年版，第 343 页。

为嗣。《金石萃编》《春融堂集》等著作雕版原存王氏宅中，同治青浦兵乱后已有散佚。光绪修《青浦县志》时，祠堂尚存，家塾已废。民国时，王氏旧物多已散出。民国《青浦县续志》记：

> 王氏故物类多不能保。建昭雁足镫为上海徐渭仁所得。宋本《鹤林玉露》在娄县泗泾李氏家。其世所称《千金帖》者，则由长洲汪士钟载之而去。（仪征阮文达元赠汪联云："万卷图书皆善本，一楼金石具精摹。"出语谓汪氏所得士礼居藏书，对语即指《千金帖》也。）《湖海诗传》《湖海文传》版片售于苏城某书肆。刘梁合璧石刻售于同里金氏。今王氏祠中仅存一司寇�像、一司寇翎顶画像及《王氏世谱》数册而已。①

西汉建昭三年雁足镫是王昶任陕西按察使时在西安觅得，为王昶收藏之精品，后归于孙星衍、徐渭仁、王壮慜、吴煦等人。《鹤林玉露》，宋罗大经撰，《塾南书库目录初编》载"《鹤林玉露》十六卷"，②未注明版本，今亦未见有宋本存世。关于《千金帖》，同治《苏州府志》卷一百四十九《杂记六》载"汪氏又得青浦王氏所谓《千金帖》者，故阮文达公赠联云：'万卷图书皆善本，一楼金石是精摹。'盖实录也。观察多子，身后兄弟瓜分，家亦落，其书始散"。③ 其后无从再考。《湖海诗传》《湖海文传》等版片更是无迹可寻。

民国三十六年（1947年）九月十五日，朱家角《珠风》报纸上刊载：

> 王昶遗物，当时尚有宋本《妙法莲华经》，先前已交圆津禅院，原函具在。王昶手批《唐鉴》刻本藏金山高吹万家。三泖渔庄题词二十一家，藏邑人陆氏。张得天梅花石刻，现存祠中。《苏汉臣嫁娶图》有王昶题识及

---

① 民国《青浦县续志》卷二十四《杂记下》，中国国家图书馆藏民国二十三年（1934年）刻本，版心页19—20。

② 王昶：《塾南书库目录初编》卷三，上海图书馆藏清刻本，版心页3a。

③ 吴波：《湖南省图书馆藏王鸣韶稿本〈鹤谿文稿〉考辨》，《文献》2015年第6期，第91页。

毕秋帆尚书长跋,为粹卿出嫁时压妆物,曾落入里中刘某手,后售上海,无可查考。①

《塾南书库目录初编》未著录"宋本《妙法莲华经》",但《春融堂集》有《唐人书〈莲华经〉残字跋》。王昶手批《唐鉴》刻本归高燮吹万楼之后,递嬗已不可考。

晚清藏书家重视王昶藏书并用转抄的方式录副。如周星诒《书钞阁行箧书目》载:"《梁溪集》一百八十卷《附录》六卷,从王兰泉家藏本钞出。"②众书目中亦著录有十余种王昶藏本,多钤"青浦王昶""青浦王昶字曰德甫""一字述庵别号兰泉"等印。如:罗振常《善本书所见录》有《伊洛渊源录》《史通通释》二种,傅增湘《藏园群书经眼录》有明嘉靖刻本《陈子昂集》,王国维撰《传书堂藏书志》有明抄本《和靖尹先生文集》,邓邦述《群碧楼善本书录》有明刻本《古赋辨礼》,等等。这些王昶藏本,今不知流落何所?

附 录:

王昶旧藏存世知见者有 25 种,分藏中国国家图书馆、上海图书馆、吉林省图书馆、辽宁省图书馆、浙江图书馆、大连图书馆、日本静嘉堂文库、美国加州大学伯克利分校东亚图书馆等处。其中,有宋元本五部和王昶批校、题跋本十余部。一些珍本在王昶身后又经数位藏书名家递藏,文物价值大增。现将各本情况胪列如下:

1.《春秋经传集解》30 卷,晋杜预撰,唐陆德明释文,宋刻本,中国国家图书馆藏。

存 22 卷。钤印"闻人寅印""汪大喜孙""孟慈""喜孙校本""杨以增印""宋存书室""四经四史之斋""彦合"等,《中华再造善本》据以影印。

2.《周礼摘要》二卷,清储欣撰,清抄本,天一阁博物馆藏。

---

① 转引自沈尔立:《珠溪文儒》,上海三联书店 2007 年版,第 79 页。
② 煮雨山房辑:《中国著名藏书家书目汇刊·近代卷》第 9 册,商务印书馆 2005 年版,第 402 页。

王昶批校,钱大昕、朱春生、汪照、叶德辉、叶启勋跋。

3.《说文解字》15 卷,汉许慎撰,南唐徐铉校订,宋元递修本,日本静嘉堂文库藏。

钤印"王昶""青浦王昶字曰德甫""一字述庵别号兰泉""大理寺卿""经训堂王氏之印""汪士钟印""士钟""宋本""阆源父""阆源审定""归安陆树声叔桐父印"等三十余种。阮元跋。《续古逸丛书》据以影印。

4.《说文解字》15 卷,汉许慎撰,南唐徐铉校订,清初毛氏汲古阁刻本,浙江图书馆藏。

王昶批校。钤印"青浦王昶""经训堂王氏之印"。

5.《汲冢周书》十卷,晋孔晁注,元刻本,日本静嘉堂文库藏。

钤印"王昶之印""述庵"。

6.《吾学编》69 卷,明郑晓撰,明万历二十七年(1599 年)刻本,大连市图书馆藏。

钤印"青浦王昶""琴德一字兰泉""经训堂王氏之印"。

7.《蜀碧》四卷,清彭遵泗撰,清乾隆二十八年(1763 年)刻本,见于上海国际商品拍卖有限公司 2004 年春季艺术品拍卖会。

钤印"青浦王昶字曰德甫""一字述庵别号兰泉""二万卷,书可贵。一千通,金石备。购且藏,剧劳勤。愿后人,勤讲肆。敷文章,明义理。习典故,兼游艺。时整齐,勿废置。如不材,敢卖弃。是非人,犬豕类。屏出族,加鞭箠。述庵传诫"。

8.《金石录》30 卷,宋赵明诚撰,清顺治七年(1650 年)谢世箕刻本,湖南图书馆藏。

钤印"青浦王昶字曰德甫""一字述庵别号兰泉""面城近市之居""曾在萧山陆氏香匮处""香匮藏书""道州何氏藏书""王增私印""方川""云龙万宝书楼""叶启发读书记"。何绍基批校。叶启勋、叶启发跋。

9.《盐铁论》12 卷,汉桓宽撰,清王谟"汉魏丛书"本,北京大学图书馆藏。

钤印"述庵""王昶之印""经训堂王氏之印"。王昶跋。

10.老子《道德经》四卷,题汉河上公注,清王氏经训堂抄本,上海图书馆藏。

钤印"琴德一字兰泉""青浦王昶""经训堂王氏之印"。王昶跋。《子藏·道家部·老子卷》据以影印。

11.《列子冲虚真经》,明万历间闵齐伋刻朱墨套印本,见于2020年荣宝斋"缥缃"古籍善本专场拍卖会。

钤印"兰泉""三泖渔庄""青浦王氏宗祠家塾记"。

12.《张氏集注百将传》100卷,宋张预撰,宋刻本,存十卷(卷五十四至五十八、六十四至六十八),中国国家图书馆藏。

钤印"徐氏传是楼藏书""青浦王昶字曰德甫""一字述菴别号兰泉""陈氏审定""群碧楼印""群碧楼""正闇"等。有嘉庆丁巳(1797年)王昶跋、戊午(1918年)二月邓邦述跋。《四库存目丛书》据以影印。

13.《墨林快事》12卷,明安世凤撰,清抄本,中国国家图书馆藏。

钤印"青浦王昶字曰德甫""一字述庵别号兰泉""二万卷,书可贵。一千通,金石备。购且藏,剧劳勚。愿后人,勤讲肆。敷文章,明义理。习典故,兼游艺。时整齐,勿废置。如不材,敢卖弃。是非人,犬豕类。屏出族,加鞭箠。述庵传诫"等。末有乾隆乙未(1775年)汪大经跋语。《四库存目丛书》据以影印。

14.《杜少陵诗》十卷,唐杜甫撰,明刻本,上海图书馆藏。

钤印"张栋印""吴门张栋之印""王昶""述庵""秋官侍郎""孙文藻读""长任父""木雁轩书画记"。明张栋跋、清王昶跋。

15.唐宋《白孔六帖》一百卷目录二卷,唐白居易、宋孔传辑,明嘉靖刻本,美国加州大学伯克利分校东亚图书馆藏。

钤印"青浦王昶字曰德甫""一字述庵别号兰泉""正闇收藏""百靖斋"。

16.《韩集举正》十卷外集并叙录一卷,宋方崧卿撰,宋淳熙刻本,日本大仓文化财团藏。

钤印"青浦王昶""琴德一字兰泉""经训堂王氏之印""横经阁收藏图籍印""玉峰珍藏""菽华吟舫""顾本印""竹堂""大兴朱氏竹君藏书之印""顾氏思齐"

"顾仲子"等。朱锡庚跋。

17.《元丰类稿》50卷,宋曾巩撰,元大德八年(1304年)丁思敬刻本,中国国家图书馆藏。

钤印"曲阿孙氏禹见珍玩""孙云翼印""徐健菴""乾学""季振宜字诜兮号沧苇""经训堂王氏之印""琴德一字兰泉""青浦王昶""朱筠之印""大兴朱氏竹君藏书之印""朱锡庚印""朱庭翰印""东郡宋存书室珍藏""杨以增字益之又字至堂晚号寒樵行式"等。《中华再造善本》据以影印。

18.《苏老泉先生全集》20卷,宋苏洵撰,清刻本,中国国家图书馆藏。

钤印"经训堂王氏之印""青浦王昶""琴德一字兰泉""子翔集古"。

19.《梅磵诗话》三卷,宋韦居安撰,清雍正十一年(1733年)厉鹗家抄本,中国国家图书馆藏。

王昶、何道生、王芑孙题款,翁方纲、厉鹗跋。

20.《水心文集》29卷,宋叶适撰,明末刻本,上海图书馆藏。

王昶跋。

21.《石湖居士诗集》,宋范成大撰,清康熙二十七年(1688年)刻本,吉林省图书馆藏。

钤印"青浦王昶""琴德一字兰泉"。

22.《陈定宇先生文集》16卷别集一卷,元陈栎撰,清康熙三十三年(1694年)刻本,山西大学图书馆藏。

钤印"青浦王昶字曰德甫""一字述庵别号兰泉""二万卷,书可贵。一千通,金石备。购且藏,剧劳勚。愿后人,勤讲肄。敷文章,明义理。习典故,兼游艺。时整齐,勿废置。如不材,敢卖弃。是非人,犬豕类。屏出族,加鞭箠。述庵传诫"。

23.《绿晓斋集》一卷诗来一卷附录一卷,明卜舜年撰,明末抄本,辽宁省图书馆藏。

王昶跋。

24.《青虚山房集》十卷,清王太岳撰,稿本,上海图书馆藏。

王昶批校,潘承弼、顾廷龙题跋。

25.《宋诗纪事》100卷,清厉鹗辑,清乾隆刻本,美国加州大学伯克利分校东亚图书馆藏。

钤印"青浦王昶""琴德一字兰泉""经训堂王氏之印"。

[作者简介]赵成杰,同济大学中文系助理教授,主要从事金石学研究;孙天琪,山东大学儒学高等研究院博士研究生。

明代南京国子监的书板来源
及其重印宋元本考

陈　伟

内容提要：南京国子监作为明代官方的教育和出版机构，刻印典籍丰富，在中国出版史和藏书史上具有重要意义。南监所藏书板总量甚夥，除了先后继承元代西湖书院和集庆路儒学的书板之外，还接收了元大都和各地进呈的书板，同时本监自刻的书板亦不在少数。其中西湖书院和集庆路儒学的书板俱为宋元本，南京国子监对这部分书板予以修缮，继续刷印，就形成了中国出版史上极具盛名的"三朝本"。通过对这些板片的存佚情况进行考察，可以胪举出南京国子监重印宋元本书籍的具体名目，同时南监所印《周易注疏》之版本、南北朝七史之祖本、《论语集注考证》书板之来源等问题亦可借此得以释疑。

关键词：南京国子监　《南雍志·经籍考》　西湖书院　书板　宋元本

国子监在中国古代封建王朝不仅是最高学府和教育管理机构，同时也是官方的出版中心之一。国子监刻书始于五代，《资治通鉴》载："初，唐明宗之世，宰相冯道、李愚请令判国子监田敏校正《九经》，刻版印卖，朝廷从之。丁巳，板成，献之。"[①]自此以后，历代国子监皆刻书不辍，而其中又尤以宋、明两朝国子监刻书为最盛。明成祖朱棣迁都之后，于北京再设国子监，因此明朝就

---

① 司马光编著，胡三省音注：《资治通鉴》卷二百九十一，中华书局2005年版，第9495页。

形成了南、北两监共存的历史现状,且两监皆有刻书。其中南京国子监继承了元代西湖书院和集庆路儒学的宋元旧板,并予以修补刷印,这些重印之本在追溯版本源流和繁荣文化事业方面尤为可贵。明黄佐《南雍志》及黄儒炳《续南雍志》对南监事迹记载颇详,而出于梅鷟之手的《南雍志·经籍考》亦对书板存佚和典籍刊刻等情况有详细记录。有鉴于此,本文拟对南京国子监的书板来源及其利用这些书板重新刷印的宋元本书籍进行详细考察。

一、南京国子监沿革述略

南京国子监又称南雍,其创建年代可上溯到元末。元至正二十四年(1364年)正月,朱元璋在应天(今南京)自立为吴王,并于次年九月在元集庆路儒学旧址建立国子学,"岁乙巳(1365年)九月丙辰朔,置国子学,以元故集庆路儒学为之。设博士、助教、学正、学录、典乐、典书、典膳等官"①。至正二十七年(1367年)十月,朱元璋又定国子学官制,"祭酒正四品,司业正五品,博士正七品,典簿正八品,助教从八品,学正正九品,学录从九品"②。洪武八年(1375年)三月,太祖为显示衣锦之意,又于中都(今凤阳)设国子学。洪武十四年(1381年)四月,朱元璋"诏改国子学于鸡鸣山之阳",并于是年十月对国子学官员的品秩和人数重新做了规定。洪武十五年(1382年)三月,"改国子学为国子监,初定监规九条",并以旧国子学为应天府儒学。"五月国子监落成,自经始以来,车驾临视者数次,规摹闳壮,前代所未有也。"③洪武二十六年(1393年),太祖革中都国子学,将其生员并入南京国子监。

永乐元年(1403年)二月,明成祖朱棣设北京国子监,僚属一同南雍。永乐十八年(1420年)十一月,明成祖"以迁都北京诏天下",并于次年正月,正式行在北京,国子监遂有南、北之分。但迁都北京之后,南京国子监一职未削,照

---

① 黄佐:《南雍志》卷一,《中华再造善本》(明代编),国家图书馆出版社2013年版,第2页。
② 同上书,第3—4页。
③ 同上书,第25页。

常运行,到永乐二十年(1422 年)时,其监生人数达到巅峰,共计 9972 人。① 此后逐渐式微,但即便如此,到嘉靖二十一年(1542 年),时距永乐迁都已经过去了一百二十余年之久,南京国子监仍保有监生 1421 人的规模。②

明朝中期,随着纳监制度的产生,国子监生源的质量逐渐变差,南、北两监俱是如此。"例监始于景泰元年,以边事孔棘,令天下纳粟纳马者入监读书,限千人止。行四年而罢。"③但实际上,"其源一开,末流不可复塞,后来遂援此例以赈饥,甚至援此以接济大工,无止息之期矣"。④ 据王圻《续文献通考·选举·赀选》记载,景泰之后,成化、弘治、正德、嘉靖、万历各朝皆有捐赀入监的现象,并称:"近年太仆缺马,户部缺边费,乃开例益滥,遂至市井恒人,皆得借俊秀名目,输粟入监者,注选铨部者,至数万人。"⑤捐纳制度对国子监的声誉造成了很恶劣的影响,崇祯即位后遂有意革新,然已积弊难返。"崇祯新即位,禁天下不得输粟入太学,一时成均顿复旧观。后以军兴用十足,复许天下负镪入学,去前诏不一年。"⑥清顺治七年(1650 年),南京国子监改为江宁府学,其作为明代最高学府的使命结束。

二、南京国子监的书板来源及管理状况

明代南京国子监的刻书规模,远超历代国子监。梅鷟《南雍志·经籍考·梓刻本末》著录南监刊刻书籍 305 种,⑦周弘祖《古今书刻·南京国子监》著录 273 种,经史子集一应俱全。出现这种盛况的原因除了明初对教育的重视之

---

① 黄佐:《南雍志》卷十五,《中华再造善本》(明代编),第 21 页。

② 同上书,第 8 页。

③ 张廷玉等撰:《明史》卷六十九,中华书局 2013 年版,第 1682 页。

④ 王圻:《续文献通考》卷五十,《四库全书存目丛书》(第 185 册),齐鲁书社 1995 年版,第 770 页。

⑤ 同上书,第 772 页。

⑥ 文秉:《烈皇小识》(外一种),北京古籍出版社 2002 年版,第 271 页。

⑦ 按:此据《中华再造善本》(明代编)影印明嘉靖刻隆庆增修本统计,其中卷十八脱去第 39 页一板,脱去部分据吴昌绶《松邻丛书》本统计。

外,还得益于南监藏有大量书板,同时南监也陆续对这些书板进行了保护和修缮,下面分别简述。

(一) 南京国子监书板的来源

洪武元年(1368年)八月庚午,"徐达入元都,封府库图籍",将元大都所藏旧板尽运南京国子学,惜如今已难知其细目。洪武三十年(1397年),兵部奉旨刻完《武经七书》,之后送板国子监各印一本,以供武职子孙附监读书者用。另嘉靖七年(1528年)南监刻印《辽史》《金史》二书,其书板阙如,遂于吴下购得。除了明初收存元大都旧板,明内府移送书板以及国子监主动购入书板之外,南京国子监的书板还有四个来源,分述如下:

1. 继承元代西湖书院的书板

宋室南迁临安(今杭州)之后,非常重视图籍的重新收集和刊刻,南宋国子监作为宋代最高的教育管理机构和出版管理机构,因有教学与出版的需求,刊刻书籍自是要务,所以不仅本监大量刻印书籍,同时还征集江南诸州所刻书板到国子监中。如大字本《史记》原为淮南转运司所刻,荀氏《前汉纪》、袁氏《后汉纪》本为越州刊刻,俱被移入监中,此类书籍仍以"监本"称之。元灭南宋之后,至元二十八年(1291年),徐琰主政浙西,在南宋国子监旧址上设立了西湖书院。因此南宋国子监丰富的藏书及书板,皆被西湖书院所继承。陈袤称:"西湖精舍因故宋国监为之,凡经史子集无虑二十余万,皆存焉,其成也,岂易易哉。"[1]西湖书院在至治三年(1323年)对这批书板进行了第一次大规模的修补,事讫于泰定元年(1324年)春,山长黄裳、教导胡师安等人据当时所存书板编成《西湖书院重整书目》,共著录书籍122种。至正二十一年(1361年),西湖书院再次对南宋国子监书板进行修补,"所重刻经史子集欠缺,以板计者七千八百九十有三……所缮补各书损毁漫灭,以板计者一千六百七十有一"。[2] 此次修

---

① 中华书局编辑部编:《宋元明清书目题跋丛刊》(元代卷),中华书局2006年版,第4页。

② 陈基撰:《夷白斋稿》,文渊阁《四库全书》(第1222册),台北:台湾商务印书馆1986年版,第293页。

缮,亦编有书目,可惜未能流传,又过六载,元朝灭亡。元明易代之后,西湖书院被改为仁和县学,明洪武初,原南宋国子监书板及西湖书院新刻、补刻之板片皆被移入南京国子学。

2. 继承元代集庆路儒学的书板

明初国子学乃是以元集庆路儒学旧址为之,因此,也就顺理成章地继承了元集庆路儒学的书板。梅鷟《南雍志·经籍考》称:"《金陵新志》所载集庆路儒学史书,梓数正与今同,则本监所藏诸梓,多自旧国子学而来也,明矣。"①由此可知,国子学迁址并改为国子监之后,其书板也一并被移诸过来。元张铉至正《金陵新志》②称:"(集庆路)所买经史子集图志诸书,视他郡亦略全备。"同时对所藏书板做了明确记载,兹摘录于下:

> 十七史书板,计纸二万三千张:《史记》一千八百一十九、《前汉》二千七百七十五、《后汉》二千二百六十六、《三国志》一千二百九十六、《晋书》二千九百六十五、《南史》一千七百七十三、《北史》二千七百二十一、《隋书》一千七百三十一、《唐书》四千九百八十一、《五代史》七百七十三。杂书板:《金陵志》四百八十、《贞观政要书》二百、《朱子读书法》一百十七、《南唐书》一百八十、《礼部玉篇》二百七十、《集庆志》一百三十五、《修辞鉴衡》五十六、《农桑撮要》五十八、《救荒活民书》一百五十、《曹文贞公诗集》二百五十八、《宪台通纪》五百一十五、《陈子廉先生诗》二十、《鲁斋先生诗解大学》一十九、《乐府诗集》一千三百八十、《厚德录》六十、《刑统赋》六十三。③

以上所载诸书板片,除《金陵志》《集庆志》之外,其余全部见于《南雍志·

---

①　黄佐:《南雍志》卷十八,《中华再造善本》(明代编),第1页。

②　按:《四库全书》及《四库全书总目》著录为"(至大)《金陵新志》"。该书《修志文移》明确记载:"敕请于至正三年五月初十日到局修纂",故作"至大"当误。

③　张铉:至正《金陵新志》卷九,《四库提要著录丛书》(史部第210册),北京出版社2010年版,第349页。

经籍考·梓刻本末》,其中十七史书板数目大略相同,余下书板,盖因损坏、亡佚之故,数目出入较大。南京国子监继承这批书板之后也做了修补和重新刷印的工作。

3. 接收各地进呈的书板

洪武时,蜀王朱椿命工重刻《蜀汉本末》三卷,成化中,浙江副使张和命严郡太守邵龄刻小字本《文鉴》150卷,《南雍志·经籍考·梓刻本末》并载此二书,当是送板入监。明弘治四年(1491年)正月辛丑,南京国子监祭酒谢铎上书言六事,其中第四条曰广载籍,"谓本监书板旧多藏贮,散在天下,未免有遗,乞敕各布政司凡系经史书板尽送南京国子监,以复国学储书之旧,免有司赠馈之劳"①。且奏疏"下礼部覆议,谓铎所奏深切时弊,俱可行"。弘治五年(1492年)五月,礼部尚书丘濬又呈《请访求遗书奏》,其文曰:"臣请敕内阁将考校见有书籍备细,开具目录付礼部抄誊,分送两直隶、十三布政司、提督、学校、宪臣,榜示该管地方官吏、军民之家与凡官府、学校、寺观并书坊书铺,收藏古今经史子集,下至阴阳艺术稗官小说等项文书,不分旧板新刊及抄本未刻者,但系内阁开去目录无有者,及虽有而不全者,许一月以里送官。"②

两次上书征召之后,各地遂屡有进呈书板的情况,《南雍志》于此记载颇多。如《怀麓堂稿》120卷,徽州张昕所刻,正德十年(1515年)以板送监。《程氏遗书》《外书》共41卷,礼部尚书丰城杨廉所刻,嘉靖初以板送监。嘉靖五年(1526年),巡抚都御史陈凤梧在山东任上刻印《诸史会编》112卷、《仪礼注疏》17卷,皆送板于国子监。成化中,巡抚两广都御史朱英于广州刻《宋史》491卷,嘉靖八年(1529年)以板送监。此外还有《四书集注》《诗经集注》《书经集注》《易经传义》《春秋四传》《礼记集说》六书,本系池州刻板,侍御鲍希颜赎金买取送监。《甘泉文集》《问辨录》《曲江文集》《新泉志》《参赞行事》《大学古本》《杨子折衷》《守潼宣训》《大科训规》《心统图说》十种书,俱是湛若水刻于新泉

---

① 《明孝宗实录》卷四十七,台北:"中研院"历史语言研究所,1968年,第6页。
② 丘濬撰,丘尔穀编:《重编琼台稿》卷七,文渊阁《四库全书》(第1248册),台北:台湾商务印书馆1986年版,第147页。

书院,万历十一年(1583 年)书院废弃之后,祭酒王弘晦移文取板送监。

4.本监自刻的书板

南京国子监掌刊书之责,又有教学之需,因此本监自刻书籍数量当不在少,此从《南雍志》中亦可见一斑。洪武三十年(1397 年)兵部曾刻《武经七书》,板送国子监之后,至景泰二年(1451 年),已失其半。因国子司业赵琬进言监生宜兼习兵书,于是国子监祭酒吴节与应天府尹马谅、府丞陈宜搏俸资命工重刊。景泰时期,祭酒吴节所刻还有《古廉诗集》六卷、《南雍旧志》18 卷。嘉靖十七年(1538 年),南京礼部尚书霍韬托国子监刻印杜佑《通典》200 卷,国子祭酒伦以训主其事,国子监博士、助教、学正、学录等皆参与校正。其他国子监祭酒、司业也主持刊刻了一大批书籍。如祭酒戴洵刻《剡源文集》,祭酒许国刻《大字千字文》,祭酒王弘晦刻《文字谈苑》,司业周子义刻《子彙》《何大复文集》《御制大诰》,司业欧阳德刻《传习录》。此外,成化十五年(1479 年),国子监重刊《策準》三卷,正德二年(1507 年),修补缮刻《韵府群玉》18 卷。另《南雍志·经籍考·制书类》所载书籍 19 种,其书板俱是南京国子监自刻,其时间跨度从洪武至嘉靖。其他还有《元史》《戴石屏先生诗集》《书传会选》《孟子节文》《近思录》等书皆是国子监自刻,其余不再赘列。

(二) 南京国子监对书板的管理

从上文可知,南京国子监所藏书板来源广、数量大。尤其是立国之初,对前朝的宋元旧板多有继承,但是在洪武初期,这些板片并未得到良好的保护,甚至没有专门的庋藏之所。据王国维《西湖书院书板考》所载,诸如《易古注》《书古注》等 53 种书籍的板片,被明确标注"明初板亡",约占《西湖书院重整书目》著录书籍总数的 43%。另有《经典释文》《毛诗正义》《扬子》《新序》四种书籍的板片被标注为"今亡",当是梅鷟编撰《南雍志·经籍考》时方才亡佚。

书籍板片日久漫漶破损,乃至亡佚,虽不可避免,然国子监主职此事后,对于书板的修缮与保护遂逐渐重视起来。洪武十五年(1382 年)十一月,朱元璋诏令礼部官修治国子监书板,曰:"今国子监所藏旧书板多残缺,其令诸儒考补,命工部督匠修治之,庶有资于学者。"①永乐二年(1404 年)二月,明成祖又"命工部修补国子监经籍版"。但即便"洪武、永乐时,两经钦依修补",还是出现了"板既丛乱,每为刷印匠窃去,刻他书以取利,旋补旋亡。至成化初,祭酒王㑇会计诸书,亡数已逾二万篇"②的情况。因此,弘治四年(1491 年)正月庚子,国子祭酒谢铎上言:"改东西书库屋为楼,上以为庋置之所,下以为印造之局,则不致污坏散漫,而教化之助亦永有赖矣。"③这一时期,南监书板得到了较好的保护。此后,南监对于所藏书板,又进行过几次大规模的修复,如"嘉靖七年(1528 年),锦衣卫闲住千户沈麟奏准校勘史书,礼部议以祭酒张邦奇、司业汪汝璧博学有闻,才猷亦裕,行文使逐一考对修补,以备传布。于顺天府收贮,变卖菴寺银,取七百两发本监,将原板刊补"④。其实对于二十一史的书板,南监随坏随补,数次修复,明黄儒炳《续南雍志·经籍考》对于各史书板的修复时间及修复者皆有明确记载,尤以万历年间修补最多,并称:"南雍之有二十一史,其来旧矣,所镌板时有剥脱或佚去。乃其藏本在修道者,今仍见全帙,亦卫者之劳也。故前数君子因得诠次检补,不靳余力。天启二年秋,祭酒黄儒炳受事珍护是书,爰有修辑之役,司业叶灿继至同心协赞,正其讹谬,修其残蚀,次其错落,原无板者购求善本修补,以成全璧。"⑤综上可知,起洪武迄天启,南监对于所藏书板陆续修补,然木质书板,虫蛀刮隐,随补随亡,亦在所难免。

三、南京国子监重印宋元本考

南京国子监利用宋元板片重印了大量书籍,功莫大焉。然重印宋元本书籍之具体名目向来语焉不详,难以全面,今笔者量力收集,同时对南监重印宋

---

①　黄佐:《南雍志》卷一,《中华再造善本》(明代编),第 28 页。

②　黄佐:《南雍志》卷十八,《中华再造善本》(明代编),第 1 页。

③　黄佐:《南雍志》卷四,《中华再造善本》(明代编),第 37 页。

④　黄佐:《南雍志》卷十八,《中华再造善本》(明代编),第 1 页。

⑤　黄儒炳:《续南雍志》卷十七,台北:伟文图书出版社 1976 年版,第 1180—1181 页。

元本过程中存在的一些问题进行厘清,以期有补于前人。

(一) 南京国子监重印宋元本举要

明初,南京国子学继承了元代西湖书院和集庆路儒学的书板,这些书板虽亡佚不在少数,然经国子监修补并重印的亦不在少数,其中宋板重印的部分就形成了中国出版史上极具盛名的"三朝本"。为了明晰南京国子监利用宋元旧板重新刷印书籍的具体名目以及重印之时书板的存佚情况,笔者结合张铉至正《金陵新志》、梅鷟《南雍志·经籍考》以及王国维《西湖书院书板考》之记载,并佐以其他文献,胪列了南京国子监重印宋元本书籍表,如表 1:

表 1

书名、卷数	书板存佚	书板来源	备注
《周易注疏》十三卷	好板 142 面,坏 19 面,失 224 面	西湖书院	王国维作失 214 面,误
《周易程氏传》五卷	好板 20 面,坏 82 面	西湖书院	
《复斋易说》六卷	存 39 面	西湖书院	
《尚书释文》一卷	亡	西湖书院	
《书经小字注疏》二十卷	好板 99 面,失 95 面	西湖书院	
《毛诗正义》一卷	亡	西湖书院	
《毛诗音义》一卷	亡	西湖书院	
《春秋正义》三十六卷	好板 214 面,失 427 面,坏 541 面	西湖书院	
《春秋左传集解》三十卷	好板 440 面,坏 36 面,失 467 面	西湖书院	王国维作此即《春秋经传集解》,有残板三部,误
《春秋公羊疏》三十卷	存 197 面	西湖书院	
《春秋榖梁疏》十二卷	好板 114 面,失 87 面	西湖书院	
《国语》二十一卷《补音》三卷	存 380 面,破 6 面 重刻 75 板,修刻 68 板	西湖书院	此书刻于弘治十七年。王国维作存 360 面,误
《仪礼注疏》五十卷	存残板 5 面	西湖书院	
《仪礼经传通解》二十三卷	好板 320 面,坏 460 面	西湖书院	
《仪礼集说》十七卷	存 781 面,欠 59 面	西湖书院	
《六经正误》六卷	存 158 面,滥板 21 块		元大德三年刊补

书名、卷数	书板存佚	书板来源	备注
《孝经注疏》一卷	存 24 面	西湖书院	
《论语注疏》十五卷	存残板 9 面	西湖书院	当作十卷,"五"为衍文
《论语集注考证》二十卷	好板 93 面,坏 18 面,缺 32 面	西湖书院	
《大学鲁斋诗解》一卷	存 8 面,逸 11 面	集庆路儒学	
《文公家礼》四卷	存 106 面,模糊 8 面,失 34 面	西湖书院	
《大学衍义》四十三卷	脱 2 面,存 853 面	西湖书院	
《资治通鉴》二百九十四卷	好板 1245 块,坏 2921 块	西湖书院	王国维作坏板 2911 块,误
《资治通鉴考异》三十卷	存 42 面	西湖书院	
《资治通鉴外纪》十六卷	脱 80 余面,存 346.5 面,损 17 面	西湖书院	
《资治通鉴纲目》五十九卷	好板 1037 块,坏 56.5 块,破 52 块	西湖书院	
《古史》五十卷	脱 47 面,存 565 面	西湖书院	
《史记》大字一百三十卷	完计 2235 面	西湖书院	此书刻于嘉靖七年
《史记》中字七十卷	存 1600 面,缺 219 面	集庆路儒学	王国维称实百三十卷,以列传终于七十,故致此误
《前汉书》一百卷	完计 2775 面	集庆路儒学	此书刻于嘉靖七年
《后汉书》一百二十卷	完 2366 面	集庆路儒学	此书刻于嘉靖七年。《金陵新志》作 2266 面
《三国志》六十五卷	存 1392 面,缺 6 面	集庆路儒学	《金陵新志》作 1296 面
《晋书》一百三十卷	存 3152 面,失 13 面	集庆路儒学	《金陵新志》作 2965 面
《宋书》一百卷	存 2714 面,缺 2 面	西湖书院	王国维作存 2174 面,误
《梁书》五十六卷	存 967 面,缺 3 面	西湖书院	
《南齐书》五十九卷	存 1058 面,缺 3 面	西湖书院	
《陈书》三十六卷	存 548 面,缺 8 面	西湖书院	
《魏书》一百二十四卷	存 3382 面,失 3 面	西湖书院	
《北齐书》五十卷	存 714 面,缺 2 面	西湖书院	
《后周书》五十卷	存 872 面,缺 5 面	西湖书院	
《隋书》八十五卷	存 1694 面,缺 37 面	集庆路儒学	
《南史》八十卷	存 1643 面,缺 130 面	集庆路儒学	

续表

书名、卷数	书板存佚	书板来源	备注
《北史》一百卷	存 2676 面，缺 45 面	集庆路儒学	
《唐书》二百十五卷《释音》二十五卷	存 4796 面，失 85 面	集庆路儒学	
《五代史》七十五卷	完计 763 面	集庆路儒学	《金陵新志》作 773 面
《历代十八史略》十卷	存 4475 面，欠 61 面		元至正间张士和校刊
《贞观政要》十卷	存 78 面，缺 122 面	集庆路儒学	此书刻于洪武初
《南唐书》十卷	存 92 面，脱 88 面	集庆路儒学	陆游所撰《南唐书》，本十八卷，此称十卷，盖以其中八卷脱漏之故也
《诸葛武侯传》一卷	存 3 面	西湖书院	
《朱子行状》二卷	脱坏 24 面，存 43 面		元至正间苏天爵刊
《颜子》一卷	脱 12 面，存 43 面	西湖书院	王国维作脱 22 面，误
《曾子》二卷	存残板 4 面	西湖书院	
《列子》八卷	存残板 8 面	西湖书院	
《荀子》十六卷	存 355 面，缺 64 面	西湖书院	
《吕氏春秋》二十六卷	存 363.5 面，损 16 面，失 5 面	西湖书院	
《新序》十卷	亡	西湖书院	
《杨子法言》五卷	亡	西湖书院	
《集注太玄经》十二卷	存 210 面	西湖书院	王国维作五卷，误
《尔雅注疏》十卷	存 29 面	西湖书院	
《尔雅》三卷	存 20 余面	西湖书院	
《小学白文》四卷	存 58 面，脱 32 面	西湖书院	
《女教》四卷	脱 7 面，存 92 面		原刊于元皇庆间
《乐府诗集》一百卷	脱 24 面，存 1316 面	集庆路儒学	《金陵新志》作 1380 面
《文选》六十卷	好板 648 面，坏 1000 余面	西湖书院	
《欧阳居士文集》五十卷	存 447 面，补 86 面		
《晦庵文集》九十九卷	存 4228 面，失 498 面	西湖书院	
《文鉴》一百五十卷	缺者半	西湖书院	此为大字本
《国朝文类》七十卷	存 1600 面	西湖书院	
《续文章正宗》二十卷	存 523 面，坏 46 面		

续表

书名、卷数	书板存佚	书板来源	备注
《陈子廉诗集》一卷	亡	集庆路儒学	《金陵新志》作 20 面
《曹文贞公集》十卷《续集》三卷	存 91 面，坏 128 面	集庆路儒学	《金陵新志》作 285 面
《桧亭诗稿》八卷	存 54 面，失 43 面		饶介刊刻
《通志略》二百卷	完计 13724 面		
《文献通考》三百四十八卷	双面板 741 块	西湖书院	
《说文解字》十五卷	脱 55 面，存 214 面	西湖书院	
《礼部韵略》十卷	存 108 面，坏 24 面，欠 54 面	西湖书院	
《玉篇》三十卷	存 117 面，坏 1 面，缺 156 面	集庆路儒学	《金陵新志》作 270 面
《六书统》二十卷	脱 36 面，存 767 面	西湖书院	
《唐刑统》三十卷	存 86 面	西湖书院	王国维作存 28 面，误
《刑统赋》二卷	存 4 面	集庆路儒学	《金陵新志》作 63 面
《晦庵读书法》四卷	存 43 面，坏 6 块，欠 11 面	集庆路儒学	《金陵新志》作 117 面
《读书工程》三卷	脱 23 面，存 122 面	池州建德学	
《博古图》三十卷	存 1170 面，脱 14 面	西湖书院	
《了斋先生年谱》四卷	存 12 面，失 6 面		
《金陀粹编》十卷	存 303 面，失 152 面	西湖书院	
《金陀续编》十卷	存 347 面，失 158 面	西湖书院	
《修辞鉴衡》一卷	亡	集庆路儒学	《金陵新志》作 56 面
《宪台通纪》二十三卷	存 285 面，失 258 面	集庆路儒学	《金陵新志》作 515 面
《南台备记》二十二卷	存 364 面，失 258 面		
《风宪忠告》一卷	存 7 面		元至正元年刊
《临川志》三十五卷	866 面		宋景定四年刊
《景定建康志》五十卷	存 759 面		
《金陵新志》十五卷	存 1164 面，坏 92 面	集庆路儒学	
《桂林志》二十七卷	存 158 面，失 239 面		宋乾道五年刊
《救荒活民书》八卷	存 86 面，脱 46 面	集庆路儒学	《金陵新志》作 150 面
《农桑撮要》六卷	存 30 面	集庆路儒学	《金陵新志》作 58 面
《厚德录》四卷	存 2 面	集庆路儒学	《金陵新志》作 60 面

表 1 统计重印之本,时间截止到梅鷟编撰《南雍志·经籍考》,也就是嘉靖二十三年(1544 年),之后南监或继有重印,则不在本表统计范围之内。该表共著录南京国子监重印宋元本书籍 97 种,其中来自西湖书院的板片 57 种,来自集庆路儒学的板片 25 种,来自池州建德学的板片一种,另有 14 种书籍可知是据宋元板片而重印,但书板来源,笔者未能考知。限于能力,以上统计,挂一漏万,在所难免,敬俟方家补葺。需要说明的是,南监继承西湖书院的板片以宋板居多,但也有一部分是元板,如《博古图》《金陀粹编》等。另表中所列《文献通考》《国朝文类》《金陀续编》《六书统》四种书籍虽不见于《元西湖书院重整书目》之记载,但其书板源自西湖书院当属无疑。此四种书籍亦是元板,为西湖书院所刻,盖因书院第二次整理修缮书板之后所编书目不存,以致失载。张铉至正《金陵新志》共记录集庆路儒学书板 26 种,其中《金陵志》与《集庆志》未见于《南雍志·经籍考》,而《金陵新志》一书为集庆路儒学所首刻,南监书板必承其而来,故南监源于集庆路儒学的书板便达到 25 种。另表中所录有书板不存的情况,如《毛诗正义》《陈子廉诗集》等,非南监未曾重印此书,而是梅鷟编撰《南雍志·经籍考》时其板方亡。

(二) 南京国子监重印宋元本问题释疑

南京国子监在重印宋元本的过程中有很多问题值得进一步探讨,今限于识见,仅就其中的四个问题提出拙见,略述于下。

1.“《周易注疏》十三卷”为八行本

“《周易注疏》十三卷”在《元西湖书院重整书目》著录为“易注疏”,王国维在《西湖书院书板考》中引《南雍志·经籍考》之记载,径称“此即南宋监本《周易正义》十三卷单疏本”,王氏所考未确,其后汪绍楹先生在《阮氏重刻宋本十三经注疏考》对王氏所考有所辩驳,并指出“十三卷者,乃越刊八行本耳”。李霖先生也指出“从《南雍志经籍考》著录卷数看来,《周易》《毛诗》必为八行本,非单疏本……西湖书院情况也应如此。”①

---

① 李霖:《宋本群经义疏的编校与刊印》,中华书局 2019 年版,第 287 页。

除前辈学者所论之外,《周易注疏》当为八行本,笔者以为至少还有两条理由可以佐证,今略作补充。《南雍志·经籍考》载:"《周易注疏》一十三卷,好板一百四十二面,坏者十九面,遗失二百二十四面有余。"①据此,则该书书板总数当在 385 面以上,今单疏本十四卷首尾俱存,书板共计 226 面,与《南雍志·经籍考》所载相差甚远,且卷数亦不相符。而八行本《周易注疏》,以日本足利学校所藏初刻本计之,共有书板 402 面,书名、卷数、书板总数尽合于《南雍志·经籍考》所载,此理由一也。李心传《建炎以来朝野杂记》载:"监本书籍者,绍兴末年所刊也。国家艰难以来,固未暇及。九年九月,张彦实待制为尚书郎,始请下诸道州学,取旧监本书籍,镂板颁行。从之。然所取诸书多残缺,故胄监刊《六经》无《礼记》,正史无《汉》《唐》。二十一年五月,辅臣复以为言,上谓秦益公曰:'监中其他阙书,亦令次第镂板,虽重有所费,盖不惜也。'繇是经籍复全。"②由此可知,绍兴九年(1139 年),南宋朝廷下诏取"取旧监本书籍,镂板颁行",绍兴二十一年(1151 年),"监中其他阙书,亦令次第镂板",至绍兴末年,"经籍复全",八行本正刻于宋高宗绍兴后期,故其书板入南宋国子监在时间上可以吻合,而单疏本虽亦出自国子监,但已避"慎"字讳,③已在绍兴之后,乃刊于孝宗朝,此理由二也。

2.《金陵新志》与《金陵志》并非一书

梅鷟《南雍志·经籍考》著录有"《金陵新志》十五卷,存者一千一百六十四面,坏板九十二面"。其书板当来自集庆路儒学。张铉《金陵新志》著录集庆路儒学书板 26 种,其中有"《金陵志》四百八十",但梅鷟所载之《金陵新志》与张铉所载之《金陵志》并非一书。

笔者以为《金陵新志》与《金陵志》并非一书,理由有三:首先,书名不符,关

① 黄佐:《南雍志》卷十八,《中华再造善本》(明代编),第 4 页。

② 李心传撰,徐规点校《建炎以来朝野杂记》卷四,中华书局 2000 年版,第 114—115 页。

③ 按:日本足利学校藏两浙东路茶盐司初刻本不避"慎"字,国图藏宋元递修本间有避"慎"字者,如卷五《大过卦》中三处"慎"字皆缺笔,乃系修版所致,此版庞知柔补刻,《中国古籍版刻辞典》载其为南宋中叶杭州地区刻字工人,可知初刻本刻于孝宗之前。

于南京的旧志,张铉之前有宋周应合《景定建康志》,元戚光《集庆续志》,张铉为别于前志,故以"新志"相称,因此,即便要提到自己所编之书,也应该称"金陵新志",而非"金陵志",且《金陵新志》卷九又载:"凡在门墙,其以是相谕庙之兴废始末,备载《金陵志》中,兹不复书。"①可见张铉编撰《金陵新志》时参阅过《金陵志》,此乃二者并非一书之又一证据。其次,预知书板数目不合理,张铉修志时,《金陵新志》尚无法刊刻,何以能预知本书板片为四百八十并载入书中。最后,书板数目不对,《金陵新志》于至正三年(1343 年)十月修纂完毕,次年便"分派溧阳州学刊雕五卷,溧水州学、明道书院各刊三卷(按:疑'三'当作'四'),本路儒学刊造二卷及序文。"②而南监曾于正德十五年(1520 年)修补《金陵新志》,至嘉靖二十三年(1544 年)梅鷟编撰《经籍考》时尚有书板一千一百六十四面,而张铉所载止四百八十面,何故新刻之时止板片四百八十面,而二百年后板片数量复远胜于初刻之时。综上所述,笔者以为,张铉所载之《金陵志》与梅鷟所载之《金陵新志》当属二书无疑。另《元文类》卷三十三载有赵世延《南唐书序》,其序文曰:"监察御史王主敬谓余曰:'公向在南台,盖尝命郡士戚光纂辑《金陵志》。'"③据此,则《金陵志》或是戚光所纂《集庆续志》之别名。

3. 南监所刻南北朝七史非"眉山七史"

南北朝七史即《宋书》《南齐书》《梁书》《陈书》《魏书》《北齐书》《周书》。"明清以来藏书家,皆视传存宋刊七史为眉山七史。或称眉山刊本,或称蜀大字本,殆无例外。"④秉持这一观点且影响巨大者当属张元济先生,张氏在 20 世纪 30 年代曾主持影印百衲本二十四史事宜,其中的南北朝七史所用之底本,据张氏跋语交代皆为眉山刊本,残缺者再配以其他版本。张氏在《景印宋蜀刻大字本补配元明递修本〈宋书〉跋》中说:

　① 张铉:至正《金陵新志》卷九,《四库提要著录丛书》(史部第 210 册),北京出版社 2010 年版,第 347 页。
　② 同上书,第 5—6 页。
　③ 苏天爵:《元文类卷》三十三,商务印书馆 1936 年版,第 440 页。
　④ 〔日〕尾崎康著,乔秀岩、王铿编译:《正史宋元版之研究》,中华书局 2018 年版,第 97 页。

右《宋书》为宋眉山刊本……是本刊于蜀中。陆存斋谓明洪武中，取天下书版实京师，其版遂归南京国子监。然是本列传第三十四，版心有署"至元十八年杭州钱弼刊"者。第五十八有署"至元十八年杭州刘仁刊"者。是在元时，此版已离蜀矣。余尝见宋庆元沈中宾在浙左所刊《春秋左传正义》，其刻工姓名，与是本同者，有张坚、刘昭、史伯恭……沈文、孙日新等。其余六史，同者亦夥。其镌工亦极相肖，是又宋时此版先已入浙之证。卷中字体道敛，与世间所传蜀本同出一派。其版心画分五格者，可定为蜀中绍兴原刊，余则入浙以后，由宋而元，递有补刻。①

依张氏之意，眉山七史的书板宋时入浙，元时修补，明时入南京国子监。除此之外，笔者检索文献，发现还有曹之《明代南监刻书考》、阚敏《明代国子监的出版事业》、张小青《明代南京国子监刻印图书述略》、周蓉《明朝南京国子监刻印书考略》、李明杰《明代国子监刻书考略(上)——补版及新刻图书、底本及校勘问题》、张光莉《明代国子监研究》等学者的文章皆认为南监所刻二十一史中的南北朝七史是以"眉山七史"为底本的，但实际上南监所刻南北朝七史所用之书板乃是宋、元、明三朝补修，即"三朝本"，其中宋板部分并非绍兴间蜀中眉山刻板，而是南宋初杭州刻板。准确来说，南监所刻南北朝七史的版本应该是南宋前期杭州刊，南宋中期、元、明初递修本。

关于"眉山七史"的记载，始见于晁公武《郡斋读书志》，其文曰："绍兴十四年(1144年)，井宪孟为四川漕，始檄诸州学官，求当日所颁本。时四川五十余州，皆不被兵，书颇有在者，然往往亡阙不全，收合补缀，独少《后魏书》十许卷，最后得宇文季蒙家本，偶有所少者，于是七史遂全，因命眉山刊行焉。"②王国维在《传书堂藏书志·宋书》条中引用《郡斋读书志》和《玉海》所载，并得出结论曰："明南监所藏宋时刊板，有嘉靖八年、十年修补三叶。《宋》(按：疑当作

---

① 张元济：《张元济全集》第 9 卷，商务印书馆 2010 年版，第 641 页。
② 晁公武撰，孙猛校证：《郡斋志校证》，上海古籍出版社 2011 年版，第 184 页。

《南齐》《梁》《陈》《魏》《北齐》《后周》六书，板式皆与此同，世谓之'眉山七史'，亦谓之'蜀大字本'。实则北宋监本南渡后江南、蜀中皆有翻刊，而今日所传南监印本皆江南本，非蜀中本也……今世所传七史，元时板在西湖书院，明时移入南监，则非蜀中刊本而为江南刊本可断言也。"①

除王国维外，赵万里、长泽规矩也、潘美月、阿部隆一诸学者皆先后撰文，认为所谓的"眉山七史"实际上是江浙刊本。日本学者尾崎康参考以上学者之著作，从叙录、疏语、缺叶、缺字、版式、字体、避讳、原版刻工、补版刻工等方面进行考证，进一步证实所谓"眉山七史"乃是南宋前期江浙刊本，而绍兴十四年（1144 年）井宪孟刊本即真正的眉山七史并无传本。② 尾崎康在综合前人研究成果的基础上，又于《宋书》的解题中对南北朝七史做了定性，其文曰："南北朝七史，北宋政和中（1111—1117 年）始有刊本，至绍兴一四年（1144 年）后，又有四川转运使井宪孟所刊'眉山七史'真本，然此二本均逸，元明清以来绝不见著录。宋元刊本之传于后世者，独南宋前期江浙刊本而已，其久谬称'眉山七史'。此谬称'眉山七史'书板，嘉靖一〇年前后编入南京国子监二十一史，历经修补，继续刷印，直至为南监万历二十一史取代而止。"③

4.《论语集注考证》书板源于西湖书院

《西湖书院重整书目》著录有"论孟集注"，王国维在《西湖书院书板考》中称："案下有《文公四书》，则此非朱子书，疑即金仁山之《论孟集注考证》也。其书以至元三年刊于婺州路，而此《目》成于泰定元年，殆后人所增入也。"④ 王国维考证"论孟集注"为金履祥（金氏隐居仁山之下，学者称仁山先生）之《论孟集注考证》，即《论语集注考证》十卷、《孟子集注考证》七卷，此殆无误，因为《南雍志·经籍考》所载有"金履祥《论语集注考证》二十卷"，其作二十卷，异于诸家书目所载之十卷，或是误记，或是依《论语》二十章而更定。至于《南雍志》未著

---

①　王国维撰，王亮整理：《传书堂藏书志》，上海古籍出版社 2014 年版，第 176—177 页。

②　〔日〕尾崎康著，乔秀岩、王铿编译：《正史宋元版之研究》，第 95—100 页。

③　同上书，第 488—489 页。

④　王国维：《两浙古刊本考》卷上，《王国维遗书》（第 12 册），上海古籍书店 1983 年版，第 39 页。

录《孟子集注考证》,或是此书板面已失。

王国维认为"其书以至元三年刊于婺州路,而此《目》成于泰定元年,殆后人所增入也",此则有待商榷,《论孟集注考证》虽成书于宋末,然当时已有刊本。周广业《过夏杂录》卷三载:"余适阅金仁山《论孟集注考证》皆避宋讳。如齐桓公为威公,魏征为魏证,引《中庸》'大德敦化'作'大德厚化'。初校以为刊写之误,涂改之。"①《过夏杂录》乃周广业"癸卯(1783 年)计谐下第后所录",原文录于何处,今不可考。金履祥本是宋、元之际的学者,据周氏之文知《论孟集注考证》既避宋讳,且"初校以为刊写之误",则势必宋末已经刻板刷印。金履祥所撰又有《尚书表注》二卷,今台北故宫博物院有藏,亦是宋刻,可见金氏之书宋时所刻良多。周广业所见之本在泰定元年(1324 年)之前,因此《论孟集注考证》见载于《西湖书院重整书目》并无可疑之处,王国维称"殆后人所增入也"则属误判。

另胡凤丹《论孟集注考证序》曰:"余今春购获是书,系元致治间校刊本,首序者先生弟子许文懿,卷末有刊书跋,则吾邑吕迟也。"②胡凤丹退补斋刻所《金华丛书》本《论孟集注考证》,卷前正有许谦序,卷后亦有吕迟跋,可见胡氏刊书所据之底本正是其购获之本,然卷首许谦之序作于至顺元年(1330 年)十月朔,由此可见,胡凤丹所谓的"元致治(按:当作至治)间校刊本"盖是误记,不太可能书刊于至治,而序作于至顺,又兼此书有至元三年(1337 年)李桓残序,故胡氏所获之本应该也是至元三年婺州儒学刊本。

已知《论孟集注考证》有宋刻本、有元刻本,但西湖书院所藏应是宋刻书板,因为《西湖书院重整书目》编成于泰定元年(1324 年),而《论孟集注考证》之元刻则在至元三年,不可能后刻之书而预登先成之目。而且金履祥居兰溪仁山,著书讲学不出浙江,此书之宋刻殆刊于浙江,其书板更有入西湖书院之

---

① 周广业撰,祝鸿熹、王国珍点校:《周广业笔记四种·过夏杂录》,浙江古籍出版社 2013 年版,第 110 页。

② 金履祥:《论语集注考证》,清同治十二年(1873 年)永康胡凤丹退补斋刻《金华丛书》本,胡凤丹序,第 2 页。

可能。至于至元重刊，或是因为旧板坏损不堪重印，或是因为金履祥师事何基、王柏，其遗著又由弟子许谦传承，四人皆籍属婺州，于"婺学"大有传承，故有"北山四先生"之称，因此，婺州儒学重刊金氏之书有淑进后学之效。

四、余论

明代南京国子监刻印书籍品类丰富，总量巨大，北京国子监与之相比则逊色很多，周弘祖《古今书刻》著录北监刻书不过 41 种而已，且其中的二十一史亦是以南监本为底本。但两监刻书的质量清代以来便颇有微词，其中批评最激烈者当属叶德辉，其在《书林清话》卷七中说：

> 明两监书板，尤有不可为训者。如南监诸史，本合宋监及元各路儒学板凑合而成，年久漫漶，则罚诸生补修。以至草率不堪，并脱叶相连亦不知其误。北监即据南本重刊，谬种流传，深可怪叹。吾不知当时祭酒司业诸人，亦何尸位素餐至于此也。或谓当时监款支绌，不得不借此项收入，略事补苴。且于节用之中而见课士之严肃，其立法未为不善。虽然，南监板片，皆有旧本可仿，使其如式影写，虽补板亦自可贵。乃一任其板式凌杂，字体时方时圆，兼之刻成不复细勘，致令讹谬百出。然则监本即不毁于江宁藩库之火，其书虽至今流传，亦等于书帕坊行，不足贵重矣。[①]

"在明代，江苏的藏书风气很是普遍，因藏书而提倡刻书，如安国桂坡馆（无锡）、顾元庆大石山房（苏州）、王世贞小酉馆（太仓）、毛晋汲古阁（常熟）等，都是当时著名的藏书家，而大多刻过书，不论在数量上质量上，都较官刻本为优。"[②]南、北两监刻书甚至有不如坊刻者，这是不争的事实，但笔者以为，尽管

---

① 叶德辉著，吴国武、桂枭整理：《书林清话》，华文出版社 2012 年版，第 181 页。
② 沈燮元：《明代江苏刻书事业概述》，《学术月刊》1957 年第 9 期，第 81 页。

南监刻书有诸多不尽如人意的地方,但其历史贡献仍不宜否定。首先,南京国子监荟萃历代正史为一编便是空前创举;其次,南监保存了许多宋元以来的重要图书及书板,尽管南北朝七史的书板叠经修补,原板几无所存,然至清代嘉庆时期江宁藩库失火,方才付于祝融,四朝文献所系,古今书板存于世者,未有久于此者;再者,南京国子监所刻之书亦不乏质量上乘者,如《汉书》《后汉书》《三国志》等。因此,笔者以为南京国子监作为明代官方刻书主体之一,无论是从出版史的角度还是藏书史角度而言,南监在保存文献资料和繁荣文化事业方面都具有重大历史贡献,占据重要历史地位。同时,那些流传至今的明监本书籍也应该和其他各种版本的古籍一样,受到合理公正的研究与评价。

[作者简介]陈伟,河南大学文学院助理教授。

民国时期平民诉讼指南书籍的编撰与出版(1912—1937)[*]

——以上海地区为例

吴运时

内容提要：传统中国，面向一般平民的诉讼指南书籍寥若晨星。民国成立后，平民诉讼指南书籍成为出版市场上的新秀。以上海为代表的书业市场上，平民诉讼指南书籍数量和版本繁多，作者群体构成多样化。中小型出版机构是此类书籍的出版主体，并非常注重广告发行。在编撰上，该类书籍紧扣"平民化"理念，体例上根据民刑诉讼的不同，编排多样化；内容上力图指导与诉讼相关的社会生活方方面面。同时，为了方便平民阅读，其语言力求通俗易懂，并普遍使用新式标点。对于平民诉讼指南书籍编撰出版盛行的动因，民国前后迥异的司法裁判模式是一个解读的路径。传统中国，"父母官诉讼"诉讼讲求情理裁判，平民对诉讼技术需求微弱，难以催生平民诉讼指南书籍。民国成立后，"竞技型诉讼"取代了"父母官诉讼"，平民亟需诉讼技巧以应对新式诉讼模式。依托于当时上海相对繁荣的出版业，平民诉讼指南书籍出版得以快速发展。

关键词：诉讼指南书籍 平民化 父母官诉讼 竞技型诉讼 民国上海出版业

---

* 本文为 2020 年度国家社科基金重点项目"完善正确处理新形势下人民内部矛盾之大调解制度研究"(项目编号：20AZD083)的阶段性成果。

一、引言

诉讼指南书籍作为一种法律实践辅助资料,传统中国古已有之。其最早出现于何时固难考辨,但至少在宋代,相关书籍已经广泛出现于民间。有宋一代,不仅国家主持刊印刑书颁行天下,民间书铺、书坊、书肆也开始刊印各种法律书籍。① 延至清代,"以苏杭为代表的江南地区成为了法律书籍出版的中心"。② 这些书籍中,律学著作、官箴书以及讼师秘本占据了主流,其主要目的就是教授读者如何参与诉讼,可称之为诉讼指南书籍。这类书籍的读者大致可以分为三类:司法官员、辅助官员的刑名幕友、帮人诉讼的讼师。但是,以一般社会大众为阅读对象的平民诉讼指南书籍在传统中国寥寥无几。③ 迨及民国,出现了与传统大相径庭的现象,平民诉讼指南书籍一跃成为了出版发行市场上的新秀。众多知识分子本着现代法律启蒙的目的,纷纷编撰平民诉讼指

---

① 胡兴东:《机遇与错失:宋朝国家法律书籍印售管控及对法律发展的影响》,《法学杂志》2019年第3期,第85—95页。

② 张婷:《法典、幕友与书商——论清代江南法律书籍的出版与流通》,《浙江大学学报(人文社会科学版)》2015年第1期,第48—59页。

③ 在专门的诉讼指南书籍之外,平民诉讼指南知识只是零星附属于明清时期的日用类书籍中,并在清代以后逐渐衰微。吴慧芳指出,明清时期盛行的日用类书籍中诸如官品门、律法门、民用门、体式门等章节为民间诉讼提供指南,但是官品门、律法门"偏向于官府部门的了解,法律条文的介绍以及刑法种类的说明",而民用门、体式门"才是教导民众如何撰写诉状以上高官府"。参见吴慧芳:《万宝全书:明清时期的民间生活实录》(下),潘月美、杜洁详主编:《古典文献研究辑刊初编》(第38册),台北:花木兰文化出版社2005年版,第260页。

尤陈俊指出,明代书业市场流行的日用类书籍里存在一些法律知识的章节,内容涉及"契约体式""讼学知识""律例知识"。契约体式为一般百姓所用,但清代契约范本的变迁使之在日用类书中逐渐淡出。讼学知识则不断遭到官方打压,律例知识也因为过于专业,读者群体主要是参加科举考试的士人,普通百姓没有能力也没有必要学习这些法律知识。这导致了清代以后,法律知识在日用类书中占比萎缩甚至消失。参见尤陈俊:《法律知识的文字传播:明清日用类书与社会日常生活》,上海人民出版社2013年版,第173—192页。

徐忠明亦指出,明清时期法律书籍的阅读者大致是"官场中人——官员和幕友""潜在的官员——希望通过科举考试踏上仕途的读书人",以及讼师。参见徐忠明:《明清时期法律知识的生产、传播与接受——以法律书籍的"序跋"为中心》,《华南师范大学学报(社会科学版)》2015年第1期,第9—47+189页。

南书籍,出版机构也对该类书籍青睐有加。这类书籍最为显著的特征就是专门面向不掌握法律知识的一般国民。编者们纷纷宣称此类书籍"是在普及国民法律知识,使得天下人个个都懂得法律上一切必要的知识",[①]"专供无法律素养之人浏览之用"。[②] 凡此种种,不一而足。

对于民国法律书籍出版研究,学界已有涉及。[③] 但既有研究都是对民国时期诉讼相关书籍进行概括式的描写,一定程度上忽视了这些书籍在阅读对象中的分类,即有的书籍适用于法律专业人士,有的则适用于不懂法律知识的一般平民,两类书籍在出版概况、编撰特色、发展动因上都有明显的不同点。本文即立足于民国时期出版业最为繁荣的上海一地,以出版史的角度紧扣"平民化"的关键词,对平民诉讼指南书籍从编撰与出版的角度进行全方位的深描。在此基础上进一步回答,是什么原因促成了民国时期平民诉讼指南书籍的繁荣。对此,本文将从传统中国和民国司法裁判模式对比的角度进行探究。

二、平民诉讼指南书籍的出版概况

1843 年上海开埠后,上海社会发展迅速,文化出版业也迅速崛起,到 20 世纪初,上海已发展成为中国出版的中心,而且这种形势在民国成立后继续强化。[④] 这种繁荣同样体现在上海地区平民诉讼指南书籍的出版上,其在数量和版本、作者群体、出版机构、广告营销上都有着鲜明的特征。但需要指出的是,由于 1937 年抗日战争全面爆发,中国出版格局被打破,诸多出版机构或毁于战火或内迁,上海地区出版界面目全非。因此,本文对于平民诉讼指南书籍的统计时间止于抗日战争全面爆发前。

---

① 施沛生、吴瑞书:《平民实用法律顾问》,中央书店 1933 年版,第 1 页。
② 朱焕文:《民刑事诉讼常识》,商务印书馆 1934 年版,第 1 页。
③ 如:尤陈俊《法制变革年代的诉讼话语与知识变迁——从民国时期的诉讼指导用书切入》,《政法论坛》2008 年第 3 期,第 15—25 页;董陆璐:《民初的法律广告与法律文化(1912—1926)——以〈申报〉为中心的考察》,《学术研究》2011 年第 4 期,第 45—51 页;李学智:《民国初年的法治思潮》,《近代史研究》2001 年第 4 期,第 230—260 页。
④ 吴永贵:《民国出版史》,福建人民出版社 2011 年版,第 90 页。

（一）数量和版本

通过搜寻,本文整理出民国成立后到抗战全面爆发前上海地区平民诉讼指南书籍一共 38 种(如表 1 所示)。① 这些书籍最早出现于 1915 年,但较为集中的出版时间范围是在 20 世纪二三十年代。其实,这一定程度上得益于南京国民政府成立后相对统一安定的国内环境。从 1928 年 12 月国民政府形式上实现全国统一到抗日战争全面爆发前夕,十年间,中国经济的发展、交通的进步、教育的提高和图书馆事业的增长,都为这一时期出版业的兴盛提供了良好的外部环境,被称为民国出版业的"黄金十年"。②

表 1　1912—1937 年之间上海地区出版的平民诉讼指南书籍

书名	年份	相关作者	出版机构
《诉讼须知》	1915 年初版	编撰者:商务印书馆编译所 校订者:陈承泽	商务印书馆
《诉讼指南》	1917 年初版	编者:王寅圃	会文堂书局
《诉状程式大全》	1922 年初版	编者:斯文 校者:江起鲲	共和书局
《上海租界诉讼指南》	1923 年初版	吴鞠亭编辑	大东书局
《诉讼程式指南》	1923 年初版	编辑者:金啸梅 鉴定者:俞映雪	上海新华书局
《民刑诉讼诉状大成》	1923 年初版	编辑者:法政学会 修订者:校经庐主	上海法政学会
《最新诉讼用纸程式全书》	1924 年初版	编辑者:施沛生	广益书局
《评注标点民刑诉状菁华》	1924 年初版	凌善清编	大东书局
《法律百日通》	1924 年初版	董坚志编辑	春明书店
《撰状百法》	1925 年初版	周东白编辑	世界书局
《女子婚姻诉讼指导》	1929 年初版	编者:中央书店	中央书店
《诉讼程式大全》	1929 年初版	上海法政编译社编辑	上海法政编译社

---

① 本文搜集了民国时期全国范围内平民诉讼指南书籍,一共 40 种。其中除了《华洋债务诉讼参考书》(1917 年初版,编者赵琪)的出版机构新华印字馆位于济南,以及《现行民刑诉讼程序辑要》(1933 年初版,王蔚章编著)的出版机构中华印书局位于北京之外,其他 38 种均在上海出版,这也是本文选取上海作为研究对象的原因。

② 吴永贵:《民国出版史》,第 54 页。

续表

书名	年份	相关作者	出版机构
《唇枪舌剑辩驳大全》	1929 年初版	吴瑞书编,王景山校	中央书店
《女子继承诉讼指导》	1930 年初版	平襟亚著	南京出版社
《法律顾问》	1930 年初版	施沛生、吴瑞书	中央书店
《撰状宝鉴》	1930 年初版	陈和祥编辑	普益书局
《民刑诉讼指导》	1931 年初版	陈德谦编	南星书店
《现代新诉状》	1931 年 4 月再版	黄希灏律师编 吴瑞书校订	法政学社
《现行实用言词辩论规范》	1931 年初版	吴瑞书编辑,张崇鼎编述,沈一冲校阅	中央书店
《国民政府诉讼程序状式大全》	1932 年初版	施沛生编	上海法学编译社
《民刑事诉讼问答全书》	1932 年初版	赵剑秋编撰	法治学社
《各级法院诉讼门径》	1933 年 2 月初版	平襟亚编	世界出版合作社
《民刑调解书状规范》	1933 年初版	沈霖编辑,时孟邻校对	上海人权法学社
《日用法律顾问》	1933 年初版	唐荣乔编	上海新华书局
《新诉状程式》	1933 年初版	董坚志编纂	上海大光明书局
《民刑诉讼公文程式全书》	1933 年初版	董坚志编纂	法政研究编辑社
《平民实用法律顾问》	1933 年增修版	施沛生、吴瑞书编	中央书店
《民刑事诉讼常识》	1934 年初版	编者:朱焕文	商务印书馆
《民刑诉讼撰状方法》	1934 年初版	董浩编纂	上海法学编译社
《诉讼快览》	1935 年初版	平衡编撰,吴瑞书校订	中央书店
《现代刀笔》	1935 年初版	吴瑞书著	大达图书供应社
《刀笔诉状文选》	1935 年 5 月四版	平襟亚编著	中央书店
《民刑诉讼须知》	1936 年初版	司法行政部编	中央书店
《民刑诉讼指导全书》	1936 年初版	董坚志编	中华书局
《民刑撰状指导》	1936 年 9 月再版	周永清编辑	南星书店
《活用民事诉状》	1936 年初版	董浩著	上海法学编译社
《诉讼须知详解》	1937 年初版	编辑人施霖	上海法学编译社
《诉讼法律顾问》	1937 年初版	编辑者:吴瑞书 校勘者:平衡律师	中央书店

　　注:(1)由于有的书籍难以考辩其初版年份,故表中只标明再版年份;(2)这类书籍作者群体比较多样化,包括编辑者、校订者、改订者等于书籍编撰成书明显有贡献的人,故相关作者一栏中,均按原书表述填表。

在版本上,这些书籍出版以后,随着法律频繁更迭不得不持续修订。诚如西方法谚有言:"立法者三句修改的话,全部藏书就会变成废纸。"如《诉讼须知》在 1924 年 8 月再版时,该书序言指出,"新法虽经颁布,旧制仍有遗留,芟荑更革之中,尤不可无简明之叙述",因此将原版加以修改,"以应时需"。① 此外,《诉讼指南》1917 年初版之后,1922 年进行了三版修订;《法律顾问》1930 年初版后,1933 年就修订了八版;《活用民事诉状》1936 年 9 月出版,时隔四个月后于 1937 年 1 月即进行了再版。

(二) 作者群体

对于 20 世纪二三十年代平民诉讼指南书籍的作者群体,虽然难以细致考辨他们的生平,但是从书籍的封面、扉页、序言,以及其他相关史料中可以获得一些重要的信息。作者群体中占比最大的就是法律界专业人士。这其中,又可以分为法学家、法官、律师。如《民刑事诉讼常识》的作者朱焕文,在民国北京政府检察机关和审判机关中任书记官,1930 年任上海临时法院院长书记官,后又任江苏第二监狱分监长。② 《言词辩论规范》的编述者张崇鼎为前国民大学教授、日本法学士、律师。《现代新诉状》的编者黄希灏是一名律师,校订者吴瑞书则为前远东大学法科教授。《民刑事诉讼问答全书》的编撰者赵剑秋是一位法学家。编辑了多本书籍的施沛生也是一位法学专家,其曾参与了民国北京政府组织的全国民事习惯调查并主持编撰了《中国民事习惯大全》。③

作者中占比第二大的群体是出版界专业人士。这些人士中,有的也是法学专业出身。如《诉讼须知》的校订者陈承泽曾在日本学习政法及哲学,回国后在商务印书馆担任编译员;《诉讼程式指南》的"鉴定者"俞映雪是一个专业编辑,但同时也是一个"法律专家";《诉状程式大全》的校订者江起鲲,浙江奉

---

① 商务印书馆编译所编、陈承泽校订:《诉讼须知》,商务印书馆 1924 年版,第 1 页。
② 杨庆武:《民国时期上海女监研究(1930—1949 年)》,华东师范大学博士学位论文,2016 年,第 471 页。
③ 施沛生:《中国民商事习惯》,上海书店出版社 2002 年版,第 9 页。

化人,曾留学日本,戊戌变法之后,与友人集资创办书局——新民学会,印刷书籍,传播新思想。[①] 除了法学专业背景的出版界人士,非法学专业出身的文化界人士也纷纷投入到平民诉讼指南书籍的编撰行列中。最为著名的就是文学家、出版人平襟亚。平襟亚出身于贫寒家庭,早年与上海文人朱鸳雏、吴公虞组成"写稿三人组",以为上海的报章杂志写稿为生,名噪一时,后来创办中央书店。[②] 平襟亚不仅是一个文学家,他还曾经做过兼职律师,对社会热点非常关注,他敏锐地察觉到了社会一般大众对诉讼指南书籍的需求。因此,个人参与到诉讼指南书籍的编撰中并对自己主笔的法律文书范本倍感自豪。

(三)出版机构

"民国时期出版业的繁荣固然少不了商务印书馆、中华书局等实力派出版机构的先锋引领作用,然而各中小型书局对出版市场的充实作用也不容忽视。"[③]就平民诉讼指南书籍的出版者而言,更多的是一些中小型民营出版机构。据统计,一共有23家出版机构参与了平民诉讼指南书籍的出版。其中,中央书店出版的数量最多,达到了10种;其次是上海法学编译社,有4种;商务印书馆、法政学社、中央书店、南星书店、大东书局各出版了2种;其余的出版机构出版了1种。

中央书店为平襟亚于1927年所创,其成立之初主要发行平襟亚自己的小说《人海潮》。之后,致力于发行《爱克司光录》《玉玦金环录》《恼人春色》等通俗文学小说。此后,在平襟亚的主持下,中央书店开始广泛出版平民诉讼指南书籍。出版数量位居第二的上海法学编译社作为一个专门出版法律书籍的机构,出版的书籍中不仅有面向法律实务和研究人员的专业书籍,也不乏面向普

---

① 王细荣:《清末民初新型知识分子科学中国化实践研究——以虞和钦为中心》,上海交通大学博士学位论文,2012年,第44页。

② 参见郦千明:《洋场才子平襟亚二三事》,《检察风云》2017年第24期,第78—80页。

③ 吴平、李昕烨:《在追随大势中找准姿态——会文堂新记书局的出版特色和图书广告营销》,《中国编辑》2016年第5期,第79—83页。

通大众的诉讼指南书籍,这从其于 1931 年的一则扩充组织通告中可见一斑。《通告》称,该社为"发展社务,增加出品",即将着手编撰发行八类书籍,其中第二类"为求援用法律条文之便利以资实用而免探讨起见发行";第六类"为宣传法律内容普及法律知识起见发行"。① 此外,成立于 1916 年的大东书局,其编译所下设八个部,其中一个就是法制部。②

(四) 广告营销

书籍的出版发行有赖于广告的传播,民国时期诉讼指南书籍出版和发行商也在广告上下足了一番功夫。作为"近代中文第一报"的《申报》是最受欢迎的广告载体。以中央书店为例,其不惜投入财力在《申报》购买大版面集中投放平民诉讼指南书籍广告。据笔者统计,1929 年至 1935 年之间,中央书店一共在《申报》上刊载《辩驳大全》的广告达到 36 次,其中有 12 次版面超过了二分之一。1929 年至 1933 年之间,在《申报》上刊载《诉讼问答法律顾问》一书的广告只有 12 次,但有 7 次广告版面均在该版的二分之一左右。③ 除了在报纸杂志上刊登广告,书籍本身的封面、扉页等处也附带了广告宣传的功能。如《法律百日通》在封面上直接标榜本书阅读者可在百日之内掌握相关诉讼知识。《诉讼指导撰状宝鉴》扉页上就附有《当代全国律师民刑诉状汇览》的广告,这两本书都为陈祥和所编辑,这样便于读者"顺藤摸瓜",找到作者的关联作品。

就广告内容而言,除了个别广告只是列明书籍的名字、价格、出版发行机构外,绝大部分广告都极力宣传所刊载书籍的长处。如《诉讼问答法律顾问》的广告极力营造一种诉讼不可避免的急迫感:"人生难免交涉,交涉难免诉讼!一旦涉讼,自己不懂法律和诉讼法,要请律师,要写状纸,岂非手续麻烦而很不经济吗?"接着便宣扬该书的特色,"本书是保护你生命财产的常年顾问,是帮

---

① 《申报》1931 年 6 月 3 日,第 5 版。

② 吴永贵:《民国出版史》,第 131 页。

③ 这 7 次分别是 1931 年 08 月 11 日、1931 年 05 月 10 日、1930 年 03 月 16 日、1930 年 05 月 05 日、1932 年 09 月 22 日、1930 年 05 月 04 日、1932 年 07 月 20 日。

助你办理诉讼的义务律师""平民得此书,足以保护身家名誉财产"。① 为了更加吸引读者,《辩驳大全》的广告以极其夸张的语言宣扬《辩驳大全》是一本教人骂人的书,版面上大书特书一个"骂"字,旁边标注"骂——要有骂才,骂——要懂骂法""《辩驳大全》是根据法理骂人的一部好书"。② 更有甚者,《现行实用契约程式大全》宣称可以帮助当事人规避法律,如其广告上声称"纳妾,民法上以通奸论,然而,如依照本书(买妾契约)之程式书写,不但不以通奸论,且可得法律之保护。又如买婢,刑法不许以人为买卖,本书亦有新程式,照样书写,亦可得法律保护"。③

三、平民诉讼指南书籍的编撰特色

平民诉讼指南书籍的阅读对象为不具备法律专业知识的一般平民。为此,该类书籍的编辑和出版都不同于学理高深的法学专业书籍。在体例上,其根据民刑诉讼的不同,编排多样化。在内容上,其力图指导与诉讼相关的社会生活方方面面,具有浓郁的时代生活色彩。同时,为了方便平民辨读,其语言措辞力求通俗易懂,普遍使用新式的标点符号。

(一)民刑分类多种编排

在诉讼指南书籍的体例和内容分类上,大致可以分为以下四类。第一类是综合型诉讼指南书籍,囊括了民事法律和刑事法律、实体法和程序法,诸如《诉讼须知》《诉讼指南》《诉讼快览》等。此类书籍在体例上一般是先介绍实体法,使读者明白基本的法律概念之后,接下来再介绍具体的诉讼程序。如《诉讼快览》一书,第一编为实体法,分别介绍民法、刑法、商事法规。第二编为民刑诉讼法,分别介绍民事诉讼程式和刑事诉讼程式。

---

① 《申报》1931年8月11日,第5版。
② 《申报》1929年10月29日,第5版。
③ 《申报》1931年7月16日,第5版。

第二类专门介绍实体法，在体例上一般是按照当时施行的法律编排。如《民事实体法问答诉讼问答》按照当时《中华民国民法典》的体例分为总则部分、债编之部、物权编之部、亲属之部、继承之部。每一章节中内容的顺序和《中华民国民法典》的内容顺序如出一辙。《诉讼须知》初版时"不分章节，唯论纲要"，"改订之时，分为五篇，俾与诉讼法规各篇相应，以期参照之便"。①

第三类专门介绍诉讼程序法，一般依照诉讼的推进程序依次陈述。《刑事诉讼实习》就刑诉法规定各审级，分为起诉前之侦查，起诉后之审判，及审判后至执行或上诉。关于程序上应准备各点，分类条列，同时依刑诉法所定传唤、拘提、讯问、羁押、鉴定、扣押、搜索、勘验、辩护、裁判、送达等手续，依次编入各案件中，并配置各项诉讼用纸，以期"应用便利，朗若列眉"。② 在关于诉讼程序的书籍中，介绍程序之后一般都会附带与该程序相关的诉状。

第四类则专注于诉讼中的某一个程序，如着眼于诉状的《诉状程式大全》《评注标点民刑诉状菁华》，着眼于辩论的《唇枪舌剑辩驳大全》《现行实用言词辩论规范》，着眼于调解程序的《民刑调解书状规范》，等等。

（二）事无巨细全面指导

平民诉讼指南书籍的作者一般都是站在诉讼当事人的角度上考虑。如《民刑诉讼指导》的作者将该书定位为"诉讼当事人的诉讼指导员"。因此，该书欲"在诉讼范围内的事件，无不尽量搜罗，详细指导，以期满足当事人需要的欲望"。③ 在案例和相关诉状上，《民刑诉讼撰状方法》作者在书中尽可能地罗列了所能意识到的日常生活中可能发生之诉讼，并一一附以诉状，其甚至宣称"无论何事，只要觅得其条文，便有一现成之诉状可资模仿，甚至只须添具原被告之姓名，余可悉数抄用。是诚便矣"。④ 同时，需要指出的是，为了讲求实

---

① 商务印书馆编译所编、陈承泽校订：《诉讼须知》，商务印书馆1925年版，序言。
② 参见丁元普：《刑事诉讼实习》，会文堂新记书局1937年版，第1—2页。
③ 陈德谦：《民刑诉讼指导》，南星书店1931年版，第1页。
④ 董浩：《民刑诉讼撰状方法》，上海法学编译社，1934年，第1页。

用、避免繁杂,书中与当事人无关的的司法机关办事人员各种细则往往从略。如《诉讼指南》的编者特别指出:"本书为便利诉讼当事人期间,故独详于人民之一方,若官厅中之办理程序因各职员深谙法律故从略。"①

平民诉讼指南书籍的作者除了讲授正式的法律条文以外,为了当事人的诉讼能够顺利进行,还别出心裁讲解了"法律之外"的诉讼策略,即如何与法院的法官、书吏,以及律师打交道,避免遭受勒索强要和上当受骗。《民刑事诉讼常识》始终提醒当事人在什么程序中应当缴费,什么程序中不应当缴费。如在递状程序中,该书提到,当事人向法院购买诉状时"其(诉状)价额有一定,表明状面,不准吏役额外需索分文"。在核心的庭审程序中,作者也特别提醒:"又开庭时,并无应缴之费,如有庭丁人等要求站堂费等等小费时,即系彼等舞弊需索,可严行拒绝,不可交付。"②

(三) 措辞力求通俗易懂

法律设计内涵深刻、结构精密,当法学专业人士面对之,固然没有障碍,但社会上占据绝大多数人口的是没有法学专业知识的群体。这些人中,能够识文断字的知识分子面对专业的法学知识尚有理解困难,遑论认读存在障碍的底层大众。因此,如何以一种通俗易懂的措辞解释专业的法律知识是一门学问。对此,平民诉讼指南书籍的编撰者无不秉持语言上"务求通俗"、内容上重在运用的原则。《法律百日通》的作者董坚志认为:"法律实际运用之书,与文学议论诸书不相同。故只求其词旨明白,引用确切,而不涉浮言泛论……若求其文采,计其辞藻,则殊失编者之本意矣!"③《民刑事诉讼常识》的凡例中提到:"措辞务求通俗,凡可以避免之专门名辞,一律避免。"④《国民政府诉讼程序状式大全》的序言强调:"这部书编的时候,能用白话都用白话说明,可以叫

---

① 王寅圃:《诉讼指南》,上海会文堂书局 1917 年版,第 3 页。
② 朱焕文:《民刑诉讼常识》,商务印书馆 1934 年版,第 1、35 页。
③ 董坚志:《法律百日通》,春明书店 1924 年版,第 2 页。
④ 朱焕文:《民刑诉讼常识》,第 1 页。

打官司的人看得懂。"①在说理上,《民刑事诉讼常识》亦强调该书"仅对于诉讼人说明于如何程序应如何进行诉讼,而不说明其理论,且对于法院应进行之程序略而不论"。改订版《诉讼须知》序言指出:"诉讼之法令綦繁,本书之取材务简,不有参复。"为此,作者还叮嘱读者该书"文义平实""取材矜慎","阅者勿以浅俗非之可也"。② 也即语言通俗、内容简明并不代表着作者水平低下。

(四) 普遍使用新式标点

传统中国书籍,没有标点符号,读者只能依据阅读经验和诸如"之乎者也"等带有明显停顿功能的字眼来辨读。这对阅读者的水平要求极高,不利于文化知识向一般大众传播。1920 年,北洋政府教育部根据胡适等人的建议,发布训令《通令采用新式标点符号文》,颁行了我国历史上第一套国家法定新式标点符号,但与此同时,阻碍新式标点符号的旧思想依旧顽固。南京国民政府成立后,又相继颁布了《划一教育机关公文格式办法》《国民政府训令第 500号》等规定,以国家力量推行新式标点。③

对此,一些诉讼指南书籍中纷纷采用新式标点并以之为编辑上的亮点。来自法律界的编者已经意识到了新式标点的缺乏给平民诉讼带来的麻烦。《民刑诉状菁华》的编者凌善清认为:"状词判词,非分节段落,不足以点清眉目。"因为状词的头绪复杂,"非用西式标点,随处点醒其词意不可"。为此,该书的封面上还标注了"评注标点"四字以表面该书的新意。具体的做法是:"与其词中之私名,悉记以符号,句读悉别以标点,警醒之处,则累累加之以圈,以唤起读者之注意。"④《新诉状程式》除了在封面上以小字写明"新式标点"外,同样在序言中也指出:"新式标点,足以表明句读之断续,文词之轻重,在无形

---

① 施沛生:《国民政府诉讼程序状式大全》,上海法学编译社,1937 年,第 1 页。

② 参见商务印书馆编译所编、陈承泽校订:《诉讼须知》,商务印书馆 1925 年版,第 1—2 页。

③ 参见萧世民:《中国历史上的标点符号规范化》,《郑州大学学报(哲学社会科学版)》2004 年第6 期,第 121—124 页。

④ 参见凌善清:《民刑诉状菁华》,大东书局 1924 年版,第 1—2 页。

中资助读者不少。本书概加新式标点,以醒眉目。"①

四、平民诉讼指南书籍盛行的社会动因

对民国时期平民诉讼指南书籍进行深描后,需要进一步追问,传统中国为什么没有出现平民诉讼指南书籍,而民国时期却纷纷刊印流传? 对此,尤陈俊认为,诉讼指导书籍是"近代法律教育所传播的专业知识逐渐落实到司法行动者身上所引发的效应"。② 李学智认为,法律书籍是彼时"法治思潮勃勃涌动的一个突出表现"。③ 董陆璐认为,清末以来,"师夷长技以制夷"在法学发面的投射和民国法律不断修订完善促使了法律书籍的广泛出版。④ "诉讼指导书籍""法律书籍"自然包含了平民诉讼指南书籍,以上观点自然也能解释民国时期平民诉讼指南书籍盛行的原因。但是,这些观点尚不能凸显"平民"这一底色。对这一底色的思考,需要置于中国司法裁判模式的历史纵向视角中,以中华民国的成立为转变节点,探寻这个转变前后不同的司法裁判模式对平民诉讼的影响。

(一) 传统"父母官诉讼"消解了平民法律知识需求

传统中国的法律儒家色彩浓厚,是一种和天理人情紧密结合的规范体系。在这样的模式中,司法官员是一个教化者,百姓则处于被教化的地位。为此,日本学者滋贺秀三将传统中国的诉讼称为"父母官诉讼"。即,为政者如父母,人民即赤子,官员审理诉讼就像父母申斥子女或者平息子女之间的纠纷一样,其间除了严厉的刑罚,更有父母般的教化。⑤ 具体的裁判过程中,父母官积极

① 董坚志:《新诉状程式》,大光明书局 1933 年版,第 2 页。

② 尤陈俊:《法制变革年代的诉讼话语与知识变迁——从民国时期的诉讼指导用书切入》,《政法论坛》2008 年第 3 期,第 15—25 页。

③ 李学智:《民国初年的法治思潮》,《近代史研究》2001 年第 4 期,第 230—260 页。

④ 董陆璐:《民初的法律广告与法律文化(1912—1926)——以〈申报〉为中心的考察》,《学术研究》2011 年第 4 期,第 45—51 页。

⑤ 参见〔日〕滋贺秀三著,王亚新译:《中国法文化的考察——以诉讼的形态为素材》,王亚新、梁治平主编:《明清时期的民事审判与民间契约》,法律出版社 1998 年版,第 16 页。

主动查明案件真相，并依据根植于情理之上的"天下公论"①做出最终判决。这样的裁判模式消解了当事人对专业法律知识的需求：普通百姓从每日的洒扫应对中都能感受到伦理，其法律主张及抗辩也超脱不了情理的范畴，当事人所期待的就是"父母官"秉承"天下公论"做出正义的裁决。司法官员在判决做出之后，也不会制作"判决书"送达当事人，因为"法律判决是上下级公文呈、批之中进行的，对当事人仅是口头告知"。② 据此，在传统中国的法律运行体系中，需要掌握专门法律知识的群体范围并不包括一般平民。与其说他们是法律知识的运用者，不如说是法律作用的对象，平民诉讼指南书籍也就失去了存在的意义。

同时，在"父母官诉讼"模式中，"无讼"是重要的价值取向。《周易·讼卦》就有了"讼则终凶"的命题，曾经担任过司法官员的孔子也表明了自己的态度："听讼，吾犹人也，必也使无讼乎！"追求无讼的内在机理在于，"儒家道德观体系中有三个主要的伦理准则——克己、忠恕与中庸——与大传统诉讼文化气质相通"，③这些伦理准则强调了人应当宅心仁厚，推己及人，崇尚和谐。只要人人能够践行这些伦理准则，社会便能臻于无讼的和谐状态。相反，诉讼相争则被视为对和谐的破坏，正如滋贺秀三所言，传统中国"重视相安无事的和平，而把纠纷和斗争看作社会的病理现象"。④ 因此，作为"父母官"的州县长官，在日常工作中，首先要极力营造一种"讼则终凶"的说法，苦口婆心地劝告其子民百姓不要动辄兴讼。即便发生了争讼，在审理过程中也不能放弃调停和教谕。于是，在官方宣扬息讼的背景下，平民诉讼指南书籍的编辑出版无异于挑动百姓诉讼，这很大程度上抑制了平民诉讼指南书籍的产生。

---

① 所谓传统中国司法裁判中的"天下公论"是"天下所有正派人士皆当作如是想的意见"。〔日〕寺田浩明著，黄琴唐译：《从明清法看比较法史——裁判与规则》，邱澎生、何志辉编：《明清法律与社会变迁》，法律出版社 2019 年版，第 16 页。

② 郑秦：《清代法律制度研究》，中国政法大学出版社 2000 年版，第 124 页。

③ 尤陈俊：《儒家道德观对传统中国诉讼文化的影响》，《法学》2018 年第 3 期，第 135—145 页。

④ 参见〔日〕滋贺秀三著，王亚新译：《清代诉讼制度之民事法源的概括性考察——情、理、法》，王亚新、梁治平主编：《明清时期的民事审判与民间契约》，第 87 页。

（二）民国"竞技型诉讼"带来了平民诉讼应对困境

辛亥革命后，民国肇始，孙中山提出的三民主义成为彼时国家主导性意识形态。民权主义是三民主义之一端，其"理论部分的基石是平等观和自由观"。① 孙中山解释道："提倡人民的权利，便是公天下的道理，天下为公，人人的权利都是很平的。"②在民权主义的影响下，《中华民国临时约法》就以专章规定了人民权利。其中，第二章第九条规定"人民有诉讼于法院受其审判之权"。虽然从功能主义上来说，民国之前，人民也可以诉讼于国家。但是，从本质类型上来看，二者存在着根本不同。民国一改传统中国司法模式下"父母官—子民"的不平等关系，将"子民"变成为"公民"，诉讼成为了公民的法定权利，平民成为了诉讼中的独立主体。从平民诉讼指南书籍的编者们笔下可以看出，知识分子对新政权治下的司法前怀抱着充分的肯定和美好的憧憬。他们认为，传统中国"政府施用愚民政策，人民处于愚民政策之下，一任官吏之宰制，无可伸愬。生命、身体、自由、名誉、财产之被侵害者，相习以隐忍为不二法门"，相较之下，"自民国以来，改行法治，民刑诉讼各有法典，已完全颁行，行事悉由法定，官吏无可欺凌"。③

与公民诉讼权利相伴而生的法律制度，是一种与传统中国"父母官诉讼"相对应的"竞技型诉讼"，④也即一种对抗式诉讼。在"竞技型"裁判模式中，法官处于中立消极的地位，双方当事人处于对立的地位，法官依据双方所提供的证据做出裁判。对于实体法律关系而言，任何一方当事人均需要承担举证不能的后果；对于程序而言，国家法律有着详细的规定，当事人如果没有遵循既定的文书格式、请求类型、时间顺序，就极有败诉的可能。时人指出："今之法

①　郑宪：《浅谈孙中山的民权思想》，《中央社会主义学院学报》1998年第2期，第46—49页。

②　《孙中山选集》（下卷），人民出版社1981年版，第68、547页。

③　董浩：《民刑诉讼撰状方法》，第1页。

④　参见〔日〕滋贺秀三著，王亚新译：《中国法文化的考察——以诉讼的形态为素材》，王亚新、梁治平编：《明清时期的民事审判与民间契约》，第3—16页。

官,在法言法。"①为此,无论实体法还是程序法都有专门的规定。法律赋予人民诉讼权利并制定诉讼法律制度,其良善初衷无可非议,但全新的法律的制度作用于有着古老司法传统的中国,难免存在相斥的困境。时人亦指出:"我国自革鼎后,法律繁琐,日新月异,而人民对于新行律法,每多不明,是以诉讼人之涉颂者,往往以手续错误而丧失其固有之权利。"②"现在打官司,手续很繁,要是不晓得手续,去打官司,不免处处吃亏,自从民刑诉讼条例颁行以后,手续与从前不同,打官司的人,要是不晓得现在新章程,就不免要误事。"③

(三) 以书籍载体传播平民化诉讼知识成为时代主流

弥补新的法律制度与旧法律传统之间的鸿沟,已然成为中华民国成立后在司法上的一大议题。民国初年,以晏阳初为主要代表的教育家继承了清末以来的社会教育思想,提出了"作新民"的号召。1923 年,《中国国民党宣言》继而提出"励行教育普及,增进全国民族之文化",孙中山在其遗嘱中亦提出"唤起平民"的口号。这些思想自然囊括了法律的普及。

为此,1917 年,北京政府司法会议颁布了一份议决案《灌输法律常识案议决书》,提出编辑出版平民诉讼指南书籍的计划。该议决案提出,平民法律知识的培育,"非教育之所能普及,非示谕之所能强迫"。为此,"由高等法院各编述……一切诉讼上应知简单事项"。在编撰的过程中,要注重通俗易懂,讲求"适用便览",如可以"选择古哲格言,参列现行法意,如戒之在色,下简单说明奸非猥亵罪刑"。"刊定后,只收印价,颁行各县,不完备者,逐年改良重刊,增入年历,为国人家常应有之品,流通渐广,无形中俾社会潜移默效;契约书类,渐就完善,讼争自少,纵有讼争,裁判亦易。"④

1928 年,南京国民政府成立后,继续推行平民化法律教育。在社会教育

---

① 斯文:《新诉状程式大全》,共和书局 1929 年版,第 1 页。
② 上海法政学会编,校经庐主修订:《民刑诉讼诉状大成》,上海法政学会,1932 年,第 1 页。
③ 施沛生:《国民政府诉讼程序状式大全》,上海法学编译社,1932 年,第 2 页。
④ 司法会议议决案:《灌输法律常识案议决书》,《司法公报》1917 年第 71 期,第 72 页。

中,法律教育占据了一席之地。如江苏无锡在平民教育馆中专门设立了平民法律顾问处。其宗旨为"保障平民法益,解答平民法律疑问",并特约富有学识经验之律师担任,对于讯问法律疑难问题概不取费。[1] 但是通过诸如平民教育馆之类的社会机构普及法律知识成本太高。相比之下,报刊书籍作为纸质媒介,在当时的经济社会环境下是最有效、方便的法律知识传播方式。而在报刊和书籍之间,书籍以其内容专一、涵盖量大的优势与诉讼指南知识繁杂的特点相契合。学者陈荫萱曾应《女子月刊》编辑的邀请,撰写一篇妇女法律常识。其认为,这个话题太过宏大,"假使把它都加以叙述,当然篇幅不能允许",所以只能择要说明并特别指出,"如妇女们要明了全部妇女法律的常识,只好去看单行本的法学通论或各种法律的概要概论之类"。[2]

于是,书籍成了向平民传播诉讼知识的中坚力量。得益于民国成立到抗日战争全面爆发前中国出版业的相对繁荣,社会力量纷纷加入了平民诉讼指导书籍的编撰出版行列,带来了这一时期平民诉讼指导书籍出版的繁荣。除了社会力量外,政府也参与其中。1934年,贵州省贵阳县党部向贵州省党部呈交了一份申请,提出"为便利人民诉讼,保障人民法益",请求中央编印诉讼法律常识。该意见经贵州省党部提交到了国民党中央执行委员会秘书处,后司法行政部组织编写了《民刑诉讼须知》,存放于各级法院,"遇诉讼人购买诉状时,如有需要者可略收工本费出售,以期诉讼之常识得以广布民间"。[3]

五、 结语

民国时期,中国社会包括司法尚处于新旧交替之际,在迎接新世界的同时,旧传统犹挥之不去,通过书籍向平民进行现代法律启蒙是编者们的美好愿景。但是,根据当时的中国国情,平民诉讼指南书籍未必能够发挥良好的社会

---

[1] 常识:《诉讼浅说》,《直声周刊》1923年第7期,第19—20页。
[2] 陈荫萱:《妇女法律常识》,《女子月刊》1935年第1期,第3460页。
[3] 司法行政部:《民刑诉讼须知》,中央书店1936年版,第1页。

效果。其一,平民诉讼指南书籍的出版基本上汇聚于上海,全国范围内的普及可想而知。其二,当时中国众多的文盲是诉讼知识普及的一大障碍。其三,西式复杂的法律诉讼知识以长久的积累、扎实的经济发展为基础,而当时我国与之相去甚远。在民国政府司法行政部工作、负监督全国司法行政工作之责的王用宾对此有着深刻的认识。他解释了为何同样是复杂的诉讼程序,西欧各国人民就很熟悉,"我国诉讼程序之规定,本抄袭欧西各国而然。在各国人民法律知识,有相当的普及,其经济力量,亦各有相当的支持,程序虽繁,相沿日久,已成为其法律的习惯"。与此形成鲜明对比的是,"若以我国法律知识毫无与经济力量太弱之大多数人民,一旦涉讼,绳以极繁琐之手续,真如堕五里云雾中"。① 以上道出了平民诉讼指南书籍在普及法律知识上的局限性。

[作者简介]吴运时,法学博士,广东海洋大学法政学院讲师。

---

① 王用宾:《应如何努力减少人民诉讼痛苦》,《广播周报》1935年第29期,第22—25页。

近代县报[*]

——中国基层社会研究新视角

洪　煜

内容提要：近代县报以其庞大的数量、众多的种类以及反映丰富多彩的地方社会等特点，在中国近代报刊史上占有重要地位。中国近代县报是一丰富的珍贵资料宝库，有着即时性、真实性、丰富性、地方性等特征，是研究地方社会重要的历史文献。同时，作为大众媒介的近代县报在地方政治权力斗争、经济发展、风俗观念改造和民众日常生活等方面发挥着重要作用。近代县报的搜集、整理和研究是一新的研究领域，有着广阔的发展前景。

关键词：近代县报　基层社会　研究视角

县，作为中国传统社会最基层的行政单位，它承担着地方政治、社会管理以及公共服务等功能，在基层社会生活中发挥着重要作用。同时，作为国家行政层级中重要一环的县也是最为恒定的行政单位，长期以来对基层社会秩序、风俗教化等的维护造就了中国基层社会较为稳定的历史样本。县是我们认识中国社会最为基础的领域，对于这一基层社会的整体或微观研究可以深入理解中国近代社会变迁的动力和特征。

在中国近代报刊发展史上，县域报纸以其庞大的数量、众多的种类以及反映地方丰富的社会状态等特点，越来越引起学界的重视。县报是我们研究地

---

* 本文为国家社科基金重大项目"中国近代县报搜集、整理与研究"（项目编号：21&ZD228）阶段性成果之一。

方社会的一个重要切入口，也是我们了解中国近代地情的重要视角。与传统地方民间文献如方志、族谱、碑帖、文集等不同，近代县报是中国基层社会的大型日志，它逐日记载，无所不包。近代县报及其刊载内容具有即时性、客观性和丰富性等特征，为我们研究基层社会提供了大量生动而鲜活的珍贵史料。目前关于近代县报资料整理以及研究成果较为稀少，县报对于地方社会影响及其与地方社会互动等研究更是屈指可数。① 近代县报视阈下的基层社会研究有着广阔的拓展空间。鉴于近代中国县报范围、性质、种类的庞杂，本文拟以江浙一带为核心的近代江南县报及其特点以及对于地方社会研究的价值进行粗略的分析。

一、近代县报概念及江浙县报发展演变

所谓县域报纸（县报），也即地方报，是相对于都市报和省报而言的，是以近代行政区划标准的县级行政机构为单位区域所发行的报纸。关于县报的概念，民国时期有一个基本的界定，一般认定是县域内出版发行的各类报纸，是以县为单位的地方报纸。② 包括县域内所有官方、民间及党派团体等所创办的各类报纸。县报注重地方性新闻报道，以基层民众为传播对象，反映地方社会形态，发行销售范围多在本县域之内。这也是民国时期报界业内的基本共识。"报告本地方新闻并发行于本地方为其主要目的，以发展本地方的文化与

---

① 根据对目前相关研究的梳理，以往我国学者从报刊史的角度研究，主要是在宏观层面，集中在国家、省、地市三级，对县级报业史的研究不多；近代以来各省地市所编撰的新闻史志、出版志、地方志等，对于地方县报的整理和研究零星而不完整；具有代表性的地方报刊研究成果，如宁树藩教授主编的《中国地区比较新闻史》（三卷）（复旦大学出版社 2018 年版）是研究和比较全国各地区新闻史发展历史的综合性专著，从宏观上对地方县报发展进行了总体概述。报刊社会文化史研究，是近年来研究近代报刊的重要路径之一。目前的研究大多聚焦于都市报刊与城市互动，也有少数学者开始关注地方报纸个案研究及其与地方社会的互动研究。整体上看，对于地方报刊研究较为稀少，有进一步深入研究的拓展空间。

② 詹铙：《从如何办县报说到革新后的新寿昌报》，《战时记者》1938 年第 4 期，第 21 页。

促进本地方的建设,为其唯一志愿。"①"所谓地方报纸,就是以报道本地新闻,发展本地文化,促进本地方建设为目的,它的行销区域,是以县城或省为范围的一种报纸。"②为地方读者群众而出版,报道地方社会生活,提高地方政治文化水准,适合于地方读者群众阅读的报,就是地方报。③ 地方报纸是以报道本地新闻,发展本地文化,促进本地方建设为目的,它的行销,是以省或县的地方为范围。④ 以上关于县报概念的种种解释,可以概括县报的基本内涵:县报是相对于都市和省报的空间范围,发行于地方,服务于地方社会,流通范围以本地方为主的各类报纸,具有强烈的地方色彩。

中国近代幅员辽阔,地域文化多样,县报在发展过程中呈现出鲜明的地域特点,其创办时间先后不同,分布空间极不平衡。近代县报发展的地域差异性,是由各地区不同的政治、经济、社会、文化等诸因素制约决定的。近代以来,江南地区由于其便利的地理环境、发达的经济和文化等因素,成为中国报业发展的核心地带,尤其是江浙地区,县报发展尤为迅速,出版数量占据着近代县报总量的半壁江山。

从 1895 年甲午海战以后,至维新变法失败止,中国国人开始了自办报刊的热潮。随着都市报刊的出版发行,地方也开始了创办报刊的历史,县域报纸随之在各地蔓延开来。维新运动的兴起和社会大变革局势的影响之下,在经济文化较为发达的江浙一带,白话报次第出现。如 1898 年江苏《无锡白话报》出版后,随后有十余种白话报相继创刊,其中有《苏州白话报》《吴郡白话报》《江苏白话报》《锡金白话报》《如皋白话报》《太仓白话报》等。同一时期,浙江白话报亦蜂起,其中有嘉兴的《善报》、绍兴的《绍兴白话报》、平湖的《平湖白话报》、金华的《萃新报》等。

至辛亥革命前后,江浙地区地方县报出版数量明显增多。江苏有二十余

① 唐忍安:《地方报纸》,《报学季刊》1934 年创刊号,第 17 页。
② 王京:《地方报纸改进之我见》,《南京新报》1940 年 8 月 18 日,第 8 版。
③ 易庸:《地方报的编辑问题》,《扫荡报》(桂林)1939 年 8 月 17 日,第 4 版。
④ 陈康和:《改善地方报纸的商榷》,《报展》1936 年,第 35 页。

种报纸出版,分布于无锡、苏州、常熟、如皋、吴江、太仓、南通、扬州、镇江、江阴等地,大都属于江苏南部或苏北沿江地带。20 世纪 20 年代初,江苏地方县报出版从 1911 年的 10 个增加到 17 个。[①] 这一时期,浙江县报的创办也进入发展时期,民办和国民党党政部门出版的报纸日益扩张,出版地域不断扩大,20世纪 20 年代前,浙江一些经济文化相对发达地方的县城,如余杭、萧山、绍兴、诸暨、海盐、德清、永嘉、海宁、义乌、象山等,都创办了地方报纸。

　　1927 年南京国民政府成立之后的十年是县报发展繁荣期。这一时期,国民党地方党报发展尤为迅速。国民党中央通过《省县两级党部工作条例及其细则》等指示,要求在全国范围内的地方县党部创设报纸。这一时期,全国出版的地方报纸中,党报创办占比达十之六七。[②] 除部分省党报外,地方县党报发展尤为迅速,国民党江苏省党部新闻事业委员会调查统计(1933 年 11 月),当时江苏除邳县、灌云、赣榆三县外,其余各县都有报纸出版。[③] 1934 年,全国各地新闻纸内政部申请登记者有 2700 余家,江苏一省已有新闻纸 230 余家,约占总数的十分之一。[④] 同一时期的浙江,地方县党部也纷纷出版县党报,民间报纸也得到发展。地方县报的空间分布也有较大的扩展。根据 1934 年 10月《报学季刊》统计,浙江全省共有 114 家报纸,杭州都市城市报纸合计 21家,占 18%,县镇报纸占 82%。[⑤] 在 1927—1937 年的十年间,浙江新闻事业已深入到县镇,除浙西山区外,绝大部分的县和一些著名的县属镇都曾出版过报刊。即便是在浙东沦陷后,全省仍有大小报纸 185 家,遍布每一县份。[⑥]

　　全面抗战时期,随着都市报纸和省报纷纷内迁,地方县报得到迅速发展。抗战爆发,以宣传抗战建国为主的时代潮流,推动了地方县报的发展。这一时

---

① 宁树藩主编:《中国地区比较新闻史》中册,复旦大学出版社 2018 年版,第 610 页。
② 方汉奇主编:《中国新闻事业通史》第二卷,中国人民大学出版社 1996 年版,第 252 页。
③ 《江苏省各县报纸概况表》,《江苏月报》1934 年第 1 卷第 3 期,第 21—23 页。
④ 君觉:《发展内地及边疆的新闻事业问题:内地新闻事业述略》,《报学季刊》1935 年第 1 卷第 2期,第 59 页。
⑤ 同上,第 60 页。
⑥ 宁树藩主编:《中国地区比较新闻史》中册,第 658、665 页。

期国共两党以及民办的县域报纸如雨后春笋般涌现，皆以"唤起民众，抗日救亡"为号召。在江苏，由于国民政府内迁，都市报遭到破坏，地方县报却得到发展，一些僻远县城纷纷创办抗日报刊。中共抗日根据地苏南、苏中、苏北等地创办众多党报，如《苏南报》《苏中报》《盐阜大众》等。在浙江，《宁波商报》创办副刊《抗战》，宗旨是"努力于统一与团结之鼓吹"，[1]浙江平阳出版的《平报》发表社论称："只有抗战的洪流，才使得我们古老的家乡填定了舆论的中心基础。……《平报》是为襄助政府使抗战建国纲领顺利推行。"[2]反映了这一时期地方县报出版的时代使命。仅在 1938 年这一年，浙江县报创办超过八十余家。[3] 同时，抗战期间，日伪创办和控制的县域报纸也有一定程度的发展，江苏有《大民周报》《新锡日报》《江北新报》《太仓新报》《苏州新报》等，浙江有《杭州新报》《余杭新报》《萧山公报》等。

抗战胜利后和解放战争期间，国民政府在接收江浙地区后，为了宣传的需要，国民党党部及政府等在县域创办的报纸进一步得以恢复和发展。同时，共产党在县域创办报纸与之针锋相对，县报创办进入新的发展时期。同时，这一时期是国民政府所谓的"宪政时期"，倡导新闻自由和企业化发展，原先的党派报纸纷纷自主企业化，民办报纸也纷纷创办。随着内战爆发及国内经济形势的变化，尤其是物价飞涨，纸张、油墨等紧张，官办、民办的县域报纸受到影响，多数县报或减版或停刊。至全国解放前夕，浙江除国民党地方党政报纸外，民办报纸由百余家锐减到不足 20 家。[4] 中华人民共和国成立后，地方县报纷纷停刊或改组，进入新的历史发展时期。

考察江浙地区半个世纪的县报创办者，其身份繁杂多样。有官方，有民营，有各党派团体，有知识分子，地方士绅阶层，有地方机关职员，有商人，不一而足。县报种类繁多，有公报、县政、党报、综合、文学、商业、卫生、实业、农

---

① 《本刊的使命》，《宁波商报》1938 年 4 月 5 日，第 2 版。
② 《发刊词》，《平报》1938 年 12 月 3 日，第 1 版。
③ 李骏：《浙江县报百年史》，浙江大学出版社 2012 年版，第 57 页。
④ 同上书，第 6 页。

业、教育、警政、晚报、学生、儿童等种类。县报出版版式大小不一,有对开、四开、六开、八开等。出版周期有日报、间日报、三日报、五日报、周报等。印刷方式有铅印、石印、油印、手抄等。

二、近代县报的地方性及其发展制约因素

县报的地方性是中国近代县报发展过程中重要的特色之一。近代中国地域辽阔,不同的地理政治社会文化环境造就了不同特性的县报个性。其发展进程中的制约因素更是造就县报地方性特色的重要原因。

1.近代县报的地方性

县报与都市报、省报的差异以及优势在于它的地方性特色。首先,县报的地方性是其生存的重要特色之一。县报强调报纸的地方性,既是地方报纸与都市报纸差异所在,更是地方报纸生存发展的策略之一。近代以来,县报在资金、印刷以及发行渠道方面都无法与都市报、省报相抗衡。为生存发展之计,县报致力于报纸的地方特色,贴近地方社会,走进民众日常生活,强调报纸的地方性,满足地方实际需要。县报之所以称为"地方报纸",就是每一张报纸都带有每一地方的特殊性,这一特殊性决定了它的内容,甚至印刷发行各方面,都与其他地方不同。正如时人所阐述的那样:地方报一定要有地方性。地方报与都市报相比,优点就是空间的接近,与读者关系密切,更有其重点,即强调地方色彩,激发爱乡情绪。① 以地方语写地方事,这是赢得广大读者的先决条件。② 地方报人一直强调报纸地方性的重要性,要使县报成为当地民众所需要的报纸。强调县报所刊载的内容,无论是政府政令的宣达还是报道地方新闻,以及反映地方民众日常生活的疾苦,务使一字一句,全属当地社会实情的反映和写真。新闻文字须竭力减少或避免抄录转载。同时,为增加民众的阅

---

① 如陵:《论地方报》,《新生命报》1947年9月1日,第2版。
② 易庸:《地方报的编辑问题》,《扫荡报》(桂林)1939年8月17日,第4版。

读兴趣及生活常识起见,地方县报每天要附一个副刊,就卫生、气象、公民、社会、物价等项,做简要的说明与介绍,以丰富民众的生活常识。① 这些都反映了县报内容地方性特色的生存发展需求。

如何做到县报的地方性,近代县报报人也进行了种种努力。对于政府政令、通告之类的文书,"不宜一样登载原文,应该用更通俗的方式解释这些东西……还要按照地方的文化程度,多做些给本地人能看得懂,真的达到了把这中心意见传达到本地老百姓的任务的东西。我们要本着自己朴素的姿态,创造新的作风。强调创办出地方的风格和特点"。告诫县报编辑新闻时最好是"人要像人,马要像马,中国人不能像西洋人"。② "地方性刊物中讨论较大较远的问题,可以用地方的小事件中去讨论。同样的,地方性报纸的副刊,是写给读者中占多数的小学教员、中学生、店员、手工业者、农民群体等等。地方性报纸要注意到读者的趣味,读者的需要,要为他们所理解。"③这些言论反映出报界业内人士在维持和强调县报地方性特色方面所做的努力。

其次,县报地方性特色也由客观地理环境所造就。从大的区域来看,中国各地的地理环境、政治气候、文化面貌等各不相同。各地经济结构和文化水平等方面的差异,影响着该地县报的特质。依据传统的划分习惯,近代中国可划分为华中、华南、华东、华北、华西五大区域,各大区域的地方县报,各有其显著特点。这些特点与当地社会文化相吻合。如时人所分析的那样,以湖北为代表的华中地方报纸,因该区域是中国的交通中心,所以地方报纸,一向采取八面玲珑的态度,违反了这种态度的报纸,马上就会难以生存。湖南地方文化以刚劲著名,所以其地方报纸,都有刚劲之气,绝没有八面讨好的意味。说到华东,自可以上海为代表,因为上海是个"十里洋场",是以商业为中心的地方,于是上海的地方报纸,也就少不得倾向于商业化。报纸在政治、文化方面,终为

---

① 詹铙:《从如何办县报说到革新后的新寿昌报》,《战时记者》1938年第4期,第21—22页。
② 柳寔:《地方日报期刊编辑要点商榷》,《新闻记者》1938年第1卷第2期,第7—8页。
③ 胡卜人:《我们要求健全的地方性的刊物和报纸副刊》,《读书生活》1936年第3卷第8期,第352页。

环境所限,脱离不了商业化意味。① 也有人很形象地比喻说,如果把浙江《东南日报》搬到西康去出版,任凭张天师怎样大本领,亦必有法无处使。倘使在一个落后的地方,凭一时兴起,把报纸的质素提得很高,就超越了该地方经济文化的负荷力。② 这些情况无不说明了县报地方性特质与地方的政治、经济和文化环境密切关系。

县报地方性特色也在于创办人群体的地方性。纵观全国近代县报创办情形,无论是官方主办还是民间私营,大多由当地人氏主持。县报的文字执笔者、新闻搜集者、推销人员,大多为当地人氏,是地方人办给地方民众阅读的报纸。如时人所说的,地方县报的背景是"地方",其读者是"地方",其期待着"地方"的同情支持。③ 总之,近代县报刊登的是在地方范围内每日发生的硬性软型的各类纪事,是供给本地全体人民阅读的。它的新闻取材,是以本地方纪事为中心;新闻纪事以浅显的笔墨叙述,使文化水平较低的群众都能理解。报纸的文字是用通俗的白话文字,"北方的白话不适用于南方,南方通用的白话,不适用于北方"。④ 地方县报的创办和发展,一切以地方的实际需要为旨归,这些都反映出县报的地方性特色。

2. 县报发展的制约因素

近代县报地方性发展也与地方特色制约因素有关。相较于都市报和省报而言,县报的发展有着诸多制约因素。近代中国地域辽阔,各地社会环境复杂不一,对于县报发展的制约因素,大致有政治环境、经济条件、人才资源、地方文化、交通条件以及都市报和省报影响等方面。

第一是政治因素。每一次政治局势的变化多对地方报业发展产生重要影响。正如《中国地区比较新闻史》所言,近代中国,一个地区、一个城市报刊发

---

① 童仲赓:《国内新闻事业的概观》,《正中》1934 年第 1 卷第 1 期,第 52—55 页。
② 谷风:《对于地方报诸问题之意见》,《战时记者》第 2 卷第 2 期,第 6—7 页。
③ 藏之:《尝试的话》,《地方新闻》尝试号,1949 年 1 月 10 日,第 1 版。
④ 唐忍安:《地方报纸》,《报学季刊》1934 年创刊号,第 29 页。

展兴衰起伏,起决定作用的往往是政治因素。① 晚清新政、辛亥革命、五四运动、国共合作、军阀战争、抗日战争、解放战争以及地方政治派系斗争等都是地方报业发展或衰败的首要原因。

第二是报馆的经济条件。梁启超曾在《时事新报》发行五千号的纪念辞中说过:"吾侪从事报业者,其第一难关,则在经济之不易独立。"②都市报尚且如此,地方报更是艰难。一般来说,县报资本规模小,经费紧张,印刷质量相对较差,发行量小。这些都制约着县报的生存发展空间。有报人回忆,地方机关办报经费每月只有五十元,年成好的话,还可以勉强过去,碰到凶荒,报社的经费弄成一个五扣实支。于是报纸由四开一变而成为八开,由日刊一变而为隔日刊,再变而为三日刊,三变为周刊。③ 县报广告收入也不景气。据1935年内政部统计,江苏省报社有339家,占全国的19.3%,销行数35.09%,居全国第一。然以各报社广告收入甚微,以致有因广告业务不发达,而年有亏蚀者,常有停闭之虞。④《中央日报》社长马星野曾给当时的县报馆经费算了一笔账:如果地方报纸不拿津贴而自给自足,是绝对不可能的。在各县除非商务特别发达,每日每报的广告费,不容易超过五十元。报纸日销六百份,已是中等县邑报纸很可观的数目,这个代价还不够付印刷费,更不够付纸张费。至于支出,新闻纸,印刷费,油墨,是无法节省的。⑤ 20世纪三四十年代,国民政府推行文化下乡,鼓励地方创办报业,但"县里经费困难,百端待举,那有钱来办报?而器材更为困难,没有收报机可以得到国内外的无线电报,没有印刷机可以印刷字体清晰的报纸,纸张与油墨等类更是无法解决的问题"。⑥ 县报报馆经费紧张是普遍存在的问题。常熟县党部报纸《新生报》因为经费问题而停刊一个月。重刊之际刊登启事,希望读者不要拖欠报费,"俾本报得维持于不堕,本报

---

① 宁树藩主编:《中国地区比较新闻史》上册,第40页。
② 梁启超:《本报五千号纪念辞》,《时事新报》1921年12月10日,第1版。
③ 程其恒:《办理地方报的困苦经历》,《国讯旬刊》1940年第230期,第13页。
④ 孙兰言:《江苏省新闻事业史料》,《江苏文献》1942年第1卷,第46页。
⑤ 马星野:《发展地方报纸刍议》,《战时记者》1939年第6期,第4—5页。
⑥ 储裕生:《新县制与地方报》,《新闻战线》1941年第五、六合刊,第21页。

之幸,或亦文化界之幸欤"。① 经济条件使得县报发行局限于地方,如江苏泗洪地区出版的各类报纸,"其范围大都销行本邑,隔县鲜闻"。②

第三是人才资源缺乏。县报尤其是内地县报的发展受制于人才资源的匮乏。其一,地方报馆经济枯涩,不能吸引能力较强的新闻人才,一般新闻学系学生或有一定声名的新闻记者,对于地方报业,往往不屑一顾。大多数县报报人,多由小学教员、党员、商人等兼任。报人群体鱼龙混杂,而品行卑劣者也有不少。一般民众对于这类新闻记者,都视为"流氓"之流。③ 同时,因县报多经费缺乏,物质条件不够,只能出版小型报,而当时一般社会人士,多把小型报视作小报,有损报人人格。④ 地方新闻纸,常被看作是报格低下的小报,是局促一隅不被人重视的东西。⑤ 其二,社会观念重视都市报,轻视地方报。对于都市记者莫不敬礼有加,至于地方小报的记者,人家根本看不起。⑥ 地方县报因限于地方,接触的范围没有全国性报纸大,个人的地位不易显达。⑦ 县报报人身份得不到社会民众的认可。这些看法和观念代了民国时期对地方报界一个普遍的认识,这不利于都市报人向地方的流动,也阻碍了县报的发展。地方报搜罗人才不易。因此,地方政府办地方报,"只有调派公务人员,自有他的苦衷"。⑧ 有些地方,因新闻人才缺乏,县报大半落于劣绅或市侩之手,亦即所谓报痞。

第四,县报创办过程中也时时受到地方各权势阶层的干扰。对于县报而言,地方政府对于县报的生死有着重要的影响。"顷奉象山县政府命令,自即日起停止出版",⑨此类启事屡屡见于报端。许多县报,被迫屈服在政府的威

---

① 《这要请读者帮忙》,《新生报》1947 年 6 月 16 日,第 1 版。

② 朱汉章:《泗阳新闻事业之检讨》,《苏衡》1935 年第 1 卷第 4 期,第 124 页。

③ 冯英子:《扶植地方新闻纸》,《新闻记者 汉口》1938 年第 1 卷第 6 期,第 23—24 页。

④ 《积极发展地方性报纸》,《民国日报》1943 年 9 月 1 日,第 2 版。

⑤ 赵纯继:《地方新闻的重要性》,《新闻战线》1942 年第 2 卷第 6 期,第 9—10 页。

⑥ 杨寒玉:《请正视办地方报的困难》,《报学杂志》1948 年第 1 卷第 7 期,第 92 页。

⑦ 《积极发展地方性报纸》,《民国日报》1943 年 9 月 1 日,第 2 版。

⑧ 管雪斋:《省县公报的设计》,《新闻学季刊》1941 年第 1 卷第四期,第 43—64 页。

⑨ 《大众日报休刊启事》,《三门湾日报》1949 年 3 月 16 日,第 2 版。

力之下,明知政府违法,也不敢有所指责了。① 县报的出版和停刊等生杀予夺之权掌握在官府手中。县报为生存发展,多有不得已屈服于地方各权势阶层,刊登权势人物的"德政"和"功绩"。"翻开报纸,各色各式颂扬德政的启事,不是颂扬军队的纪律严明,秋毫无犯,就是颂扬县长的爱民如子,兴利除弊,然而明眼人知道,凡被颂扬的十之九,是正相反。"②地方权势阶层对于地方县报发展有着各种影响。1913 年,嘉善《善报》因抨击县政贪暴,批评地方劣绅横行而被查封。《绍兴公报》因揭露县知事"营私舞弊,搜刮民膏"而遭到报复。《武进夜报》因刊登一段"派员查覆是一件好差事"的文字,受到该县章县长的特殊关照,引得"报馆人员手足无措,有若大难临头的模样"。③ 1933 年 7 月,朱家角镇创办三日刊《警钟》,一开始报社同人意气风发,立志揭破社会黑幕。出版数期,受到地方恶势力的压迫,"层出不穷,竟有防不胜防之慨叹",最终被迫停刊。④ 县报种种的发展障碍反映着地方报纸发展的特色过程。

其他原因,如地方民众文化水平等也限制了县报发展空间。大多数县报发行量小,主要原因是教育不普及,人民的知识程度很差,读报者少。⑤ 浙江《平报》创刊之时,创办人也担心"以一般民众文化水准的低下看来,是怎样需要给他们以文字上的启迪和鼓励"。⑥ 民众经济文化水平更是制约县报发展的重要因素。

三、近代县报中的地方社会

近代以来,随着县报在地方的陆续创办,县报成为地方社会重要的新闻媒介,对地方政治、经济、文化和社会风俗等方面产生重要影响,同时,县报中记

① 李梦秋:《地方报纸的厄运》,《战时记者》1939 年第 10 期,第 11 页。
② 白丁:《新闻漫谈》,《新闻通讯》1934 年第 7 期,第 31 页。
③ 菊青寄自常州:《武进夜报与章县长》,《爱克斯光》(苏州)1929 年 10 月 24 日,第 4 版。
④ 陆宝荣:《附〈警钟〉报始末》,《里风》1945 年 10 月 31 日,第 2 版。
⑤ 朱司晨:《地方报纸略论》,《晨光周刊》1935 年第 4 卷第 22 期,第 11—12 页。
⑥ 《发刊词》,《平报》1938 年 12 月 3 日,第 1 版。

载的丰富多彩的地方社会日常生活,为我们研究地方社会提供珍贵的史料。

近代县报与地方政治密切相关。近代报纸的发展或衰落与政治之间如影随形。报纸等媒介的政治宣传不只是一种社会动员的辅助方式,还是政治行动的一部分。从维新运动、辛亥革命到新文化运动,乃至于民国政府时期,地方报刊类型多样,其中党派团体类报刊在基层社会的政治宣传方面发挥重要作用。政党、团体的意志、党义及宗旨的宣传大多依靠报刊媒介传播渠道来完成。政党之间的政治宣传战也大多通过报刊媒介这一舆论平台进行。

1927年南京国民政府成立以后,国民党进入"训政"时期,在国民党政府大力支持和推进下,县党报在全国范围内得到迅速发展,形成了一个自上而下强有力的新闻宣传系统。据许晚成《全国报馆刊社调查录》统计,国民党党报总数在600家以上,占全国报刊总数的40%,而地方党报有590家,占国民党党报总数的98%。[①] 县党报占有着绝对优势比例。地方县党报既是地方政治动员的宣传工具,也是地方县营的文化事业。这类县党部报纸,以阐扬三民主义及传播各项政令为职志。国民政府时期,国民党地方县报都秉承这一办报宗旨,大多数县报在报头下刊有"总理遗嘱"字样,显示报纸的政治属性。如1928年8月创办的《江苏国民导报》是无锡县第一份国民党县党部创办的报纸,它的使命是阐扬党义,建立正确的舆论以做民众的真正喉舌。同年创办的《嘉定新声》以"研究三民主义,评论社会现状,唤起民众,共求自由平等"为宗旨。1935年12月,太仓、嘉定、宝山三县党部联合创办《太嘉宝日报》,目的是使消息得以贯通,党义主义得以阐扬,政令藉得传播。[②] 常熟《新生报》宣称"站在三民主义的立场,……领导青年思想,发扬民族意识,促进地方建设各方面"。[③] 浙江《桐庐报》是为了"阐扬党义、宣传政令、报道新闻",《富阳日报》以"唤醒民众,宣传党化"为宗旨,等等,都显示出县党报强烈的政治属性。

县报的政治主导功能和权力因素也反映在县报创办的各个环节上。第

---

① 许晚成编:《全国报馆刊社调查录》,上海龙文书店发行,1938年。
② 孙兰言:《江苏省新闻事业史料》,《江苏文献》1942年第1卷,第47、51页。
③ 石民佣:《新生报复刊献词》,《新生报》1945年9月26日,第1版。

一，是对报纸创办的经费支持。政党报纸是宣传工具，不以营利为目的。从1900年的《中国日报》开始到南京国民政府成立后创办的国民党党报，基本上都有专门的政府经费补助。国民党中央常务委员会1928年6月9日通过的《设置党报条例草案》《补助党报条例》等规定："中央及各级宣传部的设置日报、杂志（即经费统由中央及各级党部划拨）或酌量津贴本党员所主办之日报杂志。""凡党员所主办之日报或期刊均可请求本党中央或各级党部补助经费。"落实到地方，县党报经费都有具体的额度规定和补充办法。镇江《新江苏报》运营经费不足之部分，则由县属各机关资助，并认定每月县党部五十元，县政府五十元，教育局二十元，省会公安局二十元，土地局五元，县公安局五元，财务局十元，建设局五元。①《宝山民众》报经费由教育局津贴。② 浙江丽水县党报"自出版之月起，每月津贴一百元，以五个月为限，又查该报性质，应属乙种党报，此项津贴费，应作该报股金，其股权归丽水县党部所有"。③ 等等。第二，国民政府利用行政力量强化党报的权威性。除对县报经费等方面大力支持外，国民政府还通过各种方式提高县党报的地方影响力。大多数县报的报名刊头都由政府要员题词，大到中央政要，小到地方县长。如青浦县《明报》报头由吴开先题词；常熟《新生报》分别由王宠惠、陈立夫等题词；浙江《平报》由浙江省主席黄绍竑为其题写报头；等等。同时，利用政府行政力量确立县党报的权威地位。常熟县县政府布告称："《新生报》系常熟惟一党报，为各机关、各团体、民众所必阅之刊物，嗣后凡本县政府管辖范围司法部之民刊、诉讼声明、广告，非登该报不能发生效力，合行布告各界民众，一体周知。"④江苏高等法院镇江地方法院特准，有关人事法律公告，非登《新江苏报》不生效力。⑤ 抗战胜利后，为求得地方政令划一，昆山县长批

① 《县党政谈话会》，《新江苏报》1930年1月9日，第5版。
② 《国内新闻事业之概况》，《记者周刊》第12号，1930年8月3日，第45—46页。
③ 《中国国民党浙江省执行委员会宣传部指令第一四三一号》1930年12月。
④ 《新生报》1930年10月24日，第1版；1932年2月15日，第2版。
⑤ 《新江苏报》1947年1月16日，第1版。

准《旦报》社长陆景曾所呈称"举凡民间一切启事等则非刊载本报不生法律效力"的申请,①"凡民间有关法律行为之在本报刊登广告声明及启事者于司法机关处理案件时应为采证上有效之根据",②这都体现了县党报对于政治权威的借用。

县党报为地方政治服务,引导舆论方向。北洋军阀时期,国民党地方报纸曾抨击军阀政治黑暗,声讨段祺瑞是最著名的日本帝国主义走狗,以"外崇国信"四字取得国际承认的地位,给一切不平等条约加了一重保障,已是我们人民所不能忍耐的了。③ 江宁县党部为纪念"五九"国耻,在地方报纸上发表告民众书:"纪念国耻要彻底肃清反革命势力;纪念国耻要废除不平等条约;纪念国耻要加紧提倡国货运动;卧薪尝胆誓雪国耻;对日经济绝交;打倒日本帝国主义。"④抗战爆发以后,各地方县党报言论加入这场民族战争的洪流中。地方县党报有着明确的政治立场。"我们的政治立场,就是抗日救国的立场,也就是抗敌建国的立场。……拥护领导抗战的政府。拥护统一战线。拥护三民主义。"⑤县报以各种社会动员启发基层民众的国家意识。⑥ 这些都反映了县党报的国家政治宣传功能。

县党报更是地方政治派别之间权力争夺的舆论工具。20 世纪二三十年代,在江苏常熟,国民党党部内部在争夺权力过程中,形成了以《新常熟日刊》为传舆论阵地的"新常熟系"(主要势力在常熟县教育界和农会、妇女会),他们和依托《琴报》为宣传中心的"琴报系"(主要包括常熟县党部的执行委员以及工整会和国民救国会等)之间发生了激烈的权力之争,并以各自的宣传工具对对方进行舆论攻势。在 1929 年地方党务纠纷中,《新常熟日刊》刊文检举"琴

① 《准旦报社长陆景曾呈称为举凡民间一切等事则非刊载本报不生法律效力呈请鉴核允准等情转请》1946 年 5 月,昆山市档案馆藏,005-001-1157-003。

② 《在本报刊登广告得为审判上重要之采证》,《三门湾日报》1948 年 5 月 27 日,第 2 版。

③ 中国国民党江苏吴江县党部印行:《省党部为段祺瑞屠杀北京市民宣言》,《三五旬刊》第 3 期,1926 年 4 月 1 日,第 1 版。

④ 《新江宁》1929 年 5 月第 27、28 期。

⑤ 《我们的立场》,《平报》1938 年 12 月 5 日,第 1 版。

⑥ 《告成衣工友勿做日本货的东西》,《新桐庐》1927 年 6 月 27 日,第 2 张。

报系"核心人物张尧生不法行为,《琴报》则指摘"新常熟系"是"虚构事实,妨害名誉"。① 舆论带有明显的政治宣传倾向性,其结果是导致两派系之间权力争夺的激化。② 反映了复杂多变的地方政治实态。同时,县党报也是地方政治人物个人宣传的工具。苏州地方立委选举之际,《小吴报》用一整版篇幅宣传候选人严欣淇的个人声望及社会活动能力,极力推举严为立法委员,称其最孚众望,盛赞严的个人品格,"大公无私之精神","光明磊落之风度"。为表示本报社人的诚意,本报全体同人均投选严欣淇,"并愿意提供为各界投选人之参考"。③ 同时,为打击政敌,同一版上刊文抨击《民盟又图死灰复燃》,④以报纸舆论左右民意。

近代县报在各个历史时期的政治宣传活动与地方社会政治生活息息相关,影响着地方民众对于国家、民族主义、政党以及政治局势的认知。同时,近代县报与地方民众日常生活密切相关。报纸为社会文明的精神食粮,其作用在于潜移默化发挥着教育的功能,所谓化民成俗的工具,莫重于报纸。"启迪民智,开化人心,当惟地方报纸是赖。"⑤县报以地方事实为依据,报道地方社会各个领域所发生的新闻。注意于一地方每天所发生的新闻,记载自当以事实为贵。⑥ 近代县报中关于地方社会各类信息报道也是我们了解和研究地方社会日常生活重要的资料来源。

近代县报最重要的特色是关注地方民众事务,为地方民众排忧解难。县报多以地方社会问题为中心,报道民众日常生活中所关心的各类国计民生问题,所刊载的社论以及信息多偏重于地方事件。其中,地方新闻等栏目的设置是县报一大特色。几乎每一种县报都有该栏目的设置。如,1918 年 8 月创刊

---

① 《新常熟日刊妨害名誉案》,《琴报》1929 年 7 月 9 日,第 2 版。
② 《县代表大会之纠纷》,《琴报》1929 年 10 月 7 日,第 2 版;旁听:《打散场的县代表大会》,《琴报》1929 年 10 月 7 日,第 4 版。
③ 《本报全体同人均投选严欣淇》,《小吴报》1948 年 1 月 22 日,第 1 版。
④ 蓝田:《民盟又图死灰复燃》,《小吴报》1948 年 1 月 22 日,第 1 版。
⑤ 邢颂文:《地方报纸国际新闻编辑的商榷》,《江苏月报》1935 年第 4 卷第 4 期,第 26—28 页。
⑥ 秋翁:《论地方报》,《铁报》1947 年 6 月 10 日,第 3 版。

于江苏常熟的《新刍言》专设"本邑短简",刊登常熟地方简讯、市乡通讯,报道其属下海虞、浒浦、东张、何市、徐市、董浜等市乡新闻。内容涉及民间团体、地方治安案件、诉讼、迎神赛会、卫生防疫、征税等。① 创办于 1926 年 8 月江苏扬州的《新民报》,特设"本县新闻"一栏,刊载大量关于扬州地方民众的社会生活内容,如针对烟毒犯的总检举及自新登记宣传周,除刊发相应的参与人员、决议事项外,还介绍将编演警惕话剧利用元旦表演,并在为期 7 天的宣传周内举办化装演讲活动。② 创办于 1928 年 1 月的浙江江山县的《江声日报》,设专栏刊登"本县新闻",所登消息涉及本百姓民生,卫生防疫、社会建设、地方治安、地方选举、文教活动等诸方面。③ 浙江桐庐县报同样亦以地方新闻为主要内容,反映地方社会日常,如《城区消防会议》《第九次县代表大会》《小学行政成绩陆续送会》。④ 等等。

近代县报在关注地方民情的同时,也关注地方弱势群体的日常生活。如教师群体,"小学教员位置,凄苦似僧,每日摇铃上课,度其粉笔黑板生活……论其月得薪金,仿佛水中着盐,淡而无味,区区之数,糊口且不给,何论赡家,而今又一欠再欠,停发有三月之久,委蛇委蛇,枵腹自公,小学教员之苦况,盖可想见矣"。⑤ 反映地方学徒群体的日常生活。⑥ 关注印刷工人工资问题,报道地方印刷工人组成职工会要求调整工资一事。⑦ 等等。县报中关于民生信息,如地方商情、物价、商业广告、棉纱、棉布、食糖、食油、粮食等,以及地方民众日常生活的方方面面,服装、旅店、饮食、医疗、法律服务、百货等,所在皆有。对地方报纸出版者而言,创办县报一个基本原则就是"传布人民的疾苦及其生活需要以播于全社会。新闻报道属当地社会实情的反映和写真"。⑧ "按时发

---

① 《新刍言日报》1920 年 1 月 7 日,第 3 版。
② 《提灯宣传烟民自新登记》,《新民报》1935 年 12 月 22 日,第 3 版。
③ 如《本县各界举行端节劳军》等,《江声日报》1943 年 7 月 7 日,第 2 版。
④ 《桐庐民报》1933 年 5 月 26 日,第 6 版。
⑤ 介公:《小学教员欠薪之感想》,《常熟明报》1928 年 12 月 18 日,第 2 版。
⑥ 《旅店学徒的生活》,《如皋日报》1943 年 9 月 23 日,第 3 版。
⑦ 《本县印刷工友调整工资圆满解决》,《五山日报》1946 年 7 月 19 日,第 2 版。
⑧ 詹铙:《从如何办县报说到革新后的新寿昌报》,《战时记者》1938 年第 4 期,第 21—22 页。

表对县内重要问题的意见……反映民众的生活与要求。"①

县报立足于地方社会,反映近代中国不同历史时期地方社会的民众日常生活。无论是关于政治宣传,还是经济生活、地方民情风俗以及文化娱乐等,县报不同程度上充分反映着近代地方社会民众的真实生活情形,县报是我们了解地方社会民众日常生活重要的视角。正如县报自己所言,"我们的地方报,一定要有很丰富的很生动的群众生活的反映"。② 县报反映了近代中国地方社会十分丰富的历史图景。

四、近代县报与基层社会研究展望

作为近代地方社会最重要的大众传媒,县报不仅是地方社会政治、经济、文化等各类信息传播的平台,也是地方社会权势力量借以改造社会的重要工具,它广泛深入地参与到民众的日常生活之中,与地方社会各领域有着密切的互动联系,推动着地方社会的历史进程。

以往多数学者对于地方社会的研究,多从地方志、档案等文献资料出发,这些固然可以了解地方社会的地理、物产、气候以及土地等方面珍贵的信息。但对于政治、经济、文化和民众日常生活等动态的发展变迁,方志、族谱、文集等民间文献资料不能全面反映地方社会的发展演变,尤其是基层社会鲜活的日常生活历史。一定意义上说,近代县报是研究中国近代地方社会地情百科全书,地方县报内容包含了时政新闻、商业贸易、文教卫生、民生百态等,弥补了晚清民国时期方志、档案文书之不足,是研究我国近代地方新闻史、地方社会文化史珍贵的民间历史文献资料。也是我们了解地方政治生态、商业发展、新闻事业、风土民情以及印刷技术、语言风格等方面的主要参考资料。梁启超曾言:"史料之为物,真所谓'牛溲马勃,具用无疑',在学者之善用而已!"③对

---

① 陈聆明:《地方报纸的建立与发展》,《扫荡报》(桂林)1939年3月9日,第4版。
② 胡小丁:《地方报纸地方化》,《解放日报》1943年1月26日,第4版。
③ 梁启超:《中国历史研究法》,河北教育出版社2000年版,第66页。

近代县报资料的全面搜集整理,进一步突破了地方社会历史研究的史料局限,为我们深入开展基层社会研究提供了可能。

近代县报呈现中国地方社会丰富多彩的历史画卷,其对于地方社会的实时报道有着即时性、真实性、多样性、地方性等特征。县报这些特征丰富了我们对于近代地方社会政治、经济、文化以及日常生活等各个领域的多元认识,同时,近代县报因接近民众,深入社会,也加深我们对于基层社会历史细节的了解。地方社会政治、经济、文化和日常生活等各层面在地方县报中有着诸多的记录,为我们呈现五彩斑斓的基层社会图景。另外,近代县报对于地方社会的历史发展进程有着重要的推进作用,地方社会传统向现代的转变以及民众国家意识、民族意识和地方大众文化的现代发展都与渗透到地方社会的现代大众媒介有着密切的关系。因此,从近代县报这一视角出发认识地方社会,拓宽了近代社会文化史研究的范围。

当然,近代县报也有其不足的一面。中国近代县报千差万别,创办者身份多样,创办宗旨也多有不同,对于地方社会的报道有着各自的舆论倾向和特色,尤其是党派团体类报纸多为政治宣传工具,对于这些有着较为明显的办报倾向性的报纸史料要有所警惕。更多情况下,近代县报无论是风格还是体例,对于事实的报道方面,有时有较大的出入,受到当时社会舆论的诟病:"一班狐朋狗友,藉报招摇撞骗之敏捷,使任何人都露出惊奇的思想,逞以数人之不欲,贻害大众于不顾,有玷污整个舆论界的污羞和耻辱。"[1]"最近所见各处的地方报,新闻的记载,不翔实与太主观,是共同的弊病,有此弊病,即凡所记载,失却真实性。"[2]这些情形的存在,需要我们对相关报刊及其他地方文献资料进行互证以还原历史的真实。

总之,中国近代县报是一座丰富的资料宝库,是研究地方社会重要的史料参考。多样的地方性特色内容是我们了解中国近代地情重要的民间文献,其

---

① 王梦麟:《常熟的新闻事业》,《世界晨报》1935 年 11 月 14 日,第 2 版。
② 秋翁:《论地方报》,《铁报》1947 年 6 月 10 日,第 3 版。

内容庞杂、范围广泛,包含了地方政治文化生态、社会观念变迁、地方经济发展、衣食住行以及文艺娱乐等各个领域,是我们了解近代地方社会百科全书式的重要原始资料。同时,作为大众媒介的近代县报在地方政治权力斗争、经济发展、社会风俗观念改造和民众日常生活等方面发挥着重要作用。近代县报与地方社会各层面互动研究都有着广阔的发展前景。可以说,近代县报是中国基层社会研究的一个新视角,县报的全面搜集整理对于近代地方社会的深入研究有着重要的学术意义。

[作者简介]洪煜,上海师范大学人文学院教授。

解放初期江南城市形象的影像建构

——以中苏合拍彩色纪录电影

《人民的上海》与《江南胜景》为例

李东鹏

内容提要:江南地区长期以来作为我国城市经济与文化水平发展程度最高的区域,是解放以后我国进行城市形象建构和宣传的主体。从1949年底到1950年初,中苏摄影师合作拍摄了大量有关新中国的彩色影像资料,其中两部纪录短片为《人民的上海》和《江南胜景》,创作者们用镜头记录下上海和杭州的城市风貌、人民的生产生活等。江南城市影像研究需要辨析江南城市和城市影像二者的关系,一方面,江南城市影像为江南研究提供了更直观、形象的"新史料";另一方面,江南城市影像自身本体也是研究江南城市发展和社会变迁的新领域。在人民政权初建的大背景下,上海、杭州作为江南地区乃至全国生产型、生活型城市的代表,被摄影师们用影像的方式对城市进行记录和形象建构,塑造了不同于旧中国的新中国先进城市形象代表,帮助国人更多地了解到祖国的锦绣河山,激发了对新政权的认同感。同时,电影作为最先进、最艺术的传播手段,在国际交往中成为表达传播新中国形象的一张名片。此外,中苏摄影队的合作,锻炼了中国纪录电影人才队伍,对新中国纪录电影风格走向"政论"的风格产生了长远影响。

关键词:江南 历史影像 城市形象 锦绣河山

江南地区是宋代以后中国经济文化最为发达的地区,自唐宋以来,一直是国家财政收入的主要来源。美国学者施坚雅、林达·约翰逊等都认为,江南是中华帝国晚期城市化程度最高的地区,拥有一个完整的城市发展体系,涵盖从低级的、不到百户人家的小市镇到拥有超过百万居民的大城市。[①] 上海在近代的开埠与崛起带动了江南地区社会经济的整体性增强并使之融入国际大市场,同时推动了中西文明的扩大交流,大量西方先进观念、事物传入,电影就是其中之一。得益于江南地区诸多的发达城市和市民阶层的开放风气,人们普遍接受了电影这一新鲜事物,影院在上海、杭州、南京、苏州等城市大量建立。来自世界各地的摄影师用镜头记录下江南地区的城市风貌、风土人情、生产生活等,这些历史影像[②]逐步成为承载历史记忆的媒介。1949 年,中苏领导人共同商定由苏联派出摄影队记录新中国成立的伟大时刻,摄影队从 1949 年底开始到 1950 年初在中国各地拍摄了大量珍贵彩色影像,根据在上海、杭州拍摄的部分影像剪辑制作完成的两部彩色纪录片《人民的上海》和《江南胜景》,成为了解、研究解放初期新中国江南城市变迁和纪录电影发展的重要资料。

将历史影像引入城市史、社会经济史等研究领域,体现了当下学科互涉与学科间边界跨越的特征,推动产生了新的研究论域。历史影像是电影技术和史学研究"联姻"的产物,其理论探究伴随着技术的进步和时代的演进并行前进。20 世纪早期,德国艺术史大师瓦尔堡的"图像学"提出了影像证史的理念,并助推历史影像研究发端。1988 年,美国学者海登·怀特发表《影像史与书写史》("Historiography and Historiophoty")一文,认为"以我们在视觉图像和电影叙述中对历史的思考呈现历史",提出影像史学概念。[③]国内周梁楷、王凌霄、王镇富、吴琼等对"影像史学"的相关概念、理论和应用也

---

① 〔美〕林达·约翰逊主编,成一农译:《帝国晚期的江南城市》,上海人民出版社 2005 年版,序言。

② 本文所指的影像是以电影技术拍摄制作而成的活动影像,而历史影像是以拍摄纪实性内容为主的活动影像,又称纪录影像。

③ Hayden White, "Historiography and Historiophoty", *American Historical Review*, Vol. 93, No. 5, December 1988. 关于海登·怀特文章的翻译,国内也有学者提出"影视史学"的叫法。

进行了讨论。① 作为我国纪录电影发展的亲历者，单万里、高维进、方方等从我国纪录电影发展史的角度进行了脉络梳理，整理出大量珍贵史料。② 聚焦到我国城市影像、江南城市影像等领域的研究，虽然已有部分跨学科的研究成果出现，但目前大都从故事电影或当代人摄制纪录片角度，对影像进行电影美学的艺术分析，如曹盼宫《人文纪录片中"江南意象"影像表达的美学价值》、赵轩《景观、风物与怀旧式想象：论南京民国城市影像的当代塑造》、宋奕《影像江南：中国电影空间美学研究》、余娟《回望新中国纪录电影美学初建》等。③ 值得一提的是，黄望莉、胡玉清以 1927 年的纪录片《上海纪事》为例，分析了影像的档案价值和记忆属性。④ 总体来看，学界尚未有从历史影像角度切入解放初期江南城市史研究的成果，而且影像资料的特殊存贮和播放等技术要求，一定程度上限制了学者对影像资料开展研究和利用。

江南城市影像研究是中国城市影像研究的一部分，唐力行认为，区域社会是整体中国的一部分，是整体中国的细部形式，解剖某一个具有典型意义的区域社会，本身就有助于我们深化对整体中国的认识。⑤ 上海、杭州是江南城市的优秀代表，而江南城市是中国城市的代表，本文即以中苏合拍的纪录电影《人民的上海》和《锦绣河山》为例，对上海、杭州为代表的江南城市的影像进行研究，试图分析新中国政权初建的大背景下，国家对江南城市形象进行影像建构的意图、影响。

---

① 周梁楷译：《书写历史与影像史学》，台北：《当代》1993 年第 88 期；刘维开主编：《影像近代中国》，台北：政大出版社 2013 年版，第 210—211 页；王镇富：《影像史学研究》，山东大学博士学位论文，2011 年；吴琼：《从影像史料到影像史学》，《史学理论与史学史学刊》2013 年卷。

② 单万里：《中国纪录电影史》，中国电影出版社 2005 年版；高维进：《中国新闻纪录电影史》，世界图书出版公司 2013 年版；方方：《中国纪录片发展史》，中国戏剧出版社 2013 年版。

③ 曹盼宫：《人文纪录片中"江南意象"影像表达的美学价值》，《电影评介》2017 年第 15 期；赵轩：《景观、风物与怀旧式想象——论南京民国城市影像的当代塑造》，《江汉学术》2017 第 6 期；宋奕：《影像江南：中国电影空间美学研究》，南京艺术学院博士学位论文，2012 年；余娟：《回望新中国纪录电影美学初建：以 20 世纪 50 年代中苏合拍片中的上海影像为例》，《中国电影市场》2020 年第 5 期。

④ 黄望莉、胡玉清：《影像档案·断裂性·世界记忆：从早期纪录片〈上海纪事〉说起》，《当代电影》2020 年第 3 期。

⑤ 唐力行：《唐力行徽学研究论稿》，商务印书馆 2014 年版，自序，第 3 页。

一、从上海、杭州城市影像发端到
新中国第一批彩色纪录影像

　　凯文·林奇认为："任何一个城市，都存在一个由许多人意象复合而成的公众意象。"①公众通过观看城市影像，是形成对城市公众意象的方式之一。纪录影像赋予城市视觉形态，将日新月异的城市风貌、传承着城市文脉的历史文化景观、见证着城市变迁的建筑，用媒介的形式较为直观、全面地记录下来，形成丰富、立体、多维的城市影像记忆。人们通过观看纪录影像，感知和体验城市。

　　上海是中国电影的诞生地，1896 年 8 月 11 日，上海徐园内的"又一村"放映西洋影戏，被认为是电影在中国的首次放映。② 1898 年，美国爱迪生公司派出代表在上海拍摄部分街景内容，制作成电影 *Shanghai Street Scene*（《上海街景》），是目前已发现留存最早的拍摄上海的影像。此外，1910 年著名电影人、俄裔美国人本杰明·布洛斯基摄制的纪录片《经过中国》，1925 年苏联导演 B. A. 史涅伊吉诺夫摄制的纪录片《伟大的飞行与中国的国内战争》，1927 年苏联导演雅科夫·布里奥赫（Yakov Blyokh）摄制的纪录片《上海纪事》等，都是较为系统记录上海城市的纪录片，把镜头对准上海的普通劳动者是三部片子的共性。史涅伊吉诺夫曾讲到："我们来到上海是想拍摄真正的中国，按原样表现这个国家的真情实况。"③

　　杭州电影放映与拍摄活动均晚于上海。1902 年 11 月，有英国人在杭州放映电光活动机器影戏，节目有《英皇出游》《美女出浴》《开火轮车》等，是有记载的杭州最早的电影放映活动。④ 目前可查到的早期国人拍摄的杭州纪录片

　　① 〔美〕凯文·林奇著，方益萍、何晓君译：《城市意象》，华夏出版社 2017 年版，第 35 页。
　　② 《上海市电影志》编纂委员会编：《上海电影志》，上海社会科学院出版社 1999 年版，第 2 页。
　　③ 〔苏〕B. 史涅伊吉洛夫著，郁有铭、刘星译：《两次旅行中国》，中国电影出版社 1959 年版，第 16 页。
　　④ 周少敏：《杭州解放前电影业的兴衰》，政协杭州市委员会文史资料委员会编：《杭州文史资料·第十八辑》，1994 年，第 52 页。

为商务印书馆 1919 年摄制的《西湖风景》,可惜该影片胶片在 1932 年日军对商务印书馆的轰炸中被毁。1936 年,中国教育电影协会与金陵大学理学院合作拍摄了一部纪录短片《西湖风景》,由孙明经摄制。该片通过影像地图的形式拍摄了西湖的风光与周边的岳王庙、秋瑾墓、虎跑等文物景点。①

截至 1949 年以前,诸如美国福克斯、法国百代等新闻媒体摄制的新闻电影等,电影机构制作的城市风景电影、旅行电影和私人爱好者摄制的电影等,从不同角度对上海、杭州城市的不同侧面进行大量的拍摄记录,这些中西方摄影师的镜头记录,建构起以上海、杭州为代表的早期江南城市形象,并通过胶片向海内外传播。

1949 年,随着国内解放战争的顺利推进,中共领导人很早就决定用电影记录下新中国成立的历史时刻,同时把中国人民的英勇斗争事迹、新中国的建设用电影形式介绍给苏联和其他各国人民。但国内团队的技术力量、拍摄水平等,还达不到最先进水平。苏联领导人斯大林在了解到中方的意愿后,主动提议派摄影队来华。② 苏联摄影队 11 人抵达北京的时间为 1949 年 9 月 30日,队中包括苏联著名导演格拉西莫夫和瓦尔拉莫夫。③ 从 1949 年 10 月 1 日开始,摄影队在拍摄新中国开国大典后,随即奔赴各地拍摄,历时近一年,所拍摄素材先后制作成《中国人民的胜利》《解放了的中国》和《锦绣河山》三部纪录片。

《中国人民的胜利》是新中国成立后制作的第一部彩色纪录片,导演为瓦尔拉莫夫,苏联著名作家西蒙诺夫执笔写解说词,中国作家刘白羽担任文学顾问,吴本立、周峰任副导演。该片是中国电影史上第一部具有伟大的政治教育意义和高度的艺术水准的五彩文献纪录片。④ 该片后期制作在苏联进行,电影局派刘白羽、何士德、周峰、吴本立和翻译尹承玺于 1950 年 5 月 21 日离京,6 月

---

① 据上海音像资料馆藏珍贵影像《西湖风景》整理,档案号:版权带 066。
② 《在庆祝〈解放了的中国〉摄制完成大会上 周恩来总理的讲话》,《人民日报》1950 年 12 月 25日,第 3 版。
③ 《新华社更正》,《人民日报》1949 年 10 月 2 日,第 1 版。
④ 《中苏电影工作者合作五彩巨片〈中国人民的胜利〉摄制完成》,《人民日报》1950 年 9 月 25日,第 3 版。

1 日到达莫斯科。在莫斯科历经一个多月的时间,完成俄文、中文版的说明及配音等工作。7 月 17 日,整个片子完成。① 当年国庆节,在中国国内正式上映。

《解放了的中国》是中苏合作的第二部彩色纪录片,由北京电影制片厂和苏联莫斯科高尔基电影制片厂联合摄制,编导是苏联著名导演谢尔杰·格拉西莫夫。摄影队的主要人员包括摄制五彩艺术纪录片的苏联摄影专家:勃拉兹诺夫、金丁、吉赛里奥夫、马卡赛也夫、彼得洛夫、拉波保尔脱及哈夫琴。北京电影制片厂有周立波、何士德及徐肖冰等参加。② 《解放了的中国》的制作任务是“在一部纪录片里,用历史的正确性清楚地描绘出近百年来中国人民解放斗争的主要阶段”。③ 1950 年 12 月 30 日起,该片在中国十五个城市同时放映,以迎接 1951 年的新年。

根据中苏摄影队拍摄的影像素材制作完成的第三部彩色纪录片,就是《锦绣河山》,由五部短片组成,分别是《人民的上海》《江南胜景》《新北京》《解放了的南方》《大江东去》,其中讲江南城市的为《人民的上海》和《江南胜景》。

二、从“人民的上海”到“江南胜景”的
江南城市形象塑造

《锦绣河山》由五部短片组成,由我国文化部电影局电影制片厂和苏联电影实业部文献电影制片厂联合制作,通过介绍几个地方的新生活与新景象,展现了中华人民共和国宣告成立后最初一年间的新面貌。④

1951 年 3 月 12 日,《光明日报》刊登消息,北京电影制片厂与苏联中央文

---

① 吴本立:《〈中国人民的胜利〉五彩片摄制经过》,郝玉生主编:《我们的足迹(续集)》,中央新闻纪录电影制片厂,内部发行,出版时间不详,第 139 页。

② 〔苏〕格拉西莫夫撰,严蒙译:《中国人民在欢呼! ——关于五彩片〈解放了的中国〉》,《人民日报》1951 年 1 月 9 日,第 3 版。

③ 同上。

④ 梅令宜:《保卫祖国的锦绣河山:介绍中苏合制的彩色纪录片“锦绣河山”》,《光明日报》1951 年 10 月 6 日,第 3 版。

献电影制片厂联合摄制的五部五彩中小型纪录片已在苏联制作完成。[1] 在 1951 年 3 月 23 日,上海的英文报纸《字林西报》也刊登了这五部纪录片的消息,介绍了这五部短片,分别为:"Scenic Spots South of the Yangtze","The Yangtze Roars East","Liberated South China","People's Shanghai","New Peking"。[2]《锦绣河山》于 1951 年 6 月 4 日起开始在苏联放映。在苏联上映时为三部分,缺《新北京》《解放了的南方》。[3] 当年 10 月 1 日国庆日,开始在中国做全国性的放映。[4]

纪录片的本质是通过记录行为来建构"真实",其建构行为呈现出以记录、叙事和隐喻为核心。摄制《锦绣河山》的目的是向国内外更好地传播新中国的形象,而当时先进城市形象的代表,毫无疑问是当时国内经济文化最发达的江南地区,这里有中国最先进、最美丽、最繁荣的城市群,其中上海是生产型的城市代表,杭州是生活、旅游型的城市代表。新中国成立初期对江南城市形象的塑造,迫切且重要。这一时期是从旧中国转变到新中国的转折时期。

《人民的上海》(俄文名:В новом Шанхае),片长 18 分钟,制片组成员如下:

摄影:吉西傏夫、别特罗夫、马克西叶夫、哈夫琴

剪接导演:谢特金娜

文学顾问:周立波

音乐顾问:何士德

助理导演:徐肖冰、苏河清、阿尔玖宁娜

说明辞:加拉夫金

解说:周峰

---

[1] 《五彩中小型纪录片五部已完成 私营电影厂订五一年生产计划》,《光明日报》1951 年 3 月 12 日,第 3 版。

[2] "5 Sino-Soviet Documentary Colour Films",*The North-China Daily News*,1951 年 3 月 23 日,第 2 版。

[3] 〔苏〕乌·尼阔拉耶夫:《五彩纪录片"锦绣河山"》,《大众电影》1951 年第 27 期。

[4] 《"锦绣河山"国庆日全国性放映》,《亦报》1951 年 6 月 25 日,第 4 版。

配音：罗特曼

录音：聂斯捷洛夫①

图1　《人民的上海》中的外滩

《江南胜景》（俄文名：Ханьчжоу-жемчужина Китая），片长18分钟，制片组成员如下：

摄影：马克西叶夫、罗波波尔特、吉西僚夫、哈夫琴

剪接导演：斯拉文斯基

文学顾问：周立波

音乐顾问：何士德

助理导演：徐肖冰、苏河清、郭金娜

说明辞：巴切立斯

解说：周峰

配音：罗特曼

录音：聂斯捷洛夫②

---

① 据上海音像资料馆藏纪录片《人民的上海》整理，档案号：版权带010。

② 据上海音像资料馆藏纪录片《江南胜景》整理，档案号：版权带111。

图 2　《江南胜景》中的西湖

江南是一种空间概念,城市是一种形态概念,影像则是一种意向的概念。江南城市影像的表达,需要正确架起一座连接人们对江南的想象、印象与现实之间的桥梁。在国人的印象中,江南往往与小桥流水、湖光山色的风景和人文荟萃之地联系在一起。而现实中,江南也是我国最为富裕的地区,这里有我国最大、最重要的城市群。在近代的城市发展中,上海和杭州代表了江南城市发展的两种类型:上海自开埠以后,逐步成长为我国最大的工业中心、商业中心、贸易中心、金融中心,被誉为"东方巴黎"。杭州是一座小型的、非工业化的城市,文化高度发达,集聚了一大批名人雅士,是江南地区著名的宜居之地。两个城市有不同的城市属性,有不同的经济秩序,人们有不同的生活状态。在通过影像建构城市形象时,需要达到江南城市形象与新中国城市形象的统一,城市生产与城市生活的统一。

两部纪录片通过对上海、杭州两座城市的影像记录,一方面立足江南城市,建立起丰满的、立体的江南城市元素,体现中国先进、宜居城市的特征;另一方面体现新中国给城市属性带来的改变,体现接管上海、杭州的共产党人是如何带着强烈的使命感来改造城市面貌、改造城市的精神气质的,以此来完成对解放初期江南城市形象的建构。

1. 城市的整体风貌记录

凯文·林奇认为,构成城市意象的五个物质形态内容包括道路、边界、区域、节点和标志物。①毫无疑问,这些城市的标志物是最容易辨别、认识城市的元素。影片《人民的上海》开头就讲到"上海是中国最大的都市,也是世界最大的都市之一"。② 影片展示的外滩、南京路上鳞次栉比的建筑,黄浦江、苏州河上川流不息的船只,高耸的百老汇大厦,热闹的城隍庙、豫园等,都是上海有代表性的元素。通过这些视觉信息,许多只见过照片或只听说过"上海"的观众,一下子就能感受到,这部电影拍摄的是上海。

影片《江南胜景》开片则采用的是一组杭州西湖的全景镜头,配上"钱塘江畔的杭州是风景优美的著名胜地,温暖的江南气候,柔和的自然色彩,与平静的小巧的西湖,使杭州变得非常美丽"③的解说。杭州的标志是西湖的美景,此外还有苏堤、岳王庙、六和塔、龙井村等标志性建筑,这些具有高度美感的视觉信息都充分体现出杭州是具有代表性的"江南胜景"这一主题。一位署名为乌·尼阔拉耶夫的观众在看完影片后这样评论杭州的美景:

> 它有着亚热带的美丽大自然景色,安静的村庄,平稳的山道;在大地上平铺蔓生着柔软小树,遍处都开着鲜丽的野花;像镜子一般透明的湖水;它的秀色,美丽的简直无法形容。就是极好的画家,也难以描画它的美丽。④

两部纪录片对城市风貌的整体性拍摄纪录,让观众对上海、杭州建立整体的城市印象。

2.城市的生产生活

生产与生活,是城市的基本功能。近代上海是中国最大的经济中心,最大的工业城市,《人民的上海》紧扣上海城市的这一特征,影片提到"上海是我国

---

① 〔美〕凯文·林奇著,方益萍、何晓军译:《城市意象》,第35页。
② 据上海音像资料馆藏纪录片《人民的上海》配音整理,档案号:版权带010。
③ 据上海音像资料馆藏纪录片《江南胜景》配音整理,档案号:版权带111。
④ 〔苏〕乌·尼阔拉耶夫:《五彩纪录片"锦绣河山"》,《大众电影》1951年第27期。

最强大的工业中心,在上海有一万个企业"。① 《人民的上海》用"准备去工作的人们"这一概念,来展现这座城市各行各业的劳动者,如坐公交车前往外滩洋行的公司职员、外滩的码头工人、老城厢的小商人和各种手工业者、菜场的菜农、带领小朋友参观普希金纪念碑的年轻老师等。影片重点对上海的产业工人群体进行塑造,特别是纺织女工群体,"上海一个地方的纺纱厂比国内其他地方的总数还要多,有许多工人在这些工厂里紧张地劳动。在上海解放初期,女工们马上就感受到了人民政权对她们的亲切关怀。全国各地创办工厂托儿所和幼稚园。上海纱厂女工们对自己的孩子不用操心了"。② 这段工厂托儿所的影像,与前文提及的1927年纪录片《上海纪事》中展现的纺织女工把娃安置在工作台下面的恶劣工作环境,形成了鲜明的对比。

图3 《人民的上海》中的纺织女工

杭州的生产劳动更带有明显的地域文化特色。杭州的龙井茶是闻名海内外的名茶,《江南胜景》的开篇镜头就有正在山间采茶的采茶女,并用《采茶曲》作为配乐,让采茶劳动的镜头更为生动、形象。杭州作为中国传统城市的代表,具有典型中国特色的手工业者的形象介绍必不可少。《江南胜景》选取杭州一家丝织品工厂的工人作为传统手工业者的形象代表,影片讲述道:"工匠

---

① 据上海音像资料馆藏纪录片《人民的上海》配音整理,档案号:版权带010。
② 同上。

们织着有高度艺术价值的锦缎,都市的风光,西湖的景色,都一件一件的表现在这些锦缎上。"①

图4 《江南胜景》中的采茶女

3.江南文化的特殊意象

什么样的镜头最能表现江南?作为一部以"政治性"为首要原则的电影,挑选符合政治宣传导向的内容尤为重要。与同时期国内其他城市相比,江南城市在城市风貌、基础设施、工农业生产等方面较为发达,并具有独有的特征。挑选具有代表性的江南城市元素,并付之以影像表达,成为纪录片《人民的上海》与《江南胜景》需要考量的一个重要因素。

"非注重教育,不足以培国本。"②江南地区文化昌盛,重视教育,自宋代以来便书院林立,讲学兴盛。进入 20 世纪后,现代教育体系在江南的上海、杭州、南京等大城市基本建立,从幼稚园、小学、初中、高中到大学的各层级的教育体系完备。江南地区发达的教育,也成为建构江南城市形象的重要元素。在《人民的上海》中,镜头拍摄到在申新纺织厂的工厂幼稚园的小朋友,在普希金纪念碑前听老师讲述普希金故事的小学生,复兴中学的中学生,复旦大学的大学生。影片讲道:"学校的大门第一次为了千千万万的上海工人的儿女打开

---

① 据上海音像资料馆藏纪录片《江南胜景》配音整理,档案号:版权带 111。

② 《王植善致盛宣怀函》,上海图书馆盛宣怀档案馆藏,档案号:044146。

了。人民政府给父辈们带来了自由劳动的幸福,也给孩子们带来了新的文化教育。中国各省的青少年们在上海的 43 所高等专科学校和大学里学习。解放了的中国为培养新的工程师、学者、教师和医生。"此外,根据《人民的上海》剪余素材整理发现,当时不仅拍摄了作为文科代表的复旦大学,同样也拍摄到作为理科代表的交通大学的学生影像,但并未被剪入正式的片中。① 影片用丰富的镜头语言证明,"文化属于人民了,过去没有和少有机会读书的人们,现在普遍地得到了受教育的机会"。②

《江南胜景》则突出了江南城市的艺术特色,选取了从挂着"国立艺术专科学校"牌子(今中国美术学院)的校门走出来的中央美术学院杭州分院的学生,前往西湖进行采风写生的画面。这些艺术领域包括木刻、雕刻、西画、国画等。当时中央美术学院几位著名教授现场指导学生的情景也出现在画面中,其中有木刻家彦涵、油画家倪贻德、版画家江丰、雕塑家刘开渠。影片讲道:"中央美术学院杭州分院的教授们在耐心的指导学生们,这是画家倪贻德,这是画家江丰,他们要青年不要辜负这美丽的山水,要理解和表现它的美丽。"③也正因为杭州有如此美丽的山水、厚重的文脉传承,才吸引了如此多的大师选择江南地区,选择执教于杭州。

江南文化支撑起了江南城市的独特禀赋,江南文化除了温文尔雅的一面,也有坚强刚毅的一面。在《江南胜景》中,有一幕特写是岳王庙建筑屋脊上的雕塑特写。周立波回忆道:有一位摄影师拍摄了岳王庙屋脊上的泥塑的武将,起初我不知道他为什么对这比较粗糙的东西感兴趣,这并不是中国雕塑里最好的创作,而是普普通通的作品。后来,从银幕上看了这个画面,我才知道他的选择是对的。正因为这是一种普通的艺术,它就有着中国人民艺术的典型的性质,而竖立在屋脊上的全副武装的将军的勇武姿态,衬着蓝色的天空,是

---

① 据上海音像资料馆藏影像资料整理,档案号:046。
② 梅令宜:《保卫祖国的锦绣河山:介绍中苏合制的彩色纪录片"锦绣河山"》,《光明日报》1951年 10 月 6 日,第 3 版。
③ 据上海音像资料馆藏纪录片《江南胜景》配音整理,档案号:版权带 111。

多么鲜明、多么生动呵！① 影片对岳王庙风貌进行了重点拍摄记录,如抵抗金
兵侵略的英雄岳飞的塑像与出卖国家的秦桧夫妇跪像形成对比,这种文化精
神对江南地区的影响深远,从宋末开始,一代代江南人保家卫国、不畏强权、誓
死抗争的精神,一直传承。

《人民的上海》和《江南胜景》以立体的城市为主体,对城市的整体风貌、生
产生活功能和江南文化的特殊意象的具体体现等进行拍摄记录,对城市进行
形象建构,用上海和杭州两座城市建构起解放初期的江南城市形象,这两座城
市也成为新中国先进的生产型城市和生活型城市的重要代表。

三、 突出"人民"的时代主题

城市与人民密不可分,"城市实际上就是人民,因为人民喜欢住在城市里,
所以才有了城市的存在"。② 《人民的上海》和《江南胜景》高度关注在城市中
的人民,特别是劳动人民种种的活动,后者尤其引起了苏联艺术家们的注意,
"爱姆摄影机的镜头常常对准劳动勇敢的人民的精力丰富的劳动"。③ 影片中
拍摄了西湖边上手艺灵巧的工人在锦缎上织出了领袖的肖像;茶山坡上,采茶
的妇女,一面唱着歌,一面摘着茶叶的嫩尖;纺织厂里,穿着洋气的女工正在织
布;黄浦江边,码头工人唱着号子从轮船上卸货,这些景象皆是两部纪录片中
的画面。《大众电影》杂志在对两部影片进行介绍时讲道:

> 《人民的上海》,展现了新的,发展经济力量的上海,它是从旧的,畸形
> 繁荣中解放出来,回到人民自己的手里。那些曾经为帝国主义份子、官
> 僚、买办们耀武扬威的地方,现在已经变成了劳动人民的活动场所了。 片
> 子中更表现了上海人民生活的天天向上,前途无限光辉。

---

① 周立波:《苏联札记》,人民文学出版社 1953 年版,第 87—88 页。
② 〔美〕亨利·丘吉尔著,吴家琦译:《城市即人民》,华中科技大学出版社 2017 年版,第 38 页。
③ 周立波:《苏联札记》,第 88 页。

《江南胜景》，表现了我们祖国的可爱，风景的优美，片中描绘了美丽的杭州，它过去是少数官僚、地主们所把持的地方，而现在我们的劳动人民可以在这里游玩，休憩。①

特别是《人民的上海》，其片名取了"人民"二字，其开头解说词说，"我们的劳动者几辈子辛苦地建设了这个巨大的都市，但是以前统治这个都市的，不是我们自己而是外国奴役者"，②表达上海解放后进入了人民自己当家做主的新时代。《人民的上海》这部影片从以下几个维度建构丰富、立体的"人民"的形象：第一，城市的劳动人民，片中解说道："这个巨大都市的人民每天都在紧张地劳动着。"③将上海的产业工人、码头工人和手工业者等劳动者群体摄入镜头中。第二，在城市得到帮助的农民，城市作为先进生产力的代表，传播先进生产技术、先进生产工具，帮助农民提高农业生产。片子通过介绍在原跑马厅举办的华东农业展览会，介绍新式的拖拉机、抽水机等现代化的机器设备，影片解说道："农民代表团劳动英模们在这里认识到，需要采用新的方法来耕种来提高棉花的收获量。在展览会上的聚会和谈话，帮助了农民们交换个人的经验。年轻的农学家们、共产党员们热烈地宣传先进的农业技术。"④第三，城市人民的精神面貌。影片选取了 1949 年 10 月 30 日在中山公园举行的"重阳园游会"，来自上海各个工厂工人组成的业余文工团表演，如几个文工团合演的"百人大腰鼓"，码头工会的"耍龙灯"，育才学校的"打莲湘"，潘玉珍的"技术"等。⑤ 此外，上海市人民政府陈毅市长，曾山、潘汉年副市长等也参加了游园会，他们都席地而坐，与老百姓一起共同观看演出。这些镜头塑造出与人民同甘共苦的共产党干部形象。解说员讲道："这幅欢庆的明朗的图画生动地表

---

① 《〈锦绣河山〉介绍》，《大众电影》1951 年第 28 期。
② 据上海音像资料馆藏纪录片《人民的上海》配音整理，档案号：版权带 010。
③ 同上。
④ 同上。
⑤ 《重阳园游会的热闹情景，都由苏联摄影队替我们拍成电影了》，《文汇报》1949 年 11 月 3 日，第 3 版。

现着解放了的人民的快乐和幸福。"①

两部影片用鲜明的新旧对比来突出城市的"人民"主题。《人民的上海》中上海市中心的原跑马厅,过去是富豪和大资本家挥鞭驰马之所,现在则是农业展览会的举办场所。《江南胜景》片尾,观众可以看到,杭州西湖畔过去属于国民党高官的私家别墅,现在被改造为接纳人民子弟的幼儿园,过去只属于达官贵人的西湖,渐渐地成为人民的公共花园。

四、纪录片《锦绣河山》传播与影响

由《人民的上海》《江南胜景》等五部纪录短片组成的大型纪录片《锦绣河山》在海内外进行了广泛的热映传播。

1951年6月4日起,《锦绣河山》最先在莫斯科六家电影院同时放映,播放《大江东去》《人民的上海》《江南胜景》三部。中国驻苏联大使馆于6日晚举行招待会,放映《锦绣河山》中的全部五部片子。应邀观看者有苏联和各国来宾三百余人,观众都对这部影片备致赞誉。② 俄罗斯联邦功勋艺术家费诺格诺夫看后,在《真理报》发文评论《锦绣河山》:"专辑中所包括的三部纪录片显示了中国的伟大和美丽,它们表现出许多世纪以来中国优秀文化的纪念物以及人民生活的景况。然而最重要的是:这些电影忠实而生动地描绘出新中国人民的情况,他们的建设性的努力,以及他们凭着他们的劳动对加强伟大和平事业所作的贡献。"③

1951年10月,苏联为了祝贺中国国庆节,在全苏联三十二个大城市的电影院、工人文化宫,举行了空前盛大的中国影片展览节,《解放了的中国》《中国人民的胜利》《锦绣河山》等十几部影片连续放映十天。④ 此外,我国充分发挥

---

① 据上海音像资料馆藏纪录片《人民的上海》配音整理,档案号:版权带010。
② 《我国彩色影片"锦绣河山"在苏放映极受欢迎》,《人民日报》1951年6月10日,第4版。
③ 《我国彩色影片"锦绣河山"在苏联备受赞誉》,《光明日报》1951年6月13日,第3版。
④ 《带着苏联人民的友谊与热情归来》,《大众电影》1951年第30期。

《锦绣河山》的宣传优势,在对外交流活动中,经常举行大型庆祝活动进行宣传,如为庆祝中华人民共和国成立两周年,我国驻巴基斯坦大使馆、驻缅甸大使馆皆在举行盛大招待会的会后放映了介绍新中国的彩色影片《锦绣河山》。① 此外,《锦绣河山》各部分也分别制成俄语版和各国语言版,分别运到我国驻捷克、罗马尼亚、波兰、德意志民主共和国、蒙古、匈牙利、保加利亚、瑞典、丹麦、瑞士等国的使馆和外交使团,以便放映。②

影片在国内放映时,国内媒体从中央的《人民日报》《光明日报》到上海的《解放日报》《文汇报》《亦报》、浙江的《浙江日报》《宁波时报》等③,以及国内其他地方的报刊等,都大量报道《锦绣河山》上映的消息。各电影院也积极排片,组织人民群众观看。影片上映时,恰逢抗美援朝如火如荼进行,《锦绣河山》系列影片唤起了广大人民对祖国的热爱。由于《锦绣河山》洋溢着爱国主义精神与乐观主义精神,将鼓舞着人们更热烈地爱祖国、爱劳动、爱和平,更坚决地保卫祖国的锦绣河山,保卫世界和平。④ 影片文学顾问周立波称这些镜头"使我们向往于祖国的辽阔、优美和丰饶,油然地增加了爱国的情感"。⑤

《锦绣河山》也在西方世界上映。1952 年 3 月,影片在美国纽约以《新中国》的英文片名上映,引起广泛关注,著名进步影评人和电影编辑大卫·勃莱托在《工人日报》上写了影评,讲到该片放映后"立即引起纽约观众的注意,不仅进步报纸纷纷热烈赞扬,连那些一向歧视非好莱坞电影的资产阶级报纸,也著文'批评'"。⑥《纽约邮报》的影评也说:《新中国》是被公认为关于中国的最

---

①　《我驻缅甸、印尼两大使馆 国庆日均举行盛会招待贵宾》,《人民日报》1951 年 10 月 12 日,第 4 版。

②　《文化零讯》,《人民日报》1951 年 10 月 28 日,第 3 版。

③　如 1951 年 6 月 10 日《浙江日报》第 4 版《中苏合制的五彩影片"锦绣河山"在苏京上映》,1951 年 6 月 12 日《宁波时报》第 4 版《中苏合摄又一五彩影片"锦绣河山"在苏京上映》。

④　梅令宜:《保卫祖国的锦绣河山:介绍中苏合制的彩色纪录片"锦绣河山"》,《光明日报》1951 年 10 月 6 日,第 3 版。

⑤　周立波:《苏联札记》,第 88 页。

⑥　赵卫防:《治史有凭勤勉厚德——邢祖文学识与人格研究》,中国电影出版社 2016 年版,第 234 页。

好一部影片,它有着许多迷人的片段,都是西方人从来未看到过的摄影,当然也从来没有过这样好的摄影。①

《锦绣河山》用镜头语言,向全世界传递了新中国的气象,特别是以上海、杭州两座城市为主题的纪录短片,建构起以"江南"为特征的新中国生产生活型城市形象代表。人们通过观看纪录影像了解上海、杭州和新中国,建立起一个全新的对江南城市、中国城市的印象,有助于增强对新政权的认同感。同时,江南城市形象的对外传播,也有助于人们了解新中国政权初建时国家的城市政策和纪录电影政策,认同新中国。

此外,《人民的上海》和《江南胜景》皆来自解放初期中苏摄影队合作拍摄的影像素材,苏联摄影队来华与中国的摄影师合作拍摄,不仅制作出了高质量的《中国人民的胜利》《解放了的中国》和《锦绣河山》三部纪录片,而且通过拍摄实践传授苏联的"形象化政论"电影制作特点,对中国的纪录电影人才队伍和制作风格产生了直接的、长远的影响。

列宁非常重视电影作为普及知识的工具的作用。② 他认为,"在反映生活片段并渗透着我们的思想的动人的影片形式中,用艺术方法宣传我们的思想,不是比较次要的,而是更为重要的。③ 斯大林也认为"电影是大规模宣传鼓励的最伟大的工具"。④ 1951 年,刘少奇在给中央文化部电影局东北、上海、北京三制片厂回信中指示:"学习苏联电影的斗争性,扫清美国影片的遗毒。"⑤

苏联制作的纪录片,以篇幅大、时间长、关注社会底层的特点,政治色彩浓厚,具有明显的将"政治的意识形态及电影美学融洽地融合在一起"的特征。⑥从解放初期的大规模合作开始,学习苏联新闻纪录电影经验成为当时中国的

---

① 赵卫防:《治史有凭勤勉厚德——邢祖文学识与人格研究》,第 235 页。

② 〔苏〕H. 列别杰夫编,徐谷明等译:《党论电影》,时代出版社 1951 年版,第 29 页。

③ 同上书,第 50 页。

④ 《苏联影片展览纪念手册》,川西成都中苏友好协会 1951 年版,第 13 页。

⑤ 同上书,第 20 页。

⑥ Richard M. Barsam 著,王亚维译:《纪录与真实:世界非剧情片批评史》,台北:远流出版事业股份有限公司 2012 年版,第 125 页。

新闻纪录电影工作者学习业务的主要途径。新中国的纪录电影事业很快便确立了以苏联"形象化政论"为特征的纪录电影制作风格。

从中苏摄影队开始拍摄,在新中国成立后的短短两年内,《中国人民的胜利》《解放了的中国》《锦绣河山》三部彩色纪录片问世,这些彩色纪录片的拍摄和技术水平当时在国际上也属于先进,代表中国人民电影事业已获得飞跃发展,成为新中国宣传教育的有力武器。1952 年,北影厂独立拍摄了第一部彩色纪录片《1952 年国庆节》。[1] 1953 年,由石方禹编剧、郑君里导演、上海电影制片厂出品的纪录片《人民的新杭州》问世,其宣传语称:"中外闻名的杭州和西湖,在解放后正逐渐成为生产的城市和劳动人民的公共花园——真正的人间天堂了。"[2]1953 年 7 月 7 日,中央新闻纪录电影制片厂正式成立,厂长高戈兼总编辑,副厂长是钱筱璋、彭后嵘,总工程师是官质斌,专门摄制新闻纪录电影的新影厂成为中国纪录片制作的主力军。1953 年 12 月,政务院关于加强电影制片厂的决定指出:"新闻纪录影片应更及时地、真实地报道我国人民在国家社会主义工业化和社会主义改造事业中的成就和保卫世界和平中的贡献,并有计划地拍摄祖国的美丽河山、名胜、古迹、重要物产和文物。"这是党和政府对新闻纪录电影的任务和报道提出的要求。[3]

苏联纪录电影"政治第一"的原则对中国电影制作也产生了一些不利的影响,曾担任新影厂党委书记的高维进反思称,在学习苏联的过程中,曾采用过组织拍摄、补拍、扮演等不应采用的方式,这些方式对我们此后的拍摄工作产生了影响。[4]

五、结语

城市作为容器,其构造是极其丰富的,通过短短的两部影片不可能记录城

---

① 方方:《中国纪录片发展史》,中国戏剧出版社 2003 年版,第 192 页。

② 《人民的新杭州》,《电影宣传资料合订本》第 1 册,中国电影发行公司编印,1954 年。

③ 钱筱璋、高维进:《中央新闻纪录电影制片厂的历史回顾》,郝玉生主编:《我们的足迹·续集》,中央新闻纪录电影制片厂内部发行,1998 年,第 13 页。

④ 高维进:《中国新闻纪录电影史》,世界图书出版公司 2013 年版。

市生产生活的方方面面。特别是上述两部影片对城市百姓的具体生活着墨不多，对城市细部拍摄记录也很少。但在解放初期新中国政权初建的大背景下，中苏摄影团队选择位于江南的上海、杭州两座城市作为《锦绣河山》系列的生产与生活型城市代表，这是中国共产党重塑国人世界观的一次尝试，对向国际社会传播新中国的形象，推动对新政权、革命目标的认同，亦具有重要作用。

影像作为一种记忆的媒介，可以塑造国人的集体记忆。媒介记忆是集体记忆的"刻写者"，这种刻写不是无目的和无原则的。① 影像媒介的制作受到当时政治生态的深刻影响。两部短片对上海、杭州两座城市的形象塑造，对江南城市、对中国城市的整体意象塑造，其实也是一种对国人集体记忆的建构过程。集体记忆在本质上是立足现在而对过去的一种重构。② 这种记忆的构造，对接续的城市改造产生了极大的助推力，使得纪录电影事实上成为政策规划的先行者。在解放后的三年里，中共完成了对上海城市属性的改造。反对势力曾扬言"共产党不能管好大城市，将会被上海这个包袱所拖垮"，③但上海不仅恢复了原有工商业生产，而且从根本上改变了殖民地经济的性质，成为支援全国经济建设的重要基地之一。杭州在共产党接管后，城市属性也定义为不再属于富人和权贵，而是属于劳动人民，杭州必须改造其功能与面貌。④ 1953 年，苏联城市规划专家穆欣在杭州的市计划工作会议上，提出要把杭州发展成为娱乐、旅游、文化之城。杭州将成为国际会议中心，称作"东方日内瓦"。⑤ 据资料统计，解放后的四年里，西湖曾经接待过来自五十个国家爱好和平的国际友人。⑥

---

① 邵鹏：《媒介记忆理论——人类一切记忆研究的核心与纽带》，浙江大学出版社 2016 年版，第 140 页。

② 〔法〕莫里斯·哈布瓦赫著，毕然、郭金华译：《论集体记忆》，上海人民出版社 2002 年版，第 59 页。

③ 艾长青、徐中尼、郑伯亚：《人民的上海在前进》，《光明日报》1952 年 9 月 30 日，第 2 版。

④ 高峥著，李国芳译：《接管杭州：城市改造与干部蜕变》，香港中文大学出版社 2019 年版，第 210 页。

⑤ 同上书，第 208 页。

⑥ 《中国近代历史城市指南：杭州篇·杭州导游(1954)》，台北：民国历史文化学社 2020 年版，第 19 页。

此外,从影像手段研究解放初期江南城市形塑,实现了城市史研究、文化研究与传播表达的统一。电影作为一种在 20 世纪开始流行的记录、传播手段,大大改变了感知和体验世界的方式、知识的生产传播以及现代主体性的形成。[①] 通过媒介记忆重现城市的历史变迁,或者说重访城市的过去,可以说是对城市历史文化的想象性建构。[②] 影像的价值在于,可以让江南文化研究、城市研究通过视觉化呈现真实不虚的历史原貌,可以更直观、更形象、更生动地进行研究和传播。从城市影像的角度切入江南城市史研究,用最直观的影像资料了解江南城市的发展变迁和文脉传承,有助于对新时代构建长三角一体化并引领中国都市化进程提供历史的经验。

[作者简介]李东鹏,上海交通大学博士后流动站、上海文化广播影视集团有限公司博士后工作站联合培养博士后,副研究馆员,主要从事历史影像、城市史研究。

---

① 张真著,沙丹、赵晓兰、高丹译:《银幕艳史:都市文化与上海电影 1896—1937》,上海书店出版社 2019 年版。
② 苏宏元:《媒介、影像档案与城市记忆的建构》,马学强、邹怡主编:《跨学科背景下的城市人文遗产研究与保护论集》,商务印书馆 2018 年版。

寻梦江南

——日本近期明清长江三角洲区域研究

〔日〕熊远报

内容提要：基于近代人文社会科学理论与方法的东洋史框架和研究路径是 19 世纪末的日本学者构建起来的，日本的中国研究一百年来长期聚焦江南，尤其明清江南，在主要领域取得了厚重成果。本文注重学术的前后承接关系，聚焦于日本最近的江南研究，对日本人关注江南的深层原因、日本学者对文雅与风流、区域开发与经济发展、制度与市场、秩序诸问题的研究成果，以及日本学界对加州学派江南与英格兰比较的批评进行了整理和评述。

关键词：东洋史体系构建　日本的江南研究　文雅与风流　开发与市场加州学派批评

在知识生产体系与学科结构中，作为历史研究的构成部分——外国史或世界史研究无论是相关诉求，还是资源配置，通常都弱于本国史研究。但在各国的外国史研究中，很少如日本一样，长时间连续投入巨大资源对中国历史做深入研究。在世界史学史中，基于近代人文社会科学方法与理论构建的中国历史研究的初步框架与路径，主要出于明治中期的日本学者之手，而日本学者的东洋史框架的构建与德国历史学，尤其兰克学派的影响直接相关。①

　　日本历史学者对中国的研究,除了近代知识系统与中国历史认识框架的构建,还包括朝代史、区域史、含北方少数民族史在内的民族史和边疆史、东西方关系史,以及具体的专题研究,在很多领域都积累了丰富的成果。在全球范围内讨论有关中国历史的近代知识生产与理论构建,如果没有日本学术界 19世纪末 20 世纪初的努力与建树,就难以描绘整体轮廓。而日本的中国史研究中的主要关心区域为江南:自然地理中的长江以南,杭州湾以北的冲积平原,行政上主要包含明清的苏、松、常、镇、嘉、湖诸府和太仓州,也包含以杭州为中心的部分杭州府即太湖周边地区,如果从经济关联上看,还包括南京、江北的

---

　　① 中国史体系的那珂通世汉文版《支那通史》1888 年开始出版,作为"东洋史"科目的教科书,那珂将中国历史分为上世、中世、近世,后来调整为上古、中古、近古、近世。此书的中国版 1899 年由上海东文学社出版。因那珂提案,"东洋史"于 1894 年成为日本近代教育体系中中等教育的科目,由此出现了不少相关的教科书,如市村瓒三郎、藤田丰八、西村丰等的东洋史或支那史,西村丰在明治二十七年(1894 年)出版的《支那史纲》序言中明确指出:本书体裁受德国历史学家维尔特(Welter, Theodor Bernhad, 1796—1872)《万国史》体例的影响。受日本近代史学之父里斯(Ludwig Riess, 1861—1928)史学影响(里斯为白鸟库吉之师,桑原师从白鸟时,里斯仍是东京大学主要的史学教师)的桑原骘藏1898 年出版日文版《中等东洋史》,将中国历史分为上古、中古、近古、近世,与那珂的教材相比,更加体系化。此书由其学长藤田丰八策划中译,这部由王国维序文、罗振玉题签的简明中国史于 1899 年由上海东文学社出版。桑原之书虽然是 29 岁时的少作,但这部基于西方近代历史学体系,包含中亚、南亚、塞外和朝鲜区域在内的东洋史认识框架的著作连续出版了不同版本,成为清末民初中国的历史认识模板,译行仿撰极一时之盛,梁启超 1899 年在《东籍月旦》中称此书为繁简合宜,论断有识,是现行东洋史的最佳之作(《饮冰室合集》文集之四,中华书局 1936 年版,第 98 页)。《桑原博士还历纪念东洋史论丛》序称当时中国谈史学者无人不知桑原大名。1900 年访日的文廷式要求内藤湖南介绍日本代表性东洋史学者时,内藤介绍了那珂、白鸟库吉与桑原。1930 年出版《桑原博士还历纪念东洋史论丛》编辑委员称"东洋史学的创设,其筚路蓝缕之功"归于上述三君。有关清末民初学术研究和教育中的拿来主义风气,1919 年李泰棻在林传甲主纂的《大中华京师地理志》序言中称"学校林立,凡诸适用教科,莫不译自东籍者,在科学后进之国故属通例。然未闻本国地理历史亦取材外籍者。文化凌夷,滋可概焉",反映的正是新旧交替之际,中国知识与理论生产过程中拿来与模仿的初期状况。岸本美绪在其主编的岩波讲座"帝国日本的学知"第 3 卷《东洋学的磁场》(岩波书店 2006 年版)中,对日本明治以来引进西方人文社会科学方法、构建新的理论、方法与知识体系的过程有比较深的反思。有关"东洋学"和"东洋史"的形成和展开,参照该书中中见立夫、吉泽诚一郎的整理与论考(第 14—54、55—97 页)。另外,黄东兰《东洋史中的"东洋"概念——以中日两国东洋史教科书为素材》(《福建论坛》2018 年第 3 期)也可资参考。有关中国历史的分期和分期标准,以及与此相关的中国历史学框架的确立,可参照岸本美绪在《中国史中的"近世"概念》中的梳理与论证(《明末清初中国与东亚近世》,岩波书店 2021 年版,第115—124 页)。

扬州以及杭州湾以南、宁绍平原等邻近地区。但日本学者眼中的江南通常指自然地理范围的长江三角洲地区。[①] 日本学者关注江南，主要关注的是自南朝，尤其是唐宋以来的江南，其研究涉及贵族体制、土地制与赋税度、土地经营、农业与技术、商业、江南的水利和开发、沿海地域社会、地方政治、科举竞争、海外贸易、宗教信仰、城市等复杂方面，一百年间前后相继，积累了丰硕的成果。[②]

一、为何是江南？

为什么江南，尤其是唐宋以来的江南成为日本学者关注的重点？或者说日本学界为何对异国的特定区域情有独钟，而且长时间前后相继，投入大量资源做详细的研究？

明末清初，流亡日本的朱舜水获得幕府的特殊优遇，他的交友与汉学教育对日本社会精英影响不小，由他设计监造的日本庭院中的苏杭景观展示了江南的风情与魅力，给江户时代以来的社会上层以持续的视觉冲击，[③]引起日本社会

---

　　① 森正夫编：《江南三角洲市镇研究》（名古屋大学出版会 1992 年版）序章。

　　② 如川胜义雄《六朝江南贵族制社会研究》（岩波书店 1982 年版）、中村圭尔《六朝贵族制研究》（风间书房 1987 年版）与《六朝江南地域社会史研究》（汲古书院 2006 年版）、斯波义信《宋代江南经济史研究》（汲古书院 1988 年版）、冈元司《宋代沿海地域社会史研究》（汲古书院 2012 年版）、近藤一成《宋代中国科举社会研究》（汲古书院 2009 年版）、植松正《元代江南政治社会史研究》（汲古书院 1997 年版）、森正夫《明代江南土地制度研究》（同朋舍 1988 年版）、滨岛敦俊《明代江南农村社会研究》（东京大学出版会 1982 年版）与《总管信仰——近世江南农村社会与民间信仰》（研文出版 2001 年版）、川胜守《明清江南农业经济史研究》（东京大学出版会 1992 年版）与《明清江南市镇社会史研究》（汲古书院 1999 年版）和《明清纳贡制与巨大城市连锁》（汲古书院 2009 年版）、岸本美绪《明清交替与江南社会》（东京大学出版会 1999 年版）等。除了上述代表性的著作，相关研究涉及具体问题较多，公开的论文数量庞大。清水浩一郎《近 30 年日本宋代江南区域史浅探》以及《日本江南研究管窥》（孙竞昊等编《江南区域史研究论丛》第一辑，浙江大学出版社 2018 年版）虽不详尽，但可资参照。另外山根幸夫编《中国史研究入门》下（山川出版社 1995 年版）以及砺波护、岸本美绪、杉山正明编《中国历史研究入门》（名古屋大学出版会 2006 年版）对明清时代相关学术研究有比较简略的整理。

　　③ 集中于东京和周边的日本庭院基本现存，其中后乐园的农耕社会田园风光与苏杭景观设计出自朱舜水之手。

对江南的关注。当然日本对江南的长期关注与研究的出发点不仅停留在感观层面,其知识与理论生产有更深层的影响,以下就与此相关的要素做简要整理。

其一,江南的风土和环境与日本九州、本州南部接近,成为日本传统生活方式基础的水稻栽培系统也直接或间接由江南传入,作为不可或缺日常交流工具的日语部分词汇及其发音也深受江南的影响,江南的自然环境与文化对日本来说具有易于接受的亲近感。[①]

其二,江南,尤其毗邻江南的宁波是前近代中日交流的一个直接窗口与最初接触地。隋唐至幕府末期,江南以及江南大运河区域是日本来华使者——官员、僧侣、留学生、勘合贸易商人登陆和返航入海经由的主要地点,江南地区的触感给日本人以深刻的印象,成为他们认知中国、对中国各地域进行比较的重要基准。

其三,在前近代的中日文化关系中,存在层次不同的不平衡与非对等关系,中国文化一直是日本仰望与学习的对象。江户时代的书籍输入给日本带来了大量中国关联信息。中国典籍中的自我认识和区域异同对日本的社会精英与知识层有巨大的影响。尤其是与江南有关的形象,如对日本的知识体系有重大影响的唐宋诗词以及其后文人的言说,构建了江南风景如画、富足美好的"上有天堂,下有苏杭"与"江南熟,天下足"形象,江南成为人世间一个理想的生活区域。[②] 亦即在日本人的意识中,江南虽然不是政治中心,但人文环境与经济状况足以代表中国,在当时的政治与文化环境中,江南成为日本人仰羡中国的一个具体目标。

---

① 参见《日中文化研究——特集 江南的文化与日本》第2—10页,大林太良《卷头语》以及福永光司和陬访春雄的对谈(勉诚社1991年版)。

② 白居易《忆江南》中有"江南好,风景旧曾谙:日出江花红胜火,春来江水绿如蓝。能不忆江南";"江南忆,最忆是杭州:山寺月中寻桂子,郡亭枕上看潮头。何日更重游";"江南忆,其次忆吴宫:吴酒一杯春竹叶,吴娃双舞醉芙蓉。早晚复相逢"。韦庄的《菩萨蛮》中有"人人尽说江南好,游人只合江南老。春水碧于天,画船听雨眠"。这些还只是与风景、气候相关的比较虚幻的描述和煽情,宋代范成大《吴郡志》作为地方史籍,其中"上有天堂,下有苏杭"的表述已经不是唐宋诗词中个人的观感,而是汲取了长期以来对江南的外部观察和比较,以及内部地域自我认识的积淀而来,这一表述进一步被后世扩展为基于物质基础、经济意义上的"江南熟,天下足"。江户时代的中日贸易中,大量的中国书籍进入日本,对日本的中国认知产生了非常重要的影响。

其四,幕府锁国政策下长达二百年的长崎专口中日贸易中,中国书籍是日本进口的最重要的商品之一,主要编辑、刻版、印刷于江南地区的汉籍大量进入日本,成为日本中国研究与中国认知的基本资源。即便经历了 20 世纪的战乱,这些书籍也得到很好的保护、管理与利用。这些资料中,有非常丰富的南部中国,尤其江南的地方志和地方文献。这些相对全面而系统的资料为 20 世纪日本的中国研究、中国有关的知识和理论生产提供了优于其他国家,包括中国本土的研究环境。大量江南相关的历史地理文献的存在和便于利用也是日本学者聚焦唐宋以来,尤其明清江南的重要理由。① 另外,江户时代的日本儒学以及日本社会上层的意识或明或暗有儒家"道统"与"正嫡"价值观的浸染,对中国的政权更替,尤其江户时代对明清政权满汉交替的认识,多少有蔑视夷狄的正统意识影响,而认为南部中国才是华夏文化的正统。

纵观战后日本中国研究的学术史,对东方专制主义与中国停滞论的批判,曾重新定位和评价了中国传统社会与中国革命,部分日本学者主张中国式社会进步应置于世界历史发展的普遍序列中,将"新中国"与欧美相比,认为两者文明与社会发展"同质对等""异质对等"。历史学者在追寻中国资本主义发展的可能性时,聚焦于 16、17 世纪,尤其是江南的生产力与生产关系、商品生产与社会经济状况。江南地区作为中国由传统社会向近代转型的典型区域受到日本学界的普遍关注。②

在近代中国历史学研究中,桑原骘藏是较早关注中国这一巨大研究对象

① 江户时代中国书籍输入日本,为防范异端邪说的影响,幕府在长崎实施严格的书籍审查入关制度,因而留下了大量书籍目录以及检阅用的书籍提要。相关研究参见大庭修《江户时代唐船输入书籍研究》(关西大学东西学术研究所,1967 年)、《江户时代中国文化接受的研究》(同朋舍 1984 年版)、《汉籍输入的文化史》(研文出版 1997 年版)、《漂流船故事——江户时代的日中交流》(岩波书店 2001 年版)。清代商船每年每艘船长崎贸易的具体品种并不固定,商品目录中看似少量的书籍,其数量远远超出想象。如乾隆中期(1753 年)遭遇海难,漂流至东京附近八丈岛的"南京船",其商品目录中幕府订购的书籍只有 21 箱,但书籍提要中实际包含了 441 种书籍共 495 部,1476 函套(帙),平均每箱约 70 函套,共装载书籍 12082 册。参见大庭修编《宝历三年八丈岛漂着南京船资料》,关西大学东西学术研究所,1985 年。

② 相关问题可以在沟口雄三《作为方法的中国》(东京大学出版会 1989 年版,第 131—140 页)、森正夫《森正夫明清史论集》第 3 卷(汲古书院 2006 年版,第 659—668 页)中找到蛛丝马迹。

的空间结构与区域差异的学者，他 1925 年为《白鸟博士还历纪念东洋史论丛》提交的长篇论文《历史上所见南北支那》虽未明指江南，但在论述过程中，江南是其中心。他认为在东晋南渡至隋唐统一的约三百年间，中国的南北之间，在文艺与学术等方面已表现出差异，隋唐之后，南方优势明显。他引用唐人张祜《纵游淮南》诗句"十里长街市井连，月明桥上看神仙。人生只合扬州死，禅智山光好墓田"，指出"人生只合扬州死"表达的是扬州天下第一的认识。从晋南渡到宋南渡约八百年间，南方的开发得到长足进展，南宋以后，无论文学艺术、思想与文化的创造，还是科举竞争，包括人口等要素在内，南方远远优于北方。[①] 正如桑原所梳理的，在南方的历史展开中，经历了一千年以上的经济开发与技术进步，苏杭成为最为重要的经济城市，"上有天堂，下有苏杭"与"江南熟，天下足"所表现的是南方经济成为全国财政运转的支柱，江南提供各种高品质的物产与商品，其物产与税收成为首都政治和军事运行的基础与保障的这一变化。这种南北关系被以后的学者进一步整理为宋代以后，中国经济在空间特征上形成了"南方生产，北方消费"的结构。在一千年中，江南逐渐成为中国经济增长的引擎，支撑江南区域先进性的秘诀被认为是广泛兴起的市镇以及市镇网络，其势头自 20 世纪以来并未减弱，江南在中国经济成长中发动机的作用更为明显，从某种意义上可以说，20 世纪末以来的中国经济奇迹其实就是江南的经济奇迹。日本学者关注这一区域的社会经济展开，追寻其历史轨迹也就很正常了[②]。

二、文雅与风流

明清时代的社会流动，与普通百姓以及社会中上层（官僚家族与绅士阶层）的价值观和追求，以政治权力分配的参与为中心展开，其中获取参与权力

---

① 《桑原骘藏全集》卷二，岩波书店 1968 年版，第 14—27 页。

② 参照森正夫编《江南三角洲市镇研究》序章。另外，20 世纪 30 年代出版的费孝通英文名著《江村经济》对日本学者的江南研究具有很大的冲击与影响。

分配资格的科举考试（中上级身份）是一个最为公平的选择，而其基础就是残酷而漫长的科举考试相关的教育（包括人生）投入。社会也因此发展出与人的流动和空间移动、科举教育、考试、入仕等相关的消费与系列产业、文化趣味。以苏州为中心的江南正是这种产业与消费风习发达的代表性地域，也代表着相关产业和服务业的最高水准。亦即在文化、艺术、思想创造中，主要的艺术形式——如象征文雅的昆曲，还有后来的京剧，山水画、书法、雕刻与造园艺术等或起源于或发展与提高于江南地区，而宋以后，中国有代表性的文学艺术家、思想家、学者主要在南方，或出生、成长于江南，或主要的文化艺术活动在江南，他们的思想与知识生产实际是江南文化、思想以及文雅风流深厚积淀的升华，代表了当时中国的高度与特征。其表现比较突出的主要有文化与精神产品的创作和创造，各种知识的生产、收集、编辑、刻版、印刷、流通。

在近年的相关研究中，中砂明德《江南——中国文雅的源流》（讲谈社2002年版）是一部聚焦明清的专题性学术札记，书中专辟"趣味市场"与"学术市场"两章讨论江南的学术文化现象、影响及其意义。该书作者强调，明代中期以来，在经济繁荣与城市文化发达的背景下，刻意与政治权力保持距离的文化"市隐"如沈周、文徵明等成为当时中国，尤其江南的一种文化象征。以苏州为中心的文人创作，尤其书画作品被视为江南的文化标签，经过商人的运作被商品化，鉴赏、收藏、贩卖、作伪与鉴定作为一种文化现象与消费活动在城市社会成为显著的时尚。在活跃的文化消费与市场展开中，新安商人扮演了文化商品快递者的角色，以苏州为中心，各种处于形成与变化过程中的时尚风靡江南各地，对社会风气与流行形成冲击，新安商人抓住时机，采买各种时尚商品运销各地。在这种背景下，商业性模仿与伪造随之充斥市场。文人集团内部的相互切磋、评价或者吹捧，商人的炒作，以及地域意识与故土优越感等要素掺杂其中，关键性因素在于远远优于其他区域的经济发展程度。该书探讨南方（尤其是江南）与北方学术与文化地域差异的社会经济背景与国际环境，虽然并非深耕细作的严谨体系，但明清时代江南文雅问题的视角与内外因素综合性发掘的叙事方式对今后的深入探讨具有启迪。

　　思想文化的创造、知识与理论的生产是一个复杂的过程和结构,与创作和生产意图、社会变化与时代需求、政治权力与经济环境诸要素相关,而具体的创作、学术研究与表述、编辑成书,雕版、纸张、印刷都需要一定的条件、资源与技术,而其传播、流通既需要有一定规模的读书或收藏的市场需求,也需要相应规模的资本和专门的贩运体系——书籍生产与批发商人、城市中的书店零售系统等。明清时代的江南因在科举顶层竞争(进士及第与入仕)方面的绝对优势,加上活跃的制造与国内长途贸易和国际贸易的经济磁力吸引,随着城市扩张与市镇兴起而来的城市服务业以及市民(或者城居)阶层的壮大,书写、记账、信息获取和利用的训练与能力成为必要的素养,这些因素使江南形成了以科举教育、考试、入仕(包括为行政系统官僚提供职业性服务的僚吏)为中心的庞大读书阶层和远高于其他区域的识字率——各种书籍的需求者与潜在需求者,而且因为家庭与家族在科举竞争中的长期投入,培养了一个层次与结构有异的庞大人才群,其中高质量的知识生产者集中于该地区的主要城市,知名的文人学者与思想家为数不少,他们的存在与扩大构成文雅风流的基础,为思想、知识、文学艺术的创造与生产提供了原创性内容,也影响了文化消费和时尚,开拓与扩大了市民阶层通俗故事、小说、文化娱乐消费品的商业性出版和流通。与印刷书籍相关的各种类型的书籍内容的创作与生产、各种著作稿本和善本的收藏——藏书家与机构、书籍刻印地——技术与相关木材和纸张等要素均与江南有关,亦即江南为形成精神产品的创作、书籍编辑与刻版、印制相关的产业链提供了优于其他区域的条件。而且以水上和海上运输为背景,不仅书籍的市场覆盖中国的主要区域,为作为主要科举考试地点的城市源源不断地提供各种类别的书籍,而且面向国际。城市化、商业化的表象和内实两面都与江南区域市场的外向和社会经济系统的多元展开,尤其市民、准市民阶层的逐步扩大以及经济水平的提升密切相关。

　　大木康在《明末江南的出版文化》(研文出版 2004 年版)中对嘉靖以后的出版现象、书籍出版数量、出版地域,南北间的差异与特征、书籍消费与市场需求、出版关联的技术进步和书籍雕版印刷相关的原材料供应、印刷地点及其变化等进行了细致的资料收集、整理与论述。① 日本学术界关注汉字文化圈书籍生产的相互关系中,中国书籍出版与江南地区的重要性,包含书肆、口头故事与小说的出版、藏书家等成为重点。② 与欧美学者关注读者层与商业出版的关系相同,书籍出版、流通,及其对社会经济生活与思想观念的影响亦成为日本明清史研究中的重要课题。

与文雅风流有亲缘关系的城市特殊设施和从业群体——青楼与妓女也是日本学者关注的一个重要方面。以冯梦龙及冯梦龙编辑整理的情歌集《山歌》研究为出发点的大木康广泛关注明清江南通俗文化的诸方面,作为明末妓女文化研究与明末江南社会文化史研究的一部分,他撰有两部有关江南青楼与妓女的部头不大的著作《中国的游里空间——明清秦淮妓女的世界》(青土社2001年版)、《苏州花街散步——山塘街的故事》(汲古书院2017年版),对明清时代江南代表性的城市欢乐场、特殊空间中的歌舞升平和人间悲喜剧、妓院建筑、妓院的内部组织、游乐的基本方式和内容、游乐区域内各妓院妓女的美貌与风情认可度的定期评选、名妓与知名嫖客的事迹、围绕青楼的相关文学创作等进行了广泛的资料收集与叙说。岸本美绪则关注奢侈是否具有正面刺激经济的作用,从消闲与消费,亦即观光旅游服务业的提升与市场的角度看待17、18世纪苏州的奢侈现象,其中涉及衣食、家具、庭院、书画古董,以及游乐中注重品质与精致内容的文人风雅,妓院与妓女也是城市服务行业的内容,这些过去被视为细微末节的方面被作为与社会结构和经济发展密切相关的领域来重视。③ 这类研究也提示我们对明清江南眼花缭乱的社会经济生活表象以及背后的原理与结构需要重新审视。此外,田仲一成《明清戏剧——江南宗族社会的

---

① 大木康最近出版的《明清江南社会文化史研究》(汲古书院2020年版)第四部主要讨论书籍形态、线装本的普及,画本的兴盛与市场等。

② 大木康《中国书肆史考——以近世为中心》、大塚秀高《坊刻本与故事——关于口头故事的出版》、金文京《明代建阳的商业出版与小说》、上原究一《明末清初坊刻中江西的地位》、高桥智《中国的藏书家》,均收入藤本幸夫编《书籍·印刷·书店——围绕日中韩三国的书籍文化史》(勉诚出版2021年版),虽然没有全部围绕江南,但问题意识与比较的对象,以及所涉市场都与江南密切相关。

③ 岸本美绪:《米、丝、欢乐街——17—18世纪的苏州》,古田和子编:《城市中所见的亚洲经济史》,庆应大学东亚研究所,2019年。

表象》(创文社 2000 年版)、《江南戏剧史研究》(汲古书院 2020 年版)等有关地方祭祀与江南戏剧发展相关的资料挖掘和跨学科研究也具有很高的学术价值。

三、江南的底气:土地所有、城市、
手工业、商业与市场

在具有百年历史的日本江南研究中,区域的资源开发、水利与农业,技术进步与包含农村手工业在内的制造业、城市的发展与商业,以及其中的人地关系,赋税征收与利益分配,地方社会的权力秩序、国家与江南的关系等,亦即江南的经济问题是日本学者主要关心的课题。

集中于江南,或以江南为中心的土地与税收问题的论著,有清水泰次《明代土地制度史研究》(大安 1968 年版)、川胜守《中国封建国家的统治结构——明清赋役制度史研究》(东京大学出版会 1980 年版)、滨岛敦俊《明代江南农村社会研究》(东京大学出版会 1982 年版)、森正夫《明代江南土地制度研究》(同朋舍 1988 年版)。明清江南的农业,特别是桑蚕业与棉业的种植和加工、湿地的干拓和农田水利的开发、手工业等方面的研究,包括不同观点的争论,20 世纪 50 年代至 70 年代,有仁井田陞、宫崎市定、西嶋定生、田中正俊、藤井宏、西村元照、寺田隆信、滨岛敦俊、鹤见尚宏、川胜守等的实证研究。其中涉及大地主土地所有的形态,土地所有与经营中"一田二主""田底田面"的民间习惯、制度,地主与佃仆、税收与徭役负担的征收方式、地方社会秩序与社会控制——社会关系与在地权力的状态,其中内含权力与秩序的变形——乡绅层的作用,奴变、民变与抗租问题。另外,也有川胜守、夫马进对江南城市发展与行政管理的关注。[①] 以上无论是论文,还是 20 世纪 80 年代结集的著作,主要是 80 年代以及以前研究逻辑展开的成果,多为基于文献搜求与事实清理的实证性

---

① 具体论文与刊行论著信息,参见山根幸夫《中国史研究入门》下第 18—58 页。其中星斌夫、重田德、小山正明、岩见宏、谷口规矩雄等的相关研究也值得重视。

研究,对揭开明清江南地区的历史面貌在文献利用、知识与研究方法的探索方面有深厚的积累。但现象解释与理论展开明显具有当时日本学界的特征,即注重生产力、生产资料与生产关系要素的研究,围绕社会形态论与唯物史观展开的历史叙说和理论批判,其中存在对复杂多样的历史面貌教条化处理与关注点单调的问题,在中国社会认识与比较中,西欧模型或明或暗的主导作用影响了日本中国史研究的独特性展开,留下了不少需要清理的知识与历史观念。

随着以唯物史观为代表的科学主义方法的退潮,日本的中国史学界深感战后中国史研究无论是视点与研究框架、理论与方法、研究对象以及研究文献的利用都面临变革的必要性,在明清江南历史研究中深耕二十年以上,已经取得了丰厚成果的学者如森正夫、滨岛敦俊、川胜守等,加上踏入明清史研究的新生代学者岸本美绪等在对中国社会认识中欧洲模型主导的异论——可视为一种对历史学研究中欧洲中心主义的批判,以及在对所谓的东方专制主义和中国停滞论的批判中,1980 年代开始倡导"地域社会论"研究的新方向。杂糅了法国社会经济史学理论与方法的"地域社会论",不能说是一种成型的理论与方法,也没有整体性的理论与方法论的整理,按照代表性学者森正夫的说法,"地域社会"是一种总体性把握广义上的再生产之场——人生活的基本舞台的方法论概念,①可以理解为这是在经历了逐渐僵化的理论与方法的束缚后,日本中国史研究的一种非教条化、非线性式还原复杂的中国历史现象的真实,探索把握无限多样的历史面貌的方法与理论的研究取向。学者在追寻认识传统中国社会的理论框架过程中,以不同的问题意识、研究空间、研究对象与文献中做宏观或微观的历史叙事与理论探索,以及方法论的整理。② 这种研究因为受学界的共感而成为明清史学研究的一种潮流,并且进一步对其他

---

① 《森正夫明清史论集》第一卷,汲古书院 2006 年版,第 21—22 页。

② 1980 年代以后,日本明清史研究中"地域社会论"虽然如旋风一样影响很大,但并没有在理论与方法形成学术界的共识,问题意识、方法与理论的摸索都体现在具体的研究对象中。从这一研究潮流中代表性学者森正夫的论著,尤其《森正夫明清史论集》第三卷"地域社会·研究方法"的分类,岸本美绪明清史论集 2《地域社会论再考》的"市场与货币""国家与社会秩序""惊讶的历史学家与惊诧的读者"分类构成,可以看出"地域社会论"研究的倾向。另参见《地域社会论再考》第 309—316 页。

时代的研究产生影响。"地域社会论"研究的主要舞台在明清的江南地区,无论是现职研究者、后继学者的培养,还是学术论文的生产与学术活动的展开,都成为当时日本中国研究中最有声色的风景。相关的成果如寺田浩明的明清土地制度形态、民事诉讼的诸元素、秩序状态与原理等的法制史研究、岩井茂树的赋役财政史的研究、井上彻的宗族史研究、臼井佐知子的徽州商人研究等涉及了中国的整体与江南区域。① 包含 20 世纪 80 年代的研究,代表性的学者承接桑原骘藏、加藤繁、宫崎市定、西嶋定生、田中正俊等学者对江南的位置、南北关系、丝织与棉纺业及城市的社会组织、手工业展开等的研究,以及斯波义信对宋代江南经济社会的系统研究成果,②对江南的社会经济史、城市化与商业化、社会慈善与救济、社会秩序与思想文化、信仰与祭祀等有广泛而深入的探讨。其中代表性的著作有森正夫《森正夫明清史论集》(第 1、2、3 卷,汲古书院 2006 年版),此书是在《明代江南土地制度研究》出版前后,集中于明清江南地区的土地所有、税粮制度、在地权力与乡绅、社会身份与底层的反抗问题,阐述其对明清时代以及江南地区的认识和理解。滨岛敦俊《总管信仰——近世江南农村社会与民间信仰》(研文出版 2001 年版)是对 14—19 世纪江南社会大众信仰进行的地理学、民俗学、文化人类学、宗教学的跨学科系统研究,对江南社会构建的农村土神种类、来历与变迁、商业化与总管信仰支持基础——粮长层离乡城居后的共同体信仰结构的变化、信仰与祭祀在乡村社会人的连接与社会关系结成中的意义等进行了深入的探讨。川胜守《明清江南市镇社会史研究》(汲古书院 1999 年版)、《明清贡纳制与巨大城市连锁》(汲古书院 2009 年版)是日本学者江南研究中少有的对市镇、流通、远距离城市间的关系与经济网络的研究。夫马进《中国善会善堂史研究》(同朋舍 1997 年版)主要是对江南的善会组织与设施,亦即慈善事业与社会救济的研究。岸本美

---

① 寺田浩明:《权利与怨抑》,清华大学出版社 2012 年版;《中国法制史》,东京大学出版会 2018 年版;岩井茂树:《中国近世财政史研究》,京都大学出版会 2004 年版;井上彻:《中国的宗族与国家礼制》,研文出版 2000 年版;臼井佐知子:《徽州商人研究》,汲古书院 2005 年版。

② 斯波义信:《宋代江南经济史研究》,汲古书院 1988 年版。

绪《明清交替与江南社会》(东京大学出版会 1999 年版)从地方社会的舆论、与在地社会权力密切相关的乡绅、明末社会的深刻危机与底层社会的反抗、江南地区对明王朝崩溃事件的信息传递与反应、清朝政权重新恢复江南政治秩序的漫长过程、江南社会普通人的生存战略等方面,对明清交替之际的社会秩序与社会经济变动进行了以实证为基础的体系性理论阐述。岸本美绪最近修订数十年间发表的论文,结集出版的明清史论集 1《风俗与时代》和明清史论集 2《地域社会论再考》(研文出版 2012 年版)、明清史论集 3《礼教·契约·生存》(研文出版 2020 年版)和明清史论集 4《史学史管见》(研文出版 2021 年版)以各编的主题为中心,对明清时代的中国与世界,特别是江南地区的秩序危机、秩序形成、秩序原理进行了多面的实证研究与理论探索。在她最近的研究中,以白银流入中国的社会经济影响为中心,用现代经济学的理论与概念,对明清中国的市场结构进行了理论整理。对中国这一庞大的空间与复杂的社会经济系统,学者容易用一个相对概观的模糊概念来做整体性理解,而这往往会带来传统中国认识的简单化。岸本对明清中国的白银流通与市场结构相关的学术界的不同观点做了四个经济模型的整理:统合型、并立型、循环型、连锁型。她认为连锁型能够比较全面合理地解释明清时代的社会经济变化,她以对外贸易为中心分四个时期叙说了 16 至 18 世纪中国的经济变化,作为基础条件,当时中国并不特别存在对海外依存的必需品,因普遍性的以银征税和大量北部边疆军需引起广泛银不足。重税的江南地区的小农为获得纳税白银,以作为补充家计的副业发展起来的手工业得到长足进步,其产品进入市场,流通至其他区域与国际市场,其在国际市场具有强劲竞争力的要素除了当地长期积累起来的成熟技术带来的高品质,还有小农因穷困逼迫而不得不出手的低价格。由于作为货币的白银具有较强的连带经济效果,中国的各地域经济以依存于外部流进白银的形式而相互连接起来,形成了一种具有开放体制的市场、蕴含地域间紧张关系、以货币(白银)流入为启动要素等特征的"连锁型"的市场结构。[①] 另外,山本英史《清代中国的地域统治》(庆应大学出版会 2007 年版)对

---

① 岸本美绪:《明末清初中国与东亚近世》,岩波书店 2021 年版,第 267—311 页。

江南地区的税役征收与包揽、地方势力与国家权力的地方控制、乡村社会组织的变迁等进行了深入的挖掘。冈本隆司在整理相关研究主要成果的基础上，对明清时代的社会经济现象及其变化，进行了经济与财政政策、制度系统的逻辑还原，虽然为明清中国的整体认识，但其重头在江南，指出江南站在明代后期的商业化（或者"商业革命"）的前头（冈本隆司编《中国经济史》第四章，名古屋大学出版会 2013 年版）。

此外，森正夫等《明清时代史的基本问题》（汲古书院 1997 年版）、小岛毅"宁波研究"庞大计划（其成果系列由汲古书院和东京大学出版会分别出版）、吉泽诚一郎主编的《论点——东洋史学》（ミネルヴァ书房 2022 年版），以及如大泽正昭对太湖地区"农业危机"的关注①，则松彰文的江南救荒、刘序枫的日本人江南见闻研究等一些具体研究成果②，因篇幅的限制不得不割爱。另外，包括村松祐次、古田和子、久保亨、夏井春喜、小浜正子、佐藤仁史、刘建辉、榎本泰子、岩间一弘等在内，涉及 19—20 世纪的江南（含上海）方面的诸多论著并未纳入本文整理的范围。

四、秩序与惩罚、宗族与社会组织

警察制度的体系化出现在 19 世纪，清朝引进则在 20 世纪初。在此之前的明清时代，以国家权力为基础，作为国家机器重要部分的治安维持的结构与设施是一种什么状态？亦即前近代社会的司法与惩罚结构如何，是讨论明清时代社会经济与秩序的重要课题。有关清朝及以前的警察功能，我们脑海往往会浮现禁卫军、东厂、五城兵马司等与国家权力直接相关的军队或特务机构。如孔飞力处理牵涉面极广的《叫魂》中的治安事件大体可以映照出类似现代警察功能的传统轮廓，但是具体如何认定犯罪与拘捕嫌疑人、如何留置嫌疑

---

① 大泽正昭：《太湖三角洲地域的"农业危机"——以宋至清的农书为题材》，《唐宋变革以及通讯》12，2021 年。

② 均收入《川胜守·贤亮博士古稀记念 东方学论集》（汲古书院 2013 年版）中。

犯和审判相关的原告、被告以及证人,防范地方社会的犯罪行为,维护正常社会秩序的系统与状况,因为缺乏深入系统的研究而并不清晰。传统社会的行政与军队的确混杂了治安功能,对履行部分警察职能的机构与组织,如清代的绿营汛防与监狱问题,太田出《中国近世的罪与罚》(名古屋大学出版会 2015年版)以明清的江南为舞台,在吸收前辈学者如上田信等对江南犯罪、治安问题研究的基础上,①关注学术界迄今不太重视的社会犯罪与对应犯罪的行政系统的警察治安功能,以及犯罪与纠纷处理过程中的监狱问题。

在商品经济发达、社会流动化进展、人口爆发性增长的过程中,滋生了无数的犯罪与犯罪者或集团,由农村社会析出的无赖与地棍横行于商品流通节点的市镇与交通要道。清朝前期开始广泛设置于各地的绿营大汛与小汛,实际上具有针对犯罪日益增加的"近世"警察的功能,"近世国家"通过在主要的城镇近边交通要道配置汛防这种军事组织,承担维护与经济直接相关的商业和交通的安全职能。他在这一讨论的展开中,并没有忽视被认定为犯罪者——由周边地域流入江南的劳动力——在江南开发与发展过程中的角色、困境与作为生存手段的犯罪选择。监狱在清代作为对等待判决或等待刑罚执行者的拘留设施,具有未决囚留置所的性质。在人口爆发,社会纠纷频发与诉讼激增而行政机构与人员并无相应增加的情况下,在收容涉讼原告、被告、证人的事务中,与官府关系密切、熟知行政程序、代理诉讼与纳税业务的歇家成为官府倚重的民间商业性机构。"自新所"作为一种通过工艺与劳动来改造轻微罪犯未决囚的拘留所,具有替代保甲这种作为相互监视、排斥罪犯与贱行,改造良民的秩序功能。另外,值得一提的是,太田出与佐藤仁史等对明清江南地区的关注,在承接 20 世纪前期福武直的江南农村社会、森正夫的江南市镇、滨岛敦俊的江南农村信仰等的调查与研究的基础上,将近年以太湖为中心的田野工作和相关的文献研究结合,部分成果以《中国农村的信仰与生活——太

---

① 上田信:《围绕明末清初江南城市的"无赖"的社会关系——打行与脚夫》,《史学杂志》90 编11 号,1981 年;川胜守:《明末清初的打行与访行——旧中国社会无赖问题相关史料》,《史渊》119,1982 年。

湖流域社会史口述记录集》(汲古书院 2007 年版)、《太湖流域社会的历史学研究》(汲古书院 2007 年版)等形式面世。

滨岛敦俊在明清江南研究中,长期关注江南地区存在什么"共同性"? 支撑这种"共同性"的基础是什么? 与伴随地理环境变化的生计选择有什么相关关系等问题。滨岛以自己的文献研究和现场调查为基础,在明清中国的社会结构与秩序方面,尤其江南的社会结构原理与形式,对是否存在宗族组织——学术界基于现场调查与文献和理论研究形成的共识提出了挑战。① 他集中于明代中后期的社会结构,提出了与宗族相关的区域类型假说:与华北"非宗族庶民社会"、华南"宗族性乡绅社会"相比,江南地区为"非宗族性乡绅社会"。他从社会现象与社会集团形成的结构逻辑上进行基于实证的研究,强调同族结合在近世与近代存在地域间的强弱差异,也随时代的演进发生变动,提出江南地区"不存在宗族结合""不存在同族组织"等命题。他认为江南在唐代属于边境地区,至宋代也还是不稳定的"移垦社会",地方社会依存于政治权力的保护、调停与裁断,宗族不必要,也不存在。明代江南已经形成了"自律性的乡村社会",因为政治权力守护当地居民,自然不存在宗族组织,主张"江南无宗族"。② 此论一出,引起了范金民、吴建华、巫仁恕、徐茂明、常建华等的反论与批评。最近井上彻以自己集中于江南,兼及华南地区的明清宗族史研究为基础,③从滨岛论说的资料依据与事例基础,以及相关的观点推论和理论逻辑的展开进行了反论、批判。井上认为:滨岛依据的现场调查报告中,与滨岛的主张完全相反,存在着以祠堂、族谱、"尊卑之分"等为中心特征的宗族组织,这也从 1930 年代的费孝通与福武直的调查中得到佐证。作为近现代宗族组织连

① 包括费孝通《江村经济》(英文版 *Peasant Life in China* 初版于 1939 年)、福武直《中国农村社会的结构》(大雅堂 1946 年版)、牧野巽《近世中国宗族研究》(御茶水书房 1980 年版)、清水盛光《中国族产制度考》(岩波书店 1949 年版),以及战后日本有关中国宗族问题的研究。

② 滨岛于 2011 年在复旦大学国际学术会议上的报告,见邹振环、黄敬斌主编《明清以来江南城市发展与文化交流》(复旦大学出版社 2011 年版)、《明代江南岂为"宗族社会"哉?》(山本英史编:《中国近世的规范与秩序》,研文出版 2014 年版)。

③ 井上彻《中国的宗族与国家礼制——宗法主义视点的分析》、《在华夷之间——明代儒教化与宗族》(研文出版 2019 年版)。

续展开的形态,16 世纪以来,建设祠堂、编纂族谱、设置族田、整理族内尊卑长幼秩序等的宗族组织化现象开始普及,尤其具有义庄这一设施的宗族持续性地发展起来。滨岛作为否定事例列举的嘉兴李氏与嘉善支氏实际也在这一宗族形成的潮流中。宗族组织化的背景与社会流动性有直接的关系,商业化与城市化背景下大量产生出来的士大夫为了防止子孙没落,作为延续名门望族的社会装置,以宗法理想聚集父系亲族,形成物心两备的宗族组织,而且以延续和保持家系上升状态的这种方式稳定地持续下来。从这一点可以说,宗族的确被编织进了江南地区的社会结构中。[①] 这一争论最终将会超越事实挖掘与文献解读这种基本研究形式,集中于对社会集团、社会结构与社会形态的理解上,滨岛对过去研究成果挑战的观点与论证过程是否具有建设性值得关注。

五、"大分流"——作为衡量东西方
社会发展基准的江南

讨论日本中国史学界明清江南地域史的研究,无法回避因江南与英国比较而在全球史学界刮起旋风的中国与西方历史发展进程的分岔或者"大分流"说,以及"加州学派"此说与日本中国史研究学界的关联和反应。

20 世纪前期的中国社会停滞论和东方专制主义说,是以西方标准来比较和推衍的历史言说,与人类社会发展的形态论有共同的逻辑基础,均以工业革命完成后的西欧社会体系与历史经验作为比较的基准。不同的社会形态与人类社会递进的发展路径理论意味着不同区域社会经济发展的不平衡,存在着所谓的先进与落后,社会停滞现象以及与此相关的根源上的社会经济制度和政治权力结构问题就会受到重视。经历了鸦片战争衰败的中国社会内部也同样在中国社会与西洋比较上,承认现实中国的落后,这也是 20 世纪中国革命

---

① 井上彻:《明代江南不存在宗族吗？——解读滨岛敦俊氏的宗族论》,《名古屋大学东洋史研究报告》47 号,2023 年。

目标设定的内在动力以及新中国"超英赶美"类逻辑的思想基础。在改革开放、寻找发展新路的摸索中,1980 年代中国的文化史研究内省中国的历史之路,意识到中西方间的现实差距以及中国衰落的源头,夹杂着过去基于不同立场和出发点的中西方学者有关中国专制主义与停滞论的影响,主要停留在"落后挨打"逻辑与表象上的中国和西欧的比较层次上。尽管如此,这种比较对中国的人文社会科学界,当然对西方的中国研究也有一定影响。加州学派江南/英格兰的比较研究应该多少受不同出发点的上述观点的影响,其在理论构建和叙事上另辟蹊径,特别强调能源与环境在社会发展与进步中的意义,尤其以彭慕兰的《大分流》及其后续的解说(含对批评的回应)中,对西欧与亚洲的核心发展地区,从经济学的角度,集中在人口史、技术水平与市场经济要素和形态、资本储集与投资、奢侈消费与资本主义、家畜、家庭内劳动、原始工业等侧面,讨论 18 世纪之前的西欧并无优势。而真正导致历史大分流出现的是面对与生态环境制约相关的两个主要因素的差异:对煤炭能源的利用形态,以及产品市场和相关必需品补充与美洲大陆市场的连接。

　　以彭慕兰《大分流》为代表的著作出版之后立即在世界范围内引起了不小的反响,其观点引起广泛的学术讨论,书也很快被翻译成外文出版。但在日本,一直到 2015 年才由名古屋大学出版会出版日文版。日本的全球史和世界史学者虽多有对该书的介绍,但中国史,尤其明清史学者反应比较冷淡,究其原因,正如村上卫指出的,主要有两个方面:日本明清时代的江南研究积累中,从来就没有如欧美学者因缺乏对中国前近代经济发展的具体研究而带有偏见地低估传统中国经济发展水平,而是对 18 世纪以前中国经济的世界地位予以很高评价,彭慕兰在比较中特别强调的至 18 世纪后期西欧与中国的经济发展水平相差不大的观点对日本中国史学者而言完全没有新鲜感。而更为重要的是,日本的中国史学界对与本书相关的,含彭慕兰在内的欧美学者(主要为加州学派)最近二十多年的中国经济史研究,无论是研究的出发点、问题意识、方法论,还是具体内容以及实证性方面,都明显感觉到其存在的偏颇与不足,对其相关论证过程以及结论也深表怀疑。[1]

---

① 村上卫:《超越"大分流"——以彭慕兰的议论为中心》,《历史学研究》949 号,2016 年。

对大分流、加州学派的研究以及新兴的全球史研究动向,日本中国史研究者比较正式的批评与反应除了村上卫的论文,还有岸本美绪的《全球史论与"加州学派"》。[①] 他们对彭慕兰以及加州学派对欧洲中心主义的批判、重视前近代社会研究中的环境要素与能源问题、计量学方法的运用以及对社会经济发展的宏观性把握等进行了肯定,高度评价《大分流》旋风所引发的欧美学界对比较经济史研究的重视和进展,但对其存在的问题也进行了批评。

在研究的出发点与方法论上,彭慕兰的研究史整理实际上以欧美的研究亦即西方经济史的论点为中心,这既与他自己批判的此前以欧洲为基准的比较史研究相矛盾,也导致大多数情况下不能进行真正意义上的中国与欧洲的有效比较,而且在既往成果与研究史的整理上,几乎无视了日本学术界一百年以来对江南地区研究的深耕和丰富的成果。"分岔"与"分流"这一问题意识本身存在问题,对不同历史发展路径的各个区域仅以经济水平衡量其"分岔"未必妥当;彭慕兰在比较中,强调将欧洲与亚洲同等对待,虽然涉及中国与印度的差异,但中国与日本的不同完全被忽略了,而且论及江户幕府时,彭慕兰的书中存在基本事实认知错误的硬伤;在做比较时,使用数据存在缺乏同一标准、数据数量有限与恣意选择的问题;中国与西欧比较的对象选择也存在问题,众所周知,作为先进地区,江南与其他区域有显著的差别,不能将江南区域泛化成中国。另外,在具体研究的展开中,存在史料使用不严谨、数据夸大解释等问题。其强行与粗糙的拼接、理论结构与论证中的逻辑矛盾和事实硬伤、具体论点中存在不少漏洞等问题与两个因素相关;其一为研究史的理解与选择——取舍存在偏向,其二为对 19 世纪至 20 世纪上半叶的中国经济缺乏深刻的理解[②]。

岸本美绪在《思想》杂志的特集"如何叙说世界史"中,对包括日本学界新探索在内的全球史研究,尤其以 18 世纪为中心的英格兰和中国江南经济状况比较的彭慕兰聚焦于环境与生活水准,讨论 18 世纪的江南与英格兰的共同

---

① 《思想》(1127 号,2018 年),后收入明清史论集 4《史学史管见》。
② 村上卫:《超越"大分流"—— 以彭慕兰的议论为中心》。

性,驳论欧美对亚洲长期性优势的欧美学界的共识,被视为全球史代表作的彭慕兰《大分流》以及加州学派的研究的贡献和存在问题,亦即研究对象的处理、方法与理论的运用以及研究成果叙说中存在泥沙混杂的现象进行了整理和评说。现在的全球史研究并不都具备水岛司所整理的全球史理论与方法论诸特征,①粗分众多的论著,大体包含三种取向:与过去以人为中心的历史学保持距离,偏自然科学的长期性和广域性叙说的"环境系列",其代表作为贾雷德·戴蒙德的《枪炮、病菌与钢铁》;超越大陆的广域的人、物、文化的移动与接触,又与沃勒斯坦的"世界系统论"有别,重视非西欧地区的"交流系列",代表作为珍妮特·L. 阿布-卢格霍德(Janet Lippman Abu-Lughod)的《欧洲霸权之前》;重视同时代国家间(区域)比较的"比较系列",其代表作为《大分流》,加州学派是这一潮流的重镇。她简要整理了杰克·A. 戈德斯通(Jack A. Goldstone)论说的加州学派主要观点,尤其是共同之处,即 19 世纪欧洲与亚洲的"大分流""并非源于两个文明中的本质性的、长期性的特质,而是与更为短期的偶然性状况有关"之后,对加州学派认识框架的特征进行了分析,指出作为加州学派一员的马立博(Robert B. Marks)在《近代世界的起源》中整理欧洲中心主义批判的学术史时,明显带有"英语中心主义"特征,无视日本学界的"近世"与"中世"论争与中国的"资本主义萌芽"研究,以及 1980 年代以来日本学界脱离西欧模型,强调中国自身独自的文化类型的研究及其成果,加州学派学者的研究与叙述中无意识地带有他们自身力图批判的西方中心主义色彩。其次,在加州学派强调对既往的权威性历史叙述对决的姿态中,在自己的历史叙述的背后,仍然是一种"强者(胜利者)中心主义"的历史观在起作用。此外,她还指出,对欧洲中心主义的批判并非始于加州学派,1980 年代柯文(Paul Cohen)的《在中国发现历史》对欧洲中心主义的批判在学界有巨大影响。而 1970 年代以来的萨义德(Edward Wadie Said)《东方主义》对欧洲中心主义意识形态的尖锐批判也是加州学派的思想基础。

---

① 见水岛司《全球史入门》(山川出版社 2010 年版)、水岛司主编《全球史的挑战》(山川出版社 2008 年版)等。

　　在加州学派的有关江南的研究中,彭慕兰与王国斌《转型的中国》虽然主要利用二手文献,但有深入欧洲史境中的具体比较。受王国斌、黄宗智研究(以批判形式)影响的彭慕兰在《大分流》进行的江南与西欧的前近代社会农民经济的比较中,以过去基本没有系统运用的计量方法获得了广泛关注,同时其问题设定中的技巧——西欧与中国同时代孰处优位也引起了超出学术领域的反响。但是散布在文献中有限的数量资料的精确度是否能够支撑彭慕兰宏大的结论就成为一个关注点。如对市场波动很大的棉花、棉布、粮食价格,银钱比价的短期快速变动、薪金数据的分散,等等,仅使用零散的二手数据,而且并未对所使用数据进行具体说明,让人怀疑数据推算的严谨性。另外,除了详细数据推算,还存在不少并未出示证据的数字推测。以此为基础的推论与相关结论不严谨,不少地方应有的严谨实证过程在叙述中被牺牲,论证逻辑上也存在结论先行与误导的问题。

　　在笔者看来,彭慕兰以及加州学派如《大分流》等论著的诸多研究对象选择和问题的提出,有一部分令人耳目一新,给学术界的比较研究和全球史研究拓展了视野,无论其论证与结论正确与否,深度如何,即便从树立了供批评靶向这一角度,对推动学术研究的进步意义也不容忽视。以《大分流》为代表的研究最大的问题在于将多样、脉络与经纬完全不同区域的历史展开过程预设了一个线性的递进路径,以这种与社会形态论(或暗含的欧洲中心论)同构的框架来比较欧亚大陆两端边沿地区同一时期的经济发展水平,讨论其展开过程的不同与历史结局。彭慕兰用其问题设定与几个重要指标叙述了历史上中国的发展与所达到的高度,他的叙说与描述,某种程度上迎合了长期以来对欧洲中心主义意识结构中存在的中国蔑视与贬低的愤怒,引起了一直力图卸下鸦片战争以来的心灵重负,因改革开放后 GDP 快速增长而逐渐自信起来的中国读书阶层的广泛共鸣。作为世界上的重要国家,尤其经历了 10 世纪以后经济中心的南移后,在社会动乱与战争的间歇期,中国,或者说江南原本就是世界最富庶、最先进的地方之一,选择 18 世纪的江南与英格兰来进行经济发展与生活水平的比较,其自身当然具有意义,但是这种比较与更宏大的历史叙说,甚至预设的历史路径与方向连接,存在着逻辑跳跃与削足适履的出发点问题。

如果说岸本与村上基于历史学研究的基本规范对彭慕兰以及加州学派对于中国前近代社会,尤其江南研究的批评还比较克制,时任芝加哥大学社会学系教授的赵鼎新则从工业资本主义兴起的基本条件和社会演进的原理与逻辑方面,对彭慕兰的《大分流》以及加州学派进行了非常直接尖锐的学术批评。他质疑彭慕兰有关18世纪的英格兰和江南的相似性反映了两国处于同一发展方向,因一些偶然性外部因素,英格兰率先起飞,引发了"大分流"的核心叙述,指出18世纪清朝的繁荣与中国历史上屡次出现的繁荣没有本质区别,中国的繁荣得益于强有力的帝国统治、务实的商业政策、拥有庞大的人口与广袤的土地而形成的巨大市场,使帝国框架下的中国经济发挥出极大的潜能,但却不能在19世纪或中国历史上任何其他时段带来工业资本主义。他认为不同制度与文化背景下的社会可能在一定场合达到相似的经济发展水平,但不能在逻辑上生出同样的社会经济制度体系与相同的历史轨迹。他提出西方崛起背后有五个关键性要素,而中国并不具备,明确指出"中国工业资本主义的不可能性",认为西欧与中国差异巨大,在工业资本主义兴起与传播之前,各自的发展遵循着非常不同的规律。①

加州学派的比较研究与《大分流》给人们留下了巨大的悬念,相关的批评与后续研究也许能够引发新的研究热点,而江南的重要性以及一百年以来日本学术界江南研究成果的学术价值会得到重新认识与理解。

日本近年人文科学研究的萎缩——研究机构与大学职位的削减,本科生与研究生数量的人为压缩与自然减少,专门研究人员被繁重的教学与行政事务牵扯,研究时间得不到保障,研究效率严重下降,研究成果对全球中国史学界的冲击力也大打折扣,战后的繁荣景象已成旧忆,在"地域社会"研究牵引下,明清史研究几占日本中国史研究半壁江山的风景不再。在日本明清史研究专门教职位置被逐渐削减,历史学的多样化研究展开的环境中,专注江南地

---

① 赵鼎新:《加州学派与工业资本主义的兴起》,《学术月刊》2014年第7期。

域的研究者越来越少,相关的成果近十年并不多。本文因受这种现状的影响,不得不选取几个自认为重要的方面,在一个相对较长的学术史时段内,注重研究的前后承接,做了有限的整理与评说。

不同时代的世界各国家、区域原本有独特的发展逻辑与漫长历史展开的路径,在早期全球化过程中,以江南农村社会的副业为中心发展起来的"原始工业化"(proto-industrialization)——中国制造与国际市场的广泛连接——江南成为广为人知的地区,或成为中国的代名词,也就有了江南与世界先进地区比较的认知基础。[①] 江南无论在地理环境与空间结构上,还是在历史上的人群集合和社会结构、文化、知识、技术的创造上,都有独有的特征,在很长时间内,江南的动向不仅与中国的王朝稳定有直接关系,而且其制造与生产,知识、技术与文化创造,思想与艺术都对东亚、东南亚乃至世界的其他区域产生了长期性影响。《大分流》及其相关研究触及江南研究的重要侧面,对学术界今后以开放性的视野,超越近世、近代与现代这一人为时代划分的界限,跨越长江三角洲这一地理空间,在东亚、东南亚以及世界这种不同层次的空间内,利用多语言和多种形态的历史文献,重新定位明清时代的江南,具有重要意义。全球史研究在方法论、研究对象设定、史料运用等方面尽管如岸本美绪指出的,存在不成熟和很多探索中的问题,但打破时代区分的界限、长时段、跨越江南这一自然空间,将江南与南方沿海和内陆地区、长江中上游、长江以北的广大区域连接起来,甚至在江南的制造、消费与商品输出入方面同东亚、东南亚以及世界在空间上连接起来,就一些特定的社会经济现象进行深度的挖掘与探索,在广域空间和不同的空间结构中认识江南的社会状态、历史地位与影响,仍然是今后需要展开的一个方向。在明清江南社会经济史,尤其技术发展史及其相关影响方面深入研究,也许会产生重要的历史学理论与中国社会论。

[作者简介]熊远报,日本早稻田大学教授。

---

① 有关江南的生产与世界市场的连接,笔者曾提及,参见熊远报《徽州商人与倭寇——以嘉靖后期东亚海域秩序的剧烈震荡为中心》(《中国——社会与文化》第31号,2016年,第5—19页)。

上海与江南互动的历史演进

戴鞍钢

主讲人：戴鞍钢，上海青浦人，复旦大学历史学系教授，国务院政府特殊津
　　　贴专家，侧重晚清史、上海史和江南史研究，著有《晚清史》《近代
　　　上海与江南》等。
主持人：徐茂明（上海师范大学中国近代社会研究中心教授）
时　　间：2022 年 10 月 20 日
地　　点：腾讯会议线上进行
主　　办：上海师范大学中国近代社会研究中心

徐茂明：各位朋友，各位同学，下午好！今天我们非常荣幸地邀请到复旦
大学著名学者戴鞍钢教授。戴老师很低调，是我非常敬重的一位学者。戴老
师长期以来主要专注于长三角地区经济史的研究，是国内著名的近代经济史
专家，他的博士论文《港口·城市·腹地——上海与长江流域经济关系的历史
考察》，是上海市第一篇全国百篇优秀博士论文。后来戴老师的研究范围不断拓
展，由对上海与长三角地区经济关系的考察，进一步延伸到近代中国东西部经济
发展进程的比较研究，这就不是简单地考察长三角地区的港口城市，而是跳出局
部，站到全国乃至世界的视野来看江南，看长三角与全国、长三角与世界的关联。

　　我还注意到，戴老师在历史研究过程中，对资料基础工作非常重视，花了
很多工夫，编写了《中国地方志经济资料汇编》。同时，他也很有学术关怀，他
的早年经历和治学领域，跟我们国家和社会发展紧密联系在一起，所以他非常

关注现实。早在 2000 年,他就提出了要淡化长三角地区各个省区的行政关系,加强区域经济的联动,这是很有远见的。到 2018 年,长三角一体化发展已经被确立为国家战略。那么如何实现长三角一体化? 在 20 年前戴老师就已经提出了一些非常好的意见,这些主张在我们当前长三角一体化的推进过程当中是很有参考价值的。今天请他来分析上海与江南的互动关系,相信对同学们一定会有启发意义。我不多说,欢迎戴老师演讲。

戴鞍钢:谢谢徐老师的鼓励。各位下午好,很高兴到江南研究的重镇——上海师范大学人文学院做这个讲座。经过和徐老师的商量,讲座题目定为"上海与江南互动的历史演进"。分五个部分:引言,江南孕育上海,上海引领江南,长三角一体化,结语;最后推荐一些参考书目。

做这个讲座的一个基本想法,就像徐老师刚才提到的,学习历史其实不是简单地回顾历史,历史是最好的教科书,通过学习回顾历史,可以更好地帮助我们认识当下,也可以更好地展望未来。特别是徐老师也提到了长三角一体化现在是国家战略,希望通过今天的讲座帮助大家理解长三角的前世今生和未来。历史是隔不断的,长三角的一体化我们可以追溯它的源头,这是第一点。我也请教了徐老师,知道今天讲座的主要听众是研究生,当然也有本科生。我想大家很清楚,如果讲座要起到比较好的效果,一定要注意听众的状况,也就是讲座的内容要根据听众的具体情况做一些具体的考虑。我今天主要侧重方法和视野,因为我觉得各位进入研究生阶段,即使是本科生,最应该注重的就是方法和视野。你学会了之后,那你以后走上社会即使不从事学术研究工作,也可以游刃有余,因为这个方法和视野都是相通的。

第二点要说明的是,我聚焦互动,上海史本身就有很多内容要讲,江南史更有很多内容要讲,因为只有一个多小时,那就选取一个聚焦点,这个聚焦点就是两者的互动,相比过去上海史研究和江南史研究本身来讲,这是有待加强的。第三个因为时间关系,况且大家都是研究生,基本的史实都了解,我今天就不再细述史实,当然讲历史不可能离开史实,我会最后推荐参考书目,弥补这个不足。

然后是时空的界定,做学问或者做任何课题,时空的界定首先应该明确。今天讲座的时间范围是纵览古今。我刚才提到今天讲座的目的不是简单地回顾历史,而是要帮助认识当下和展望未来。但是会侧重近代,因为毕竟是历史学讲座,不是当代经济状况的讲座。为什么要侧重近代?因为在上海和江南互动这个环节上,近代是表现得相当充分的。空间很重要,关于历史上的上海的空间,历史上的江南的空间都有很多专门的研究。徐茂明教授就做过江南空间的界定,复旦大学的周振鹤先生、北京大学的李伯重先生都有一些相关的研究,仅江南的地理空间的界定就可以做一个专门的讲座。所以今天只是笼统地讲,古代就侧重长江三角洲,给大家一个具体的方位,大概是南京以东,长江以南,宁波以北。大家一听就明白,这个是长三角的核心区,或者说江南的重中之重。空间的拓展它有很多的因素,其中一个重要的因素就是交通条件的改善。所以到了近代之后侧重江浙沪,就是在长三角核心区之外有所扩大。当代就是江浙皖沪三省一市,这是地理空间的界定。

各位都要写学位论文,学位论文一定要避免硬伤,所谓的硬伤就是你无法解释的、无法辩解的,比如将男的说成女的、死的说成活的这个都是硬伤。上海史和江南史研究得相当充分,但是经常还会听到一些似是而非的话,比如很多人脱口而出,说开埠以后的上海从小渔村发展到大都市,这个是完全错误的。开埠时的上海,根本不是小渔村,它是东南沿海一个著名的港口城市。很多人甚至有的影视剧很荒唐地说上海有日租界,而且展现了所谓的日租界的场景。这个是完全错误的,上海没有日租界。我这里尽管不会具体地铺陈史实,但还是要提醒大家史实很重要,任何结论都应该建立在确凿的历史事实这个基础上。

首先讲:江南孕育上海。这里先谈谈第一个问题,从全国看江南,中国经济重心的南移。尽管今天讲的是江南,但其实如果要讲好江南,还是要跳出江南。区域史的研究不能只就区域谈区域,还要从区域的外面看这个区域。所以,现在区域的比较研究相当受人重视。我举一个例子,贵校著名教授唐力行先生,他有一本书我觉得应该特别向大家推荐,即《苏州与徽州》,因为唐先生是做徽商研究的,后来又做江南研究。他这本书你看了以后就可以体会到就江南谈江南其实只是第一步。第二步,如果你要看透江南的话,那么你应该跳出江南看江南。所以今天第一个问题就是从全国看江南。

我这里着重谈一下中国经济重心的南移,从这个角度来体会从全国看江南的必要性。讲三个关键词,北方人南迁,南方的物产,京杭大运河。第一个关键词,即北方人的南迁主要是指什么呢?指魏晋南北朝以后中原多乱,北方人成群结队地、成村成族地大举南迁。这个南迁过程延续的时间很长,涉及的范围很广,人数众多。具体内容我就不细讲了,举两个例子,第一个客家人,客家人就是魏晋南北朝以后北方人不断南迁的一个结果。当时北方人在南迁的过程中是没有明确目标的,他们唯一希望的就是远离战火,寻找一个能够落脚的地方。他们来到了长江以北,一部分人停住了脚步,一部分人继续南迁,越过长江到了长江的南方,有一部分人继续向华南挺进。所以客家人的主体现在一般认为是在广东、福建、江西三省交界的地方。这个问题是中国古代史上,特别是今天要讲的中国经济重心南移的问题首先应该关注的。因为在当时的农耕社会,人地关系是基本要素。你要考察中国传统社会经济的话,首先两大要素,人和地。所以大量北方人的南迁是经济重心南移的一个表征。基本的状况大家可以参考葛剑雄先生主编的书,葛剑雄先生主编了两套书,大家应该特别关注。一套就是《中国人口史》,最近由复旦大学出版社增补再版;一套就是《中国移民史》,都是多卷本的。

第二个关键词是南方的物产。为什么要讲这个问题呢?因为我刚才讲了传统社会的两大要素,人和土地。而在农耕社会,土地的出产状况很大程度上取决于气候,取决于土壤,取决于雨量的分布,等等。用现在的话来讲就是环境史的研究,这应该引入我们对历史,特别是经济史研究的视野中。大家知道,现在环境史研究广受重视,其中一个动因就是我们意识到当下的一些环境问题。其实前辈学者早就注意到这个问题,我可以举一个例子,有一篇著名的文章,就是竺可桢先生 20 世纪 70 年代写的《中国近五千年来气候变迁的初步研究》,这个大家有兴趣可以看看。今天不是专门讲北方、南方的这个气候差异和物产分布状况,这是经济地理的一些具体的内容。我这里要强调的就是北方人南迁之后,南方相对于北方更适合农产的这样一种因素逐渐出现,而且慢慢地因此而超过北方,因此引起中原统治者的重视。

第三个关键词就是京杭大运河,也就是我们顺着这个思路下来,因为有大量的新的劳动力到了南方,而这些人到了南方之后,加快了南方农业生产力的发展。在这个过程中间,北方因为战乱的袭扰,经济重心的地位就逐渐地让位于南方。南方经济超越北方是一个过程,历史研究要注意这个历史过程。学术界一般认为魏晋开始重心南移,经历了隋唐到北宋后期,到了南宋前期基本定局。这个经济重心南移的另外一个主要表征就是京杭大运河。这个大家很熟悉。现在京杭大运河的相关研究成果非常多。学术界有人从北京出发,走到宁波,沿途拍了很多照片,图文并茂。我想京杭大运河非常形象地告诉我们,从中原统治者的眼光来讲,他们意识到南方是中央朝廷统治的物质基础所在,它提供了大量的食物,也提供了大量的税收。所以京杭大运河除了沟通南北经济交流之外,它也事实上说明了北方的经济重心地位让位于南方。所以在魏晋以后,江南在中国的经济社会生活中的地位逐渐被大家重视。这是我要讲的第一个重点,也就是说南方的崛起或者江南的崛起,和周边的相关区域是一种互动的关系。

第二个问题:从江南看江南。刚才是跳出江南看江南,现在我们再回到江南看江南。什么意思呢?因为我刚才一开始就讲方法和视野,就是从区域内部来讲,我们也要关注到区域内部的差异,也要关注到区域内部的经济重心的位移。因为这个涉及因素很多,我就不细谈了。这里讲一下三个标志性的历史时期和历史地点。

第一个,六朝的建康,即今天的南京。讲到六朝,其实就是东吴以后的六个朝代,正是魏晋南北朝时期。现在到南京去,很多同学往往去跑中山陵,跑南京国民政府的总统府,却忽略了也应该去的六朝博物馆。我建议大家以后再有机会到南京去的话,除了去看民国的一些历史遗存之外,不要忘了去看一下六朝博物馆,它给你展示了六朝古都曾经的繁华。六朝的建康,在整个中国经济重心转移的过程中,在江南崛起的过程中首先异军突起,令人关注,这是从江南看江南的第一个阶段。

第二个就是南宋的临安,就是今天的杭州。这个大家应该更加熟悉了,因为如果你到杭州去旅游,会看到那里有很多南宋的遗存。南宋的文化史、南宋史等,都是浙江学术界的研究重点,这是浙江历史的一个名片。南宋的临安,是江南内部的经济重心转移的第二个阶段和第二个地点,随着南宋建都临安,六朝的建康渐渐就让位于杭州。

第三个就是明清的苏州,这个大家更熟悉。明清的苏州民间有一句俗语"上有天堂,下有苏杭",这个非常形象。各位在研究历史的时候要重视文献资料,也要重视乡土资料。我认为能够口口相传而流传下来的一些俚语俗语,甚至一些顺口溜,它所包含的丰富的历史内涵是大家应该关注的,因为它能够口口相传而流传下来,肯定是有它的道理,换句话说,它不会和事实差别太大,否则的话是流传不下去的。所以,"上有天堂,下有苏杭"可以帮助大家理解明清时期的苏州、杭州的繁盛,特别是清代的苏州。我举一个例子帮助大家理解姑苏繁华,我们知道讲都市的繁华,曾经有一个《清明上河图》,讲北宋开封的。但是另外一幅其实也应该引起大家的关注,就是描写清代乾隆年间苏州繁华的《姑苏繁华图》,它是应该和《清明上河图》齐名的。《清明上河图》因为年代更早,所以知名度更高。关于《姑苏繁华图》,南京大学的范金民先生有专门的研究,所以我这里不展开了,大家有兴趣可以看看范金民先生的研究成果,非常生动,就像《清明上河图》可以带你回到北宋的开封一样,《姑苏繁华图》也如同时光倒流引我们穿越到了清代的苏州。

再提一个问题,就是苏州的繁华不是孤立的,它有一个深厚的经济支撑,支撑苏州繁华的一个主要因素就是江南市镇的活跃。这个大家很清楚,现在出外旅游,江南市镇是个热点,这些江南市镇,特别是商业没有过度开发的那些市镇大体上保留了明清时期的,特别是清代以来的一些历史风貌,你可以体会到这些市镇在传统社会中还是颇具规模的。明清的江南市镇是一门国际性的学问,我这里也介绍一下复旦大学樊树志老师的系列成果,特别是应该和樊老师的晚明史研究联系起来。樊老师非常强调,在考察江南市镇的时候,一定要将江南市镇和世界市场联系起来考察。他认为晚明的江南市镇已经和世界市场发生了很多联系,拿现在的话来讲,它不是一个在国内经济打转的市镇,而在很大程度上它已经卷入了海外贸易。用今天的话来讲,它不是一个单循环的问题,也有一个内外循环结合的问题。这样的研究成果,是在研究中国传统社会的时候应该特别关注的。这就是我要特别向大家推荐的一些前沿成果,研究生阶段一定要紧随学术前沿,这样才能像陈寅恪先生讲的那样不会太落伍。所以明清的苏州是江南的经济重心内部转移过程中间的第三个阶段。

接下来谈一下:从江南看上海。我为什么讲江南孕育上海呢?因为先有江南,后有上海。即使从历史地理的角度来讲也是这样,上海是一个新生的土地,上海的成陆过程是很晚的。研究历史一定要有空间的概念,这是第一。第二,一定要有历史地理的意识,我这里特别向大家推荐最新出版的葛剑雄先生编选的《谭其骧历史地理十讲》,谭先生是历史地理学的泰斗级人物,葛先生是他的学生。谭先生对上海地区的成陆过程有精湛的研究。古人就很重视地理学和史学的结合,有一句顺口溜叫"左图右史",什么意思呢?就是左手拿着地图,右手拿着史书对照着看。这个能帮助大家理解历史为什么会这样,比如战争为什么在这个地方?谭其骧先生有个生动的比喻,人是历史的主角,但是历史的主角要有一个舞台,历史地理就是历史主角上演历史的舞台。这个比喻非常生动,也就是说,离开了舞台,你就难以理解历史会怎么展现。从这个意义上来讲,再从江南看上海,也就是从先有历史悠久的江南,再看新生的上海。我讲座大纲里面用了一个"江海之通津,东南之都会",这是清嘉庆《上海县志序》里面的一个概括,我觉得非常生动,也非常贴切,而且有力地批驳了上海是一个小渔村的说法。接下来也是讲三个时间和三个地点。

第一个,唐宋青龙镇。上海的港口历史悠久,2016 年青龙镇的考古发现列入了中国十大考古发现之一。大家知道中国历史文化悠久,每年都有很多重要的考古发现,能够列入十大发现,那肯定是非常有学术价值。为什么它的地位这么高呢？我想有几点应该向大家提示一下。第一点，它告诉我们今天的上海地区的古港实际上一直可以上推到唐宋。第二点，这一个唐宋时期的古港，主要承担了江南的物产输往海外、海外的物品输入中国，输入江南，用现在的话来讲就是中外贸易的一个重要的交流港。第三点，就是大家知道现在非常重视一带一路，唐宋时期的青龙镇已经担当了海上丝绸之路一个重要节点的功能。考古发现证明，当时的日本、新罗都有一些商船来到了青龙镇。对于唐宋时期的青龙镇，我们可以称之为上海港、上海镇和上海县的前身。

　　第二个，元明上海县。各位可能要问，既然青龙镇这么重要，为什么青龙镇慢慢地成为考古遗址，被大地所覆盖呢？这就是历史地理的重要性，用一句话来讲，沧海桑田。上海这块土地直到今天还在不断地向东延伸，青龙镇时期或曰唐宋时期港口的状况随着上海海岸线的东移发生变化，使得它的海港的功能淡化。通俗地讲就是上海地区的港口随着海岸线的东移，它逐渐地向东推进，所以我们就看到了第二个时期，就是元明的上海县。我为什么强调这个县呢？因为先有镇后有县，谭先生非常强调研究一个区域的历史，行政建制是帮助大家理解这个地区经济开发程度的一个指标性问题，这个是非常睿智的一个结论。也就是说某个地方一旦设立县制的话，那么实际上就是在告诉后人，这一时期设县的主要原因是这个地区的开发已经使得统治者有必要在这里设立一个政府机构进行管理，也就是这个地方已经相对开发成熟了。所以元朝的时候上海设县就标志着今天的上海城区大概的位置在当时已经很重要，商业活动相当的活跃。它的一个主要的因素是什么呢？就是港口。所以还用句顺口溜帮助大家理解："先有青龙镇，后有十六铺。"因为元明时期的上海县基本上就是现在的十六铺的大概位置，特别是明朝后期黄浦江疏浚之后，上海县的这个港口的地位更加凸显。

　　第三个就是清代十六铺，这个大家更熟悉。直到改革开放以前，十六铺还是上海最繁华的、最热闹的客运码头，外地人到上海来，如果走水路的话基本上都要经过十六铺，到了十六铺就等于到了大上海。清代的十六铺背后就是老城厢，就是现在的豫园地区。清代十六铺港口的繁盛，大家从沙船可以有所体会。上海有个市标,它有两大元素,白玉兰和沙船。沙船是平底沙船,具体的不展开了,我建议大家关注正在进行的长江口二号沉船的打捞,这是一个重大的海上考古项目,要整体打捞,这是沉没在长江口的一艘清代的沙船,为此专门设计了用于整体打捞的专用船只,打捞起来之后拖到北外滩原来上海船厂的一个船坞里面,建一个古船博物馆,大家有兴趣的话可以关注。清代十六铺是我要讲的从江南看上海,特别是要帮助大家理解开埠以前的上海港口的热闹程度。

我再举一个例子,大家有兴趣的话,双休日可以到董家渡附近、十六铺附近走走。董家渡有一个商船会馆,也就是历史上商船商人聚会商议的一个场所。大家知道豫园地区有很多商人聚集的场所叫会馆、公所,商船会馆这个建筑现在已经修缮一新,是开放的,有兴趣可以去看一下。有一点提醒大家注意,江南地区房屋的坐向多是坐北朝南,但是你到实地去看一下商船会馆就会觉得很惊讶,商船会馆的大门不是朝南开的,它是朝东开的。为什么朝东开呢?面向黄浦江。也就是说商船的那些业主,他们的财源是从十六铺过来的,是黄浦江给他们带来的。

清代的十六铺,还可以从当时的外国人对十六铺的记载看。很多人以为鸦片战争以后外国人才了解上海,其实不是。在上海开埠以前,英国人就做过仔细的地理调查、水文调查。这个学术界有专门的研究,有一条船叫"阿美士德"号,从广州出发,因为当时广州可以对外通商。英国从事对华贸易的东印度公司派了一些人驾了这艘船,沿着中国海岸线朝北走,沿途考察中国的港口状况。他们的记录现在都已经有中译文,有兴趣可以去找来看看。他们到了上海之后大为惊讶,没料到北方还有这么繁华的港口,因为就当时的广州来讲,上海就是北方,所以近代上海的一家著名的外文报纸叫《北华捷报》,他们非常强烈地要求在广州以外开辟新的口岸,这个某种程度上是鸦片战争的前声。也就是说因为他们意识到在广州之外还有更热闹的港口,或者说不亚于广州港,而且它附近的物产更加的繁盛。所以太多的例子证明,开埠以前的上海如同嘉庆年间的一个比喻,是"江海之通津,东南之都会",根本不是小渔村。

下面要讲的内容是：上海引领江南。第一个问题：港与城。讲几点：枢纽港的优势和短板；新上海城区的点线面；自开商埠、东方大港和大上海计划。我不再展开具体的史实，还是聚焦于方法、视野和互动。枢纽港的优势和短板要向大家介绍什么呢？第一，过去往往认为上海的区位优势决定了上海港成为第一大港，因为它位于中国东南沿海的中端，面向太平洋，背后又有长三角，又有长江流域，所以理所当然地成为中国第一大港。这个说法总体上没有问题，但是如果你做学术研究的话，这样的说法显然是不够的。换句话说，这些是上海港崛起的一个基本的前提，在这个过程中这个前提不是一成不变，取决于两大因素。

第一个港口自身的条件，第二个国际海运发展的趋势。什么意思呢？就是说这个港口，比如十六铺，它符合或者顺应了木帆船时代航运的要求，但是到了轮船时代，十六铺显然不是理想的港口。也就是说港口自身水深的状况，在考察港口的时候是应该注意的。第二点，世界海运市场的整体趋势是远洋货轮越造越大，如果港口不是与时俱进，随着海运大船时代的到来，即使曾经是枢纽港，也会成为边缘港、成为支线港。上海港为什么长盛不衰？除了刚才讲的那些区位优势之外，我这里特别提醒大家要注意上海港的后天努力，也就是说为了解决航道的疏浚问题所做出的持续不断的努力。

我举几个例子帮助大家理解。比如复兴岛，你想想看，上海黄浦江本身江面不是太开阔，怎么有个复兴岛呢？其实，这个岛就是黄浦江航道疏浚的结果。那些疏浚的堆土形成了一个岛。这个岛当时的名字叫周家嘴岛，1945年抗战胜利以后叫复兴岛。你想想看，一个航道疏浚的堆土就能形成一个现在上海地图上可以看到的岛，可见工程量之大。

为什么现在要有洋山深水港？为什么现在的港口已经基本上离开了黄浦江，移到了长江口，移到了洋山深水港。原因是什么呢？黄浦江已经不适合当代远洋货轮航运的要求。所以，我想，在讲港口的时候，一定要有一些科技的意识，有一些地理的意识，否则的话，你就讲不清楚，太多地强调它的先天条件的话，你就难以解释，历史上很多城市也有先天优势，比如扬州，也曾经是一个非常著名的古港,比如泉州,也是一个著名的古港,等等。所以要以动态的眼光来看待历史上的很多经济现象。

第二点,新上海城区的点线面。上海历史上的城区,特别是近代的上海城区。贵校苏智良先生主编了《上海城区史》,各位有兴趣可以去看看。我这里要强调点线面,什么意思呢? 还是聚焦方法和视野。上海城区发展变化的一个基本线索,我想用点线面来做一个概括是比较合适的。就是先以港口为点,然后沿着岸线展开,成为港区,成为城区,然后向内推进,城区扩大。就是由点到线,由线成面。比如讲先有十六铺,因为码头兴旺了,所以人群聚集了,各种的商业网点纷纷出现,等等,然后有一种城市功能,城市聚落,成为一个比较热闹的街区,这个街区慢慢地向外伸展,然后一个一个街区汇合成一个面。

可以简单地举例,十六铺和老城厢,外滩和南京路,基本上都是如此演进的。或许有的同学要问,那法租界呢? 法租界基本上重心是在徐家汇附近,法租界似乎和这个港口没关系,其实恰恰再次印证点线面。有兴趣可以看看周振鹤先生主编的《上海历史地图集》。法租界的起点就在十六铺附近,然后它朝里伸展,朝里推。为什么法租界朝里推呢? 因为法租界是晚于英租界的。英租界是以洋泾浜为界,就是现在的延安东路。历史上有个洋泾浜英语,结结巴巴地用中文来标注的英语,因为当时做生意的人都聚集在洋泾浜两岸。洋泾浜以南就是老城厢,所以给法租界留下的空间是不多的,它慢慢地由点向内生长,这是要讲的第二个问题,就是港与城。考察近代上海的崛起,以及考察近代上海崛起后与江南的互动,港口是源头,港口是最重要的驱动力。因为有港口,特别是因为它是中国第一大港,大量的人流物流资金在这个地方聚集,从而影响了整个江南乃至中国。

第三个或许大家是比较陌生的,自开商埠、东方大港、大上海计划,我为什么要在今天这个场合讲这个问题呢? 因为在座各位是以研究生为主,要给大家一个更大的视野。过去讲近代上海港口,近代上海城市,比较多地讲租界,比较多地讲外资。其实在租界和外资之外,中国的朝野人士曾经也有所规划、有所建树,虽然时代限制了他们这种规划和建树,但是不能因此而忘掉他们曾经的规划和建树。举三个例子，自开商埠，为什么要自开商埠？开在哪里？也就是在租界以外，因为上海的重要，当时的中国人意识到不能让外国人一统天下，中国也应该有所作为，但是上海的核心地段已经成为租界，所以只能在租界以外找寻可以开发的地方。自开商埠选在哪里呢？现在的吴淞口。1898年在近代中国历史上是一个关键的年代，甲午战争令中国人真正意识到落后于世界。国人真正开眼看世界，意识到如果再不奋起直追的话，中国将亡国灭种。甲午战争是败给曾经向中国学习的日本，这个使国人非常的警醒。所以1898年曾经有吴淞自开商埠这样一个举措。这是一个政府的行为，是当时的两江总督刘坤一想在上海的吴淞口自开一个商埠，自己开发，主权在中国人自己手里，和外国的租界相抗衡，但是没有成功。1898年之后，紧接着八国联军侵华，清政府再也无暇顾及。第二个例子，东方大港。东方大港是谁的主意呢？是孙中山的主意。孙中山有一个著名的《建国方略》，其中有一个篇章，就叫实业计划。实业计划中有一项重要的内容，就是北方大港、东方大港和南方大港。有些人过去研究的时候会提到这个东方大港的问题，但是往往想当然地认为东方大港就是上海港。其实不是的，仔细读读孙中山的实业计划就知道孙中山的东方大港选在哪里？选在乍浦，位于今天的浙江省，为什么孙中山选在那儿建一个东方大港呢？主要的原因就是当时上海的核心地段，黄浦江的岸线基本上都被列强把持了，没有太多的空间，所以他把眼光移到了与上海相近的浙江平湖。这个乍浦港本身就有一个港口的基础，而且它面对着太平洋。但是大家知道孙中山壮志未酬，东方大港也没有能够成功。

第三个例子就是大上海计划。讲到大上海计划，双休日大家可以到五角场一带去看看，五角场有一些民国的建筑，比如讲江湾体育场，比如讲杨浦图书馆，这些都是民国大上海计划的遗存。1928年，南京国民政府希望在租界以外有所建树，所以有一个大上海计划，这方面研究成果很多，由于时间关系不可能展开。我这里借这个机会提醒大家，近代上海并不是完全由租界和列强在推进，在这个过程中，中国的朝野人士也曾经做过很多努力，但是受当时历史条件的限制，他们没有成功。

接下来讲第二个问题:城与城。现在谈城市史研究,很少会就单个城市谈城市,应该注意到城市与城市之间的联系。这一点我想在江南城市的研究,对上海和江南互动关系的研究上尤其突出。为什么呢?因为在上海的附近有一些重要的城市,而这些重要的城市支撑了上海。讲上海的引领作用,实际上上海的影响是通过这些城市的二传手的角色,辐射到整个江南乃至更广大的地区。1843年上海开埠,这是标志性的事件。接着,1844年宁波开埠。再接着,1858年镇江开埠。1870年代以后,又有温州、苏州和杭州先后开埠。也就是说,这些直到今天还是江南重要城市的相继开埠,很大程度上使得上海引领江南的作用更突出、更稳健。

顺便再说一下,上海没有日租界,但是苏州、杭州有日租界。很多人以为上海有日租界,而没有注意到苏州、杭州曾经有日租界,但是日租界不成气候,因为欧美人认为以上海为基点,就足够满足他们在华经济活动的需要,苏州、杭州的商业活动可以交由中国商人去做。所以,单靠当时势单力薄的日本在那里设一些租界是不成气候的,这些问题大家都应该注意。江南区域史研究或者上海与周边城市的研究,尚有一些薄弱的环节。

这里不能不提到苏州与上海的大小易位。过去有顺口溜称,"大苏州,小上海"。这反映了"上有天堂,下有苏杭"时候的情形。但是到了近代以后,慢慢变成了"大上海,小苏州"。这个大小易位当然有很多原因,其中一个原因,我想提醒大家注意,就是战争。国内战争对国内经济的影响,过去多多少少有些回避。比如讲苏州和上海的大小易位,就与太平天国战争直接相关,过去很忌讳,生怕讲这个问题会抹黑太平天国,其实不存在这个问题。太平天国交战是双方的,并不是太平天国一方的,战争总是会引起破坏。李秀成打下苏州后,曾经三次进攻上海,打到了浦东,浦东高桥现在还有一个太平天国烈士墓,打到了松江,打到了青浦,打到了离贵校不远的七宝,兵临上海城下,但是没有能够进城。为什么呢?列强不允许。在列强看来,上海太重要,上海和江南太重要,是他们在中国经营的重中之重,所以不允许太平军进入上海。战争对苏州的破坏是巨大的、明显的。而对上海来讲,躲过了战火。很快地我们看到了大苏州变成小苏州,小上海变成了大上海。换句话说,除了刚才剖析的那些经济、港口因素之外,还要注意到国内的政治因素,特别是战争给江南不同的城市和不同的区域带来的直接的影响。

然后讲第三个问题:城与乡。先讲黄浦江与苏州河。为什么要讲这个问题呢?因为今天是聚焦互动,城与乡就是互动的一个方面。过去讲上海近代城市史的时候,比较多的讲黄浦江,不大会提到苏州河,因为过多地关注租界,过多地关注列强。黄浦江是通往太平洋的,而苏州河是通往中国内地苏南各地的,苏州河慢慢地相对被大家淡忘。其实讲近代上海引领江南的时候,苏州河的重要性是大家应该关注的。为什么呢?黄浦江是通往海洋的主要通道,而苏州河是通往江南水系的主要通道,两者相结合成就了上海港,成就了上海,否则的话就难以解释。对外贸易是中外贸易,包括进口,也包括出口。过去多谈出口,很少提到进口货物怎么通过上海输送到江南各地,也很少提到各地的出口货物怎么汇聚到上海。从历史的角度来讲,苏州河是城与乡之间的一个很重要的交通纽带。它和黄浦江共同成就了上海,共同成就了上海引领江南。也就是说江南水系的运输功能,在海洋时代到来之后丝毫没有淡化,反而相得益彰。在重视海洋的同时,应该注意到内河和海洋是相辅相成的,特别是在考察上海和江南关系的时候,两者不可去其一。

其次,再看洋货与土货。过去经常讲,进口商品给中国的农民和手工业者带来了灾难,这个其实只是问题的一个方面。就江南地区来讲,通过和上海的接轨,江南的农家经济并没有发生太大的挫败和太大的波动。为什么呢?有两点大家应该注意。第一点,就像王家范先生讲的,江南的民间很早就接受了商品经济的熏陶,开埠通商以后他们并不陌生,他们更是如鱼得水。也就是说,江南的市镇它本身就是和商品经济联系在一起。第二点,如樊树志先生所讲,江南本身早就和海外市场有联系。到了近代以后,因为上海这样的港口条件和城市经济的支撑,它很快地把江南的农家经济纳入世界经济的范畴。在这个过程中间,江南的经济其实是相当的活跃。

我举一个例子:南浔。浙江湖州的南浔现在是一个旅游的景点。南浔的兴起就是和洋货和土货的关系相关的。因为有丝绸出口的需求，当地的商人及农家经济都有了相当程度的提升和发展，在这个过程中，南浔成长为一个标志性的江南市镇。看洋货与土货关系的时候，不要太狭隘地认识这个问题，有兴趣可以看看经济史学家的一些研究成果。中国经济在鸦片战争以后究竟是朝下走还是缓慢的朝上走？这是有争议的。著名经济史专家吴承明先生明确地讲，鸦片战争以后，中国的国民经济是缓慢上升的，我是完全认同的，否则难以解释如果是朝下的话，进出口贸易为什么指数不断地上升？你越来越穷，你怎么有东西输出去呢？你怎么有能力去消费那些洋货呢？这个本身就是不能自圆其说的。我还是要强调，研究历史，应该依据事实说话。

第三点，银行和钱庄，我借这个要提醒大家，不要想当然地认为上海开埠以后，新的必然战胜旧的，旧的必然让位于新的。因为大家知道银行是外来的，钱庄是中国传统的，从金融机构来讲，它们就是新旧金融机构。但是在上海崛起之后，在上海引领江南过程中间，新旧并没有水火不相容，新旧逐渐联手。什么意思呢？银行财大气粗，但是它是闯入者，它是外来者，它缺少传统的人脉，也缺少传统的经营渠道，一下子很难打开局面。钱庄就不一样，钱庄资金薄弱，但是它有人脉，有传统的广泛的经营渠道。所以外国银行慢慢地在进出口贸易过程中间和钱庄联手，大家知道中国的农副产品出口有季节性，这个季节性就是说资金的需求在采购旺季的时候，钱庄不能胜任。这个时候银行把钱贷给钱庄，经过钱庄的手贷给中国的商人，去采购一些农副产品，然后销售出口。从中外贸易的各个环节中间，就能看到银行和钱庄的联系。所以这个城与乡，我想大家应该有很多的问题可以细细思考。

第四点，铁路、公路和水路的联运，我们列举几条铁路。第一条，淞沪铁路。最早是1876年通车的，第二年拆除的，上海同学或许很熟悉，地铁3号线就是基本的走向。第二条，沪宁铁路，上海到南京。第三条，上海到宁波的铁路。上海到杭州的铁路1909年就通车了，但是通往宁波的因为要跨越钱塘江，所以就没有紧接着通车。1937年日本全面侵华，钱塘江大桥刚刚建成就被炸毁了。所以上海到宁波的这段铁路1955年才通车。第四条，津浦铁路。

那时南京长江南岸叫下关,长江以北叫浦口。津浦铁路就是天津到浦口的一条铁路。津浦铁路的走向,基本上和京杭大运河平行,这些铁路大大方便了上海和江南各地的联系,大大增强了上海引领江南的能力。

然后再看浙赣铁路,这是通往江西的。各位研究江南史,实际上也不应该自缚手脚,就是说不能紧紧地被行政区划束缚,比如像浙赣铁路,尽管它是通往南昌的,但是这条铁路对浙江的经济地理的改变作用非常明显。我举一个例子,在没有这条铁路的时候,浙江西部的兰溪、衢州是大码头。但是到了浙赣铁路通车之后,金华就超越了衢州和兰溪。然后再讲公路,公路是比较晚的,晚于铁路。1921年的沪太路,通往江苏太仓。1922年的沪闵路,是上海到闵行的。现在的上海交通图上,还有老沪太路、老沪闵路,后者离贵校不远。这些公路尽管起步比较晚,但是同样大大增强了上海和江南的联系。就江南而言,水路、公路、铁路互相有机的结合,四通八达。在铁路和公路沿线的重要节点,基本上都有航运相衔接。比如到了闵行就到了黄浦江,到了黄浦江就可以四通八达去往水乡各地。

第四个问题:城与人。先讲旧学与新学,也可以说中学与西学,旧学与新学在上海与江南的关系中是一个应该被重视的方面。近代上海崛起之后,特别是太平天国战争期间,江南的很多读书人涌入了上海。到了上海之后,他们大开眼界接受了新学,思想发生了变化。这些人可用一句话来形容"春江水暖鸭先知",他们是中国比较早地意识到必须要维新变革的一批人。举几个江南的名人,比如冯桂芬、王韬、薛福成、徐寿,都是来自苏南各地的名流,这些人留下来的著作都是现在学术界很关注的。所以在旧学和新学、考察近代上海引领江南的过程中间,要重视一些重要历史人物的贡献。这些重要历史人物比较早地意识到中国社会应该走向何方。他们这样的意识慢慢地产生一定的社会影响,促进了社会的变革。有兴趣的朋友可以读熊月之先生的《西学东渐与晚清社会》,剖析得很具体。

第二,新式商人群体和组织。什么叫新式,什么叫旧式呢? 新式商人主要是和进出口贸易相关的那些中国商人。大家知道传统社会的商人比较多的是以同乡的身份聚集,以同业的身份即同一个行业的身份聚集。但是新式的商人就不一样,它超越了同业,超越了同乡。比如上海总商会。清末新政的时候,上海总商会成立,现在的苏河湾,也就是在苏州河畔河南北路附近,上海总商会的遗址已经修缮一新,大家有兴趣可以去参观。上海总商会是中国新式商人最有影响的一个团体,它的经济能力和政治意识都明显有别于旧式的商人。而且在以后的爱国反帝斗争中,经常能够看到它的身影,这是希望引起大家注意的。因为过去很长一段时间认为资产阶级救不了中国,旧民主主义革命必然被新民主主义革命所取代。但是不要忘了,正是因为经历了旧民主主义革命的失败,才有新民主主义革命的必要。商会在江南各地都有,但上海总商会最有影响力。

第三,上海的人口迁徙。我这里大概做个描述,上海人口 1910 年代有一百多万,1920 年代二百多万,也就是说每十年递增大约 100 万,到 1930 年代三百多万。到 1949 年解放的时候,上海都市人口 400 多万。这些人聚集到上海,大致有三大因素。第一个,受都市经济的吸引。都市有很多谋生的条件、谋生的可能和谋生的机遇。第二个,难民。在整个中国不断发生战争的时候,上海因为租界的存在,使得很多的难民涌入上海。第三个,贫民。贫民比如像苏北的贫民遇到灾荒之后或者说在家乡难以谋生的时候,他们也进入了上海。所以出于各种的原因,上海的都市人口是激增的,而大量的都市人口流入上海,给上海带来了源源不断的新的劳动力。在当时的科技条件下,劳动力的因素还是相当重要的。特别是涌入上海的一般都是以青壮年为主,给上海的发展带来了持续的劳动力的资源,而且很多有钱人也涌入了上海。所以资金流、人流、物流,也是应该要注意的。

接下来考察:移民与江南文化。大量的人进入上海,除了经济之外,也带来了很多文化的要素。唐力行先生的团队研究江南评弹的成果,形象地告诉我们评弹的中心从苏州移到上海,然后因为上海都市的辐射力,更扩大了对江南各地的影响。这种例子很多,比如,越剧本来是浙江的,锡剧本来是无锡的,淮剧本来是苏北的,但这些都在上海都市文化中间有了一席之地,此外还有各地菜系等。所以讲近代上海引领江南,有很多生动具体的表现。

然后讲最后一个问题,就是正在进行时的长三角一体化,我们正在经历这个伟大的进程,我们都是亲历者、见证者。所以只是提示一下。第一个,行政区划与计划经济。在改革开放前,因为很多原因的制约,计划经济和行政区划是联系在一起。第二个,改革开放与市场经济。改革开放最重要的表现之一,就是市场经济。第三个,从上海与江南的关系来讲,1990 年的浦东开发开放是一个重要的转折点。这个转折点在我看来,就是上海和江南从中国经济的后卫转成前锋。第四个,2016 年长江经济带规划,紧接着 2018 年长三角一体化战略,这是中国领导人在第一届中国进口贸易博览会上宣布的长三角一体化国家战略。最新的一个信息大家应该关注:2022 年 9 月 27 日的上海大都市圈空间协同规划实施推进会。主要的内容是上海大都市圈和八个城市直接相关:苏州、无锡、常州、南通、杭州、嘉兴、湖州、舟山。这些城市的所在,也就是我讲座一开始勾勒的历史上的江南的核心区域,从中可以体会到历史是割不断的一条长河。大家应该注意到,这是个大圈。这个大圈又和小圈联系在一起,因为各省都有自己的都市圈规划,比如有南京、杭州、苏锡常、宁波都市圈。可以设想,八个城市的大圈再连上这四个小圈,基本上就涵盖了整个江浙皖沪三省一市,甚至更广大的地区。

最后是一个结语:当代上海在引领江南和全国现代化建设的发展进程中,责任重大,使命光荣。

最后推荐一些参考书。第一本,是上海人民出版社出版的《大上海》,这是上海电视台 8 集文献纪录片的文字脚本。第二本,是上海博物馆编的《何以江南》,上海博物馆和上海历史博物馆,大家应该去看看。因为配合江南文化、海派文化和红色文化的研究,上海博物馆和上海历史博物馆经常有一些重要的展示,学习历史,如果能看到一些实物的话,大有帮助。第三本,是唐力行先生主编的《江南文化百科全书》,碰到相关问题,可以去查阅唐老师主编的这本书。第四本,是我写的《近代上海与江南》。第五本,是上海市发展改革研究院的一本新书《长三角一体化发展国家战略的新思考和新实践》,是上海人民出版社 2022 年出版的,有许多最新的统计资料。

我就讲到这里,谢谢各位。

徐茂明:非常感谢戴老师的精彩报告,这个讲座高度浓缩了戴老师的研究成果,视野非常开阔,高屋建瓴,纵向可以看到上海与江南的演进过程,横向可以看到港口与城市、城市与城市、城市与乡村、城市与人等一系列复杂的立体性关系,对于如何研究江南史和上海城市史也提供了很多新的思考,非常精彩!谢谢戴老师。

(本讲座文字由王之颸、王雪莹整理,并经戴鞍钢教授审定)

引领社会史的日常生活转向

——常建华《日常生活的历史学：
中国社会史研究三探》读后

邢书航

　　1928 年,著名历史学家、方志学家瞿宣颖在燕京大学历史系讲授"历代风俗制度"课程,随后撰写《汉代风俗制度史前编》,提倡"着眼处皆在平民生活状况"。① 若以此为中国社会生活史研究的开端,则历程已近百年。进入 21 世纪以来,中文学界生活史著作大量涌现,在不同研究领域都出现了众多优秀论著,而全面总结海内外生活史发展脉络,建构成熟理论体系,并包含独到研究的最新成果,当首推常建华教授所著《日常生活的历史学:中国社会史研究三探》一书。

　　《日常生活的历史学:中国社会史研究三探》2021 年 6 月由北京师范大学出版社出版,收于《中华学人丛书》第四辑。本书是中文学界罕有的以"日常生活"为题的社会史研究专著,也是作者继《社会生活的历史学:中国社会史研究新探》(北京师范大学出版社 2004 年版)、《观念、史料与视野:中国社会史研究再探》(北京大学出版社 2013 年版)之后的又一力作。三书在体例上前后承继,最明显的是开篇章节都是对"社会史理论探讨与学科建设以及社会史领域的具体研究成果加以综述",②基本内容为"分析十年来中国社会史研究的理

---

　　① 瞿兑之《汉代风俗制度史前编》,上海文艺出版社 1991 年影印本,"序例",第 1 页。
　　② 常建华《日常生活的历史学:中国社会史研究三探》,北京师范大学出版社 2021 年版,第 2 页。

论思考,总结其学术成果,并展望未来的趋势",①本书这一部分为第一章"新世纪的中国社会史研究"、第二章"日常生活史研究的视野"。1986 年 10 月14—18 日,《历史研究》杂志社、南开大学历史系、天津人民出版社等联合举办首届"中国社会史学术研讨会",后来被公认为新时期中国社会史研究复兴的标志,故作者在《社会生活的历史学:中国社会史研究新探》中所收的第一篇综述也由此开始。三书中三篇综述时间断限分别为 1986 年 10 月—1996 年、1997—2006 年、2007—2016 年,对应着中国社会史研究发展进程的发轫期、成长期和壮大期。②

一、 把握社会史研究特征趋势的变化

常建华作为中国社会史研究 30 年来的参与者和见证者,所做的相关学术述评,虽然自谦为"综述",但其丰富内容早已超越一般综述范畴,不仅涉及自己治学的明清史时段,还广泛遍布其他断代;包举海内外学界的最新成果,还介绍了其他社会科学领域的相关著作;对这一时期新发现出版的重要社会史史料亦加以说明;同时还包含作者对社会史基本理论和问题的深刻思考,具有不可替代的学术史价值。作者多年来致力于在社会史研究领域耕耘,积极开辟新的研究方向,至今依然活跃于学界,将"为他人做嫁衣"的学术综述,而非自己的专门研究弁以书首,体现了谦虚严谨的治学态度,却让读者体味出专业研究者广阔的学术视野。

1996 年 9 月,重庆师范学院召开中国社会史学会第六届年会暨"区域社会比较"国际学术研讨会,常建华在会上报告《当代中国史研究的特征》一文,该文后以《中国社会史研究十年》为题于 1997 年在《历史研究》发表,文中提

---

① 常建华:《观念、史料与视野:中国社会史研究再探》,北京大学出版社 2013 年版,第 3 页。
② 常建华:《改革开放 40 年以来的中国社会史研究》,《中国史研究动态》2018 年第 2 期。该文英文版为 Chang Jianhua,"Chinese Social History:Forty Years of Research under the Chinese Economic Reforme",*Frontiers of History in China*,2018,13(3).

出：还历史以血肉的社会生活研究、揭示社会精神面貌的社会文化研究、置社会史于地理空间的区域社会研究是当代中国社会史研究的三大特征。① "当代中国社会史研究三大特征"说之后被学界广泛征引。2011 年 3 月 31 日，作者在《人民日报》发表《从社会生活到日常生活——中国社会史研究的再出发》一文，指出中国社会史研究需要从社会生活向日常生活转变，建立日常生活与历史变动的联系，挖掘日常生活领域的非日常生活因素，把握传统农业文明中的商业文明因素。② 本书在讨论明代日常生活史研究时进一步总结：日常生活史相较于传统生活史研究，能更好地为文化史、社会史架起桥梁。传统社会生活史研究多为对"生活内容、样式的考察"，而新文化史重视"在日常生活层面谈文化"，文化与社会的人类学强调"揭示日常生活背后的逻辑与意义"，日常生活史研究应当借鉴新文化史、历史人类学与社会史的理论方法，与性别史、身体史、阅读史、旅游史、感觉史等新的研究领域密切关联，"建构并呈现生活样态以及与历史变化的关系"。③ 冯尔康有专文评述作者提出社会史从"社会生活"到"日常生活"研究的学术意义，认为这一转变：

> 实质是从群体史深入到个人史研究，是从泛泛的生活进入日常的多样的生活领域；换句话说，从社会生活到日常生活，是从重视不排斥个人的群体生活，深入到个人的日常生活，反复出现而又互相迥异的日常化的生活，关注每一个具体的人的生活，每一个鲜活的人的生存状态及其生命历程。④

台湾地区学者吕绍理借鉴英国历史学家霍布斯鲍姆（Eric Hobsbowm）的相

---

① 常建华：《中国社会史研究十年》，《历史研究》1997 年第 1 期。另见《社会生活的历史学：中国社会史研究新探》，北京师范大学出版社 2004 年版，第 1—26 页。

② 常建华：《从社会生活到日常生活——中国社会史研究的再出发》，《人民日报》2011 年 3 月 31 日，第 7 版。另见《观念、史料与视野：中国社会史研究再探》，"代序"。

③ 常建华：《日常生活的历史学：中国社会史研究三探》，第 286—318 页。

④ 冯尔康：《社会史从"社会生活"到"日常生活"研究的学术意义——读常建华教授"日常生活"论文感想》，《河北师范大学学报（哲学社会科学版）》2022 年第 1 期。

关研究,认为"社会生活史"也可以从"社会的日常生活史"(history of daily life of society)这一角度理解,提出这一面向的学术研究主要源头来自现象学、年鉴学派和人类学。① 也佐证了常建华率先论述的这一转向。

作者在本书中将社会史的研究趋势,重新归纳概括为三点特征:

> 首先是社会空间的扩展,强调研究中把握好社会与村落、城市、区域乃至全球的关系;其次重视社会史与新文化史联袂,将感觉、日常生活、社会与文化的建构等纳入视野;最后强调跨学科的视野,这些年历史人类学、艺术社会史、医疗社会史、法制社会史取得了令人瞩目的成就,为社会史展示出美好的学术前途。②

注重"社会空间的扩展"是经济全球化背景下,学者们以世界史、全球史的思维进行社会史研究,从不同维度观察生活在一定社会空间中的人群、发生在一定社会空间中的事件,注重不同社会空间的相互联系。作者引用德国史学家于尔根·科卡(Jürgen Kocka)的相关研究,指出西方 20 世纪 90 年代迅速崛起的文化史取代日常生活史成为新的史学潮流,新文化史相当程度上以日常生活史为基础,更准确地说,新文化史从日常生活史生长出来,并非对立而生。而日常生活史引起我国历史学界较大关注,则是近年来的事情,比西方的新文化史还要晚。③

英国历史学家彼得·伯克(Peter Burke)注意到西方史学界曾出现过一种文化建构的后现代转向,从阿诺尔德·豪泽尔(Arnold Hauser)所践行的那种"关于文化的社会史"(social history of culture),转向罗杰·夏蒂埃(Roger

---

① 吕绍理:《导论:如何日常? 怎样生活?》,吕绍理编:《如何日常? 怎样生活?》,《台湾史论丛·社会生活篇》,台北:台大出版中心,2020 年,第 3—4 页。

② 常建华:《社会史研究的最新发展趋势》(代序),《日常生活的历史学:中国社会史研究三探》,第 6 页。

③ 常建华:《日常生活的历史学:中国社会史研究三探》,第 231 页。关于西方日常生活史的相关发展另参李小东:《理论与实践的反思:为什么研究日常生活史》,《史学理论研究》2020 年第 6 期。

Chartier)所描述的"关于社会的文化史"(cultural history of society)。他认为，文化研究中应当避免简单的化约论，"当下盛行的对文化创造性，对文化作为历史中的一种积极力量的强调，需要伴之以对这种创造性在何种约束下运作有一定的认识。我们不能单纯用关于社会的文化史取代关于文化的社会史，而是需要在研究中融合并同时贯彻这两种观念，无论这可能有多么困难。换句话说，最有益的方式是辩证地看待文化与社会之间的关系，关系双方都积极主动且消极被动，兼具决定性与被决定性"。① "社会史与新文化史联袂"这一趋势，实际也包含着常建华的期许，与彼得·伯克的意见不谋而合。作者在本书第二章第二节"日常生活史与社会文化史——'新文化史'观照下的中国社会文化史研究"中，深入剖析了彼得·伯克《什么是文化史》一书，进一步说明"新文化史、社会文化史研究离不开日常生活史的探讨，反之，日常生活史需要借鉴新文化史、社会文化史的理论方法"，应当将日常生活史作为中国社会文化史研究的基础。② 最后，社会史"强调跨学科的视野"，跨学科属性日益突出，涉及多种学术领域并显示出整体性。

二、日常生活视角下的宗族与江南士人、城市研究

本书第三至第五章是作者对明清时期日常生活的具体研究，自 2011 年提出社会史的日常生活转向后，作者的治学方向逐渐向日常生活史调整。2017年，作者主编的《中国日常生活史读本》作为北京大学出版社"博雅人文读本"系列中的一种出版。作者为该书撰写了长篇导言，并开列延伸阅读书目。自2019 年起，作者还主编了《中国日常生活史研究丛书》，已出版的三种为《日常生活视野下的中国宗族》(常建华、夏炎主编，科学出版社 2019 年版)、《中国日常生活史研究的回顾与展望》(科学出版社 2020 年版)、《中国历史上的日常生

---

① 〔英〕彼得·伯克著，李康译：《历史学与社会理论》(第 2 版)，上海人民出版社 2019 年版，第275—287 页。

② 常建华：《日常生活的历史学：中国社会史研究三探》，第 177 页。

活史与地方社会》(常建华、张传勇主编,科学出版社 2021 年版)。作者是宗族史研究的专家,在本书第三章"明代宗族与日常生活变迁"中,又展现出不同于以往的研究路径,利用族规家训、族谱、文集、地方志等材料论述浙江浦江义门郑氏、广东佛山南海霍氏以及山西洪洞晋氏等的宗族建设和族人日常生活,从中透视明代的社会变迁。

第四章利用《扬州画舫录》《巢林笔谈》两部清人笔记,以日常生活的视角对清代康乾时期扬州、苏州的城市生活做了生动刻画。《扬州画舫录》兼具游记、笔记的性质,历来学界研究者众,①但常建华结合乾隆六次南巡的时代背景和李斗"目睹升平"产生的政治倾向,从日常生活角度切入,注意到盛清扬州繁华城市生活中园林聚会、衣食住行、画舫游乐、戏曲欣赏、文人雅集与文物鉴赏方面的诸多细节,仍颇具新意。本书第四章第二节、第三节讨论了苏州府昆山县人龚炜所著《巢林笔谈》的社会史、生活史价值,通过爬梳笔记中的不同条目,反映出康熙后期江南经济全面恢复后,吴中地区奢靡之风在各阶层蔓延,社会身份等级秩序出现混乱,传统婚丧风俗逐渐改变,民间迎神赛会活动盛行。常建华注意到《巢林笔谈》部分条目下标有日期,性质类似日记,由此注意到考察龚炜本人的微观生命史历程,并从中窥见龚炜的成长环境、兴趣爱好、阅读习惯和政治态度。作者强调"应当将书中的记载放在吴中特定地域、放在作者生命史中",才能把握书中记载的联系性与完整性,②这为研究清人笔记提供了参考典范。

三、开创社会史研究"三生"模式——从华北
到江南的刑科题本研究

人们往往认为中国古代史料无所不有,直接反映普通人日常生活的资料

---

① 参见闫志强:《20 世纪 80 年代以来〈扬州画舫录〉研究综述》,《扬州职业大学学报》2019 年第 4 期。

② 常建华:《日常生活的历史学:中国社会史研究三探》,第 401 页。

一定俯拾皆是。但在清代内阁大库档案中的"刑科题本"和少量保存下来的地方档案史料被发现利用前,大量反映下层民众丰富社会生活的材料非常少见。台湾地区学者刘铮云指出:档案材料中保存的对话式口供相较于文集、笔记或地方志材料,不失为了解清代中下层社会最直接的数据。刑案口供常会有涉及当时生活细节的资讯,也不乏对当时生活习惯的描写,口供数据可以体现清代社会风貌,刑案本身也能反映一定的社会现象。① 以明清史而论,过去相当长一段时间内,人们都将戏曲小说等文学作品视作反映普通人日常生活最生动真实的材料。清人虽然留下了大量笔记、日记,但记录日记的作者往往具有一定社会地位,日记的大部分内容归根结底还是作者本人生命史的记述,涉及范围有限,从中难以窥见一般社会民众的生活状况。相较于西方学界的众多微观史学著作,中国史方面的成果还显得不够。

1977 年,法国哲学家福柯(Michel Foucault)将搜集的总医院和巴士底狱的囚禁者档案编选为文集,并撰写了前言《无名者的生活》:

> 所有这些生命,本应注定活在所有话语不及的底层,甚至从未被提及就销声匿迹。它们只是在这次与权力稍纵即逝的接触中,才得以留下自己的痕迹,短促、深刻,像蜜一样。因此,根本不可能重新捕捉它们处于"自由状态"时的本来面目;只有当它们落脚在权力游戏和权力关系所预设的滔滔雄辩、出于战术考虑产生的片面之词或者奉命编造的谎言中,我们才能把握它们。②

这些拘留报告、囚禁档案与刑科题本非常类似,刑科题本中的犯人也是因为触

---

① 刘铮云:《口供中的故事——谈"中央研究院"历史语言研究所藏内阁大库档案中的生活史数据》,《档案中的历史:清代政治与社会》,北京师范大学出版社 2017 年版,第 445—451 页。

② 〔法〕福柯著,李猛译,王倪校:《无名者的生活》,《社会理论论坛》1999 年第 6 期,第 61 页。本作的另一个译本参见〔法〕米歇尔·福柯著,唐薇译,曹雷雨校:《声名狼藉者的生活》,汪民安编:《声名狼藉者的生活:福柯文选Ⅰ》,北京大学出版社 2016 年版,第 289—320 页。

犯法律有了"与权力稍纵即逝的接触",所以才有相关人员留下口供。福柯本人当时并不认为这些档案对历史学家会有什么用处,但他却在此后利用这些材料和法国历史学家阿莱特·法尔热(Arlette Farge)合作出版了相关著作。福柯的文字用来描述清代刑科题本中的普通人同样适用。

本书的第五章"清代乡村生活与刑科题本的价值"在全书中篇幅占比最大,也是作者近年来研究的重心所在。作者主编有《清嘉庆朝刑科题本社会史料分省辑刊》(天津古籍出版社 2019 年版),在杜家骥主编《清嘉庆朝刑科题本社会史料辑刊》(天津古籍出版社 2008 年版)的基础上,将题本按省份排,并增加了一定内容。常建华跳出对刑科题本类史料传统的社会经济史研究,创造性地将刑科题本史料运用于区域社会史研究,①继续引领了刑科题本研究的生活史转向。理论层面上,又首先提出并运用"三生"视角开展中国社会史研究,重视生命、生计、生态下的日常生活,关注个人与群体的生命认知、体验与表达,推动建立以人为中心的历史学。

在第五章中,作者笔触由华北延展至江南,涉及河南、山西、江西、江苏四个省份的乡村生活。作者观察到河南农村生计活动丰富多样,农工商结合,兼业突出。嘉庆朝的河南农村社会经济并无明显衰退,仍呈现出繁荣景象。山西人主要到邻近的蒙古、陕西、甘肃、河南、直隶与京师经商、佣工,也有远赴关东者,他们经营的店铺反映了日常生活的需要与特色,到省内其他府县租佃土地谋生者较多,佣工还有结伴组合的形式。江西一般民众以务农劳作作为基本

---

①   近年来,作者又将刑科题本史料与动物史学、生肖文化、古人名字称谓研究等结合,完成了一系列富有趣味的文章,分别为《清朝刑科题本里的狗影犬吠》(《寻根》2018 年第 5 期)、《清朝刑科题本里人与猪的故事》(上、中、下)(《寻根》2019 年第 1—3 期)、《清嘉庆朝刑科题本里的鼠名与鼠药毒人案》(《寻根》2019 年第 6 期)、《清朝刑科题本里的牛人牛事》(上、中、下)(《寻根》2021 年第 1—3 期)、《清朝刑科题本里的虎名及其他》(《寻根》2022 年第 1 期)。此外作者以刑科题本分析清代下层社会职业群体的系列文章也值得注意,如《"人的历史"与清代的"打工人"》[《历史教学》(下半月刊)2021 年第 9 期]、《人生如戏:清嘉庆时期民间演戏纠纷及艺人——以嘉庆朝刑科题本为基本资料》(《学术界》2022 年第 3 期)、《清中叶乞丐的人际纠纷与社会边缘性——以嘉庆朝刑科题本为基本资料》(《东岳论丛》2022 年第 3 期)、《清中叶的剃头纠纷与剃头匠——来自刑科题本的案例》[《河北师范大学学报(哲学社会科学版)》2022 年第 3 期]。

谋生手段,兼做雇工,普遍养猪;赴外省谋生较为广泛,迁入福建最多,赣东临近浙闽的山区是棚民活动频繁的地区,棚民与山主结成租佃关系,往往因为租税问题产生纠纷。江苏土地债务比较常见,借贷、租赁、典卖、雇佣经济行为较多出现在人们的交往关系中。人们职业体现出明显的水乡特点,从事漕运等与水有关的职业者很多,也有江苏人充当师爷到外地工作。江苏开设有较多的专门行铺,如鱼行、牛行、粮行,存在纤夫人力市场。

作者基于清中叶各省刑科题本的研究显示,古代人未必像今天人们想象得那么短寿,活到六七十岁是普遍现象,更长者甚至有八九十岁。女性平均寿命较长,最长寿者一般属于女性。本章还对各省的家庭组成、婚姻生育、物价水平、衣食住行、语言习惯等问题做了研究,从中可以看到清中叶南北方人们日常生活的差异。乾隆间有江宁府雇主每晚为雇工提供热洗澡水,嘉庆时扬州府部分茶水店兼售洗澡用的热水。刑科题本无意间披露出江苏民众洗澡的卫生习惯,下层民众已有每日洗热水澡的生活方式,这在北方缺水地区难以想象。山西种植旱地小麦,北部地区多种莜麦,是人们重要的食物来源。三晋面食闻名,有民众以卖茶汤为生,刑科题本中能见到开设饼铺和走街串巷卖饼者,呈现出和南方稻作区不同的饮食习惯。

阿莱特·法尔热曾这样描述自己眼中的档案:"对档案的爱好并不是某种来去匆匆的潮流,它来自于某种信念:保留下来的司法档案为被记录的话语提供了一个空间。这并不是为了让那些最聪明或最有好奇心的人从中彻底发现埋藏的宝藏,而是以此作为一个出发点,历史学家据此能研究不为人知的其他信息。"[①]常建华敏锐捕捉到浩如烟海般刑科题本中的只言片语,却逐步建构了清中叶特定区域内的"集体群像与生活状态",是前所未有的尝试,取得了巨大成功。这种日常生活史的研究基于作者对相关区域的长期研究观察,建立在作者对生活与制度的深刻理解上。以江南地区为例,作者长期关注于明清江南的宗族建设、婚姻家庭、岁时节日、风俗信仰、地方社会职役等问题,对清

---

① 〔法〕阿莱特·法尔热著,申华明译,黄艳红审校:《档案之魅》,商务印书馆 2020 年版,第 38 页。

帝巡幸也有独到研究。① 作者还注重强调日常生活与制度间的联系,在最近的文章中又提出:"制度往往内在化于生活,需要从生活理解制度,从生活史的角度促进制度史的研究,同时注意生活与制度的互动关系。"②

部分对档案材料不甚了解的读者,以为刑科题本既记载"非常"状态下的命案,则何以反映"日常"状态下的普通民众生活。其实刑科题本中的案件叙述、各类人物供词,不仅只涉及事件本身,还包含了案件发生前后较长时段的情况,能够反映出相关民众长期以来家庭社会关系、生产生活方式、日常行为习惯等不同面向。命案是人们生活中的突发状况,往往毫无征兆,在发生前除了凶手或同谋外没有人能提前预知,被害者及相关人员还是遵循着自己日常生活的一贯轨迹。普通民众日常生活中本就不存在另外的"非常","非常"亦作为日常生活的一部分存在,大多数命案往往是在长期矛盾积累下,由种种原因激化、爆发所致。随着学界对刑科题本史料的进一步发掘利用,有学者将《巴县档案》记载的两件命案与刑科题本对比,发现其中一件"虚构"情况较为突出,另一件则无。于是提出部分刑科题本的拟成存在一定的"标准化处理"乃至虚构,地方档案的部分命案记录相较刑科题本更为真实,提醒研究者注意"在考察地方档案命案的过程中,如果部分案件只有'通详',而无状词、叙供、结状等内容,在考察其蕴含的社会生活面相时,建议谨慎使用"。③ 这是十分重要的发现,值得引起重视。但也应看到,绝非所有刑科题本都存在"虚构","虚构"并不代表案件审判不公,部分官员对相关案件的删节重构、锻炼裁剪有迹可循,上层官员实际上也了解一些不出现在刑科题本中的事实。④ 刑科题

① 参见氏著《康熙皇帝的"南巡日志"》(《紫禁城》2014 年第 4 期)、《清乾嘉时期的江苏地方社会职役——以刑科题本为基本资料》(《江南社会历史评论》第十一期,商务印书馆 2017 年版)、《江南的"走三桥"与中国岁时节日文化》(《江南社会历史评论》第十一期)商务印书馆 2017 年版、《明代江南的役田、义田与宗族》[《南开学报(哲学社会科学版)》2022 年第 2 期]等。

② 常建华:《生活与制度:中国社会史的新探索》,《历史教学》(下半月刊)2021 年第 1 期。

③ 王川、严丹:《清代档案史料的"虚构"问题研究——以〈巴县档案〉命案为中心》,《史学集刊》2021 年第 6 期。

④ 〔法〕梅凌寒(Frédéric Constant):《刑科题本的拟成:以宝坻县档案与刑科题本的比较为依据》,《中国古代法律文献研究》第 11 辑,社会科学文献出版社 2017 年版,第 426—445 页。

本涉及人物基本信息部分存在"虚构"的可能性极小,也毫无必要,在材料有限的情况下,刑科题本仍是研究普通人日常生活最重要的材料。

冯尔康在《中国社会史概论》中说:"对社会史的理论探讨,笔者同意多数同仁的见解,适量地进行,以便我们将精力放在具体历史问题的讨论上;同时理论的考察,要克服从理论到理论的思维定式,避免纯理论的泛谈,需要从社会史研究的实际情况,特别是近期状况出发,从实践中获取真知;尤其要注意的是,这种历史的回顾不是为历史而历史,是为着社会史研究的发展,寻找切实可行的理论与方法。"①常建华受到导师冯尔康的深刻影响,体现出一种从实践到理论的社会史研究风格。其实践不仅来源于自身研究,还大量总结归纳了不同方向和相关学科领域的著作;形成的理论用以指导实践,又不断在研究中修正完善。

[作者简介]邢书航,南开大学中国社会史研究中心暨历史学院博士生。

---

① 冯尔康:《中国社会史概论》,高等教育出版社 2004 年版,第 13 页。

2022 年江南研究目录索引
（期刊部分）

理论探索

程梦稷：《从"新国风"到"歌谣学"——顾颉刚吴歌研究的回顾与思考》，《民俗研究》2022 年第 1 期。

路遥、宋桂杰、叶舒：《近三十年来国内两淮盐商研究综述》，《盐业史研究》2022 年第 3 期。

汤敏、王孙荣：《萃美温谨：明万历〈绍兴府志〉的纂修体例与心学印记》，《浙江社会科学》2022 年第 10 期。

郑忠、朱月琴：《西方学者个体叙事中的"南京解放"——毕乃德〈1949 年南京通信〉探析》，《南京社会科学》2022 年第 4 期。

朱家英：《袁昶日记稿本的流传形态及其史料价值》，《华南师范大学学报（社会科学版）》2022 年第 5 期。

江南社会

艾萍：《近代上海"摩登"的建构与想象——对"取缔妇女奇装异服"中政府行为的考察》，《厦门大学学报（哲学社会科学版）》2022 年第 5 期。

卞利：《清代徽州棚民的结构组成与基层社会生态——以清代嘉庆年间休宁县左奎村土棚互控案为例》，《中国农史》2022 年第 3 期。

曹生文、俞扬、茆贵鸣：《"洪武赶散"传说与明初苏北的江南移民》，《江苏地方志》2022 年第 1 期。

柴宝惠：《基于机器学习和图像形态学的彩色近代地图数字化——以近代上海地区地表水体信息提取为例》，《历史地理研究》2022 年第 2 期。

陈碧舟：《1959—1965 年上海工业企业"比学赶帮"运动研究》，《当代中国史研究》2022 年第 3 期。

陈瑞：《明刻孤本文献〈新安林塘范氏宗规〉相关问题考述》，《安徽史学》2022 年第 4 期。

陈泳超：《社神与土地：江南地缘性神灵的双重体系——以常熟为中心》，《史林》2022 年第

4 期。

陈召正、邵雍：《从同乡到群众：上海浦东同乡会的自我改造与内部因应（1949—1954）》，《史林》2022 年第 2 期。

崔东旭：《清代至民初的江苏分省运动》，《江苏地方志》2022 年第 2 期。

樊果：《上海公共租界治理的多中心特征研究》，《中国经济史研究》2022 年第 6 期。

樊孝林：《清代内务府旗人的仕宦生活——以杭州织造书正为个案》，《兰台世界》2022 年第 6 期。

冯超：《皖北、皖南人民行政公署印信考述》，《中国国家博物馆馆刊》2022 年第 11 期。

冯尔康：《民国间绩溪龙井胡氏议会式民主管理——宗族民主化个案研究》，《天津社会科学》2022 年第 6 期。

冯贤亮：《从寺庙到乡约局：明清江南的思想教化》，《吉林大学社会科学学报》2022 年第 3 期。

付清海：《新中国成立初期新型社会主义劳动者的塑造——以上海铁路管理局为个案的研究》，《河北学刊》2022 年第 3 期。

耿春晓：《"旧装"换"新颜"：上海旧衣改制的开展与节约实践的形成（1956—1966）》，《史林》2022 年第 3 期。

顾哲铭：《空间不平等的修复：近代上海公共租界门牌号体系变迁研究》，《史林》2022 年第 5 期。

郭常英：《旅沪浙商与义演筹赈——以绍兴同乡会 1934 年旱灾筹赈为视角》，《史学月刊》2022 年第 12 期。

郭睿君：《异乡的"熟人"——清代徽人同乡组织救助体系中的保人》，《史学月刊》2022 年第 4 期。

何方昱：《新中国成立初期上海管理外侨学校的地方经验》，《史林》2022 年第 4 期。

何建华：《"上下江"与江南分省新探》，《史林》2022 年第 5 期。

胡勇军：《明清至民国时期杭州坝的商业生活与日常管理研究》，《江南大学学报（人文社会科学版）》2022 年第 6 期。

黄凯凯：《明清两淮盐务道员建置新考》，《历史地理研究》2022 年第 3 期。

黄忠鑫：《晚清徽州保甲的官府推行与民间运作》，《安徽师范大学学报（人文社会科学版）》2022 年第 6 期。

黄忠鑫、王玉璐：《清代棚民的置产与入籍——基于徽州周家源文书的考察》，《中国农史》2022 年第 1 期。

金星：《清绍兴周马姻亲交游与 1893 年"科考案"的发生》，《山东师范大学学报（社会科学版）》2022 年第 1 期。

李伟：《二十世纪五六十年代中共水域社会治理研究——以太湖水域政区调整为例》，《中共党史研究》2022 年第 2 期。

李玉:《晚清上海假冒慈善社团问题研究——以〈申报〉为中心的考察》,《社会科学战线》
2022 年第 3 期。

李志茗:《中国共产党与台共——基于上海大学的视角》,《史林》2022 年第 1 期。

梁仁志:《明清以来地域商人对身份的自我超越——以叶开泰叶氏家族为中心的考察》,
《安徽史学》2022 年第 6 期。

廖大伟、陈骞:《上海大学团组织与青年运动(1923—1927)》,《上海大学学报(社会科学
版)》2022 年第 5 期。

刘炳涛、单丽:《自然、技术与航道:海洋视域下近代上海港发展的再分析》,《中国历史地理
论丛》2022 年第 4 期。

刘晨:《太平天国时期江南乡村民变的人员构成及权力结构分析》,《中国农史》2022 年第
2 期。

刘瑞红、李凤华:《南京国民政府时期江苏监狱犯人给养初探(1927—1937)》,《社会科学研
究》2022 年第 5 期。

刘彦文:《国家政策、自主选择与个体命运——以 1950 年代某上海赴甘支教青年群体为中
心》,《历史教学问题》2022 年第 4 期。

刘怡:《重塑城市婚姻幸福——以 20 世纪 50 年代上海女性为中心》,《安徽史学》2022 年第
4 期。

刘永学、胡阿祥:《何以"盐豆":明代苏浙与徽州"地讳"的解说》,《中国农史》2022 年第 4 期。

刘玉青、陈业新:《民国时期江淮地区气象观测站的时空演变与资源配置》,《安徽史学》
2022 年第 2 期。

刘正刚、张柯栋:《冲突与调适:明清永康桦溪孔氏的"圣裔"谱系建构》,《史林》2022 年第
5 期。

刘正伟、翟瑜佳:《大学区制试行与国立浙江大学的创办》,《民国档案》2022 年第 2 期。

鲁加专:《清代徽州岑山渡盐商程氏家族与涟水》,《江苏地方志》2022 年第 4 期。

陆冰:《乾嘉时期地方书院山长课试日常蠡探——以周广业〈广德书院试题考生录〉手稿为
中心》,《历史档案》2022 年第 1 期。

陆束屏:《德国工程师见证的南京大屠杀》,《日本侵华南京大屠杀研究》2022 年第 1 期。

罗国辉:《民国时期上海人力车夫工会初探——以 20 世纪 30 年代为中心》,《上海地方志》
2022 年第 3 期。

罗宏:《藏族向江南地区的流动:元明时期汉藏民族交往的历史实践》,《中国藏学》2022 年
第 2 期。

罗婧:《近代上海西医分布与城市空间扩展(1844—1879)》,《复旦学报(社会科学版)》2022
年第 5 期。

马光亭：《时间作术：当下苏北乡村日者的多种样态》，《民俗研究》2022 年第 4 期。

马君毅：《浙派古琴在明代的兴衰及其原因探赜》，《史林》2022 年第 1 期。

马俊亚：《从权力操控到市场配置：淮患成因与张謇导淮理念》，《江南大学学报（人文社会科学版）》2022 年第 6 期。

马俊亚：《从沃土到瘠壤：明清淮北地名变迁与水患成因》，《史学集刊》2022 年第 4 期。

马学强：《从"商船会馆"透视清代中后期上海港口及周边街区的变迁》，《史林》2022 年第 6 期。

马子木：《明季浙党考》，《文史》2022 年第 1 期。

倪毅：《"清同治三年杭州府禁除山虎告示"解读》，《中国国家博物馆馆刊》2022 年第 11 期。

彭贺超：《张之洞与 1903 年江阴陆海军联合演习》，《安徽史学》2022 年第 2 期。

齐卫平、刘骁：《1959—1966 年上海青年"红旗读书运动"研究》，《当代中国史研究》2022 年第 1 期。

石嘉：《抗战时期上海自然科学研究所在中国的调查与研究》，《日本侵华南京大屠杀研究》2022 年第 1 期。

宋可达：《官、绅利益博弈视野下的设县之争——以明代青浦县为例》，《中国地方志》2022 年第 5 期。

宋可达：《合治与分治：明代江南治水管理机制的再审视》，《安徽史学》2022 年第 2 期。

宋上上：《论明代南京快船军役编金方式的演变》，《史学月刊》2022 年第 8 期。

唐明胜：《从被动防守到主动进攻：20 世纪 50 年代初期浙东前线的海防斗争》，《军事历史研究》2022 年第 1 期。

汪湛穹、小田：《近代江南庙会演艺与岛滩人文生态》，《苏州大学学报（哲学社会科学版）》2022 年第 3 期。

王慧颖：《上海美侨对 1905 年抵制美货运动的观察与因应》，《史林》2022 年第 4 期。

王晶晶：《二十世纪三四十年代上海戏剧学校的办学经验》，《戏曲艺术》2022 年第 2 期。

王林：《信任危机与信息公开：论 1933 年上海各界清查救国捐款及慈善团体的应对》，《福建论坛（人文社会科学版）》2022 年第 1 期。

王荣华、邵将：《从内外交困到难以为继：战后南京民食配售问题研究》，《民国档案》2022 年第 1 期。

王世华：《从明清地方公共事务看徽商"士"意识的觉醒》，《安徽师范大学学报（人文社会科学版）》2022 年第 1 期。

王振忠：《二十世纪前期旅外徽人的商业活动与社会生活——关于〈抄写录〉抄本之解读》，《学术界》2022 年第 9 期。

王振忠：《民国时期徽州宗族的修谱、理主活动——以歙县南乡东源张叙伦祠文书为例》，《安徽大学学报（哲学社会科学版）》2022 年第 3 期。

温馨:《近代江南乡村妇女的角色转变与地位变动》,《民俗研究》2022年第4期。

温亚旗:《上海妇女的抗美援朝运动》,《上海地方志》2022年第2期。

吴俊范:《明初以来长江口南岸地理环境的变化与人类活动响应》,《学术月刊》2022年第
5期。

肖启荣:《防洪、水运、环境与水利社会:明清淮扬地区基层水利纷争的个案研究》,《史林》
2022年第6期。

徐松如:《抗战时期徽州社会环境变动与区域变迁》,《上海师范大学学报(哲学社会科学
版)》2022年第3期。

许德、王中:《从〈海上花列传〉到〈繁花〉:上海文学中的城市经验与日常生活研究》,《安徽
师范大学学报(人文社会科学版)》2022年第2期。

姚霏:《中共早期组织/中央机关在沪的空间分布——以上海红色旧址信息数据库为基础
的研究》,《史林》2022年第2期。

叶舟:《同乡组织与政治活动:以辛亥革命前后的浙江旅沪学会为中心》,《史林》2022年第
2期。

余文君、隋福民:《绝对与相对人口压力:20世纪20—30年代无锡农户生存发展的突破与
限制》,《中国农史》2022年第4期。

袁成毅、潘东青:《抗战时期杭州湾海岸国防工事的修筑及实际作用》,《日本侵华南京大屠
杀研究》2022年第3期。

袁成毅:《抗战时期国统区限禁粮食酿酒及其纠葛——以浙江省为例》,《民国档案》2022年
第3期。

曾桂林:《杨东明与虞城同善会——兼论同善会在江南地区的流播》,《安徽史学》2022年第
6期。

张国松:《从"首都沦陷纪念日"到"京市忠烈纪念日":民国时期有关南京大屠杀纪念日的
公众记忆》,《日本侵华南京大屠杀研究》2022年第1期。

张侃、舒满君:《清中后期皖籍官员群体的阶段性演变与闽台社会治理》,《安徽师范大学学
报(人文社会科学版)》2022年第2期。

张坤、周静静:《官民同心与炮舰外交——1868年扬州教案中的中英交涉》,《中国文化研
究》2022年第1期。

张乐锋:《民国时期上海县的存废纷争与地域互动》,《中国历史地理论丛》2022年第2期。

张连红、刘燕军:《南京安全区中方工作人员的构成、角色及作用》,《日本侵华南京大屠杀
研究》2022年第2期。

张佩国:《晚清海宁州的水利、市场与地方善举》,《中国经济史研究》2022年第5期。

张薇:《家园与故国:明清鼎革与扬州郑氏盐商的园林空间》,《江海学刊》2022年第2期。

张晓锋:《近代江苏新闻事业的演进与历史贡献》,《南京师大学报(社会科学版)》2022年第

6 期。

张云超：《中国共产党上海隐蔽斗争策略研析(1928—1934 年)》，《江汉论坛》2022 年第 8 期。

赵成彬、刘雅仙：《海关医官与晚清江苏通商口岸的医疗卫生——以〈海关医报〉为中心》，《南京医科大学学报(社会科学版)》2022 年第 5 期。

赵建国：《重构职业共同体：南京国民政府初期的上海新闻记者联合会》，《安徽大学学报(哲学社会科学版)》2022 年第 1 期。

赵建民：《在沪十二团体与清季谘议局章程的起草》，《近代史学刊》2022 年第 1 期。

赵凯欣：《联宗、商业与清中后期徽州墓祠的"再发明"——以婺源汪氏湖山墓祠为例》，《安徽大学学报(哲学社会科学版)》2022 年第 4 期。

赵霞：《上海律师公会动员与组织抗战述论》，《江汉论坛》2022 年第 12 期。

郑备军、赵昕悦：《清代浙江经济性会社对基层治理的作用机制研究》，《浙江大学学报(人文社会科学版)》2022 年第 8 期。

郑卫荣：《江南市镇商人群体与地方社会治理——以 20 世纪前期的南浔镇为中心》，《福建论坛(人文社会科学版)》2022 年第 1 期。

郑小春、陶良琴：《投鸣解纷：清代民间纠纷化解的实践及法律意义——以徽州投状文书为中心》，《社会科学》2022 年第 11 期。

周东华、陈子涵：《因站而城兴：清末民初杭州的城站时代》，《社会科学研究》2022 年第 1 期。

周东华、黄梦迪：《另一种"宣抚"：杭州沦陷初期外侨对日交涉与日军因应》，《历史教学问题》2022 年第 1 期。

周伟义、李琳琦：《"贾名儒行"与"士风日下"：明清士商关系变动新论》，《安徽史学》2022 年第 5 期。

朱春阳：《清代江南行业公所公共性探究》，《江苏大学学报(社会科学版)》2022 年第 1 期。

朱英：《上海动物园：近代中国休闲娱乐与社会教育的新设施》，《史学月刊》2022 年第 1 期。

祝虻：《公私文书与明代徽州家谱的编修》，《安徽大学学报(哲学社会科学版)》2022 年第 3 期。

左方敏、姚宏志：《挺进皖南：1949 年干部南下与政权接管》，《安徽史学》2022 年第 2 期。

江南经济

白斌、何宇：《文献视域中的近代东海渔业经济——以上海和宁波为中心的解读》，《宁波大学学报(人文科学版)》2022 年第 5 期。

卞利：《清代顺治年间徽州的土地清丈与鱼鳞图册攒造——以祁门县为中心》，《安徽史学》2022 年第 6 期。

常建华：《明代江南的役田、义田与宗族》，《南开学报(哲学社会科学版)》2022 年第 2 期。

程泽时：《从利润非均到照本分利：徽州婺源"寄小伙"——以汪养佳嘉庆八年至二十五年

流水账为中心》,《学术界》2022年第9期。

董建波:《地权配置与社会流动——以20世纪三四十年代的杭县为例》,《史学月刊》2022年第9期。

方前移:《资本空间视域下近代港口贸易竞争——以镇江、芜湖、南京为例》,《求索》2022年第5期。

高云澄:《明代江南工艺美术品价格考》,《史林》2022年第1期。

耿洪利:《小黄册所见明初浙东地区民田考略》,《安徽史学》2022年第1期。

龚浩:《行之有效:清代江苏亏空治理成效的再分析》,《西南大学学报(社会科学版)》2022年第1期。

韩燕仪:《清前期淮南盐贸易中的岸商》,《南昌大学学报(人文社会科学版)》2022年第1期。

郝平、李善靖:《辛亥革命后山西票号的维系与收撤——以蔚长厚上海分号为中心》,《清华大学学报(哲学社会科学版)》2022年第6期。

胡广涛:《苏南抗日根据地财经工作初探》,《档案与建设》2022年第3期。

黄凯凯:《清代两淮盐商捐输新探》,《清史研究》2022年第2期。

黄忠鑫:《明代徽州民间赋役合同的形成与流行》,《安徽大学学报(哲学社会科学版)》2022年第5期。

李伯重:《明清江南生丝与丝织品的国内外市场及其变化》,《山西大学学报(哲学社会科学版)》2022年第2期。

李幸:《官垄余盐:清代两浙帑盐制的运作与地方盐务经略》,《中国社会经济史研究》2022年第3期。

李耀华、李凯琪:《近代中国员工社会资本与工资差异——基于上海商业储蓄银行行员档案的分析》,《中国经济史研究》2022年第4期。

李园:《"士绅化"与明代后期的江南役制变革——以华亭县等地的士绅应役当差为例》,《安徽史学》2022年第2期。

李云、徐有威:《后小三线建设时代的企业与地方经济——以安徽池州为例》,《学术界》2022年第1期。

刘晨:《太平天国辖境苏浙农村社会经济秩序探析》,《历史研究》2022年第5期。

刘森林:《明代家具交易形式考辨——以江南交易群体为中心》,《安徽师范大学学报(人文社会科学版)》2022年第5期。

刘雅媛:《清末民初上海县城城市财政的形成与构成》,《中国经济史研究》2022年第1期。

马俊亚:《日军毁劫与无锡城乡经济衰变》,《历史教学》2022年第1期。

孟义昭:《明清时期科举考试对南京城市经济的影响》,《经济社会史评论》2022年第2期。

彭南生、马云飞:《汪伪政府在南京的米粮统制》,《安徽史学》2022年第3期。

曲金良、朱雄：《"海洋江南"：海洋史视野下明代江南经济的"向海"特性》，《浙江社会科学》
2022 年第 3 期。

盛海生、周晓光：《危机与应对：曾国藩与近代皖南茶税厘革考论》，《中国农史》2022 年第
3 期。

孙健：《清末苏南厘金征收的基层实态与区域市场结构》，《历史地理研究》2022 年第 3 期。

孙丽、袁为鹏：《晚清徽商合伙经营之稳健性特征——以兆成商号史料为中心》，《安徽史
学》2022 年第 4 期。

王灿、周晓光：《税制变革、基层行政与近代徽州茶叶贸易》，《安徽大学学报（哲学社会科学
版）》2022 年第 6 期。

王萌、申晴：《沦陷时期南京工商业的"复兴"——以南京日本商工会议所调研报告为考察
对象》，《历史教学问题》2022 年第 1 期。

王强：《洋麦进口与近代上海机制面粉工业发展》，《中国农史》2022 年第 1 期。

王卫平、冯燕：《近代阳澄湖蟹业经济兴盛的历史考察》，《中国农史》2022 年第 4 期。

王裕明：《明代正余利制合伙组织中商人资本的二元结构——基于〈万历程氏染店查算帐
簿〉的分析》，《安徽大学学报（哲学社会科学版）》2022 年第 5 期。

王振忠、朱慧敏：《从〈做杉木放牌要览〉看清代徽商在钱塘江流域的木业经营》，《历史地理
研究》2022 年第 2 期。

夏林：《就地筹款与利益争夺：民国时期江苏治运亩捐制度的建构与运作（1914—1937）》，
《中国农史》2022 年第 1 期。

小田、汪湛穹：《经济—社会史视野里的家庭消费——基于近代江南"留戏饭"案例的研
究》，《中国高校社会科学》2022 年第 6 期。

晏爱红：《清咸同年间江南漕粮改折均赋述论》，《中州学刊》2022 年第 6 期。

于新娟：《近代上海工业发展与长三角腹地乡村的经济互动》，《厦门大学学报（哲学社会科
学版）》2022 年第 6 期。

余康：《清代两淮盐务中的引窝资本市场》，《中国经济史研究》2022 年第 6 期。

张景瑞、范金民：《清前中期洋钱在江南的流通及影响》，《江海学刊》2022 年第 5 期。

张夏菁、陈雨齐：《流转、脱位下的京伶赴沪：谭鑫培、梅兰芳与近代上海京剧市场》，《戏曲
艺术》2022 年第 4 期。

章毅、黄一彪：《晚清内销茶商的季节性经营和跨地域流动：以泰昌发介号〈淳庄账簿〉为中
心》，《史林》2022 年第 1 期。

赵晋：《觉悟、权衡与博弈：唐君远与上海协新毛纺公司的公私合营》，《历史教学问题》2022
年第 3 期。

左海军：《改良与重塑：20 世纪 30 年代皖南红茶运销中的制度调适》，《安徽大学学报（哲学
社会科学版）》2022 年第 6 期。

江南文化

卞利、马德璟:《从东南邹鲁、程朱阙里到新安理学:宋元明清时期徽州地域文化认同的建
构》,《安徽大学学报(哲学社会科学版)》2022 年第 1 期。

陈大海、林泽洋:《南京雨花台区后头山唐墓发掘简报》,《文物》2022 年第 2 期。

陈瑞:《牖民化俗:晚明徽州乡约实践中地方宗族对太祖圣谕六言的宣讲、演绎与阐释》,
《安徽大学学报(哲学社会科学版)》2022 年第 4 期。

陈志勇:《曲种分类法、小字注释与胡文焕的选本制作——基于晚明曲选〈群音类选〉的考
察》,《四川大学学报(哲学社会科学版)》2022 年第 4 期。

崔岷、马维熙:《"底层眼光"下的战争书写——以梅尔清〈躁动的亡魂:太平天国战争的暴
力、失序与死亡〉为中心》,《史学月刊》2022 年第 3 期。

董哲、战世佳:《安徽省宁国市安友庄旧石器遗址调查及发掘简报》,《人类学学报》2022 年
第 2 期。

方旭东、韩雪:《蕺山思想的定位之争——由编订〈刘子节要〉的争议展开》,《南昌大学学报
(人文社会科学版)》2022 年第 1 期。

宫兰一:《中共中央东南局推进马克思主义在浙江的传播研究》,《史学集刊》2022 年第
2 期。

龚晓康:《良知"坎陷"抑或"呈现"?——兼论阳明学对道德主体与认知主体的开出》,《湖
北大学学报(哲学社会科学版)》2022 年第 6 期。

郭康松、李明欣:《用御制文献做"江南"文章——以康熙御制诗总集的编纂为中心》,《南昌
大学学报(人文社会科学版)》2022 年第 5 期。

郝雪琳、黄一哲、杨金东、崔太金、沈岳明:《浙江萧山安山东周窑址发掘简报》,《文物》2022
年第 2 期。

洪煜、李培龙:《文教兴替之际地方保守文人的生活世界——以武进苔岑吟社文人群体为
例》,《史学月刊》2022 年第 12 期。

黄振萍:《明清之际王学"清谈误国"论质疑》,《清华大学学报(哲学社会科学版)》2022 年第
3 期。

贾宏涛:《诗书继世长:常熟翁氏的书籍世界——以翁氏日记为中心》,《中国典籍与文化》
2022 年第 1 期。

经盛鸿:《江苏反清革命与民主共和思想的源头及其发展》,《安徽史学》2022 年第 1 期。

李天纲:《守山阁学人群体的崛起与明清"西学"的延续性:以〈几何原本〉为例》,《北京大学
学报(哲学社会科学版)》2022 年第 6 期。

李湘云:《江南工商文化中"习业"现象探究》,《江南论坛》2022 年第 10 期。

李永萍:《家庭策略视角下的农民教育观念及其地区差异——基于江浙地区与西南地区的
比较》,《暨南学报(哲学社会科学版)》2022 年第 7 期。

梁宗华、刘泽琳：《通经致用：〈石臞府君行状〉的现实关切》，《济南大学学报（社会科学版）》2022 年第 6 期。

刘伯山：《江南文化的结构、互动与思想基础》，《学术界》2022 年第 9 期。

刘建安：《浙江嵊州缸窑春秋土墩石室墓发掘简报》，《文物》2022 年第 7 期。

刘建安：《浙江温州丽塘东汉纪年墓发掘简报》，《文物》2022 年第 7 期。

刘文龙：《桐城派的阅读、知识谱系与流派风尚》，《安徽史学》2022 年第 3 期。

罗检秋：《东林书院与清初理学》，《江海学刊》2022 年第 6 期。

吕茹：《清末上海时事剧的兴起及其戏剧史意义》，《戏剧艺术》2022 年第 4 期。

穆杨：《20 世纪 50 年代上海戏曲业制度改革考述》，《戏剧艺术》2022 年第 6 期。

潘悦：《近代江南俞氏家族的文化记忆——以〈俞鸿筹日记〉为中心》，《苏州大学学报（哲学社会科学版）》2022 年第 4 期。

庞博、黄伟力：《论上海左翼文化团体对中国革命的历史贡献》，《社会科学战线》2022 年第 8 期。

裴亮：《"上海体验"与大内隆雄对创造社的戏剧译介——以 20 世纪 20 年代在华发行的日语报刊为中心》，《首都师范大学学报（社会科学版）》2022 年第 4 期。

裴树文、蔡演军、董哲、同号文、盛锦朝、金泽田、吴秀杰、刘武：《安徽东至华龙洞遗址洞穴演化与古人类活动》，《人类学学报》2022 年第 4 期。

裴雪莱：《晚清民国江南曲社曲家与昆剧传习所关系考论》，《戏剧艺术》2022 年第 2 期。

裴雪莱：《晚清民国时期江南职业昆班与曲社之关系述考》，《戏曲艺术》2022 年第 2 期。

钱乃荣：《从上海方言看海派文化》，《上海师范大学学报（哲学社会科学版）》2022 年第 5 期。

宋可达：《从"地域"到"省域"：清代江南士人身份认知的转型》，《浙江师范大学学报（社会科学版）》2022 年第 5 期。

宋可达：《从"苏松嘉湖"到"苏松常镇"——明代"江南"的地域分异探赜》，《古代文明》2022 年第 2 期。

宋可达：《界线、归属、表达：明代江南士人的身份认知》，《历史教学问题》2022 年第 3 期。

宋上上：《明天启两浙〈盐策辑略〉考论》，《盐业史研究》2022 年第 3 期。

苏志伟：《儿童社会化中的宗教：上海广东浸信会日光会的宗教儿童观与儿童宗教教育》，《上海地方志》2022 年第 2 期。

孙启华：《太平天国战争与咸同时期上海诗坛的早期生成》，《文学遗产》2022 年第 6 期。

孙伊婷、孙惕：《江南雅韵——苏州评弹的人文历史》，《江苏地方志》2022 年第 4 期。

王丹、王海明、刘勇：《浙江衢州庙山尖遗址出土绳状马具穿系物研究》，《江汉考古》2022 年第 3 期。

王觉民：《试析江南人文特质之养成》，《江南论坛》2022 年第 3 期。

王明前：《太平天国基础教育制度的缺失与科举制度的演进》，《学术论坛》2022 年第 2 期。

王天根:《全面抗战前夕上海新闻界新生代共同体意识的探索——以〈记者座谈〉为中心的分析》,《安徽大学学报(哲学社会科学版)》2022年第6期。

王晓琨、张辉、刘爽、孙静怡、张文静、张锐:《安徽桐城魏庄遗址新石器时代墓葬2019年发掘简报》,《文物》2022年第4期。

王晓琨、温雅棣、罗月霓:《安徽桐城魏庄遗址出土新石器时代玉石器工艺初探》,《文物》2022年第4期。

邬俊、许志强:《江苏金坛井头村土墩墓(D6)发掘简报》,《文物》2022年第2期。

吴存存:《〈三才福〉与清中晚期姑苏平民社会和价值观》,《南开学报(哲学社会科学版)》2022年第4期。

吴雨彤:《从〈申报〉所刊戏剧广告看民国上海京剧红楼戏的诞生》,《红楼梦学刊》2022年第2期。

小田:《抗战时代文艺人的思想革命——对浙东根据地"的笃戏"改造的考察》,《河北学刊》2022年第2期。

谢任:《"新青年"与学衡派》,《史学月刊》2022年第10期。

徐佳贵:《南京高师-东南大学与新文化运动——以刘伯明为线索的再考察》,《学术月刊》2022年第6期。

徐进、陆挺:《南高学派的流变与国家伦理观(1919—1949)》,《东南大学学报(哲学社会科学版)》2022年第2期。

徐军:《浙江龙泉小梅瓦窑路南宋窑址发掘简报》,《文物》2022年第7期。

阎昱昊:《马其昶清史〈儒林传〉稿本初探》,《安徽史学》2022年第6期。

杨慧:《"固旧式"与"新气象":1929年上海日报公会观察团的东北"发现"——以赵君豪〈东北展痕记〉和严独鹤〈北游杂纪〉为中心》,《东北师大学报(哲学社会科学版)》2022年第2期。

杨青华:《乾隆朝制科、科举与乾嘉经史考据学的兴起》,《安徽大学学报(哲学社会科学版)》2022年第2期。

余杰:《论"常州三杰"精神的文化成因、基本内涵及价值意蕴》,《常州大学学报(社会科学版)》2022年第2期。

袁宪泼:《阳明后学"游艺"演变及其文艺思想的形成》,《南通大学学报(社会科学版)》2022年第4期。

袁志成:《文人结社与清末民国旧体诗的现代上海书写》,《中南大学学报(社会科学版)》2022年第3期。

云龙:《阳明心学对儒学传统的重建及其对当代儒学复兴的启示》,《中南大学学报(社会科学版)》2022年第1期。

张爱冰:《安徽地区史前彩陶的初步认识》,《考古》2022年第4期。

张吉、何汉生、徐征、田建花、陈建立:《江苏镇江孙家村遗址出土青铜器及铸铜遗物的分析研究》,《江汉考古》2022 年第 5 期。

张青子衿、高立伟:《20 世纪 20 年代马克思主义理论在地化、日常化和大众化传播谫论——以上海大学为例》,《上海大学学报(社会科学版)》2022 年第 5 期。

张义中、徐凤芹、汪茂东:《安徽淮南钱郢孜北朝墓(M180、M370)发掘简报》,《文物》2022 年第 4 期。

赵东升、李永宁:《浙江宁波市何家遗址 2019 年的发掘》,《考古》2022 年第 10 期。

赵卓:《明清易代与湖州刻书迁变——以明遗民闵声为中心》,《历史教学问题》2022 年第 3 期。

周晓薇:《苏剧与江南文化》,《江苏地方志》2022 年第 4 期。

朱国平、高伟、朱良赛、万生、张小树、刘粉英、淡甲泉:《江苏赣榆汉代盐仓城遗址及墓地发掘简报》,《考古与文物》2022 年第 1 期。

朱华东:《安徽滁州章广出土春秋铜器》,《文物》2022 年第 7 期。

朱梦中:《"南橘北枳":江南制造局兵学译著〈行军指要〉及其底本研究》,《历史教学问题》2022 年第 1 期。

左凯文、王志高:《江苏扬州邗江蔡庄五代墓墓主新考》,《江汉考古》2022 年第 1 期。

江南人物

贝淡宁、李东阳:《钱穆与梁漱溟民主尚贤观之比较》,《南开学报(哲学社会科学版)》2022 年第 5 期。

陈畅:《方学渐心学的理论特质及其困境——兼论黄宗羲〈明儒学案·泰州学案〉的思想主旨》,《同济大学学报(社会科学版)》2022 年第 1 期。

陈拓、余新忠:《中西医汇通先驱明遗民祝石考论》,《南开学报(哲学社会科学版)》2022 年第 3 期。

丁涛:《张謇与近代淮南盐业改革研究》,《盐业史研究》2022 年第 2 期。

杜桂萍、孙蒙蒙:《清代徐爔戏曲版本与副文本的互文性阐释》,《陕西师范大学学报(哲学社会科学版)》2022 年第 2 期。

樊宁:《清儒惠栋汉学思想的演进理路——以其〈诗经〉学为考察中心》,《浙江大学学报(人文社会科学版)》2022 年第 5 期。

范金民、黄泳:《清代江南徽州籍收藏家述论》,《安徽史学》2022 年第 1 期。

高淮生:《胡适红学新范式百年述论》,《东南大学学报(哲学社会科学版)》2022 年第 4 期。

高强:《沦陷区的鲁迅纪念:精神的张扬、潜行与招牌借用》,《湘潭大学学报(哲学社会科学版)》2022 年第 3 期。

顾建娣:《拒援临淮:同治二年李鸿章与曾国藩的战略分歧》,《安徽史学》2022 年第 4 期。

何孝荣、侯振龙:《从功臣到"祸首":明清时期姚广孝形象的变迁》,《南开学报(哲学社会科学版)》2022年第4期。

贺晏然:《清初文人赵士春道教实践与思想探析》,《东南大学学报(哲学社会科学版)》2022年第1期。

黄鸿山:《谢家福与光绪十五年江苏苏属水灾义赈》,《清史研究》2022年第1期。

蒋寅:《嘉道间诗学对袁枚性灵说的反思》,《湖南师范大学社会科学学报》2022年第1期。

李恭忠:《柳诒徵的"社会"发现》,《史学月刊》2022年第10期。

李金燕:《论鲁迅后期启蒙思想的嬗变与深化》,《山东师范大学学报(社会科学版)》2022年第3期。

李玉:《创业不为发财:试论张謇的财富观》,《暨南学报(哲学社会科学版)》2022年第10期。

廖璨璨:《至善统善恶:方以智与晚明无善无恶之辨》,《中山大学学报(社会科学版)》2022年第6期。

林忠军:《论姚配中的"元"哲学建构与乾嘉易学哲学》,《湖南大学学报(社会科学版)》2022年第1期。

刘春勇:《大萧条与鲁迅的"上海困境"》,《山东师范大学学报(社会科学版)》2022年第1期。

刘骥翔:《历史与机构场所中话语建构的译本面目与译者身份——吴经熊〈道德经〉英译个案研究》,《四川大学学报(哲学社会科学版)》2022年第5期。

刘青衢:《论王阳明悟道的三重体证——兼辨"神秘主义"论》,《安徽大学学报(哲学社会科学版)》2022年第1期。

刘鲜鲜:《中晚明江南士人陆树声"自适"思想探析——以〈适园杂著〉为中心》,《上海地方志》2022年第1期。

潘务正:《姚鼐"镕铸唐宋"新论》,《安徽大学学报(哲学社会科学版)》2022年第6期。

戚学民、唐铭鸿:《论〈续文苑底稿〉对桐城派史的续写》,《安徽史学》2022年第1期。

渠嵩烽:《东林学人高攀龙拟陶诗刍论》,《湖南大学学报(社会科学版)》2022年第3期。

尚小明:《庚子粤督李鸿章"不奉诏"考辨——兼论东南互保之莫局》,《社会科学研究》2022年第2期。

孙江:《胡适与学衡派》,《史学月刊》2022年第10期。

谭桂林:《鲁迅抄经考论》,《中山大学学报(社会科学版)》2022年第1期。

陶运清:《钱斐仲词的图画书写及其词史意义》,《新疆大学学报(哲学社会科学版)》2022年第1期。

王记录:《"通史家风"与章学诚的通史思想》,《史学史研究》2022年第4期。

王珏:《黄宗羲"诗史相表里"思想论析——史学本位的考察》,《史学史研究》2022年第1期。

王楠:《众说纷纭的"上海小姐"》,《上海地方志》2022年第2期。

王思豪:《"程、朱之外"的望溪学问——方苞的实学、心学与佛老思想发微》,《安徽大学学报（哲学社会科学版）》2022 年第 6 期。

王文隆：《朱家骅与抗战时期中德秘密往来》，《南京大学学报（哲学·人文科学·社会科学）》2022 年第 3 期。

王小惠：《鲁迅的辛亥记忆及其与章太炎的关联》，《中山大学学报（社会科学版）》2022 年第 1 期。

温馨：《陈用光与清国史馆〈文苑传〉中桐城派谱系考》，《安徽史学》2022 年第 1 期。

吴大平：《桐城诗派传衍湖南考论》，《湖南科技大学学报（社会科学版）》2022 年第 1 期。

吴华峰：《姚庆恩西域事略》，《西域研究》2022 年第 2 期。

吴蕊寒：《章太炎对民初议会政治的实践与批评》，《学海》2022 年第 5 期。

吴世平：《张曾敫抚浙时期的施政策略及舆论形象》，《近代史学刊》2022 年第 1 期。

吴正岚：《金圣叹与明清之际江南佛学——以“月爱三昧”说为视角》，《中山大学学报（社会科学版）》2022 年第 1 期。

武艳敏、王洪亮：《从救灾到防灾——陈云水旱灾害防治理念及发展》，《河南大学学报（社会科学版）》2022 年第 3 期。

徐道彬、李超越：《论王鸣盛的西学观及其时代性》，《安徽大学学报（哲学社会科学版）》2022 年第 5 期。

徐佳贵：《东南与国都之间——蒋梦麟与新文化运动的初兴》，《华东师范大学学报（哲学社会科学版）》2022 年第 2 期。

徐玲英：《戴震与皖派朴学关系考察》，《安徽史学》2022 年第 6 期。

许在元、许建平：《由古学、博学、考据学走向经世致用实学——王世贞与明清之际学术思潮的转向》，《福建师范大学学报（哲学社会科学版）》2022 年第 4 期。

轩慧芳、郑元会：《墨海书馆译者身份认同研究》，《新疆大学学报（哲学社会科学版）》2022 年第 4 期。

杨华丽：《鲁迅与“雷峰塔的倒掉”事件》，《中山大学学报（社会科学版）》2022 年第 1 期。

杨柱才、徐泉海：《论陈宓的仁学思想》，《南昌大学学报（人文社会科学版）》2022 年第 1 期。

叶晔、魏柔嘉：《王世贞〈乐府变〉本事新说》，《浙江大学学报（人文社会科学版）》2022 年第 8 期。

张娜娜：《明清易代士人“诗史”书写中的自我建构——以钱谦益为中心的探讨》，《中南大学学报（社会科学版）》2022 年第 6 期。

张秀玉：《清末民初桐城派士人的“倔强坚守”——以客居北京的桐城籍作家为中心》，《社会科学辑刊》2022 年第 4 期。

张昭炜：《明清之际儒学之德的公共性与约束性发展——方以智会通道法以卫德的思考理路及其意义》，《湖北大学学报（哲学社会科学版）》2022 年第 1 期。

张知强：《邓廷桢幕府与“后姚鼐时代”桐城派的传衍》，《安徽大学学报（哲学社会科学版）》

2022 年第 2 期。

朱文健:《周树人金石学研究的尝试与限度——以其考碑为中心》,《山东师范大学学报(社会科学版)》2022 年第 5 期。

朱兴和:《俞明震移居杭州之因缘及居杭时期心境考释》,《山东师范大学学报(社会科学版)》2022 年第 2 期。

朱妍:《民初胡适演讲的舆论传播形态:话语修辞、说理意识、公共空间》,《清华大学学报(哲学社会科学版)》2022 年第 6 期。

朱冶:《明中期徽州学者汪循的思想志业与乡邦精神重塑》,《安徽史学》2022 年第 5 期。

庄若江:《江南文化与海派文化的融合互动》,《江南论坛》2022 年第 11 期。

左杨:《题跋文多元价值探论——基于王世贞与徐渭的比较研究》,《清华大学学报(哲学社会科学版)》2022 年第 6 期。

(本期索引由陈旭、范敏整理)